厚德博學
經濟匡時

匡时 金融学系列

第4版

财务报表分析

何　韧　编著

上海财经大学出版社

图书在版编目(CIP)数据

财务报表分析 / 何韧编著. —4 版. —上海：上海财经大学出版社，2019. 3
(匡时 · 金融学系列)
ISBN 978－7－5642－3189－7/F · 3189

Ⅰ. ①财… Ⅱ. ①何… Ⅲ. ①会计报表—会计分析—高等学校—教材 Ⅳ. ①F231.5

中国版本图书馆 CIP 数据核字(2019)第 026909 号

责任编辑 陈　明
封面设计 张克瑶
版式设计 朱静怡

财务报表分析(第四版)

著 作 者： 何　韧　编著
出版发行： 上海财经大学出版社有限公司
地　　址： 上海市中山北一路 369 号(邮编 200083)
网　　址： http://www.sufep.com
经　　销： 全国新华书店
印刷装订： 上海华教印务有限公司
开　　本： 787mm×1092mm　1/16
印　　张： 28
字　　数： 532 千字
版　　次： 2019 年 3 月第 4 版
印　　次： 2021 年 5 月第 3 次印刷
定　　价： 49.00 元

第四版前言

自2017年以来，财政部陆续发表和修订了多项会计准则。2017年5月28日和6月12日起，所有上市公司开始执行《企业会计准则第42号——持有待售的非流动资产、处置组和终止经营》以及《企业会计准则第16号——政府补助》两项新修准则；2018年起，部分上市公司开始执行“新金融准则”（即《企业会计准则第22号——金融工具确认和计量》《企业会计准则第23号——金融资产转移》《企业会计准则第24号——套期会计》与《企业会计准则第37号——金融工具列报》）和“新收入准则”（即《企业会计准则第14号——收入》）；2019年起，部分上市公司开始执行“新租赁准则”（即《企业会计准则第21号——租赁》）。此外，财政部还分别在2017年12月25日和2018年6月15日两次发文，对一般企业财务报表格式进行了修订。在上述背景下，尽管本教材第三版修订时间不长，但是为充分反映当前新的政策变化，笔者再次对教材进行了第四版修订，现呈现于各位读者面前。

根据笔者的观察，最近两年财政部加大了修订和新增多项会计准则的力度，并对财务报表列报格式等进行连续修正，这是我国企业会计准则体系不断完善、保持与国际财务报告准则持续全面趋同的重要体现，有助于强化监管层对上市公司的财务监督，也有助于防范危害国家金融安全的各项风险。当然，这些政策的频繁变动和调整，对高校相对时滞的教材建设也提出了新的挑战。

笔者从2004年起开始教授“财务报表分析”课程，迄今一直坚持在教学一线。在教学实践中，每当发现有新的政策变化和调整，都会迅速在课堂教学中进行更新，在教材中加以备注，便于将来及时修订。因为坚持独立编书的原则，可能灵活性相对较好，因此教材建设能够做到与时俱进，快速反应。

同时，笔者始终认为“财务报表分析”课程的实践性较强，所以每年都会安排较多时间到各地参访，与大量企业管理人员进行交流。例如最近一年来，笔者就与吉林长春一汽集团配套产品供应商企业财务人员讨论过企业固定资产管理问题，与湖北葛洲坝集团下属分公司财务人员座谈过企业“两金”问题，与贵州南盘江二级水电站公司财务人员探讨过企业内部资金管理问题，与海南农垦集团总公司财务人员交流过企业融资问题，与上海经信委“专精特新”中小企业财务总监班三期学员们分享过企业财务风险管理问题，等等。这样的交流于笔者而言，不仅能够使笔者了解当前企业的真实财务状况，而且也能够帮助笔者广泛汲取行业知识，丰富课程教学案例，避免出现“闭门造车”式教材编写的学界通病。

本书第四版与第三版相比主要进行了以下修订：

一是不再保留涉及非上市公司过去采用的旧报表列报格式的相关内容，并在正文和附录中删减了用旧报表项目计算的有关财务指标。

二是根据当前财政部发布并实施的最新会计准则和一般企业报表列报格式的要求，对教材涉及内容全部予以更新和修订，例如本书第四章对于收入确认的部分就进行了较大幅度的增补。

三是对其他政策变化影响的有关原书内容，也进行了充实和调整。例如，在第九章对经济增加值的概述中，增加了 2016 年 12 月国资委发布修订《中央企业负责人经营业绩考核办法》的相关内容；在企业综合绩效评价概述中，增加了 2016 年 8 月国资委、财政部联合印发《关于完善中央企业功能分类考核的实施方案》的有关内容。

四是对正文和附录中上市公司的相关财务指标统计数据、企业绩效评价标准值及有关案例进行了更新。其中，在教材附录 8 的公司财务报表分析案例部分中，我们把过去对 3 家中资企业比较分析报告改为了对 3 家中外资企业的比较分析报告，以体现我国企业参与国际市场竞争的时代特征。

五是进一步补充和修改专栏内容。新增加了“债务重组的会计处理”“非货币性资产交换的计量”“其他综合收益的分类列报”“职工薪酬的分类”“股份支付”和“企业年金基金”等内容，修改了“金融负债与权益工具”“金融资产”“资产减值及其损失的确定”“政府补助”“衍生金融工具与套期保值”和“长期股权投资的类型”等内容。

本书原先还附录一张学习光盘，但由于信息技术的更新换代，光盘使用效能显著下降，因此本版教材不再保留。本书相关课件资料请向出版社或本书作者函索。

在本书第四版的修订过程中，笔者得到了所在学院同事和家人的关心与支持，尤其是本书策划编辑何苏湘老师和责任编辑陈明老师的鼎力协助，在此谨致谢忱！

本书不足之处，恳请读者朋友批评指正。联系方式如下：heren@mail.shufe.edu.cn。

何　韧

2019 年 4 月

第三版前言

本书第二版出版迄今已有 5 年多，原打算两年前修订，但因忙于手头的社科基金项目无法分身，结果又拖了下来，直到去年下半年见到财政部陆续发表和修订新的会计准则，终于一鼓作气，将本书第三版改毕，呈现于各位读者面前。

目前市面上同名的教材，林林总总不可胜数，笔者修订本书的指导思想，便在于坚持特色，做到人无我有，人有我特。力求本书结构清晰明了，内容简单实用，数据一目了然，公式统一规范，信息全面客观，文字精炼短少，使非财会专业、没有会计学基础的学生及在职人士，都可以通过学习在较短时间内熟练掌握企业财务报表的分析技术。

最近几年，笔者为全国各地数十家金融机构从业人员讲授本课程，还有幸参与了国内外有关机构的银行信贷分析师、评级机构信用分析师、小微金融管理师等项目课程的学习和交流，通过与企业及金融实务界人士的密切接触和深入探讨，使笔者能够把许多在实务中应用的财务分析特色技术和方法写入本书并介绍给读者，从而使本书在众多类似教材中颇显不同。

例如，国内类似教材几乎都只对采用新会计准则的报表进行分析，但笔者在商业银行授课时看到客户企业提供给银行的报表大多是旧报表形式，所以本书依然为旧报表留有一席之地。再如，本书提供了和其他教材相比更为多样性的财务分析指标，这也和笔者的经历有关。过去笔者在银行工作时，评审企业使用的财务指标最多不过 20 项，但后来有机会看到沪上外资银行的信贷评审报告，其中竟然有采用 50 项指标者，令笔者十分震惊。其实，财务分析指标未必越多越好，但是多样性的指标分析视角却能给人耳目一新的感觉，因为在这些指标里总有某些独特的信息在，可以满足更多人士的信息分析偏好。

2015 年春节前，笔者收到了一位台湾学生寄来的她家乡的樱花的照片，令我想起半年前在台湾岛的旅行。此刻，当时购回的一批台版财报书籍正静静卧于我的案头，本书的内容中便有它们的贡献。在本书的附录里，各位读者还可以看到我国香港和台湾地区的企业报表(分别由来自当地的交流学生提供)，我们不仅可以了解两岸三地企业财务报表体系差异化的特征，也许还会为中华汉字的某种神奇而感叹：原来“利润”“溢利”“利益”和“纯益”在不同报表中都是同一个意思！

本书第三版与第二版相比主要进行了以下修订：

一是根据2014年财政部新修订并于当年7月1日起执行的《企业会计准则第30号——财务报表列报》的规范要求，并结合其他修订准则和新公布准则的相关规定，对本书所涉及的有关内容全部进行了更新。

二是根据2010年财政部发布并于2012年1月1日起施行的《中国注册会计师审计准则》的规定，对本书审计报告和非标准审计报告的有关内容进行了更新。

三是根据2014年中国证监会新修订的《公开发行证券的公司信息披露内容与格式准则》第2、3和13号的规定，对本书涉及的上市公司年度报告、半年度报告和季度报告的相关内容进行了更新。

此外，本版图书还进行了以下内容的调整和改进：

一是继续完善财务报表指标体系。如在企业偿债能力分析中增加了或有负债分析指标、在营运能力分析中增加了人工营运效率分析指标、在上市公司特定指标中增加了Tobin's Q值等，使本书提供的指标体系更为完整。

二是继续增加一些新的教学内容。如在第二章增加了偿债能力扩展分析法、在第八章增加了基于合并财务报表与母公司报表的比较分析法、在第六章增加了三类活动现金净流量综合分析等内容。

三是继续补充和修改专栏内容。新增加了"所得税费用""衍生金融工具与套期保值""金融负债""长期股权投资的类型""财务舞弊相关理论"等内容，改写了"金融资产""分析性程序""自由现金流量"等内容。

四是在附录部分新增了银行、证券和保险三大金融企业财务报表结构对照表，以及根据财政部2011年印发的《金融企业绩效评价办法》制定的指标体系及标准值一览表，进而可以弥补本书对金融企业财务报表分析内容的不足。

五是更新了正文和附录中上市公司的相关财务指标统计数据、企业绩效评价标准值及有关案例。

本版教材循例仍附有一张学习光盘，包括本课程的全套课件和一些相关企业财务分析案例资料。这些案例资料来自笔者近几年授课研究生和本科生的劳动成果，在此谨向这些同学表示谢意。

同时，笔者还要特别感谢各地金融机构的一些在职同事，与他们的交流使我受益匪浅，我有幸可以看到银行和贷款机构、投资银行、租赁公司、信托公司、基金公司、资产管理公司、会计师事务所以及评级机构大量的企业评估和分析报告，这些实务资料对我的理论和专业水平的提高帮助甚大，为此我充满感激！

在本书第三版的修订过程中，笔者还得到了所在学院的资助及有关同事的关心和家人的支持，特别是本书策划编辑何苏湘老师、责任编辑陈明老师的大力协助，在此特表谢忱！

何　韧

2015年3月

第二版前言

本书第一版自2007年6月出版以来，已有两年多的时间了。作为一本高校公司金融专业的教材，本书同时还被国内多家商业银行作为信贷从业人员的培训教材使用，这其实并未出乎笔者的意料。

多年前，笔者曾在某大型国有商业银行从事信贷评审工作，当时想要找一本通俗的《财务报表分析》的教材却十分不易。因为大部分这样的教材，都是财务和会计专业背景的教师或专家所著，读者对象自然也都主要以财会专业的学生为主，涉及的专业知识较深，因此对于非财会专业的学生或金融机构没有会计专业背景的在职人员来说，学习起来自然就会感到比较吃力（这至少是我本人当时的感受）。基于这样的体会，我在写作本书的时候，特别针对的就是非财会专业的读者群体，力求本书结构清晰明了，内容简单实用，数据一目了然，公式统一规范，使读者能够通过系统地学习，熟练地掌握财务报表的分析技术。或许这就是本书的一大特色吧。

本书的另一个特色是理论联系实际，关注社会和热点问题。2008年5月我国汶川地区发生地震时，笔者当时正在美国西部的一所高校进修访问。当消息传来，学校里的CSSA（中国学生学者联谊会）迅速动员，在校园内外及当地社区开展了大规模的募捐赈灾活动，醒目的标语写着："Every Penny Will Help!"，这是我亲眼目睹的海外学子们对国家和民族的社会责任感。同样，关于企业社会责任的话题也从来没有像现在这样成为整个社会讨论的焦点。让我感到十分欣慰的是，本书在第一版就已经对企业社会责任评价指标体系进行了系统的介绍，而我在近年来国内出版的同类教材中却很少见到相关内容。我想，当我们在关注中国企业经营业绩的同时，理应更加关注企业的社会责任，这才是社会进步的真正体现！

本书第二版与第一版相比进行了以下修订和改进：

一是对部分内容和数据进行了修改和更新，并订正了一些疏漏之处。例如，在第九章详细介绍了最新的国务院国有资产监督管理委员会制定的《中央企业综合绩效评价实施细则》(2006)，以替代第一版中的原国家财政部等五部委制定的《企业绩效评价操作细则（修订）》(2002)，并在附录中据此列示国务院国资委财务监督与考核评价局更新后的企业绩效评价标准值。再如,在第十章的财务预警模型中,又新增了以经济增加值和安全增长率为核心的经营增长预警模型。另外,对于原书中的分析案例和20家上市公司的财务数据,我们也进行了调整和数据更新。

二是对于原书的指标体系和有关指标进行了调整和充实。例如,第一版第五章中的投资收益率指标是按照原报表定义的,本书第二版又根据新报表的特点重新进行了定义。为了方便读者,本书所有财务比率指标首先以新报表口径定义计算,如与原报表不一致时,同时列示原报表口径的计算公式。此外,本书又新增了一些财务分析指标。笔者在美国访问时,注意到当地财经及网络媒体对美国上市公司的分析中有较多的估价指标,例如PEG、EV/EBITDA、PS指标等等,过去国内同类教材基本没有述及,本版教材此次也全部予以增补,以方便有关读者了解和研究国外资本市场和进行国际企业评价。

三是根据新会计准则具体运用和公司金融的最佳实践对于原书的专栏进行了修订和更新。新增了"金融资产""会计要素计量属性"等专栏,对于"财务报表分析的框架""投资收益""可持续增长率的影响因素"等专栏的文字进行了较大幅度的修改,力争能够将学术前沿的最近理论和企业财务实践中的关键信息以简单通俗的方式介绍给我们的读者。

根据一些读者的建议和要求,本版教材还附有一张学习光盘,包括相关财务分析案例和本课程的各种课件资料。其中,绝大部分案例来自于最近五年笔者讲授该课程时我的本科生、硕士生和留学生们所做的千份以上的研究报告。我们选取了其中有代表性的一些案例,并进行了分类编辑。

在看似平凡的教学工作中,我每时每刻都能深深感受到从这些学子头脑中迸发出的智慧火花,它们促我深思,启我前行。在此,我谨向同学们表示谢意!

在本书第二版的修订过程中,我们还得到了学院领导及有关同事们的大力支持,以及本书组稿编辑何苏湘老师和责任编辑李宇彤老师的帮助,再次谨致谢忱!

本书不当之处,诚请读者朋友批评指正。

何　韧

2009年11月

第一版前言

《财务报表分析》课程是我院新设立的公司金融本科专业的核心课程，也是货币银行学、信用管理、国际金融和证券投资专业本科和研究生的重要专业基础课程。作为管理的分析工具，财务报表分析技术具有广泛的应用性和实用价值，是金融学各专业学生必须掌握的一项重要实践技能。

所谓财务报表分析，是指一定的报表分析主体以财务报表为主要依据，采取一定的标准和系统科学的分析方法，对企业的生产经营活动和财务状况进行综合评价的过程，其目的是了解过去、评价现在和预测未来，为报表使用者的各项决策行动提供依据。

近年来，该课程的教材国内已出版了很多种，同时还有不少引进的外文版本，本书在借鉴和博采各家之长的同时，在以下方面进行了改进和创新：

第一，及时增加了2007年开始实施的《新会计准则》在会计报表体系中的相关变化信息，使本书具有较强的时效性。自2007年起，我国的上市公司开始执行《新会计准则》，需要对外公布资产负债表、利润表、现金流量表和股东权益变动表四张财务报表；同时其他大部分企业仍将采用原会计报表体系。这样一来，我国的企业就会在较长一段时间内出现两种财务报表体系共存的局面。为适应这种新情况，本书对原报表和新报表进行了对比研究，将两种报表体系同时列示。尽管出于趋势分析和统计口径一致性的需要，本书的财务指标是以原报表为基础进行定义的，但是读者在掌握了新报表的特点以后，也可以很方便地将其修正为适用新报表的财务分析指标。

第二，本书建立了比较完整的财务报表分析体系。目前国内类似教材众多，很多财务指标名称不统一，非常混乱。有的同一公式的财务指标中文名称多达七八种之多，还有的同一名称的财务指标在国内外应用时出现有多种计算公式。本书尽作者之所能对这些指标进行了规范和统一，并全部进行列表分类汇总附录于书后，同时加注英文译文，便于读者区分、识记，以及进行跨国公司之间的同口径财务指标比较。此外，对于一般教材较少涉及的上市公司特定指标、企业发展指标、杠杆系数指标和企业社会责任指标等本书也力争涵盖务尽。

第三，本书提供了大量财务指标分析的统计数据，除附录外的公开数据外，本书正文部分还提供有我们经过计算得到的各行业上市公司的统一的比较财务指标数据。我在教学实践中发现，目前的同类教材大多缺乏财务指标统计数据的支持，学生们虽然知道如何使用财务分析指标，但计算出来以后却不知道如何评价这些指标结果，本书增加相关数据可以部分地改变这样的窘境。

第四，考虑到不同读者的需要，本书在附录中将部分国家的会计报表用中英文对照的形式进行了列示。我在教学中了解到，近年来虽然国外教材被大量引进，但是对于没有会计学和财务基础的学生来说，假如没有专业教师的指导，他们看国外教材其实很难直接用于分析国内的财务报表（原因是报表体系差异和财务分析指标无法衔接）；反之亦然。对此我有切身体会，我曾在国内金融机构从事信贷工作，当看到外资企业提交的境外母公司报表时，当时也是十分茫然。所以我在给本校研究生讲授本课程时，都要增加国别比较财务报表分析的内容。尽管本书没有涉及比较报表分析部分，但附录的报表列示相信会对国内实际工作者了解境外企业财务报表有所裨益。

第五，本书提供了较多深化理论及结合实际的专栏短文，以提高读者的学习兴趣。专栏短文中有一些是《新会计准则》中比较重要的准则，还有一些是相关财务理论的扩展。此外，本书的算例也比较多样。为避免读者阅读疲劳，本书制作了较多的图表，同时又精简文字。例如，除非必要，一些属于基础会计学和中级会计学讲授的会计原则、会计估计、会计计量和会计核算等内容本书都没有纳入（建议读者阅读相关专业教材以获取基础会计知识，这对更好地学习本课程极有帮助）。

第六，本书对现实中的热点问题，如会计操纵、财务预警等方面也进行了精炼而全面的介绍，财务预警中提到的一些方法简单实用，不需要复杂的模型和大量的统计数据，特别适合一些低成本中小企业选用。

运用财务报表分析还有助于企业价值评估、企业资信评级、企业并购重组及企业跨国投资等更多公司金融活动的开展，但本书对此未能予以扩展和涉及，有兴趣的读者可以参阅上海财经大学金融学院我的同事们所著的相关教材和专著。

最后我还需要强调的一点是，财务指标的数据分析并不是财务报表分析的全部，透过现象看实质、透过数字看内容才是财务分析的关键，财务报表分析只有结合对企业从公司治理、行业背景、发展战略、经营管理、市场营销、风险内控等全方位的综合评价，最终才能得出客观而准确的分析结论。

本书的读者对象是在校大学生、研究生和专业教师，金融机构专业分析人员、企业管理和财务分析人员，以及对企业财务报表分析有兴趣的个人投资者。本书的编写原则是理论和实际相结合，做到资料丰富，信息量大，文字简单，图表说话，使读者能充分掌握财务报表的分析技术，体会到财务分析的乐趣。本书附录有完整的公式体系和丰富的数据资料、重要的参考文献材料，使本书还成为一本非常实用的财务报表分析工具书。

在本书写作过程中，作者参阅了较多的国内外同行的有关著作，另外附录部分还获益于一些同学的细致的专业成果，在此向他们谨致谢意。同时，我还要对本书的责任编辑何苏湘老师的辛勤工作表示感谢。

本书中的不当之处，敬请读者诸君予以指正。

何 韧

2007 年 3 月

目　录

专栏

第一章　财务报表分析概述

学习目的

1. 了解财务报表分析的主体、内容和作用；
2. 熟悉各主要财务报表的结构和特征；
3. 了解财务报表附注披露的内容和审计报告的种类；
4. 了解财务报表分析的程序；
5. 掌握财务报表分析的主要方法。

第一节　财务报表分析的主体、内容和作用

财务报表分析是指一定的报表分析主体以财务报表为主要依据，采取一定的标准和系统科学的分析方法，对企业的生产经营活动和财务状况进行综合评价的过程，其目的是了解过去、评价现在和预测未来，为报表使用者的各项决策行动提供依据。

一、财务报表分析的主体

财务报表分析的主体，也就是报表的使用人，通常情况下，一般包括企业的债权人、权益投资人、企业内部经理人员、政府经济管理机构以及其他与企业有利益关系的人士。他们出于不同目的使用财务报表，因此需要的信息不同，关注的角度不同，采用的分析程序和方法也会有一定的差别。

（一）债权人

债权人是指提供信用给企业并得到企业还款承诺的人。债权人主要包括提供银行信用的金融机构债权人和提供商业信用的商业债权人，他们尤其关心企业是否具有偿还债务的能力。债权人根据其提供的债务期限还可以分为短期债权人和长期债权人，他们分别提供不超过一年期的短期信用和一年期以上的长期信用。

债权人对企业财务报表分析的目的是要判别企业为什么需要筹集外部资金，它们

还本付息的能力和信用水平如何，以决定是否给企业提供信用，信用期限有多长，以及是否需要提前收回债权等等。

（二）权益投资人

权益投资人一般是指企业的所有者或各类股东。他们投资于企业的目的是为了扩大自己的财富，他们不仅要求保全投资企业的本金，同时还要求有相应的投资回报。权益投资人考虑更多的是如何增强企业的竞争能力，获得更大的市场份额，降低财务风险，从企业持续稳定的增长中得到更多的收益。

权益投资人进行财务报表分析，其目的是为了评价企业业绩，以决策是否对企业进行投资或是转让现有的企业股份从原企业退出；另外，权益投资人通过分析企业的财务状况和经营绩效，还可以对是否更换企业的经营管理者等方面的问题作出决策。

（三）企业经理人员

企业经理人员是指被所有者聘用的、对公司资产和负债进行管理的个人组成的团体。

企业经理人员关心公司的财务状况，如偿债能力、盈利能力、资金周转能力和持续发展能力等各方面的信息，以便能更好地发现问题、采取对策，使企业能够持续稳定地经营和发展。经理人员同时可以获取外部使用人无法得到的内部信息。他们分析报表的主要目的是了解企业的经营状况，进行财务筹资和投资决策，以及评价企业各项决策的执行情况等。

（四）政府经济管理机构

政府的经济管理机构也是企业财务报表的使用人，包括财政税务部门、工商管理部门、证券管理机构、会计监管机构、审计机构和社会保障部门等。他们使用财务报表是为了履行自己的监督管理职责，他们通过考察企业的财务经营状况，可以检查企业是否遵守各项政策法规，评价企业的经营业绩，并分析企业对社会所做出的贡献度等。

（五）其他相关人士

进行企业财务报表分析的其他相关人士还包括企业的内部职工、专业的投资理财分析师、律师等等。企业的内部职工通过分析财务报表，不仅可以充分了解企业当前及未来的经营发展状况，同时还可以有效维护个人的相关权益；专业的投资理财分析师通过财务报表分析，可以为客户的证券投资提供专家意见和理财服务；律师也可以采用财务分析的方法，为其追查财务案件提供帮助。

二、财务报表分析的内容

本书所涉及的企业财务报表分析的内容主要包括以下几个方面：偿债能力分析、资本结构分析、营运能力分析、获利能力分析、投资报酬分析、现金流量分析、发展能力分析、杠杆系数分析、企业社会责任分析和合并财务报表分析等。

上述几个方面是相互联系的。例如，一个公司偿债能力很差，其收益能力也不会好；收益能力不好，偿债能力只会下降。如果企业资产运用效率较低，企业偿债能力和收益能力将无法得到改善。而偿债能力和收益能力下降，必然表现为现金流量状况的恶化。获利能力和投资报酬能力不强，企业的发展能力自然也就无从谈起。

（一）偿债能力分析

偿债能力是指借款人偿还债务的能力。可分为短期偿债能力和长期偿债能力。短期偿债能力是企业支付一年或者超过一年的一个营业周期内到期债务的能力，指标有流动比率、速动比率、现金比率和营运资金等。长期偿债能力是指企业保证及时偿付长期（一年或超过一年的一个营业周期以上）债务的可靠程度，指标有利息保障倍数、固定支出保障倍数、全部资本化比率和负债与 EBITDA 比率等。

（二）资本结构分析

资本结构是指企业资产与负债及所有者权益各要素之间的比例关系。资本结构合理则企业的经济基础比较牢固，财务结构较好，偿债能力尤其是中长期偿债能力较强。资本结构分析常用的指标有资产负债率、权益比率、产权比率和财务杠杆指数等。

（三）营运能力分析

企业的营运能力是指企业充分利用现有资源创造价值的能力。企业的营运能力分析，可以从资产使用效率、资金使用效率和人工营运效率三个角度展开。资产使用效率是指企业生产经营中各项资产的周转速度所反映出来的资产运营的效率。资产使用效率分析常用的指标有应收账款周转率、存货周转率、流动资产周转率、固定资产周转率和总资产周转率等。资金的使用效率是从企业资金来源（负债资金和权益资金）的角度对其进行周转能力分析和效率评价，主要的评价指标有总负债周转率、所有者权益周转率、应付账款周转率等。人工营运效率是对企业人员生产效率的评价，使用的指标有销售收入对员工人数比率、净利润对员工人数比率等。

（四）获利能力分析

获利能力也称盈利能力，是指企业从销售收入中获取利润多少的能力。获利能力分析常用指标有销售毛利率、主营业务利润率、营业利润率、税前利润率、销售净利率等。

（五）投资报酬分析

投资报酬也称资本报酬，是指企业投入资本后所获得的回报。投资报酬分析常用的指标有总资产报酬率、净资产报酬率、资本金报酬率和股东权益报酬率等。

（六）现金流量分析

现金流量是指企业一定时期内的现金和现金等价物的流入和流出的数量，现金流量分析是通过现金流量比率分析对企业偿债能力、获利能力以及财务需求能力进行财务评价。常用的指标有现金债务比率、销售现金比率、现金满足内部需要率和现金再投资比率等。

（七）发展能力分析

企业的发展能力是指企业在未来生产经营过程中的一种成长潜能和趋势。一般来说，企业发展能力越强，企业的竞争能力和市场能力就越强。发展能力分析常用的指标有销售增长率、利润增长率、净资产增长率、现金增长率和股利增长率等。

（八）杠杆系数分析

财务中的杠杆理论，是指由于固定费用的存在，当企业业务量发生较小变化时其经营利润会产生较大变化的情况。企业由于财务上的杠杆作用，既可以获得一定的杠杆收益，也要承担一定的杠杆风险。杠杆系数分析是通过对经营杠杆系数、财务杠杆系数和复合杠杆系数的评价来分析企业对整体风险的控制和管理能力。

（九）社会责任分析

企业的社会责任，是指企业通过企业制度和企业行为所体现的对员工、商务伙伴、客户、社区、国家履行的各种积极义务和责任，是企业对市场和相关利益群体的一种良性反应，它既有法律、行政等方面的强制义务，也有道德方面的自愿行为。企业的社会责任分析包括综合社会责任、伦理责任、法律责任和生态责任等方面的分析。

（十）合并财务报表分析

合并财务报表，是指反映母公司和其全部子公司形成的集团企业整体财务状况、经营成果和现金流量的财务报表。由于合并财务报表抵销了合并范围内子公司及母公司间的交易，因此需要利用母公司报表和合并报表组合分析来评价集团企业的经营情况，常用的方法是比较分析法，对于合并报表中存在而母公司报表没有的科目，还需运用特定项目分析法。

三、财务报表分析的作用

财务报表分析是评价企业财务状况、衡量经营业绩的重要依据，是企业挖掘潜力、改进工作、实现理财目标的重要手段，是企业合理实施投资和筹资决策的重要步骤，同时也是企业与外部进行信息交流的一个必不可少的环节。它对于正确预测、计划、决策、控制、考核、评价企业的各项经营活动具有重要的意义。下面我们从财务报表分析对评价企业过去、现在及未来的作用这一方面加以说明。

第一，财务报表分析可以正确评价企业的过去。正确评价过去是说明现在和揭示未来的基础，财务报表分析通过对实际会计报表等资料的分析能够准确地说明企业过去的业绩状况，指出企业的成绩和问题以及产生的原因等。这不仅对于正确评价企业过去经营业绩是十分有益的，而且还可以对企业投资者和债权人的行为产生积极的影响。

第二,财务报表分析可以全面反映企业的现状。财务会计报表等资料是企业各项生产经营活动的综合反映,财务报表分析可根据不同分析主体的目的,采用不同的分析手段和方法,获得反映企业在某方面现状的指标,如反映企业资产结构、权益结构、支付能力和偿债能力、企业营运状况、企业盈利能力和现金流量等方面的指标。通过这种分析,对于全面反映和评价企业的现状具有重要的作用。

第三,财务报表分析可用于预测企业的未来。财务分析不仅可用于评价过去和反映现状,更重要的是通过对过去与现状的分析与评价,可以预测企业未来的发展状况与趋势。通过对企业未来的估价可为企业未来财务预测、财务预算和财务决策指明方向。准确评估企业的价值及价值创造对企业资本经营和产权交易同样大有裨益。此外,在对企业财务危机的预测方面,财务报表分析也可以提供必要的信息。

专栏 1-1

财务报表分析的起源与发展

财务报表分析的起源,开始于 19 世纪末至 20 世纪初期。当时的财务报表仅指资产负债表,为了防止竞争对手获得信息,企业一般不公布损益报表。随着经济的快速发展和资本主义大规模生产的出现,企业的融资需求大幅上升。在这种情况下,银行的地位和作用逐渐增强。金融机构为了了解借款企业的财务结构和经营业绩,要求企业提交财务报表作为贷款决策的依据。

1898 年 2 月,美国纽约州银行协会的经理委员会提出议案,要求所有的借款人必须提交由他们签字的资产负债报表,以衡量企业的信用和偿债能力。1900 年该协会发布了申请贷款的标准表格,包括部分资产负债表。此后银行开始根据企业资产和负债的数量对比来判断企业对借款的偿还能力和还款保障程度,并且提出了诸如流动比率、速动比率等一系列的比率分析指标来作为判断的依据。美国学者亚历山大·沃尔(Alexander Wall)也建议使用财务比率法来评价企业的信用,借以防范贷款的违约风险。1923 年,美国的白利斯(James Bliss)出版了《管理中的财务和经营比率》(*Financial and Operating Ratios in Management*)一书,他提出并建立了各行业平均的标准比率,便于人们对各企业进行横向财务比较。当然,比率分析也存在着许多不足之处。1924 年,吉尔曼(Gilman)出版了名著《财务报表分析》(*Analyzing Financial Statements*),他指出不能高估比率分析的作用,因为财务比率和资产负债表之间的关系似乎难以明确,他同时还主张应用趋势分析法的必要性。

将财务报表分析引入投资领域的是美国的伍德洛克(Thomas Woodlock)。1900 年,他出版了《铁路财务报表分析》一书。该书使用了诸如经营费用与毛利比率、固定费用与净收益比率等现代财务分析方法来评价当时的铁路行业经营状况。此后财务分析作为评价财务状况的基础在投资领域越来越盛行。

尽管在20世纪初财务报表分析技术出现了许多重大的突破，但财务报表分析成为一门独立的学科还是始于20世纪50年代。随着股份制经济和资本市场的发展，债权人和投资者开始系统分析企业的财务信息，关注企业的偿债能力、信用品质和经营成果，从而促进了财务报表分析的发展，使之成为一门独立的、实用性很强的新学科。

第二节　财务报表分析的资料

财务报表分析使用的主要资料是企业对外发布的财务报表，但财务报表不是财务分析唯一的信息来源。企业还以各种形式发布补充信息，分析时应注意获取这些补充信息。例如，按照我国证监会的规定，上市公司信息披露的主要公告有四类：招股说明书、上市公告书、定期报告（包括年度报告和中期报告）和临时公告（包括重大事项公告、收购公告）。显然，除了定期财务报告和审计报告以外，企业的其他公告以及企业的内部管理计划、分析资料等也都是很重要的可用信息。下面我们重点介绍财务报表和审计报告。

一、财务报表

（一）财务报表及其列报

财务报表是对企业财务状况、经营成果和现金流量的结构性表述，是会计核算、记录的交易和事项的客观反映。主要包括：(1) 资产负债表；(2) 利润表；(3) 所有者权益变动表；(4) 现金流量表；(5) 附表和附注等。财务报表上述组成部分具有同等的重要程度。

企业应当以持续经营为基础，根据实际发生的交易和事项，按照有关会计准则和会计制度的规定进行确认和计量，在此基础上编制财务报表。

根据《企业会计准则第30号——财务报表列报》规定，企业应当在财务报表的显著位置至少披露下列各项：(1) 编报企业的名称；(2) 财务报表涵盖的会计期间；(3) 人民币金额单位；(4) 财务报表是合并财务报表的，应当予以标明。

财务报表项目的列报应当在各个会计期间保持一致，不得随意变更，但下列情况除外：(1) 会计准则要求改变财务报表项目的列报；(2) 企业经营业务的性质发生重大变化或对企业经营影响较大的交易或事项发生后，变更财务报表项目的列报能够提供更可靠、更相关的会计信息。

性质或功能不同的项目，应当在财务报表中单独列报，但不具有重要性的项目除外。性质或功能类似的项目，其所属类别具有重要性的，应当按其类别在财务报表中单独列报。某些项目的重要性程度不足以在报表中单独列示，但对附注具有重要性，则应当在附注中单独披露。

企业不应以附注披露代替确认和计量，如果按照各项会计准则规定披露的信息不足以让报表使用者了解特定交易或事项对企业财务状况和经营成果的影响时，企业还应当披露其他的必要信息。

企业至少应当按年编制财务报表。年度财务报表涵盖的期间短于一年的，应当披露年度财务报表的涵盖期间、短于一年的原因以及报表数据不具可比性的事实。

企业正式决定或被迫在当期或将在下一个会计期间进行清算或停止营业的，则表明以持续经营为基础编制财务报表不再合理。在这种情况下，企业应当采用其他基础编制财务报表，并在附注中声明财务报表未以持续经营为基础编制的事实、披露未以持续经营为基础编制的原因和财务报表的编制基础。

（二）财务报表的信息质量特征

由于财务报表的目的在于提供企业的会计信息，便于报表使用者做出经营决策的分析与判断，所以财务报表必须遵守会计准则和上市地证券监管机构的有关法律法规，必须保证会计报表的信息质量特征。

满足财务报表信息质量要求的特征有：

1. 可靠性

可靠性要求企业应当以实际发生的交易或者事项为依据进行会计确认、计量和报告，如实反映符合确认和计量要求的各项会计要素及其他相关信息，保证会计信息真实可靠、内容完整，不得根据虚构的、没有发生的或者尚未发生的交易或者事项进行确认、计量和报告，不能随意遗漏或者减少应予披露的信息，与使用者决策相关的有用信息都应当充分披露。会计信息应当是中立的、无偏的，并能够经受验证，以核实其是否真实。

2. 相关性

相关性要求企业提供的会计信息应当与财务报告使用者的经济决策需要相关，有助于财务报告使用者对企业过去、现在或者未来的情况做出评价或者预测。相关的会计信息应当能够有助于使用者评价企业过去的决策，证实或者修正过去的有关预测，因而具有反馈价值。相关的会计信息还应当具有预测价值，有助于使用者根据财务报告所提供的会计信息预测企业未来的财务状况、经营成果和现金流量。

3. 可理解性

可理解性要求企业提供的会计信息应当清晰明了，便于财务报告使用者理解和使用。在编制会计报表时，项目勾稽关系清楚，结构完整，数字准确。只有这样，才能提高会计信息的有用性，实现财务报告的目标，满足向财务报告使用者提供决策有用信息的要求。另一方面，在强调可理解性的同时，还应假定报表使用者具有一定的专业知识，对于某些复杂的信息，如与使用者的经济决策相关，企业也应在报表中予以充分披露。

4. 可比性

可比性要求企业提供的会计信息应当相互可比，包括纵向可比和横向可比。纵向可比是指同一企业不同时期发生的相同或者相似的交易或者事项，应当采用一致的会计政策，不得随意变更；确需变更的，应当在附注中说明。横向可比是指不同企业发生的相同或者相似的交易或者事项，应当采用规定的会计政策，确保会计信息口径一致、相互可比。

5. 实质重于形式

实质重于形式要求企业应当按照交易或者事项的经济实质进行会计确认、计量和报告，不仅仅以交易或者事项的法律形式为依据。企业发生的交易或事项在多数情况下其经济实质和法律形式是一致的，但在有些情况下也会出现不一致。例如，企业按照销售合同销售商品但又签订了售后回购协议，虽然从法律形式上看实现了收入，但如果企业没有将商品所有权上的主要风险和报酬转移给购货方，没有满足收入确认的各项条件，即使签订了商品销售合同或者已将商品交付给购货方，也不应当确认销售收入。

6. 重要性

重要性，是指在合理预期下，财务报表某项目的省略或错报会影响使用者据此做出经济决策的，该项目具有重要性。重要性应当根据企业所处的具体环境，从项目的性质和金额两方面予以判断，且对各项目重要性的判断标准一经确定，不得随意变更。判断项目性质的重要性，应当考虑该项目在性质上是否属于企业日常活动、是否显著影响企业的财务状况、经营成果和现金流量等因素；判断项目金额大小的重要性，应当考虑该项目金额占直接相关项目金额的比重或所属报表单列项目金额的比重。

7. 谨慎性

谨慎性要求企业对交易或者事项进行会计确认、计量和报告时保持应有的谨慎，充分估计到各种风险和损失，不应高估资产或者收益、低估负债或者费用。但谨慎性并不意味着企业可以任意设置各种秘密准备。

8. 及时性

及时性要求企业对于已经发生的交易或者事项，应当及时进行确认、计量和报告，不得提前或者延后。及时性要求体现在会计信息收集、加工、披露和报告等各个环节。会计信息的价值在于帮助所有者或者其他有关方面做出经济决策，具有时效性。即使是可靠的、相关的会计信息，如果不及时提供，就失去了时效性，对于使用者的效用就会大大降低，甚至不再具有实际意义。

（三）资产负债表及其附表

资产负债表是反映企业会计期末全部资产、负债和所有者权益情况的报表。从 2001 年财政部颁布实施《企业会计制度》至今，我国企业资产负债表列报格式多次发生变动。

2006 年，财政部当时公布的《企业会计准则》，对之前的企业资产负债表进行了调整，其最大的变化是把资产和负债分别划分为流动资产与非流动资产以及流动负债与非流动负债等项目，并引入了公允价值计量方法。这些变化反映了我国企业的财务报表开始与国际接轨的趋势。

2014 年，财政部发布了修订后的《企业会计准则第 30 号——财务报表列报》，并于当年 7 月 1 日起在所有执行《企业会计准则》的企业范围内施行。2017 年 12 月，财政部再次修订一般企业财务报表格式，于 2018 年开始执行。2018 年 6 月 15 日，财政部又一次修订一般企业财务报表格式，分别规定了适用于未执行新金融准则和新收入准则①的一般企业财务报表格式（见表 1－1）和适用于已执行新金融准则或新收入准则的一般企业财务报表格式（见表 1－2），并于当年开始执行。

本书后面的部分，将对这两种不同的报表列报格式及相关项目进行简述。

表 1－1　资产负债表

（适用于未执行新金融准则或新收入准则的企业）

编制单位：　　　　　　　　　年　　月　　日　　　　　　　　　单位：元

资　　产	期末余额	期初余额	负债和所有者权益（或股东权益）	期末余额	期初余额
流动资产：			流动负债：		
货币资金			短期借款		
以公允价值计量且其变动计入当期损益的金融资产			以公允价值计量且其变动计入当期损益的金融负债		

① 自 2018 年 1 月 1 日起，我国企业将分阶段实施《企业会计准则第 22 号——金融工具确认和计量》《企业会计准则第 23 号——金融资产转移》《企业会计准则第 24 号——套期会计》《企业会计准则第 37 号——金融工具列报》和《企业会计准则第 14 号——收入》，其中前四项准则简称新金融准则，后一项准则简称新收入准则。

（续表）

资　产	期末余额	期初余额	负债和所有者权益（或股东权益）	期末余额	期初余额
衍生金融资产			衍生金融负债		
应收票据及应收账款			应付票据及应付账款		
预付账款			预收账款		
其他应收款			应付职工薪酬		
存货			应交税费		
持有待售资产			其他应付款		
一年内到期的非流动资产			持有待售负债		
其他流动资产			一年内到期的非流动负债		
流动资产合计			其他流动负债		
			流动负债合计		
非流动资产：					
可供出售金融资产			非流动负债：		
持有至到期投资			长期借款		
长期应收款			应付债券		
长期股权投资			其中：优先股		
投资性房地产			永续债		
固定资产			长期应付款		
在建工程			预计负债		
生产性生物资产			递延收益		
油气资产			递延所得税负债		
无形资产			其他非流动负债		
开发支出			非流动负债合计		
商誉			负债合计		
长期待摊费用					
递延所得税资产			所有者权益（或股东权益）：		
其他非流动资产			实收资本（或股本）		
非流动资产合计			其他权益工具		
			其中：优先股		
			永续债		
			资本公积		

（续表）

资　　产	期末余额	期初余额	负债和所有者权益（或股东权益）	期末余额	期初余额
			减：库存股		
			其他综合收益		
			盈余公积		
			未分配利润		
			所有者权益（或股东权益）合计		
资产总计			负债和所有者权益（或股东权益）总计		

表 1－2　资产负债表

（适用于已执行新金融准则或新收入准则的企业）

编制单位：　　　　年　　月　　日　　　　单位：元

资　　产	期末余额	期初余额	负债和所有者权益（或股东权益）	期末余额	期初余额
流动资产：			流动负债：		
货币资金			短期借款		
交易性金融资产			交易性金融负债		
衍生金融资产			衍生金融负债		
应收票据及应收账款			应付票据及应付账款		
预付账款			预收账款		
其他应收款			合同负债		
存货			应付职工薪酬		
合同资产			应交税费		
持有待售资产			其他应付款		
一年内到期的非流动资产			持有待售负债		
其他流动资产			一年内到期的非流动负债		
流动资产合计			其他流动负债		
			流动负债合计		
非流动资产：					
债权投资			非流动负债：		
其他债权投资			长期借款		
长期应收款			应付债券		

（续表）

资　　产	期末余额	期初余额	负债和所有者权益（或股东权益）	期末余额	期初余额
长期股权投资			其中：优先股		
其他权益工具投资			永续债		
其他非流动金融资产			长期应付款		
投资性房地产			预计负债		
固定资产			递延收益		
在建工程			递延所得税负债		
生产性生物资产			其他非流动负债		
油气资产			非流动负债合计		
无形资产			负债合计		
开发支出					
商誉			所有者权益（或股东权益）：		
长期待摊费用			实收资本（或股本）		
递延所得税资产			其他权益工具		
其他非流动资产			其中：优先股		
非流动资产合计			永续债		
			资本公积		
			减：库存股		
			其他综合收益		
			盈余公积		
			未分配利润		
			所有者权益（或股东权益）合计		
资产总计			负债和所有者权益（或股东权益）总计		

企业资产负债表的左方列示的是企业资产，代表了该企业的投资规模。资产是指企业过去的交易或者事项形成的、由企业拥有或者控制的、预期会给企业带来经济利益的资源。

企业过去的交易或者事项包括购买、生产、建造行为或其他交易或者事项。由企业拥有或者控制，是指企业享有某项资源的所有权，或者虽然不享有某项资源的所有权，但该资源能被企业所控制。预期会给企业带来经济利益，是指直接或者间接导致现金和现金等价物流入企业的潜力。

资产越多表明企业可以用来赚取收益的资源越多,可以用来偿还债务的资财也越多。但是,这并不意味着资产总是越多越好。资产并不代表收益能力,也不代表偿债能力。资产规模只是代表企业拥有或控制的经济资源的多少。

资产负债表的右方列示的是企业的负债和所有者权益项目。负债是指企业过去的交易或者事项形成的,预期会导致经济利益流出企业的现时义务。其中,现时义务是指企业在现行条件下已承担的义务。所有者权益是指企业资产扣除负债后,由所有者享有的剩余权益。公司的所有者权益又称为股东权益。所有者权益的来源包括所有者投入的资本、直接计入所有者权益的利得和损失、留存收益等。所有者投入的资本既包括企业注册资本或者股本部分的金额,也包括资本溢价或股本溢价。直接计入所有者权益的利得和损失是指不应计入当期损益、会导致所有者权益发生增减变动的、与所有者投入资本或者向所有者分配利润无关的利得或者损失①。留存收益是企业历年实现的净利润留存于企业的部分,主要包括计提的盈余公积和未分配利润。所有者权益金额取决于资产和负债的计量。

企业的负债和所有者权益是企业筹资的来源,反映企业的义务。其中负债代表企业对债权人的义务,所有者权益代表企业对股东的义务。

《财务报表列报》准则规定,资产和负债应当分别流动资产和非流动资产、流动负债和非流动负债列示。金融企业等销售产品或提供服务不具有明显可识别营业周期的企业,其各项资产或负债按照流动性列示能够提供可靠且更相关信息的,可以按照其流动性顺序列示。从事多种经营的企业,其部分资产或负债按照流动和非流动列报、其他部分资产或负债按照流动性列示能够提供可靠且更相关信息的,可以采用混合的列报方式。

资产负债表的资产项目中,流动资产是指企业可以在一年或一个营业周期内变现或耗用的资产。企业持有较多的流动资产,可以提高资产流动性和变现能力,降低企业短期偿债压力,防范财务失败的风险。流动资产的主要项目简述如下:

1. 货币资金

资产负债表中的“货币资金”项目反映企业库存现金、银行存款和其他货币资金的期末余额,其中其他货币资金包括企业银行汇票存款、本票存款、信用卡存款、信用证保证金存款、存出投资款、外埠存款等资金。企业持有货币资金的目的主要是为了经

---

①　利得是指由企业非日常活动所形成的、会导致所有者权益增加的、与所有者投入资本无关的经济利益的流入。损失是指由企业非日常活动所发生的、会导致所有者权益减少的、与向所有者分配利润无关的经济利益的流出。

营的需要、预防的需要和投机的需要。通常流动性较强的资产，盈利性越弱，因此企业持有过多货币资金，会降低企业的获利能力。而持有过少的货币资金，不能满足上述需要并且会降低企业的短期偿债能力。货币资金过多和过少，都会对扩大股东财富产生不利的影响。

2. 以公允价值计量且其变动计入当期损益的金融资产(交易性金融资产)

"以公允价值计量且其变动计入当期损益的金融资产"项目反映资产负债表日企业分类为以公允价值计量且其变动计入当期损益的金融资产，以及企业持有的直接指定为以公允价值计量且其变动计入当期损益的金融资产的期末账面价值。期末借方余额，反映企业该项金融资产的公允价值。该项目也统称"交易性金融资产"项目。

3. 衍生金融资产

衍生金融工具又称派生金融工具、金融衍生品，与原生金融工具相对。原生金融工具是指即期交易的债券、股票、外汇等，而衍生金融工具则是由原生金融工具所派生，主要有期货、期权、远期、互换合约四种衍生工具以及由此变化、组合、合成再衍生出来的一些变体。衍生金融工具在资产负债表日公允价值为正的，确认为衍生金融资产。

4. 应收票据及应收账款

"应收票据及应收账款"项目，反映资产负债表日以摊余成本计量的、企业因销售商品和提供服务等经营活动应收取的款项，以及收到的商业汇票，包括银行承兑汇票和商业承兑汇票。其中，"应收票据"项目核算企业因销售商品和提供劳务等而收到的商业汇票，期末余额反映企业持有的商业汇票的票面金额。"应收账款"项目反映企业因销售商品和提供劳务等经营活动应收取的款项。期末借方余额反映企业尚未收回的应收账款，贷方余额反映企业预收的账款。

5. 预付账款

"预付账款"项目反映企业按照合同规定预付的款项，企业进行在建工程预付的工程价款也在此项目中核算。期末借方余额反映企业预付的款项，贷方余额反映企业尚未补付的款项。

6. 其他应收款

"其他应收款"项目反映企业除应收票据和应收账款、预付账款等经营活动以外的其他各种应收、暂付的款项，原报表中"应收利息"和"应收股利"期末余额也在此项目中反映。其中，"应收股利"项目反映企业应收取的现金股利和应收取其他单位分配的利润；"应收利息"项目反映企业从事金融资产投资、拆出资金等应收取的利息，以及金融机构发放贷款、存放中央银行款项和买入返售金融资产等应收取的利息。

7. 存货

"存货"项目反映企业期末在库、在途和在加工中的各项产品、商品、材料、物料的实际成本，“存货跌价准备”项目反映计提的存货跌价准备，“存货”项目减“存货跌价准备”项目的余额为“存货净额”项目，反映存货资产的可变现净值。存货资产在工业企业中包括原材料、燃料、低值易耗品、包装物、在产品、外购商品、自制半成品、产成品以及分期收款发出商品等，在商品流通企业中包括在途商品、库存商品、加工商品、出租商品、企业委托代销商品、分期收款发出商品及材料物资、低值易耗品、包装物等。另外，“消耗性生物资产”也计入存货中，是指为出售而持有，或在将来收获为农产品的生物资产，如蔬菜、存栏待售的牲畜等。

8. 合同资产

“合同资产”是指企业已向客户转让商品而有权收取对价的权利，且该权利取决于时间流逝之外的其他因素。根据 2017 年修订新收入准则的规定，对于一项收入准则规范的合同，如果企业已将商品转让给客户(即企业已履行履约义务)，在客户尚未付款的情况下，企业应当将该有权收取对价的权利列报为一项资产。如果企业拥有无条件向客户收取对价的权利，应当将该项资产作为应收款项单独列示；如果该权利取决于时间流逝之外的其他因素，企业应当将该收款权利作为合同资产单独列示。

9. 持有待售资产

“持有待售资产”项目反映企业划分为持有待售类别的非流动资产及划分为持有待售类别的处置组中的流动资产和非流动资产的期末账面价值。

10. 一年内到期的非流动资产

“一年内到期的非流动资产”项目反映企业非流动资产项目中在一年内(含一年)到期的金额，包括一年内到期的长期债权投资、长期待摊费用和一年内可收回的长期应收款。

11. 其他流动资产

“其他流动资产”是指除前述流动资产类各项目以外的其他流动资产。如企业购入的以摊余成本计量的一年内到期的债权投资、企业购入的以公允价值计量且其变动计入其他综合收益的一年内到期的债权投资、确认为资产的摊销期限不超过一年或一个正常营业周期的合同取得成本、确认为资产的在一年或一个正常营业周期内出售的应收退货成本，其期末余额应在“其他流动资产”项目中反映。

非流动资产指除流动资产以外的其他长期性资产，企业投资长期性资产可以取得比流动资产投资更高的收益，但是投资风险更大。非流动资产的主要项目简述如下：

12. 可供出售金融资产

“可供出售金融资产”项目反映企业持有的初始确认时即被指定为可供出售的非衍生金融资产，包括划分为可供出售的股票投资、债券投资等金融资产。

13. 持有至到期投资

持有至到期投资是指到期日固定、回收金额固定或可确定，且企业有明确意图和能力持有至到期的非衍生金融资产，主要是债券投资。“持有至到期投资”项目核算企业持有至到期投资的摊余成本[①]。

14. 债权投资

“债权投资”项目反映资产负债表日企业以摊余成本计量的长期债权投资的期末账面价值。

15. 其他债权投资

“其他债权投资”项目，反映资产负债表日企业分类为以公允价值计量且其变动计入其他综合收益的长期债权投资的期末账面价值。

16. 长期应收款

“长期应收款”项目反映企业融资租赁产生的应收款项和采用递延方式分期收款、实质上具有融资性质的销售商品和提供劳务等经营活动产生的应收款项。

17. 长期股权投资

“长期股权投资”项目，反映企业投出的期限在一年以上的各种股权性投资的价值，包括采用成本法和权益法核算的长期股权投资。

18. 其他权益工具投资

“其他权益工具投资”项目反映资产负债表日企业指定为以公允价值计量且其变动计入其他综合收益的非交易性权益工具投资的期末账面价值。

19. 其他非流动金融资产

“其他非流动金融资产”项目反映自资产负债表日起超过一年到期且预期持有超过一年的以公允价值计量且其变动计入当期损益的非流动金融资产的期末账面价值。

20. 投资性房地产

投资性房地产是指为赚取租金或资本增值，或两者兼有而持有的房地产。“投资性房地产”项目反映企业持有的投资性房地产，包括采用成本模式计量的投资性房地产和采用公允价值模式计量的投资性房地产。

21. 固定资产

固定资产是指企业为生产商品、提供劳务、出租或经营管理而持有的，使用寿命超

---

① 根据《企业会计准则第 22 号——金融工具确认和计量》规定，金融资产(负债)的摊余成本，是指该金融资产(负债)的初始确认金额经下列调整后的结果：(1) 扣除已收回或偿还的本金；(2) 加上或减去采用实际利率法将该初始确认金额与到期日金额之间的差额进行摊销形成的累计摊销额；(3) 扣除已发生的减值损失。

过一个会计年度的有形资产。“固定资产”项目反映企业固定资产的期末账面价值和企业尚未清理完毕的固定资产清理净损益。与固定资产相关的项目还有：“累计折旧”项目，反映企业提取的固定资产折旧累计数；“固定资产减值准备”项目，反映企业已提取的固定资产减值准备；“固定资产净值”项目，反映固定资产原值减累计折旧、固定资产减值准备后的余额；“固定资产清理”项目，反映企业转入清理的资产价值及在清理中发生的清理费用等。

22. 在建工程

“在建工程”项目反映企业尚未达到预定可使用状态的在建工程的期末账面价值和企业为在建工程准备的各种物资的期末账面价值。其中，“工程物资”项目反映为在建工程准备的各种工程物资的实际成本，包括工程用材料、尚未安装的设备以及为生产准备的工器具等。

23. 生产性生物资产

“生产性生物资产”项目反映企业为产出农产品提供劳务或出租目的而持有的生物资产，如经济林、产畜等。

24. 油气资产

“油气资产”项目反映石油天然气开采企业持有的矿区权益和油气井及相关设施的资产价值。

25. 无形资产

无形资产是指企业拥有或者控制的没有实物形态的可辨认非货币性资产，包括专利权、商标权、著作权、特许经营权、土地使用权、非专利技术等。无形资产按取得时的实际成本作为入账价值，在取得当月起在预计使用年限内分期平均摊销，计入损益。“无形资产减值准备”项目反映无形资产可收回金额低于账面价值的差额。“无形资产净额”项目反映无形资产的可收回金额，是“无形资产”项目减“无形资产减值准备”项目的差额。无形资产以净额计入资产总值。

26. 开发支出

“开发支出”项目是反映企业开发无形资产过程中能够满足资本化条件的支出部分。

27. 商誉

“商誉”是指能在未来期间为企业经营带来超额利润的潜在经济价值，在非同一控制下企业合并时，购买企业对合并成本大于合并中取得的被购买企业可辨认净资产公允价值份额的差额，确认为商誉。由于商誉属于不可辨认资产，因此不属于无形资产。

28. 长期待摊费用

“长期待摊费用”项目反映企业已经发生但应由本期和以后各期负担的分摊期

限在一年以上的各项费用。包括租入固定资产的改良支出及摊销期限在一年以上的其他待摊费用。期末余额反映企业各项尚未摊销完的长期待摊费用的摊余价值。

29. 递延所得税资产

“递延所得税资产”项目反映企业确认的由可抵扣暂时性差异产生的纳税影响。当企业资产期末账面价值小于其计税基础或者其负债期末账面价值大于其计税基础时，产生可抵扣暂时性差异。

30. 其他非流动资产

“其他非流动资产”项目反映除资产负债表以上所列非流动资产项目以外的其他周转期超过一年的长期资产。如同一合同下的合同资产与合同负债之净额为借方余额且在一年期以上的部分，确认为资产的摊销期限超过一年或一个正常营业周期以上的合同取得成本，确认为资产的超过一年或一个正常营业周期以上出售的应收退货成本，其期末余额应反映在“其他非流动资产”项目中。

资产负债表中流动负债是指在一年内或超过一年的一个营业周期内应偿还的债务。虽然一般来说，企业的所有债务都是要偿还的，但是并非所有债务都需要在到期时立即偿还，有些到期债务可以通过债务展期方式延长偿还时间。不过企业短期流动负债较多，会导致企业偿债压力和破产风险加大。企业流动负债的主要项目简述如下：

31. 短期借款

“短期借款”项目反映企业向银行或其他金融机构借入的期限在一年以下（含一年）的各种借款。

32. 以公允价值计量且其变动计入当期损益的金融负债（交易性金融负债）

“以公允价值计量且其变动计入当期损益的金融负债”项目反映企业持有的以公允价值计量且其变动计入当期损益的金融负债和直接指定为以公允价值计量且其变动计入当期损益的金融负债，也统称“交易性金融负债”项目。

33. 衍生金融负债

衍生金融工具在资产负债表日公允价值为负的，为衍生金融负债。

34. 应付票据及应付账款

“应付票据及应付账款”项目，反映资产负债表日企业因购买材料、商品和接受服务等经营活动应支付的款项，以及开出、承兑的商业汇票，包括银行承兑汇票和商业承兑汇票。其中，“应付票据”项目反映企业购买材料、商品和接受劳务供应等开出、承兑的商业汇票，“应付账款”项目反映企业因购买材料、商品和接受劳务费等经营活动应支付的款项。

35. 预收账款

“预收账款”项目反映企业按照合同规定预收的款项。期末贷方余额反映企业预收的款项，借方余额反映企业尚未转销的款项。

36. 合同负债

“合同负债”是指企业已收或应收客户对价而应向客户转让商品的义务。

37. 应付职工薪酬

“应付职工薪酬”项目反映企业应付未付的各种职工薪酬，包括职工工资、奖金、津贴、补贴，以及各项职工福利费、社会保险费等。

38. 应交税费

“应交税费”项目反映企业期末按照税法的规定应交纳的各种税费，包括增值税、消费税、所得税、资源税、土地增值税、城市维护建设税、房产税、土地使用税、车船税、教育费附加、矿产资源补偿税等。

39. 其他应付款

“其他应付款”项目反映企业除应付票据及应付账款、预收账款、应付职工薪酬、应交税费等以外的其他各项应付、暂收的款项。原报表“应付利息”和“应付股利”期末余额也在此项目中反映。其中，“应付利息”项目反映企业按照合同约定应支付的利息，包括长、短期借款利息和企业债券利息等；“应付股利”项目反映企业应分配的现金股利或利润。

40. 持有待售负债

“持有待售负债”项目反映资产负债表日处置组中与划分为持有待售类别的资产直接相关的负债的期末账面价值。

41. 一年内到期的非流动负债

“一年内到期的非流动负债”项目反映企业各种非流动负债在一年内（含一年）到期的金额，包括一年内到期的长期借款、长期应付款、应付债券和预计负债。

42. 其他流动负债

“其他流动负债”项目反映企业除前述流动负债类各项目以外的其他流动负债。如确认为预计负债的在一年或一个正常营业周期内清偿的应付退货款，在“其他流动负债”项目中反映。

非流动负债，是指偿还期在一年或超过一年的一个营业周期以上的债务，长期负债的增加，将使企业融资成本上升，但是企业调整负债结构，用长期负债替代流动负债，将有利于优化企业资本结构和降低财务风险。非流动负债主要项目简述如下：

43. 长期借款

“长期借款”项目反映企业向银行或其他金融机构借入的期限在一年期以上（不含

一年)的各项借款,一般用于固定资产的购建、固定资产改扩建工程、固定资产大修理工程等。

44. 应付债券

"应付债券"项目反映企业为筹集长期资金而发行的尚未偿还的各种债券本金和利息,期末余额反映企业尚未偿还的长期债券摊余成本。

在企业发行的金融工具中,优先股和永续债是两种主要类型。其中,优先股是指依照公司法,在一般规定的普通股之外,另行规定的其他种类股份,其股份持有人优先于普通股股东分配公司利润和剩余财产,但参与公司决策管理等权利受到限制。永续债是指没有明确到期时间或者期限非常长(如超过 30 年)的债券,是一种兼具债权和股权属性的融资工具。

根据财政部 2014 年印发的《金融负债与权益工具的区分及相关会计处理规定》,当企业发行的优先股和永续债归类为债务工具时,应在"应付债券"项目下列示。

45. 长期应付款

"长期应付款"项目反映企业除长期借款和应付债券以外的其他各种长期应付款项,如应付引进设备款、融资租入固定资产应付款等。

46. 预计负债

"预计负债"项目反映企业确认的对外提供担保、未决诉讼、产品质量保证、重组义务、亏损性合同等预计负债。与或有事项相关的义务同时满足下列三项条件时,应当确认为预计负债:该义务是企业承担的现时义务;履行该义务很可能导致经济利益流出企业;该义务的金额能够可靠地计量。

47. 递延收益

"递延收益"是指企业尚待确认的收入或收益,如尚未确认的政府补助等,它在以后期间内可确认为收入或收益,具有递延性质。

48. 递延所得税负债

"递延所得税负债"项目反映企业确认的由应纳税暂时性差异产生的纳税影响。当企业资产期末账面价值大于其计税基础或者其负债期末账面价值小于其计税基础时,产生应纳税暂时性差异。

49. 其他非流动负债

"其他非流动负债"项目反映企业除长期借款、应付债券、长期应付款、递延收益、预计负债以外的其他非流动负债。如同一合同下的合同资产与合同负债之净额为贷方余额且在一年期以上的,其期末余额应反映在"其他非流动负债"项目中。

企业的所有者权益主要包括股本(实收资本)、资本公积、盈余公积、未分配利润和库存股等项目,近年来又新增了其他权益工具、其他综合收益项目。企业持有较多的所有者权益，可以增强企业的资本实力，提高抵御财务风险的能力。所有者权益项目简述如下：

50. 股本(实收资本)

“股本”是股份有限公司通过股份筹资形成的资本。股份公司在核定的股本总额和股份总数的范围内发行股票，股票面值与股份总数的乘积为股本。一般情况下，股本相对固定不变，企业股本不得随意变动，如有增减变动，必须符合一定的条件。非股份公司的资本金也称实收资本，是企业接受投资者投入企业的资本。股东的股份比例是确定所有者在企业所有者权益中份额的基础，也是企业进行股利或利润分配的依据。

51. 其他权益工具

权益工具，是指能证明拥有某个企业在扣除所有负债后的资产中的剩余权益的合同。

企业发行的金融工具同时满足下列条件，应当将该金融工具分类为权益工具：(1) 该金融工具应当不包括交付现金或其他金融资产给其他方，或在潜在不利条件下与其他方交换金融资产或金融负债的合同义务。(2) 将来须用或可用企业自身权益工具结算该金融工具的，该金融工具如为非衍生工具(如可转换优先股等)，应当不包括交付可变数量的自身权益工具进行结算的合同义务；如为衍生工具(如认股权证等)，企业只能通过以固定数量的自身权益工具交换固定金额的现金或其他金融资产结算该金融工具。

“其他权益工具”项目核算企业发行的除普通股以外的归类为权益工具的各种金融工具。当企业发行的优先股和永续债归类为权益工具时，应在该项目下列示。

52. 资本公积

“资本公积”项目指由投资者投入，但不构成股本，或从其他来源取得的属于股东的权益。资本公积有两类，一类是可以直接用于转增资本的资本公积，包括资本(或股本)溢价、接受现金捐赠、拨款转入、外币资本折算差额和其他资本公积(如债权人豁免的债务)等；另一类是不可以直接用于转增资本的资本公积，包括接受捐赠非现金资产准备和股权投资准备等。

53. 其他综合收益

“其他综合收益”反映企业根据企业会计准则规定未在损益中确认的各项利得和损失扣除所得税影响后的净额。

54. 盈余公积

“盈余公积”项目反映企业从税后利润中提取形成的、存留于企业内部、具有特定用途的收益积累，主要包括“法定盈余公积”“任意盈余公积”“储备基金”“企业发展基金”等。企业提取的盈余公积可用于弥补亏损、扩大生产经营、转增资本(或股本)或派送新股等。

55. 库存股

“库存股”项目反映企业收购的尚未转让或注销的本公司的股份金额。

56. 未分配利润

“未分配利润”项目反映企业尚未分配的利润，它是一种未拨定的留存收益，既未指定用途，也未分配给所有者。从数量上来说，未分配利润是期初未分配利润，加上本期实现的净利润，减去提取的盈余公积和分出利润后的余额。

资产负债表的附表包括资产减值明细表和应交增值税明细表。

资产减值明细表是对已计提减值准备的资产项目的进一步说明。资产减值，是指资产的可收回金额低于其账面价值。2001 年实施的《企业会计制度》规定，企业在年末应对应收款项、短期投资、存货、长期投资、固定资产、无形资产、在建工程和委托贷款八项资产计提减值准备。事实上，按照目前会计准则的规范要求，企业各类资产(如金融资产、投资性房地产、递延所得税资产等)都需考虑减值风险。由于资产负债表上这些项目的金额都是已计提减值后的余额(固定资产除外)，因此报表使用人只有通过资产减值明细表才能了解上述资产因市场价格波动所发生的价值变动情况。资产发生减值造成的损失计入利润表，以使当期收益得到谨慎计量。

应交增值税明细表是对应交增值税项目的补充说明，包括应交增值税中年初未抵扣数、销项税额、进项税额和年末未抵扣数，以及未交增值税的年初未交数、本期转入数、本期已交数和期末未交数的明细状况。通过该表，可以看到企业增值税纳税义务的形成和交纳情况。

(四) 利润表及其附表

利润表是反映企业在一定期间全部活动成果的报表，是两个资产负债表日之间的财务业绩。通过利润表，可以从总体上了解企业的收入、成本和费用，以及净利润(或亏损)的实现及构成情况。

2006 年实施的会计准则对原利润表进行了较大调整，简化了利润表单列项目，直接列报营业收入和营业成本，增加了公允价值变动损益、资产减值损失和非流动资产处置损失等项目，同时在净利润下增设了每股收益项目(包括基本每股收益和稀释每股收益)。2014 年，财政部修订的《财务报表列报》又规定增列其他综合收益和综合收益总额两项目。此后，财政部又多次修订企业利润表列报格式，如 2016 年修改了税金及附加项目，2017 年增加了持续经营净利润和终止经营净利润项目，2018 年增加了研发费用、其他收益、资产处置收益、净敞口套期收益等项目。

目前我国企业的利润表报表结构为多步式格式，分为营业收入、营业利润、利润总额、净利润、其他综合收益的税后净额和综合收益总额六个盈利项目，其基本结构见表1－3、1－4所示。

表1－3　利　润　表

（适用于未执行新金融准则或新收入准则的企业）

编制单位：　　　　　　　　　　年度　　　　　　　　　　单位：元

项　　　目	本年金额	上年金额
一、营业收入		
减：营业成本		
税金及附加		
销售费用		
管理费用		
研发费用		
财务费用		
其中：利息费用		
利息收入		
资产减值损失		
加：其他收益		
投资收益（损失以“－”号填列）		
其中：对联营企业和合营企业的投资收益		
公允价值变动收益（损失以“－”号填列）		
资产处置收益（损失以“－”号填列）		
二、营业利润（亏损以“－”号填列）		
加：营业外收入		
减：营业外支出		
三、利润总额（亏损总额以“－”号填列）		
减：所得税费用		
四、净利润（净亏损以“－”号填列）		
（一）持续经营净利润（净亏损以“－”号填列）		
（二）终止经营净利润（净亏损以“－”号填列）		
五、其他综合收益的税后净额		
（一）不能重分类进损益的其他综合收益		

（续表）

项　　目	本年金额	上年金额
1. 重新计量设定受益计划变动额		
2. 权益法下不能转损益的其他综合收益		
……		
（二）将重分类进损益的其他综合收益		
1. 权益法下可转损益的其他综合收益		
2. 可供出售金融资产公允价值变动损益		
3. 持有至到期投资重分类为可供出售金融资产损益		
4. 现金流量套期损益的有效部分		
5. 外币财务报表折算差额		
……		
六、综合收益总额		
七、每股收益：		
（一）基本每股收益		
（二）稀释每股收益		

表1-4　利　润　表

（适用于已执行新金融准则或新收入准则的企业）

编制单位：　　　　年度　　　　单位：元

项　　目	本年金额	上年金额
一、营业收入		
减：营业成本		
税金及附加		
销售费用		
管理费用		
研发费用		
财务费用		
其中：利息费用		
利息收入		
资产减值损失		

（续表）

项　　　　目	本年金额	上年金额
信用减值损失		
加：其他收益		
投资收益(损失以"－"号填列)		
其中：对联营企业和合营企业的投资收益		
净敞口套期收益(损失以"－"号填列)		
公允价值变动收益(损失以"－"号填列)		
资产处置收益(损失以"－"号填列)		
二、营业利润(亏损以"－"号填列)		
加：营业外收入		
减：营业外支出		
三、利润总额(亏损总额以"－"号填列)		
减：所得税费用		
四、净利润(净亏损以"－"号填列)		
（一）持续经营净利润(净亏损以"－"号填列)		
（二）终止经营净利润(净亏损以"－"号填列)		
五、其他综合收益的税后净额		
（一）不能重分类进损益的其他综合收益		
1. 重新计量设定受益计划变动额		
2. 权益法下不能转损益的其他综合收益		
3. 其他权益工具投资公允价值变动		
4. 企业自身信用风险公允价值变动		
……		
（二）将重分类进损益的其他综合收益		
1. 权益法下可转损益的其他综合收益		
2. 其他债权投资公允价值变动		
3. 金融资产重分类计入其他综合收益的金额		
4. 其他债权投资信用减值准备		
5. 现金流量套期储备		
6. 外币财务报表折算差额		
……		
六、综合收益总额		

（续表）

项　　目	本年金额	上年金额
七、每股收益：		
（一）基本每股收益		
（二）稀释每股收益		

利润表各项目略述如下：

1. 营业收入

“营业收入”项目反映企业经营主要业务和其他业务所取得的收入总额。

2. 营业成本

“营业成本”项目反映企业经营主要业务和其他业务所发生的实际成本总额。

3. 税金及附加

“税金及附加”项目反映企业经营活动中发生的消费税、城市维护建设税、资源税和教育费附加及房产税、土地使用税、车船使用税、印花税等相关税费。该项目原为“营业税金及附加”项目，我国全面试行“营业税改征增值税”后改为现名称。

4. 销售费用

“销售费用”项目反映企业在商品销售过程中所发生的费用，以及为销售本企业商品而专设的销售机构的相关费用。

5. 管理费用

“管理费用”项目反映企业为管理和组织生产经营活动所发生的各项费用。

6. 研发费用

“研发费用”项目反映企业进行研究与开发过程中发生的费用化支出。

7. 财务费用

“财务费用”项目反映企业为进行资金筹集等理财活动而发生的各项费用，包括利息净支出、汇兑净损失、金融机构手续费和其他因资金而发生的费用。其中“利息费用”项目反映企业为筹集生产经营所需资金等而发生的应予费用化的利息支出，“利息收入”项目反映企业确认的利息收入。

8. 资产减值损失

“资产减值损失”项目反映企业计提的各项资产减值准备所形成的损失。

9. 信用减值损失

“信用减值损失”项目反映企业计提的各项金融工具减值准备所形成的预期信用损失。

10. 其他收益

“其他收益”项目反映计入其他收益的政府补助等。

11. 投资收益

“投资收益”项目反映企业以各种方式对外投资所取得的扣除投资损失后的净收益，其中包括分得的投资利润、债券投资的利息收入以及认购股票取得的股利和收回投资时发生的收益等。

12. 净敞口套期收益

“净敞口套期收益”项目反映净敞口套期下被套期项目累计公允价值变动转入当期损益的金额或现金流量套期储备转入当期损益的金额。

13. 公允价值变动损益

“公允价值变动损益”项目反映企业确认的交易性金融资产或交易性金融负债，以及采用公允价值模式计量的投资性房地产、衍生工具、套期保值业务等公允价值变动形成的应计入当期损益的利得或损失。

14. 资产处置收益

“资产处置收益”项目反映企业出售划分为持有待售的非流动资产（金融工具、长期股权投资和投资性房地产除外）或处置组（子公司和业务除外）时确认的处置利得或损失，以及处置未划分为持有待售的固定资产、在建工程、生产性生物资产及无形资产而产生的处置利得或损失。债务重组中因处置非流动资产产生的利得或损失和非货币性资产交换中换出非流动资产产生的利得或损失也包括在本项目内。

15. 营业利润

“营业利润”是企业最基本经营活动的成果，是企业经营收益减去相关成本、费用及损失后的剩余额。

16. 营业外收入

“营业外收入”项目反映企业发生的除营业利润以外的收益，主要包括非货币性资产交换利得、债务重组利得、与企业日常活动无关的政府补助、盘盈利得等。

17. 营业外支出

“营业外支出”项目反映企业发生的与生产经营无关的各项支出，主要包括非货币性资产交换损失、债务重组损失、公益性捐赠支出、非常损失、盘亏损失等。

18. 利润总额

“利润总额”项目反映企业实现的全部税前利润。

19. 所得税费用

“所得税费用”项目反映企业从当期损益中扣除的所得税费用。

20. 净利润

“净利润”项目反映企业交纳所得税后的利润。其中，“（一）持续经营净利润”和

“(二) 终止经营净利润”两行项目,分别反映净利润中与持续经营相关的净利润和与终止经营相关的净利润。

21. 其他综合收益的税后净额

“其他综合收益的税后净额”项目反映企业根据会计准则规定未在当期损益中确认的各项利得和损失扣除所得税影响后的净额,可分类为“不能重分类进损益的其他综合收益”和“将重分类进损益的其他综合收益”两项。

22. 综合收益总额

“综合收益总额”项目反映净利润和其他综合收益相加后的合计金额。

23. 每股收益

“每股收益”是企业税后利润与股本总数的比率,包括“基本每股收益”和“稀释每股收益”两项,反映根据《企业会计准则第 34 号——每股收益》的规定计算的金额。

利润表有 3 张附表,包括利润分配表、分部报表(业务分部)和分部报表(地区分部)。其中利润分配表如表 1-5 所示。

表 1-5 利润分配表

编制单位: 年度 单位:元

项 目	本年金额	上年金额
一、净利润		
加:年初未分配利润		
其他转入		
二、可供分配的利润		
减:提取法定盈余公积		
提取法定公益金		
提取职工奖励及福利基金		
提取储备基金		
提取企业发展基金		
利润归还投资		
三、可供投资者分配的利润		
减:应付优先股股利		
提取任意盈余公积		
应付普通股股利		
转作资本(或股本)的普通股股利		
四、未分配利润		

利润分配表是反映企业一定会计期间已实现利润的分配情况或企业亏损弥补情况，以及年末未分配利润结余情况的会计报表。利润分配表的起始项目是利润表中的净利润，而最后一项未分配利润，又正好与资产负债表中的未分配利润一致，因此，该表被视为利润表和资产负债表的纽带。

分部报表反映企业各行业、各地区经营活动的收入、成本、费用、营业利润以及负债总额情况，能明确表明企业各业务和地区的经营活动绩效状况。

（五）所有者权益变动表

所有者（股东）权益变动表是反映构成所有者权益的各个组成部分当期的增减变动情况的会计报表。《财务报表列报》准则规定，综合收益和与所有者的资本交易导致的所有者权益的变动，应当分别列示。所谓与所有者的资本交易，是指企业与所有者以其所有者身份进行的、导致企业所有者权益变动的交易。

所有者权益变动表至少应当单独列示反映下列信息的项目：

（1）综合收益总额，在合并所有者权益变动表中还应单独列示归属于母公司所有者的综合收益总额和归属于少数股东的综合收益总额；

（2）会计政策变更和前期差错更正的累积影响金额；

（3）所有者投入资本、减少资本和向所有者分配利润等；

（4）按照规定提取的盈余公积；

（5）所有者权益各组成部分的期初和期末余额及其调节情况。

一般企业所有者权益变动表的内容和格式请参见表1－6和表1－7。

表1－6　所有者权益变动表

（适用于未执行新金融准则或新收入准则的企业）

编制单位：　　　　年度　　　　单位：元

项目	本年金额									
	实收资本（或股本）	其他权益工具			资本公积	减：库存股	其他综合收益	盈余公积	未分配利润	所有者权益合计
		优先股	永续债	其他						
一、上年年末余额										
加：会计政策变更										
前期差错更正										
其他										
二、本年年初余额										

（续表）

项　　目	本　年　金　额									
	实收资本（或股本）	其他权益工具			资本公积	减：库存股	其他综合收益	盈余公积	未分配利润	所有者权益合计
		优先股	永续债	其他						
三、本年增减变动金额(减少以“－”号填列)										
（一）综合收益总额										
（二）所有者投入和减少资本										
1. 所有者投入的普通股										
2. 其他权益工具持有者投入资本										
3. 股份支付计入所有者权益的金额										
4. 其他										
（三）利润分配										
1. 提取盈余公积										
2. 对所有者（或股东）的分配										
3. 其他										
（四）所有者权益内部结转										
1. 资本公积转增资本（或股本）										
2. 盈余公积转增资本（或股本）										
3. 盈余公积弥补亏损										
4. 设定受益计划变动额结转留存收益										
5. 其他										
四、本年年末余额										

注：因篇幅所限，本表中与“本年金额”对照的“上年金额”各项目部分略。

表 1－7　所有者权益变动表

（适用于已执行新金融准则或新收入准则的企业）

编制单位：　　　　年度　　　　单位：元

项　目	本　年　金　额									
	实收资本（或股本）	其他权益工具			资本公积	减：库存股	其他综合收益	盈余公积	未分配利润	所有者权益合计
		优先股	永续债	其他						
一、上年年末余额										
加：会计政策变更										
前期差错更正										
其他										
二、本年年初余额										
三、本年增减变动金额（减少以“－”号填列）										
（一）综合收益总额										
（二）所有者投入和减少资本										
1. 所有者投入的普通股										
2. 其他权益工具持有者投入资本										
3. 股份支付计入所有者权益的金额										
4. 其他										
（三）利润分配										
1. 提取盈余公积										
2. 对所有者（或股东）的分配										
3. 其他										
（四）所有者权益内部结转										
1. 资本公积转增资本（或股本）										
2. 盈余公积转增资本（或股本）										

（续表）

项　目	本年金额									
	实收资本（或股本）	其他权益工具			资本公积	减：库存股	其他综合收益	盈余公积	未分配利润	所有者权益合计
		优先股	永续债	其他						
3. 盈余公积弥补亏损										
4. 设定受益计划变动额结转留存收益										
5. 其他综合收益结转留存收益										
6. 其他										
四、本年年末余额										

注：因篇幅所限，本表中与“本年金额”对照的“上年金额”各项目部分略。

（六）现金流量表

现金流量表反映企业一定会计期间内有关现金和现金等价物的流入和流出的信息，能够便于报表使用者了解和评价企业获取现金和现金等价物的能力，并据以预测企业未来的现金流量。该表的项目按经营活动、投资活动和筹资活动三项基本活动分别列示。

《企业会计准则第 31 号——现金流量表》规定，企业应当采用直接法编制现金流量表，同时要求在附注中提供以净利润为基础调节到经营活动现金流量的补充资料信息。本书第六章将会对直接法编制的各项目进行具体说明。

现金流量表和现金流量表补充资料分别如表 1－8 和表 1－9 所示。

表 1－8　现金流量表

编制单位：　　　　年度　　　　单位：元

项　目	本年金额	上年金额
一、经营活动产生的现金流量：		
销售商品、提供劳务收到的现金		
收到的税费返还		
收到其他与经营活动有关的现金		
现金流入小计		
购买商品、接受劳务支付的现金		
支付给职工以及为职工支付的现金		

（续表）

项　　　　　　　目	本年金额	上年金额
支付的各项税费		
支付其他与经营活动有关的现金		
现金流出小计		
经营活动产生的现金流量净额		
二、投资活动产生的现金流量：		
收回投资收到的现金		
取得投资收益收到的现金		
处置固定资产、无形资产和其他长期资产收回的现金净额		
处置子公司及其他营业单位收到的现金净额		
收到其他与投资活动有关的现金		
现金流入小计		
购建固定资产、无形资产和其他长期资产支付的现金		
投资支付的现金		
取得子公司及其他营业单位支付的现金净额		
支付其他与投资活动有关的现金		
现金流出小计		
投资活动产生的现金流量净额		
三、筹资活动产生的现金流量：		
吸收投资收到的现金		
取得借款收到的现金		
收到其他与筹资活动有关的现金		
现金流入小计		
偿还债务支付的现金		
分配股利、利润或偿付利息支付的现金		
支付其他与筹资活动有关的现金		
其中：子公司支付给少数股东的股利、利润或偿付的利息		
现金流出小计		
筹资活动产生的现金流量净额		
四、汇率变动对现金及现金等价物的影响		
五、现金及现金等价物净增加额		

（续表）

项　　　　目	本年金额	上年金额
加：期初现金及现金等价物余额		
六、期末现金及现金等价物余额		

注：未执行和已执行新金融准则或新收入准则的企业现金流量表结构一致。

表 1－9　现金流量表补充资料

编制单位：　　　　　　　　　　年度　　　　　　　　　　单位：元

补　充　资　料	本年金额	上年金额
1. 将净利润调节为经营活动现金流量：		
净利润		
加：资产减值准备		
固定资产折旧、油气资产折耗、生产性生物资产折旧		
无形资产摊销		
长期待摊费用摊销		
处置固定资产、无形资产和其他长期资产的损失（收益以“－”号填列）		
固定资产报废损失（收益以“－”号填列）		
公允价值变动损失（收益以“－”号填列）		
财务费用（收益以“－”号填列）		
投资损失（收益以“－”号填列）		
递延所得税资产减少（增加以“－”号填列）		
递延所得税负债增加（减少以“－”号填列）		
存货的减少（增加以“－”号填列）		
经营性应收项目的减少（增加以“－”号填列）		
经营性应付项目的增加（减少以“－”号填列）		
其他		
经营活动产生的现金流量净额		
2. 不涉及现金收支的重大投资和筹资活动：		
债务转为资本		
一年内到期的可转换公司债券		
融资租入固定资产		
3. 现金及现金等价物净变动情况：		

（续表）

补 充 资 料	本年金额	上年金额
现金的期末余额		
减：现金的期初余额		
加：现金等价物的期末余额		
减：现金等价物的期初余额		
现金及现金等价物净增加额		

注：未执行和已执行新金融准则或新收入准则的企业现金流量表补充资料结构一致。

现金流量表中企业的现金流量分别来自企业的经营活动、投资活动和筹资活动等三种主要业务活动。

1. 经营活动产生的现金流量

经营活动是指除投资活动和筹资活动以外的所有交易和事项。各类企业由于行业特点不同，对经营活动的认定存在一定差异。对于工商企业而言，经营活动主要包括销售商品、提供劳务、购买商品、接受劳务、支付税费等。对于商业银行而言，经营活动主要包括吸收存款、发放贷款、同业存放、同业拆借等。对于保险公司而言，经营活动主要包括原保险业务和再保险业务等。对于证券公司而言，经营活动主要包括自营证券、代理承销证券、代理兑付证券、代理买卖证券等。

2. 投资活动产生的现金流量

投资活动是指企业长期资产的购建和不包括在现金等价物范围内的投资及其处置活动。包括取得和收回投资、购建和处置固定资产、购买和处置无形资产等。这里长期资产是指固定资产、无形资产、在建工程、其他资产等持有期限在一年或一个营业周期以上的资产；这里所讲的投资活动，既包括实物资产投资，也包括金融资产投资。

3. 筹资活动产生的现金流量

筹资活动是指导致企业资本及债务规模和构成发生变化的活动。这里所说的资本，既包括实收资本，也包括资本溢价；这里所说的债务，指的是对外举债，包括向银行借款、发行债券以及偿还债务等。通常情况下，应付账款、应付票据等属于经营活动，不属于筹资活动。

现金流量表中的经营活动现金流量有两种列报方法：直接法和间接法。直接法是按现金收入和支出的主要类别直接反映企业经营活动产生的现金流量，一般以利润表中的营业收入为起算点，调整与经营活动有关项目的增减变化，然后计算出经营活动现金流量。间接法是以净利润为起算点，调整不涉及现金的收入、费用、营业外收支以及应收应付等项目的增减变动，据此计算并列示经营活动现金流量。

与其他国家和地区不同，我国企业的现金流量表被要求采用直接法编制，同时还需在附注中披露将净利润调节为经营活动产生的现金流量的信息，也就是用间接法计算经营活动的现金流量。

现金流量表对于企业经营活动收益的反映是以收付实现制为基础的，相对于以权责发生制为基础的利润表来说，可以提供更加准确的企业财务信息。

(七) 财务报表附注

财务报表附注是对在资产负债表、利润表、现金流量表和所有者权益变动表等报表中列示项目的文字描述或明细资料，以及对未能在这些报表中列示项目的说明等。附注应当披露财务报表的编制基础，相关信息应当与报表中列示的项目相互参照。仔细分析财务报表附注有利于报表使用者把数据分析建立在更加真实、可靠和可比的基础上。

按照《财务报表列报》准则的规定，在财务报表附注中至少应披露以下内容：

1. 企业的基本情况

企业的基本情况主要包括：(1) 企业注册地、组织形式和总部地址。(2) 企业的业务性质和主要经营活动，如企业所处的行业、所提供的主要产品或服务、客户的性质、销售策略、监管环境的性质等。(3) 母公司以及集团最终母公司的名称。(4) 财务报告的批准报出者和财务报告批准报出日，或者以签字人及其签字日期为准。(5) 营业期限有限的企业，还应当披露有关其营业期限的信息。

2. 财务报表的编制基础

财务报表是以会计核算的基本前提为基础编制的，这些基本前提也叫会计假设，其主要内容是：财务报表是反映一个特定单位的经营活动，企业的经营活动将无限期地持续下去，连续不断的经营活动可以分为一个个间距相等、首尾相连的会计期间，企业的基本活动可以通过货币进行计量。如果编制的财务报表未能遵守上述核算前提，则应予以披露，并说明理由，以免报表使用人产生误解。

3. 遵循企业会计准则的声明

企业应当声明编制的财务报表符合企业会计准则的要求，真实、完整地反映了企业的财务状况、经营成果和现金流量等有关信息，以此明确企业编制财务报表所依据的制度基础。如果企业编制的财务报表只是部分地遵循了企业会计准则，附注中不得做出这种表述。

4. 重要会计政策的说明

会计政策，是指企业在会计确认、计量和报告中所采用的原则、基础和会计处理方法。企业根据自己具体情况选择不同的会计政策，将会导致出现不同的会计报表数据，因此，必须明确披露其所采用的会计政策和方法，包括财务报表项目的计量基础和在运用会计政策过程中所做的重要判断等。判断会计政策是否重要，应当考虑与会计政策相关项目的性质和金额。

企业应当披露的重要的会计政策包括：(1) 会计年度；(2) 记账本位币；(3) 记账基础与计价原则；(4) 企业合并及商誉；(5) 报表合并原则；(6) 外币折算方法；(7) 存货的计价方法；(8) 长期投资的计量方法；(9) 投资性房地产的后续计量；(10) 固定资产的计量方法；(11) 无形资产的确认；(12) 非货币性资产交换的计量；(13) 收入确认的原则；(14) 借款费用的处理；(15) 所得税的处理方法；(16) 其他重要会计政策。

5. 重要会计估计的说明

会计估计，是指企业对结果不确定的交易或者事项以最近可利用的信息为基础所做的判断。由于某些经济事项的不确定性，而用权责发生制原则编制报表又必须进行事先估计，因此合理的会计估计是不可或缺的。合理的会计估计不会削弱会计数据的可靠性，而回避会计估计将会遗漏重要事项，反而会影响数据的可靠性。重要会计估计的说明，包括可能导致下一个会计期间内资产、负债账面价值重大调整的会计估计的确定依据，以及会计估计所采用的关键假设和不确定因素等。判断会计估计是否重要，应当考虑与会计估计相关项目的性质和金额。

企业应当披露的重要会计估计包括：(1) 存货可变现净值的确定；(2) 采用公允价值模式下的投资性房地产公允价值的确定；(3) 固定资产的预计使用寿命、净残值与固定资产的折旧方法；(4) 使用寿命有限的无形资产的预计使用寿命与净残值；(5) 合同完工进度的确定；(6) 权益工具公允价值的确定；(7) 债务人债务重组中转让的非现金资产的公允价值、由债务转成的股份的公允价值和修改其他债务条件后债务的公允价值的确定；(8) 债权人债务重组中受让的非现金资产的公允价值、由债权转成的股份的公允价值和修改其他债务条件后债权的公允价值的确定；(9) 金融资产公允价值的确定；(10) 承租人对未确认融资费用的分摊和出租人对未实现融资收益的分配；(11) 非同一控制下企业合并成本的公允价值的确定；(12) 其他重要会计估计。

6. 会计政策和会计估计变更以及差错更正的说明

会计政策变更，是指企业对相同的交易或者事项由原来采用的会计政策改用另一会计政策的行为。为保证会计信息的可比性，一般情况下，企业采用的会计政策在每一会计期间和前后各期应当保持一致，不得随意变更。但是在法律、行政法规或者国家统一的会计制度等要求变更或者会计政策变更能够提供更可靠、更相关的会计信息的情况下，可以变更会计政策。

会计政策变更能够提供更可靠、更相关的会计信息的，应当采用追溯调整法处理，将会计政策变更累积影响数调整列报前期最早期初留存收益，其他相关项目的期初余额和列报前期披露的其他比较数据也应当一并调整，但确定该项会计政策变更累积影响数不切实可行的除外。追溯调整法，是指对某项交易或事项变更会计政策，视同该项交易或事项初次发生时即采用变更后的会计政策，并以此对财务报表相关项目进行调整的方法。

在当期期初确定会计政策变更对以前各期累积影响数不切实可行的，应当采用未来适用法处理。未来适用法，是指将变更后的会计政策应用于变更日及以后发生的交易或者事项，或者在会计估计变更当期和未来期间确认会计估计变更影响数的方法。

企业应当在附注中披露与会计政策变更有关的下列信息：(1) 会计政策变更的性质、内容和原因；(2) 当期和各个列报前期财务报表中受影响的项目名称和调整金额；(3) 无法进行追溯调整的，说明该事实和原因以及开始应用变更后的会计政策的时点、具体应用情况。

会计估计变更，是指由于资产和负债的当前状况及预期经济利益和义务发生了变化，从而对资产或负债的账面价值或者资产的定期消耗金额进行调整。它并不意味着以前期间会计估计是错误的，只是由于企业据以进行估计的基础发生了变化，或者由于取得新信息、积累更多经验以及后来的发展变化，可能需要对会计估计进行修订，使得变更会计估计能够更好地反映企业的财务状况和经营成果。

企业对会计估计变更应当采用未来适用法处理。会计估计变更仅影响变更当期的，其影响数应当在变更当期予以确认；既影响变更当期又影响未来期间的，其影响数应当在变更当期和未来期间予以确认。企业难以对某项变更区分为会计政策变更或会计估计变更的，应当将其作为会计估计变更处理。

企业应当在附注中披露与会计估计变更有关的下列信息：(1) 会计估计变更的内容和原因；(2) 会计估计变更对当期和未来期间的影响数；(3) 会计估计变更的影响数不能确定的，披露这一事实和原因。

前期差错，是指由于没有运用或错误运用信息，而对前期财务报表造成省略或错报。前期差错通常包括计算错误、应用会计政策错误、疏忽或曲解事实以及舞弊产生的影响以及存货、固定资产盘盈等。

企业应当采用追溯重述法更正重要的前期差错，但确定前期差错累积影响数不切实可行的除外。追溯重述法，是指在发现前期差错时，视同该项前期差错从未发生过，从而对财务报表相关项目进行更正的方法。确定前期差错影响数不切实可行的，可以从可追溯重述的最早期间开始调整留存收益的期初余额，财务报表其他相关项目的期初余额也应当一并调整，也可以采用未来适用法。

企业应当在附注中披露与前期差错更正有关的下列信息：(1) 前期差错的性质；(2) 各个列报前期财务报表中受影响的项目名称和更正金额；(3) 无法进行追溯重述

的，说明该事实和原因以及对前期差错开始进行更正的时点、具体更正情况。

7. 报表重要项目的说明

企业应当按照资产负债表、利润表、现金流量表、所有者权益变动表及其项目列示的顺序，对报表重要项目的说明采用文字和数字描述相结合的方式进行披露。报表重要项目的明细金额合计，应当与报表项目金额相衔接。

企业应当在附注中披露费用按照性质分类的利润表补充资料，可将费用分为耗用的原材料、职工薪酬费用、折旧费用、摊销费用等。

8. 或有事项的说明

或有事项是指过去的交易或者事项形成的，其结果须由某些未来事项的发生或不发生才能决定的不确定事项。常见的或有事项主要包括：未决诉讼或未决仲裁、债务担保、产品质量保证（含产品安全保证）、亏损合同、重组义务、环境污染整治、承诺等。或有事项分为或有负债和或有资产两类。随着某些未来事项的发生或者不发生，或有负债可能转化为企业的预计负债或负债，或者消失；或有资产也有可能形成企业的资产或者消失。

或有负债，是指过去的交易或者事项形成的潜在义务，其存在须通过未来不确定事项的发生或不发生予以证实；或过去的交易或者事项形成的现时义务，履行该义务不是很可能导致经济利益流出企业或该义务的金额不能可靠计量。企业应当在附注中披露或有负债的下列信息：(1) 或有负债的种类及其形成原因，包括已贴现商业承兑汇票、未决诉讼、未决仲裁、对外提供担保等形成的或有负债；(2) 经济利益流出不确定性的说明；(3) 或有负债预计产生的财务影响，以及获得补偿的可能性，无法预计的，应当说明原因。

与或有事项相关的义务同时满足下列条件的，应当确认为预计负债：该义务是企业承担的现时义务；履行该义务很可能导致经济利益流出企业；该义务的金额能够可靠地计量。企业应当在附注中披露预计负债的下列信息：(1) 预计负债的种类、形成原因以及经济利益流出不确定性的说明；(2) 各类预计负债的期初、期末余额和本期变动情况；(3) 与预计负债有关的预期补偿金额和本期已确认的预期补偿金额。

或有资产，是指过去的交易或者事项形成的潜在资产，其存在须通过未来不确定事项的发生或不发生予以证实。企业通常不应当披露或有资产，但或有资产很可能会给企业带来经济利益的，应当披露其形成的原因、预计产生的财务影响等。

9. 资产负债表日后事项的说明

资产负债表日后事项，是指资产负债表日至财务报告批准报出日之间发生的有利或不利事项，包括资产负债表日后调整事项和资产负债表日后非调整事项。资产负债表日后调整事项，是指对资产负债表日已经存在的情况提供了新的或进一步证据的事项。资产负债表日后非调整事项，是指表明资产负债表日后发生的情况的事项。

企业应当在附注中披露与资产负债表日后事项有关的下列信息：(1) 财务报告的批准报出者和财务报告批准报出日。按照有关法律、行政法规等规定，企业所有者或其他方面有权对报出的财务报告进行修改的，应当披露这一情况。(2) 每项重要的资产负债表日后非调整事项的性质、内容，及其对财务状况和经营成果的影响。无法做出估计的，应当说明原因。另外，企业在资产负债表日后取得了影响资产负债表日存在情况的新的或进一步的证据，应当调整与之相关的披露信息。

10. 关联方关系及其交易的说明

关联方关系，是指一方有能力直接或间接控制、共同控制另一方的财务和经营决策，或者对另一方的财务和经营决策能施加重大影响。这种企业或个人称为报告企业的"关联方关系"。

在存在控制关系的情况下，企业无论是否发生关联方交易，均应当在附注中披露与母公司和子公司有关的下列信息：(1) 母公司和子公司的名称；(2) 母公司和子公司的业务性质、注册地、注册资本(或实收资本、股本)及其变化；(3) 母公司对该企业或者该企业对子公司的持股比例和表决权比例。

在企业与关联方发生交易的情况下，企业应说明关联方关系的性质、交易类型及其交易要素。这些要素一般包括：(1) 交易的金额；(2) 未结算项目的金额、条款和条件，以及有关提供或取得担保的信息；(3) 未结算应收项目的坏账准备金额；(4) 定价政策。

11. 企业管理资本的目标、政策及程序的信息

企业应当披露有助于财务报表使用者评价企业管理资本的目标、政策及程序的信息。

12. 其他综合收益各项目的信息

企业应当披露下列关于其他综合收益各项目的信息：(1) 其他综合收益各项目及其所得税影响；(2) 其他综合收益各项目原计入其他综合收益、当期转出计入当期损益的金额；(3) 其他综合收益各项目的期初和期末余额及其调节情况。

13. 持有待售的非流动资产、处置组和终止经营的信息

处置组，是指在一项交易中作为整体通过出售或其他方式一并处置的一组资产，以及在该交易中转让的与这些资产直接相关的负债。企业主要通过出售(包括具有商业实质的非货币性资产交换)而非持续使用收回其账面价值的一项非流动资产或处置组，应当划分为持有待售类别。

终止经营，是指企业满足下列条件之一的、能够单独区分的组成部分，且该组成部

分已经处置或划分为持有待售类别：(1) 该组成部分代表一项独立的主要业务或一个单独的主要经营地区;(2) 该组成部分是拟对一项独立的主要业务或一个单独的主要经营地区进行处置的一项相关联计划的一部分;(3) 该组成部分是专为转售而取得的子公司。

企业应当在附注中披露持有待售的非流动资产或处置组的以下信息：出售费用和主要类别、每个类别的账面价值和公允价值;出售原因、方式和时间安排;相关分部;资产确认的减值损失及其转回金额;其他综合收益累计金额等。

企业应当在附注中披露终止经营的收入、费用、利润总额、所得税费用(收益)和净利润;终止经营的资产或处置组确认的减值损失及其转回金额;终止经营的处置损益总额、所得税费用(收益)和处置净损益;终止经营的经营活动、投资活动和筹资活动现金流量净额;归属于母公司所有者的持续经营损益和终止经营损益。

14. 股利总额和每股股利金额

企业应当在附注中披露在资产负债表日后、财务报告批准报出日前提议或宣布发放的股利总额和每股股利金额(或向投资者分配的利润总额)。

专栏 1－2

财务报表体系的形成

财务报表的雏形源于会计复式簿记系统的出现。1494 年意大利杰出的数学家和会计学家卢卡·帕乔利(Luca Pacioli)在威尼斯出版了他的名著《算术、几何、比及比例概要》,其中的一篇《计算与记录要论》是论述复式簿记最早的经典著作。帕乔利说明了收入、费用和利润的关系以及利润与资本的关系,并认为这些有机联系可以通过“试算表”反映出来。另外,他还明确提出了借贷记账法的记账规则和会计等式,这些都为日后财务报表的出现提供了坚实的理论基础。

最早出现的财务报表是资产负债表,早在 15 世纪意大利的企业报告应税财产时就已采用,随着 17 世纪以后征税和股份公司的出现,资产负债表日渐受到重视,企业财务报表的编制成为簿记的主要目的。与此同时,人们开始逐渐关注企业的收入与费用的核算和报告问题。1929 年英国的公司法第一次要求企业编制利润表,使之成为企业第二个正式的对外财务报表。现金流量表首先出现于美国,源自于一些企业自发编制的反映企业财务状况变动的内部报表“资金来源和运用表”。1971 年美国会计原则委员会(APB)发表意见书建议将此表作为对外正式公布的基本财务报表。1987 年 11 月美国财务会计准则委员会(FASB)发布了第 95 号《财务会计准则公告》,规定企业必须编制现金流量表正式对外公布。

国际会计准则委员会(IASC)于 1989 年 7 月发布了《编报财务报表的框架》文件,

另外还制定了一系列会计准则。其中《IAS1——财务报表的列报》指出，一套完整的财务报表应包括下列组成部分：(1) 资产负债表；(2) 利润表；(3) 一份反映权益的所有变动或不是由与业主资本交易和对业主分配所引起的权益变动报表；(4) 现金流量表；(5) 会计政策和说明性注释。

二、审计报告

在进行财务报表分析时，除了依托财务报表之外，审计报告也是财务报表分析所需信息的重要部分。

根据2012年1月1日起施行的《中国注册会计师审计准则第1501号——对财务报表形成审计意见和出具审计报告》规定，审计报告是指注册会计师根据审计准则的规定，在执行审计工作的基础上，对财务报表发表审计意见的书面文件。按照我国有关规定，上市公司、国有企业、国有控股或占主导地位的企业的年度财务报表要经过注册会计师审计，对财务报表的合法性、公允性和一贯性发表意见，审计报告具有法定证明效力，同时注册会计师对其也应承担相应的法律责任。在对财务报表形成审计意见时，注册会计师应在评价根据审计证据得出的结论的基础上，对财务报表形成审计意见，同时通过书面报告的形式清楚地表达审计意见，说明其形成基础。

(一) 审计报告的格式和内容

1. 审计报告的要素

审计报告应当包括下列要素：(1) 标题；(2) 收件人；(3) 引言段；(4) 管理层对财务报表的责任段；(5) 注册会计师的责任段；(6) 审计意见段；(7) 注册会计师的签名和盖章；(8) 会计师事务所的名称、地址及盖章；(9) 报告日期。

2. 审计报告的标题

审计报告的标题应当统一规范为“审计报告”。

3. 审计报告的收件人

审计报告应当按照审计业务约定的要求载明收件人。审计报告的收件人是指注册会计师按照业务约定书的要求致送审计报告的对象，一般是指审计业务的委托人，审计报告应当载明收件人的全称。

4. 审计报告的引言段

审计报告的引言段应当说明被审计单位的名称和财务报表已经过审计，并包括下列内容：(1) 指出构成整套财务报表的每张财务报表的名称；(2) 提及财务报表附注(包括重要会计政策概要和其他解释性信息)；(3) 指明构成整套财务报表的每一财务报表的日期或涵盖的期间。

5. 管理层对财务报表的责任段

管理层对财务报表的责任段应当说明，按照适用的会计准则和相关会计制度的规定编制财务报表是管理层的责任，这种责任包括：(1) 按照适用的财务报告编制基础编制财务报表，并使其实现公允反映；(2) 设计、执行和维护必要的内部控制，以使财务报表不存在由于舞弊或错误导致的重大错报。

6. 注册会计师的责任段

注册会计师的责任段应当说明下列内容：(1) 注册会计师的责任是在执行审计工作的基础上对财务报表发表审计意见。(2) 注册会计师按照中国注册会计师审计准则的规定执行了审计工作。中国注册会计师审计准则要求注册会计师遵守中国注册会计师职业道德守则，计划和执行审计工作以对财务报表是否不存在重大错报获取合理保证。(3) 审计工作涉及实施审计程序，以获取有关财务报表金额和披露的审计证据。选择的审计程序取决于注册会计师的判断，包括对由于舞弊或错误导致的财务报表重大错报风险的评估。在进行风险评估时，注册会计师考虑与财务报表编制和公允列报相关的内部控制，以设计恰当的审计程序，但目的并非对内部控制的有效性发表意见。审计工作还包括评价管理层选用会计政策的恰当性和做出会计估计的合理性，以及评价财务报表的总体列报。(4) 注册会计师相信获取的审计证据是充分、适当的，为其发表审计意见提供了基础。

7. 审计意见段

审计意见段应当说明，财务报表是否按照适用的会计准则和相关会计制度的规定编制，是否在所有重大方面公允反映了被审计单位的财务状况、经营成果和现金流量。如果在审计意见中提及的适用的财务报告编制基础不是企业会计准则，而是国际财务报告准则、国际公共部门会计准则或者其他国家或地区的财务报告准则，注册会计师应当在审计意见段中指明国际财务报告准则或国际公共部门会计准则，或者财务报告准则所属的国家或地区。

8. 其他报告责任

除审计准则规定的注册会计师对财务报表出具审计报告的责任外，相关法律法规可能对注册会计师设定了其他报告责任。如果注册会计师在对财务报表出具的审计报告中履行其他报告责任，应当在审计报告中将其单独作为一部分，并以“按照相关法律法规的要求报告的事项”为标题。

9. 注册会计师签名和盖章

审计报告应当由注册会计师签名并盖章。

10. 会计师事务所的名称和地址及盖章

审计报告应当载明会计师事务所的名称和地址，并加盖会计师事务所公章。

11. 报告日期

审计报告应当注明报告日期。审计报告的日期不应早于注册会计师获取充分、适当的审计证据(包括管理层认可对财务报表的责任且已批准财务报表的证据),并在此基础上对财务报表形成审计意见的日期。

(二) 审计报告的类型

1. 标准审计报告

标准审计报告,是指不含有说明段、强调事项段、其他事项段或其他任何修饰性用语的无保留意见的审计报告。包含其他报告责任段,但不含有强调事项段或其他事项段的无保留意见的审计报告也被视为标准审计报告。

无保留意见,是指当注册会计师认为财务报表在所有重大方面按照适用的财务报告编制基础编制并实现公允反映时发表的审计意见。如果对财务报表发表无保留意见,除非法律法规另有规定,审计意见应当使用"财务报表在所有重大方面按照适用的财务报告编制基础编制,公允反映了……"的措辞。

标准审计报告的参考格式如下:

审 计 报 告

ABC 股份有限公司全体股东:

我们审计了后附的 ABC 股份有限公司(以下简称 ABC 公司)财务报表,包括 20×1 年 12 月 31 日的合并及公司的资产负债表,20×1 年度的合并及公司的利润表、股东权益变动表和现金流量表以及财务报表附注。

一、管理层对财务报表的责任

编制和公允列报财务报表是 ABC 公司管理层的责任。这种责任包括:(1) 按照企业会计准则的规定编制财务报表,并使其实现公允反映;(2) 设计、执行和维护必要的内部控制,以使财务报表不存在由于舞弊或错误导致的重大错报。

二、注册会计师的责任

我们的责任是在执行审计工作的基础上对财务报表发表审计意见。我们按照中国注册会计师审计准则的规定执行了审计工作。中国注册会计师审计准则要求我们遵守中国注册会计师职业道德守则,计划和执行审计工作以对财务报表是否不存在重大错报获取合理保证。

审计工作涉及实施审计程序,以获取有关财务报表金额和披露的审计证据。选择的审计程序取决于注册会计师的判断,包括对由于舞弊或错误导致的财务报表重大错报风险的评估。在进行风险评估时,注册会计师考虑与财务报表编制和公允列报相关的内部控制,以设计恰当的审计程序。审计工作还包括评价管理层选用会计政策的恰当性和做出会计估计的合理性,以及评价财务报表的总体列报。

我们相信,我们获取的审计证据是充分、适当的,为发表审计意见提供了基础。

三、审计意见

我们认为，上述财务报表在所有重大方面按照企业会计准则的规定编制，公允反映了ABC公司20×1年12月31日的合并及公司财务状况以及20×1年度的合并及公司的经营成果和现金流量。

××会计师事务所	中国注册会计师：×××
（盖章）	（签名并盖章）
	中国注册会计师：×××
	（签名并盖章）
中国××市	二〇×二年×月×日

2. 非标准审计报告

非标准审计报告，是指标准审计报告以外的其他审计报告，包括带强调事项段和其他事项段的无保留意见的审计报告，以及非无保留意见的审计报告。

根据《中国注册会计师审计准则第1502号——在审计报告中发表非无保留意见》规定，非无保留意见的审计报告包括保留意见的审计报告、否定意见的审计报告和无法表示意见的审计报告。当存在下列情形之一时，如果认为对财务报表的影响是重大的或可能是重大的，注册会计师应当出具非无保留意见的审计报告：一是根据获取的审计证据，得出财务报表整体存在重大错报的结论；二是无法获取充分、适当的审计证据，不能得出财务报表整体不存在重大错报的结论。如果财务报表没有实现公允反映，注册会计师应当就该事项与管理层讨论，并视适用的财务报告编制基础的规定和该事项得到解决的情况，决定是否有必要在审计报告中发表非无保留意见。

如果对财务报表发表非无保留意见，注册会计师应当对审计意见段使用恰当的标题，如“保留意见”“否定意见”或“无法表示意见”。同时，注册会计师还应当直接在审计意见段之前增加一个段落，说明导致发表非无保留意见的事项并使用恰当的标题，如“导致保留意见的事项”“导致否定意见的事项”或“导致无法表示意见的事项”。

如果财务报表中存在与具体金额（包括定量披露）相关的重大错报，注册会计师应当在导致非无保留意见的事项段中说明并量化该错报的财务影响。如果无法量化财务影响，注册会计师应当在导致非无保留意见的事项段中说明这一情况。

如果财务报表中存在与叙述性披露相关的重大错报，注册会计师应当在导致非无保留意见的事项段中解释该错报错在何处。

如果财务报表中存在与应披露而未披露信息相关的重大错报，注册会计师应当：

① 与治理层讨论未披露信息的情况。② 在导致非无保留意见的事项段中描述未披露信息的性质。③ 如果可行并且已针对未披露信息获取了充分、适当的审计证据，在导致非无保留意见的事项段中包含对未披露信息的披露，除非法律法规禁止。

如果因无法获取充分、适当的审计证据而导致发表非无保留意见，注册会计师应当在导致非无保留意见的事项段中说明无法获取审计证据的原因。

（1）带强调事项段和其他事项段的无保留意见的审计报告

根据《中国注册会计师审计准则第 1503 号——在审计报告中增加强调事项段和其他事项段》的规定，注册会计师如果认为必要，可以在审计报告中提供带有强调事项段和其他事项段的补充信息。

强调事项段，是指审计报告中含有的一个段落，该段落提及已在财务报表中恰当列报或披露的事项，根据注册会计师的职业判断，该事项对财务报表使用者理解财务报表至关重要。注册会计师同时应当采取下列措施：① 将强调事项段紧接在审计意见段之后；② 使用“强调事项”或其他适当标题；③ 明确提及被强调事项以及相关披露的位置，以便能够在财务报表中找到对该事项的详细描述；④ 指出审计意见没有因该强调事项而改变。

其他事项段，是指审计报告中含有的一个段落，该段落提及未在财务报表中列报或披露的事项，根据注册会计师的职业判断，该事项与财务报表使用者理解审计工作、注册会计师的责任或审计报告相关。注册会计师应使用“其他事项”或其他适当标题，并将其他事项段紧接在审计意见段和强调事项段（如有）之后。如果其他事项段的内容与其他报告责任部分相关，这一段落也可以置于审计报告的其他位置。

（2）保留意见的审计报告

如果认为财务报表存在下列情形之一，注册会计师应当出具保留意见的审计报告：一是在获取充分、适当的审计证据后，注册会计师认为错报单独或汇总起来对财务报表影响重大，但不具有广泛性；二是注册会计师无法获取充分、适当的审计证据以作为形成审计意见的基础，但认为未发现的错报（如存在）对财务报表可能产生的影响重大，但不具有广泛性。

当发表保留意见时，注册会计师应当修改对注册会计师责任的描述并说明：“注册会计师相信，注册会计师已获取的审计证据是充分、适当的，为发表非无保留意见提供了基础”。

当由于财务报表存在重大错报而发表保留意见时，注册会计师应当根据适用的财务报告编制基础在审计意见段中说明：“注册会计师认为，除了导致保留意见的事项段所述事项产生的影响外，财务报表在所有重大方面按照适用的财务报告编制基础编制，并实现公允反映”。

当无法获取充分、适当的审计证据而导致发表保留意见时，注册会计师应当在审计意见段中使用“除……可能产生的影响外”等措辞。

(3) 否定意见的审计报告

在获取充分、适当的审计证据后，如果认为错报单独或汇总起来对财务报表的影响重大且具有广泛性，注册会计师应当发表否定意见。

当发表否定意见时，注册会计师应当修改对注册会计师责任的描述并说明：“注册会计师相信，注册会计师已获取的审计证据是充分、适当的，为发表非无保留意见提供了基础”。

同时，注册会计师应当根据适用的财务报告编制基础在审计意见段中说明：“注册会计师认为，由于导致否定意见的事项段所述事项的重要性，财务报表没有在所有重大方面按照适用的财务报告编制基础编制，未能实现公允反映”。

出具否定意见的审计报告，意味着注册会计师认为被审计单位的财务报表不具有使用价值。这种财务报表不能作为财务分析的依据。

(4) 无法表示意见的审计报告

如果无法获取充分、适当的审计证据以作为形成审计意见的基础，但认为未发现的错报(如存在)对财务报表可能产生的影响重大且具有广泛性，注册会计师应当发表无法表示意见。

在极其特殊的情况下，可能存在多个不确定事项。尽管注册会计师对每个单独的不确定事项获取了充分、适当的审计证据，但由于不确定事项之间可能存在相互影响，以及可能对财务报表产生累积影响，注册会计师不可能对财务报表形成审计意见。在这种情况下，注册会计师应当发表无法表示意见。

当发表无法表示意见时，注册会计师应当修改审计报告的引言段，说明注册会计师接受委托审计财务报表。

注册会计师还应当修改对注册会计师责任和审计范围的描述，并仅能做出如下说明：“我们的责任是在按照中国注册会计师审计准则的规定执行审计工作的基础上对财务报表发表审计意见。但由于导致无法表示意见的事项段中所述的事项，我们无法获取充分、适当的审计证据以为发表审计意见提供基础”。

此外，注册会计师应当在审计意见段中说明：“由于导致无法表示意见的事项段所述事项的重要性，注册会计师无法获取充分、适当的审计证据以为发表审计意见提供基础，因此，注册会计师不对这些财务报表发表审计意见”。

注册会计师对财务报表出具无法表示意见的审计报告，说明这样的财务报表可靠性无法证实，不能作为正式分析的依据。

专栏1-3

会计要素计量属性

会计计量是为了将符合确认条件的会计要素登记入账并列报于财务报表而确定其金额的过程。从会计角度看，计量属性反映的是会计要素金额的确定基础，主要包括历史成本、重置成本、可变现净值、现值和公允价值等。

历史成本，又称为实际成本，是取得或制造某项财产物资时所实际支付的现金或其他等价物。在历史成本计量下，资产按照其购置时支付的现金或者现金等价物的金额，或者按照购置资产时所付出的对价的公允价值计量。负债按照其因承担现时义务而实际收到的款项或者资产的金额，或者承担现时义务的合同金额，或者按照日常活动中为偿还负债预期需要支付的现金或者现金等价物的金额计量。

重置成本又称现行成本，是指按照当前市场条件，重新取得同样一项资产所需支付的现金或现金等价物金额。在重置成本计量下，资产按照现在购买相同或者相似资产所需支付的现金或者现金等价物的金额计量。负债按照现在偿付该项债务所需支付的现金或者现金等价物的金额计量。在实务中重置成本多应用于盘盈固定资产的计量等。

可变现净值，是指在正常生产经营过程中，以预计售价减去进一步加工成本和预计销售费用以及相关税费后的净值。在可变现净值计量下，资产按照其正常对外销售所能收到现金或者现金等价物的金额扣减该资产至完工时估计将要发生的成本、估计的销售费用以及相关税费后的金额计量。可变现净值通常应用于存货资产减值情况下的后续计量。

现值是指对未来现金流量以恰当的折现率进行折现后的价值，是考虑货币时间价值的一种计量属性。在现值计量下，资产按照预计从其持续使用和最终处置中所产生的未来净现金流入量的折现金额计量。负债按照预计期限内需要偿还的未来净现金流出量的折现金额计量。现值通常用于非流动资产可收回金额和以摊余成本计量的金融资产价值的确定等。例如，在确定固定资产、无形资产等可收回金额时，通常需要计算资产预计未来现金流量的现值；对于持有至到期投资、贷款等以摊余成本计量的金融资产，通常需要使用实际利率法将这些资产在预期存续期间或适用的更短期间内的未来现金流量折现，再通过相应的调整确定其摊余成本。

公允价值，是指市场参与者在计量日发生的有序交易中，出售一项资产所能收到或者转移一项负债所需支付的价格(即脱手价格)。企业以公允价值计量相关资产或负债，应当假定出售资产或者转移负债的有序交易在相关资产或负债的主要市场进行；不存在主要市场的，应当假定该交易在相关资产或负债的最有利市场进行。公允价值主要应用于金融工具、投资性房地产、企业自身权益工具等的计量。

企业以公允价值计量相关资产或负债，应采用在当前情况下适用并且有足够可利用数据和其他信息支持的估值技术。企业使用多种估值技术计量公允价值的，应当考虑各估值结果的合理性，选取在当前情况下最能代表公允价值的金额作为公允价值。

我国在企业会计准则体系建设中适度、谨慎地引入了公允价值这一计量属性，2014 年 1 月颁布的《企业会计准则第 39 号——公允价值计量》指出，企业应当将公允价值计量所使用的输入值划分为三个层次，并首先使用第一层次输入值，然后才是第二和第三层次输入值。其中，第一层次输入值是指在计量日能够取得的相同资产或负债在活跃市场上未经调整的报价，第二层次输入值是除第一层次输入值外相关资产或负债直接或间接可观察的输入值，第三层次输入值是相关资产或负债的不可观察输入值。公允价值计量结果所属的层次，取决于估值技术的输入值，而不是估值技术本身。

第三节　财务报表分析的程序与方法

一、财务报表分析的程序

通常，财务报表分析的一般程序包括以下几个方面：

（一）明确分析目标

财务报表分析的目标是整个分析活动的出发点，决定着分析范围的大小、分析标准的选择、收集资料的详略、分析方法的选取等全部财务分析过程。由于报表使用人不同，所以分析目标也会有所不同。

（二）确立分析范围

在分析目标明确以后，要根据具体情况有选择地确立分析范围，按照成本效益原则，进行重点分析，以节约收集有关资料、设计分析程序等环节的成本。

（三）设计分析程序

根据分析目标和要求，进行分析程序设计，具体工作包括采用哪些合理的技术分析方法和分析指标，选择什么样的分析标准（如同业标准、企业历史标准或预算标准等），以及分析到什么样的层次为止等。

（四）收集分析资料

就是根据已确定的分析范围收集所需的分析资料，包括财务报表、审计报告以及其他企业的公告和内部资料等。对所收集到的资料还要核实其真实性和时效性，尤其要注意防范会计舞弊和财务欺诈行为。

（五）进行分析计算

对已经掌握的资料，在经过必要的数据处理之后，选用一定的分析方法，进行指标计算和分析，找出指标之间的差距，以揭示在各财务报表资料中所隐含的重要关系及相互间的影响因素。

（六）得出分析结论

在初步分析的基础上，采用定性分析和定量分析相结合、整体分析和局部分析相结合、静态分析和动态（趋势）分析相结合的分析方法，通过归纳和综合，把研究对象系统化，从总体上把握其本质和规律，最后形成分析结论。

二、财务报表分析使用的方法

进行财务报表分析，常用的分析方法有：比较分析法、因素分析法和综合分析法。

（一）比较分析法

比较分析法是通过经济指标在数量上的比较，来揭示经济指标数量关系和数量差异的一种方法。比较方法的理论基础，是客观事物发展变化统一性与多样性的辩证结合。共同性使它们具有了可比的基础，差异性使它们具有了不同的特征。比较包括空间上的比较和时间上的比较，空间上的比较可以区分事物之间的外部特征，时间上的比较可以发现同一事物在不同时点上的不同变化情况。在具体分析时，这两种类型的比较可以结合使用。

1. 按比较标准分类

（1）趋势分析

趋势分析也称历史分析，就是根据财务报表中连续两期或多期的项目金额或财务指标进行对比，确定其增减变动的方向、数额和幅度，以揭示企业财务状况和经营情况变化趋势的一种方法。

趋势分析中常用的百分比分析法根据基期选择的不同，还可以分为定基趋势百分比分析和环比趋势百分比分析。其计算公式分别为：

$$\text{定基趋势百分比}=\frac{\text{本期金额}}{\text{某基期金额}}\times 100\%$$

$$\text{环比趋势百分比}=\frac{\text{本期金额}}{\text{上期金额}}\times 100\%$$

通过本期与前期（上月、上季、上年同期）或本期与基期财务报表中有关项目的对比，可以从差异中分析企业的发展动态，判断引起变动的主要项目是什么，这种变化的性质是否有利于企业，并进一步预测企业未来的发展趋势。

（2）同业分析

同业分析就是将企业的主要财务指标与同行业的平均指标或同行业中先进企业的指标进行对比，从而全面评价企业的经营成绩和市场竞争能力。与行业平均指标的对比，可以分析判断该企业在同行业中所处的位置。和先进企业的指标对比，有利于吸取先进经验，克服本企业的不足。

（3）预算差异分析

预算差异分析是将分析期的预算（计划）数额作为比较的标准，用实际数与预算数进行对比的一种分析方法。实际数与预算数的差异可以反映预算（计划）的实际完成情况，企业通过差异分析能够从中发现问题，完善管理，促进企业发展。

2. 按比较指标分类

（1）总量指标分析

总量是指财务报表某个项目的金额总量，例如总资产、净利润、应收账款等。由于不同企业的会计报表项目的金额之间不具有可比性，因此总量比较主要用于本企业的趋势比较和预算差异比较。有时候总量指标也用于不同企业的比较，例如按资产规模或利润额评价得到的企业排名榜。

（2）财务比率分析

财务比率分析是把某些彼此关联的项目进行对比，用倍数或比例表示出分数式，据以反映各会计要素内在联系和相关性，评价企业的财务状况和经营成果。比率分析要求各项目之间存在一定的逻辑关系，这样才能使比率指标具有一定的经济意义。由于财务比率是相对数，排除了规模的影响，使不同比较对象建立起可比性，因此在财务报表分析中使用非常广泛。比率指标主要有以下四类：

① 构成比率，又称结构百分比率，是某项经济指标的各个组成部分与总体的比率，反映部分与总体的关系，例如固定资产与总资产的比率。利用该比率可以考察总体中各组成部分的安排是否合理，以便协调各项财务活动，参见表 1－10 示例。

表 1－10　资产结构百分比率分析　　单位：%

年　　份	2014	2015	2016	2017
货币资金	6.48	3.83	6.20	12.59
交易性金融资产	0.00	0.01	0.01	0.00
应收票据	0.04	0.03	0.02	0.01
应收账款	2.56	2.36	1.29	2.52
预付款项	10.62	8.28	9.60	5.21
其他应收款	0.67	0.53	0.51	2.02

（续表）

年 份	2014	2015	2016	2017
应收利息	0.00	0.00	0.00	0.00
应收股利	0.00	0.00	0.00	0.00
存货	33.53	31.69	20.85	42.16
一年内到期的非流动资产	0.00	0.00	0.00	0.00
其他流动资产	0.00	0.00	0.00	0.00
流动资产合计	53.89	46.73	38.47	64.51
可供出售金融资产	0.00	25.33	46.67	14.77
持有至到期投资	0.00	0.00	0.00	0.00
长期应收款	0.00	0.00	0.00	0.02
长期股权投资	8.14	3.30	2.46	3.45
投资性房地产	0.00	0.11	0.05	0.17
固定资产	32.34	21.15	10.43	14.25
在建工程	0.74	0.62	0.81	1.17
工程物资	0.00	0.00	0.19	0.00
固定资产清理	0.00	0.00	0.00	0.00
无形资产	4.44	2.26	0.73	1.17
商誉	0.00	0.26	0.13	0.15
长期待摊费用	0.37	0.14	0.02	0.12
递延所得税资产	0.00	0.09	0.02	0.23
其他非流动资产	0.09	0.00	0.00	0.00
非流动资产合计	46.11	53.27	61.53	35.49
资产总计	100.00	100.00	100.00	100.00

② 效率比率，是某项经济活动中投入与产出的比率，反映企业的经营成果和经济效益。例如将利润总额与销售收入总额进行比较，可以得到销售利润率指标，借此反映企业获利能力的高低。

③ 相关比率，是用某项目与另一不同类别但又与之有一定联系的项目进行对比得到的比率，反映经济活动中的相互关系。例如用流动资产与流动负债比较，可以得到流动比率，据此可以判断企业的短期偿债水平。

④ 周转比率，是指企业生产经营中某项资产的利用效率，如存货周转率、应收账款周转率等，主要用于分析企业的资金周转状况与管理效率情况。

3. 按比较的方法分类

(1) 绝对值比较分析。绝对值比较分析就是将两期或两期以上的财务报表编制成比较财务报表，进行各项目金额的绝对值比较。

(2) 绝对值增减变动分析。在上述绝对值比较中，还可以进行绝对值增减变动分析，即计算项目金额前后期之间的差额，从而得到比较明确的项目增减变动数额。

(3) 增减变动百分比分析。由于项目绝对值增减变动比较得到的仍是绝对数，无法消除规模因素的影响，因此可以进一步计算增减变动百分比，并列示在比较报表中，以反映不同年度项目增减变动的相关性。其计算公式为：

$$增减变动百分比=\frac{分析项目金额-比较项目金额}{比较项目金额}\times 100\%$$

增减变动分析请参见表 1-11 示例。

表 1-11　损益增减变动分析

年　份	2015 比 2014		2016 比 2015		2017 比 2016	
	增减额（万元）	增减百分比（%）	增减额（万元）	增减百分比（%）	增减额（万元）	增减百分比（%）
一、营业收入	147 224.51	31.62	90 595.79	14.78	374 641.37	53.26
减：营业成本	100 758.52	34.78	63 518.26	16.27	237 514.65	52.32
税金及附加	4 584.09	51.64	1 706.28	12.68	10 302.47	67.93
销售费用	9 477.69	16.12	9 902.53	14.50	19 647.08	25.13
管理费用	8 968.91	37.75	22 342.42	68.27	24 992.21	45.38
财务费用	−3 711.93	−30.41	1 544.21	18.18	35 106.14	349.65
资产减值损失	3 524.81	—	−1 308.96	−37.14	138 586.26	6 254.33
加：公允价值变动净收益	67.88	—	57.57	84.81	−256.31	−204.30
投资收益	4 804.90	999.80	270 137.19	5 110.92	−53 218.24	−19.32
其中：对联营企业和合营企业的投资收益	0.00	—	0.00	—	0.00	—
二、营业利润	28 495.20	39.17	263 085.81	259.87	−144 981.98	−39.80
加：补贴收入	−8 100.72	−100.00	0.00	—	0.00	—
营业外收入	17 275.12	1 514.16	−9 346.95	−50.75	11 813.59	130.26
减：营业外支出	3 381.98	581.84	298.15	7.52	−1 559.39	−36.59

（续表）

年　份	2015 比 2014		2016 比 2015		2017 比 2016	
	增减额（万元）	增减百分比（%）	增减额（万元）	增减百分比（%）	增减额（万元）	增减百分比（%）
其中：非流动资产处置净损失	315.11	—	160.01	50.78	−240.92	−50.71
三、利润总额	34 287.62	42.12	253 440.71	219.07	−131 609.00	−35.65
减：所得税	10 593.43	62.90	76 637.19	279.35	−45 703.40	−43.92
四、净利润	31 776.07	56.26	176 803.52	200.33	−85 905.60	−32.41

（二）因素分析法

因素分析法是一种分析经济因素的影响，测定各个因素影响程度的分析方法。包括比率因素分解法和连环替代法。

1. 比率因素分解法

比率因素分解法，是指把一个财务比率分解为若干个影响因素的方法。例如，资产收益率可以分解为资产周转率和销售利润率两个比率的乘积，著名的杜邦财务分析模型采用的就是比率因素分解法，将财务比率进行因素分解是财务报表分析特有的方法。

在实际的分析中，分解法和比较法是结合使用的。比较之后需要分解，以深入了解差异的原因；分解之后还需要比较，以进一步认识其特征。不断的比较和分解，构成了财务报表分析的主要过程。

2. 连环替代法

连环替代法是指以某项指标为对象，分析各相关因素变动对差异影响程度的一种财务分析方法。这种方法需要依次用报告期值替代基期值，以测定各因素对财务指标的影响。具体分析方法应用如下：

假定某项财务指标 P 受 a、b、c 三个因素的影响，存在的计算关系为 $P=a\times b\times c$，则有：

基期（计划）指标： $$P_0=a_0\times b_0\times c_0$$

报告期（实际）指标： $$P_1=a_1\times b_1\times c_1$$

报告期与基期数的差异 $Q=P_1-P_0$ 即为分析对象，应用连环替代法顺次逐个地计算就可得出 a、b、c 三个因素变动分别对指标 P 变动的影响。需要注意的是，当分析某一个因素时，需将其余因素暂时当做不变的因素考虑。

第一次替代：假设只有 a 因素变动，用 a_1 替代 a_0，b、c 因素保持基期数不变，即：

$$P_2 = a_1 \times b_0 \times c_0$$

第二次替代：假定 b 因素也变动，用 b_1 替代 b_0 后，只有 c 因素保持基期数不变，即：

$$P_3 = a_1 \times b_1 \times c_0$$

第三次替代：假定 c 因素又变动，用 c_1 替代 c_0 后，即成为报告期指标：

$$P_1 = a_1 \times b_1 \times c_1$$

分别用 $Q_1 = P_2 - P_0$ 表示 a 因素变动对指标 P 变动的影响，$Q_2 = P_3 - P_2$ 表示 b 因素变动对指标 P 变动的影响，$Q_3 = P_1 - P_3$ 表示 c 因素变动对指标 P 变动的影响，相加后得到：

$$\begin{aligned} & Q_1 + Q_2 + Q_3 \\ =& (P_2 - P_0) + (P_3 - P_2) + (P_1 - P_3) \\ =& P_1 - P_0 \\ =& Q \end{aligned}$$

可见，将 a、b、c 三个因素变动的影响差异数相加，恰好等于报告期与基期指标的影响差异数。不过，在运用连环替代法进行因素分析时，一定要注意掌握好因素分解的关联性和因素替代的顺序性。

（三）综合分析法

综合分析法是将相互联系、相互补充的分析方法和分析程序得到的个别结论，通过一个简洁的指标体系予以综合并做出概括性的结论，以衡量企业生产经营活动的综合绩效和财务状况。例如沃尔评分法，其基本思路是选定若干财务指标，根据它们的重要性给定一个权重，再将该指标与标准指标值进行比较，得到每项指标的得分，最后进行加权计分算出综合评分值。

目前政府有关经济部门、金融机构和各企业行业组织大多采用了不同形式的综合评价模型来对企业进行综合分析，本书的第九章还将对综合分析法进行详细的介绍。

专栏 1-4

财务报表哈佛分析框架

对企业财务报表的分析，不能脱离企业所处的社会环境及其特定的行业选择和发展路径，并且企业的竞争战略、公司文化和会计政策等因素，也都可能会对企业财务报表分析的质量带来较大的影响。由三名哈佛大学教授佩普、希利和伯纳德等人创立的著名的“哈佛分析框架”对此给出了一个较为完整的分析思路。

根据“哈佛分析框架”，企业的财务报表分析程序由企业战略分析、会计分析、财务分析和前景分析四部分组成。

企业的战略分析通过分析企业行业和竞争战略来确定企业的生存环境，并评价其经营风险和发展潜力。其中行业分析包括行业的特征分析(竞争特征、需求特征、技术特征、增长特征和盈利特征)、生命周期分析(投入期、成长期、成熟期和衰退期)、价值链分析及波特的五力模型分析(现有企业的竞争、新进入企业的威胁、替代产品的威胁、客户的竞价能力和供应商的竞价能力)等。竞争战略分析通过评价企业成本领先和差异化战略来分析企业的竞争优势。

会计分析通过评估会计政策和会计估计的恰当性来分析企业会计信息的质量，使会计信息更好地反映企业经营的现实。在具体分析中，报表使用者要深入了解财务报告的编制基础、重要会计政策和会计估计、重要项目的会计解释和重要事项的揭示等内容，评价会计信息质量，防范会计操纵风险。

财务分析是利用财务报表信息，通过比率分析、因素分析、趋势分析、结构分析等手段来对企业的偿债能力、营运能力、获利能力、发展能力等进行评价，从而评估企业的各项经营业绩。

前景分析是在深入了解企业过去经营状况的基础上，基于一些合理的假设和预期，对企业的财务前景和未来价值进行预测，以此来满足有关方面各项投融资的决策之需。

本章小结

财务报表分析是报表分析主体以财务报表为主要依据，采取一定的标准和系统科学的分析方法，对企业的生产经营活动和财务状况进行综合评价的过程，其目的是了解过去、评价现在和预测未来，为报表使用者的各项决策行动提供依据。

财务报表分析的主体，一般包括企业的债权人、权益投资人、企业内部经理人员、政府经济管理机构以及其他与企业有利益关系的人士。他们需要的信息和关注的角度不同，采用的分析程序和方法也会有一定的差别。

财务报表分析使用的主要资料是企业对外发布的财务报表，但它不是财务分析唯一的信息来源。企业的招股说明书、上市公告、定期报告、临时公告、审计报告以及企业的内部管理计划、分析资料等也都是很重要的可用信息。

财务报表分析的一般程序包括明确分析目标、确立分析范围、设计分析程序、收集分析资料、进行分析计算和得出分析结论等几个方面。

进行财务报表分析常用的分析方法有比较分析法、因素分析法和综合分析法等方法。

本章关键术语

资产负债表　利润表　所有者权益变动表　现金流量表　财务报表附注　审计报告　趋势分析　因素分析法

思考题

1. 财务报表分析的主体有哪些？分析的具体内容包括哪些方面？
2. 我国目前企业会计准则采用的财务报表有哪些？简述其基本的框架结构。
3. 审计报告的类型有哪几种？简述其差别特点。
4. 简述财务报表分析的常用方法。
5. 简述财务报表分析的基本程序。

第二章　偿债能力和资本结构分析

学习目的

1. 掌握企业短期偿债能力分析指标；
2. 掌握企业资本结构分析指标；
3. 掌握企业长期偿债能力分析指标；
4. 了解影响企业短期和长期偿债能力的因素；
5. 了解资本结构对企业偿债能力的影响；
6. 了解偿债能力扩展分析方法。

第一节　短期偿债能力分析

偿债能力是指企业偿还债务的能力，可以分为短期偿债能力和长期偿债能力。短期偿债能力主要表现为企业一年内到期债务与可支配流动资产之间的关系，在具体分析时应侧重于对企业流动资产变现能力的考察；长期偿债能力衡量的是企业偿还一年以上长期债务的能力，与企业的资本结构和盈利能力有着十分密切的联系。本节我们首先考察短期偿债能力。

一、短期偿债能力概述

短期偿债能力是指企业用流动资产偿还流动负债的保障能力。一个企业短期偿债能力的强弱，要根据流动资产的数量和流动性状况以及流动负债的数量和偿债紧迫性状况来定。

一般而言，流动资产是指企业可以在一年或一个营业周期内变现或耗用的资产，在企业原财务报表中包括货币资金、短期投资、应收账款、应收票据、存货、预付账款、其他应收款、待摊费用、一年内到期的其他长期投资等项目。2006 年起新报表取消了短期投资、待摊费用项目，新增加了交易性金融资产项目。同时新准则指出，资产满足下列条件之一的，应当归类为流动资产：(1) 预计在一个正常营业周期中变现、出售或耗用；(2) 主要为交易目的而持有；(3) 预计在资产负债表日起一年内(含一年)变现；(4) 自资产负债表日起一年内，交换其他资产或清偿负债的能力不受限制的现金或现金等价物。此外，被划分为持有待售的非流动资产也应当归类为流动资产。

上述正常营业周期，是指企业从购买用于加工的资产起至实现现金或现金等价物的期间。正常营业周期通常短于一年。因生产周期较长等导致正常营业周期长于一年的，尽管相关资产往往超过一年才变现、出售或耗用，仍应当划分为流动资产。正常营业周期不能确定的，应当以一年(12个月)作为正常营业周期。

各流动资产项目是根据它们变现能力的大小来排序的。流动资产的流动性是指其转换成现金的能力，资产转换成现金的时间越短，流动性越强。资产在变现的过程中，资产预计出售价格与实际出售价格的差额越小，资产流动性越强。资产的流动性越强，越容易转化成可偿债的现金。

流动负债是指在一年内或超过一年的一个营业周期内应偿还的债务，原财务报表包括短期借款、应付票据、应付账款、预收账款、应付工资及福利费、应付股利、应交税金等项目。2006年起新报表在增加了交易性金融负债项目的同时，还对部分项目名称进行了修改，如应付职工薪酬、应交税费等。按照新准则规定，负债满足下列条件之一的，应当归类为流动负债：(1) 预计在一个正常营业周期中清偿；(2) 主要为交易目的而持有；(3) 自资产负债表日起一年内到期应予以清偿；(4) 企业无权自主地将清偿推迟至资产负债表日后一年以上。

另外，以下一些项目也应当归类为流动负债：(1) 被划分为持有待售的非流动负债应当归类为流动负债；(2) 对于在资产负债表日起一年内到期的负债，企业不能自主地将清偿义务展期的，即使在资产负债表日后、财务报告批准报出日前签订了重新安排清偿计划协议，该项负债仍应当归类为流动负债；(3) 企业在资产负债表日或之前违反了长期借款协议，导致贷款人可随时要求清偿的负债，应当归类为流动负债。

对短期偿债能力的评价除了采用我们后面将要介绍的比率指标分析以外，还可以采用绝对值指标即营运资本来分析。

所谓营运资本(working capital)，也称净营运资金，是指流动资产总额减去流动负债总额后的剩余部分，它意味着企业的流动资产在偿还全部流动负债后还有多少剩余。[①] 营运资本的计算公式如下：

营运资本＝流动资产－流动负债

① 国内一般把“营运资金”作为企业流动资产和流动负债的总称。

当企业的营运资本为正数时，表明流动资产大于流动负债，也即流动资产的资金来源不仅包括流动负债，还包括长期负债（非流动负债）或所有者权益；当营运资本为负数时，流动资产小于流动负债，说明企业的部分长期资产也是由流动负债资金来提供的，短期偿债风险加大。营运资本的数值越大，企业偿付短期债务的能力就越强，反之则反是。

但是，这并不是说营运资本越多越好，因为高营运资本说明企业的流动资产过多或流动负债过少，流动资产虽然流动性强，但是与长期资产相比其盈利性较差，持有过多的流动资产不利于企业提高盈利能力；而流动负债过少，表明企业不能充分利用债务融资的杠杆作用，不利于企业扩大生产经营。因此，企业维持一个适度的营运资本规模是必要的，但是具体的数额应根据企业内外部经济环境和自身经营规划来确定。

对企业的利益相关者来说，短期偿债能力分析是企业财务分析的一个重要组成部分。

对企业的债权人来说，企业短期偿债能力的强弱意味着出借给企业的本金与利息能否按期收回，并且企业长期偿债能力最终也要通过短期偿债能力来体现。

对企业的投资者来说，短期偿债能力的强弱通常代表了企业盈利能力的高低和投资风险的大小。若短期偿债能力下降，意味着企业盈利降低，导致流动资金不足和投资风险加大。

对企业管理者来说，短期偿债能力的强弱意味着企业承受财务风险的能力大小。若短期偿债能力下降，则企业偿债压力增大，企业如不能通过债务减免、债务展期或借新还旧等方式解决当期债务，就只有变现资产或破产清算，这都将会给企业带来致命的打击。

对企业的供应商和客户来说，企业短期偿债能力的强弱意味着企业履约能力的强弱，偿债能力的下降，可能会使企业正常的交易活动无法进行，从而损害供应商和客户的利益。

总之，企业短期偿债能力非常重要，一旦短期偿债出现问题，企业的正常经营活动必然受到严重影响，因此企业财务分析首先要从短期偿债能力分析开始。

专栏 2－1

应收账款、应收票据和其他应收款

企业的应收款项包括应收账款、应收票据和其他应收款。

应收账款是企业在生产经营过程中因商品（产品）已经交付、或因劳务已经提供，从而取得的向其他单位或个人索取货款及劳务补偿的要求权。由于应收账款要经过一段时间以后才能收回现金，能否收回或者能否足额收回，要取决于债务人的支付能力和信用度，因此应收账款会出现发生坏账损失的可能。在我国，企业应根据应收账款的实际情况按照备抵法核算并提取坏账准备，具体的核算方法包括账龄分析法、应收账款余额百分比法和赊销百分比法等。在报表分析时，应注意分析企业有无利用应收账款虚构营业收入的现象，有无隐瞒应收账款的坏账风险，少提或者不提坏账准备。

应收票据是企业因销售商品、提供劳务等而持有的尚未兑现的各种票据，包括银行承兑汇票和商业承兑汇票。应收票据由于是以票据形式体现企业的债权债务关系，因而取消了一般应收款给客户的一种无担保赊账的权利，同时票据上有明确付款日，因此其强制性较一般应收款项要强。在我国商业汇票的期限一般为 6 个月。企业在票据到期前需要资金，可以将票据背书转让或贴现。但是未到期贴现的票据，仍存在到期无法收回票款的可能，所以企业应将已贴现票据作为或有负债，在报表附注中加以说明。

根据 2018 年 6 月财政部新修订一般企业财务报表格式的规定，原“应收账款”和“应收票据”项目合并为“应收票据及应收账款”项目。

其他应收款是指企业发生的非购销活动产生的应收债权，正常情况下，其他应收款的余额不应过大。但是在我国，有一些上市公司通过关联交易的种种手段或转移资产或将资金出借给大股东占用，从而出现在某些企业其他应收款的期末余额要远远高于应收账款期末余额的现象。因此，在报表分析时应特别加以关注。

二、短期偿债能力分析指标

衡量短期偿债能力的主要指标是流动比率和速动比率指标；此外还有一些辅助性指标如保守速动比率（超动比率）、现金比率、现金即付比率、存货信赖度等。

（一）流动比率

流动比率是衡量企业短期偿债能力最常用的指标，反映企业短期偿债能力的强弱，其计算公式为：

流动比率＝流动资产÷流动负债

流动比率的分析要点：

（1）流动比率越高，企业的偿债能力越强，债权人利益的安全程度也越高。因此长期以来，该指标是银行用于贷款决策的一个重要评价指标。

（2）通常认为流动比率的值为 2 比较理想，但比率多高为合适，应视不同行业的具体情况而定。另外，不同国家或者同一国家在不同经济时期，企业的流动比率指标都可能会有较大的差异，因此不存在通用的标准值。

（3）该比率不能过高，过高则表明企业流动资产占用较多，会影响资金使用效率和企业获利能力；流动比率过高还可能是存货积压，应收账款过多且收账期延长所致，而真正可用来偿债的资金和存款却严重短缺。一般情况下，营业周期、应收账款和存货的周转速度等是影响流动比率的主要因素。

(4) 流动比率是一个静态指标，只表明在报表日那一时点上每一元流动负债的保障程度，即在该时点流动负债与可用于偿债资产的关系。只有债务的出现与资产的周转完全均匀发生时，流动比率才能正确反映偿债能力。流动资产能否用于偿债，要看它们是否能顺利转换成现金。

(5) 流动比率的局限在于未考虑流动资产的质量和结构，易于被人为操纵，而表外的一些潜在债务风险因素也没有列入，所以在分析时尤要注意。

[例 2-1]　根据附录 MN 公司有关财务数据，分析企业流动比率变动情况。

按照公式计算出的企业流动比率如表 2-1 所示。

表 2-1　流动比率分析

年　份	2013	2014	2015	2016	2017
流动比率	0.97	0.91	1.10	0.99	1.14

计算表明，企业 2017 年每 1 元流动负债有 1.14 元流动资产支持，尽管该指标值不高，但较企业过去年份相比已有所增加。

[财务指标参考数据之一]

表 2-2　20 家上市公司流动比率统计

所属行业	农业	采掘	食品	纺织服装	造纸	石化	电子	金属	机械	医药
上市公司	隆平高科	大同煤业	贵州茅台	雅戈尔	晨鸣纸业	上海石化	海康威视	上海宝钢	三一重工	同仁堂
2013	1.53	0.80	3.71	0.94	0.88	0.80	4.39	0.82	2.17	3.35
2014	1.51	1.35	4.51	0.94	0.84	0.76	3.13	0.83	1.83	3.27
2015	1.26	1.40	3.24	1.01	0.72	1.05	2.60	0.76	1.34	3.44
2016	3.01	1.31	2.44	1.22	0.77	1.66	3.01	0.85	1.60	3.43
2017	1.50	1.13	2.91	0.75	0.86	1.82	2.60	0.82	1.58	3.29
所属行业	电力	建筑	交通运输	信息技术	批发零售	房地产	社会服务	金融	文化传播	综合
上市公司	粤电力	葛洲坝	东方航空	川大智胜	南京新百	华夏幸福	黄山旅游	工商银行	中视传媒	复旦复华
2013	0.56	1.19	0.24	4.36	0.76	1.27	1.03	—	2.75	1.14
2014	0.67	1.15	0.30	2.69	0.67	1.27	1.10	—	3.22	2.34

（续表）

所属行业	电力	建筑	交通运输	信息技术	批发零售	房地产	社会服务	金融	文化传播	综合
上市公司	粤电力	葛洲坝	东方航空	川大智胜	南京新百	华夏幸福	黄山旅游	工商银行	中视传媒	复旦复华
2015	0.67	1.14	0.31	3.35	0.80	1.35	1.89	—	3.72	1.84
2016	0.67	1.69	0.23	4.31	0.69	1.40	3.16	—	2.96	1.47
2017	0.60	1.35	0.23	5.65	0.75	1.53	5.54	—	3.38	1.44

（二）速动比率

速动比率又称酸性测试比率，是速动资产与流动负债的比值。所谓速动资产是流动资产扣除存货后的数额，速动比率的内涵是每一元流动负债有多少元速动资产作保障。速动比率的计算公式为：

速动比率＝(流动资产－存货)÷流动负债

速动比率的分析要点：

(1) 速动比率的值越高，偿债能力越强。但比率多高合适，应视不同行业具体情况而定，一般认为在1左右比较合理。

(2) 在计算速动比率时要把存货从流动资产中剔除，其主要原因是：① 在流动资产中存货的变现速度最慢；② 由于某种原因存货中可能含有已损失报废但还没作处理的不能变现的存货；③ 部分存货可能已抵押给某债权人；④ 存货估价还存在着成本与合理市价相差悬殊的问题。相对流动比率，速动比率更具合理性。

(3) 速动资产中包含了流动性较差的应收账款，使速动比率所反映的偿债能力受到影响，特别是当速动资产中含有大量不良应收账款时，必然会减弱企业的短期偿债能力。因此，应收账款的变现能力是影响速动比率的重要因素，在分析时可结合应收账款周转率、坏账准备计提政策等因素一起考虑。

(4) 速动资产中预付账款的流动性也很差，同样对偿债能力造成影响。

(5) 速动比率也是一个静态指标，未考虑应收账款的可回收性和期限，容易被操纵，分析人员应注意观察和识别。

［例 2-2］ 根据附录 MN 公司有关财务数据，分析企业速动比率变动情况。

按照公式计算出的企业速动比率如表 2-3 所示。

表 2-3　速动比率分析

年　份	2013	2014	2015	2016	2017
速动比率	0.52	0.34	0.36	0.45	0.40

通过计算发现，MN公司的速动比率指标自2013年后下降比较明显，表明企业短期偿还债务的压力加大。

[财务指标参考数据之二]

表2-4　20家上市公司速动比率统计

所属行业	农业	采掘	食品	纺织服装	造纸	石化	电子	金属	机械	医药
上市公司	隆平高科	大同煤业	贵州茅台	雅戈尔	晨鸣纸业	上海石化	海康威视	上海宝钢	三一重工	同仁堂
2013	0.67	0.73	2.66	0.23	0.68	0.30	3.88	0.50	1.64	1.95
2014	0.74	1.25	3.09	0.30	0.65	0.29	2.75	0.53	1.81	1.84
2015	0.63	1.33	2.34	0.49	0.62	0.51	2.32	0.50	1.32	1.92
2016	2.09	1.28	1.88	0.68	0.66	0.97	2.70	0.55	1.33	2.07
2017	0.93	1.10	2.34	0.48	0.76	1.21	2.31	0.57	1.24	1.97
所属行业	电力	建筑	交通运输	信息技术	批发零售	房地产	社会服务	金融	文化传播	综合
上市公司	粤电力	葛洲坝	东方航空	川大智胜	南京新百	华夏幸福	黄山旅游	工商银行	中视传媒	复旦复华
2013	0.49	0.63	0.19	3.63	0.44	0.28	0.32	—	2.47	0.68
2014	0.58	0.66	0.26	1.94	0.32	0.35	0.33	—	2.88	1.37
2015	0.59	0.73	0.28	2.65	0.50	0.47	1.11	—	3.29	1.01
2016	0.58	1.04	0.20	3.50	0.41	0.48	1.89	—	2.71	0.60
2017	0.52	0.65	0.20	4.58	0.51	0.52	5.49	—	3.19	0.45

（三）保守速动比率

保守速动比率也称超动比率，是保守速动资产与流动负债的比值。保守速动资产一般是指货币资金、交易性金融资产、应收账款和应收票据的总和。该比率的计算公式如下：

保守速动比率＝(货币资金＋交易性金融资产＋应收账款＋应收票据)÷流动负债

保守速动比率在计算时，由于扣除了存货以及流动资产中一些与当期现金流量无关的项目如预付账款等，增强了对短期偿债的分析能力。保守速动比率值越高，偿债能力越强，但比值过高也不好。

[例2-3]　根据附录MN公司有关财务数据，分析企业保守速动比率变动情况。

按照公式计算出的企业保守速动比率如表2-5所示。

表 2-5　保守速动比率分析

年　份	2013	2014	2015	2016	2017
保守速动比率	0.12	0.15	0.15	0.19	0.27

企业保守速动比率在 2013 年最低为 0.12,2017 年提高到 0.27,虽偿债能力有所提高,但仍面临较大债务压力。

(四) 现金比率

现金比率是现金类资产与流动负债的比值,现金类资产通常指货币资金和交易性金融资产,这两项资产的特点是随时可以变现①。现金比率的计算公式如下:

现金比率＝(货币资金＋交易性金融资产)÷流动负债

现金比率反映企业的即时付现能力,也就是对流动负债随时可以支付的能力。该比率值越高,偿债能力越强,但是同时也说明企业的资金使用不佳,资金结构不合理,因为现金类资产是企业收益率最低的资产。

[例 2-4] 根据附录 MN 公司有关财务数据,分析企业现金比率变动情况。

按照公式计算出的企业现金比率如表 2-6 所示。

表 2-6　现金比率分析

年　份	2013	2014	2015	2016	2017
现金比率	0.08	0.11	0.09	0.16	0.22

企业的现金比率自 2013 年以后逐渐上升,2017 年达到 0.22 的水平,现金偿债能力较过去有所提高。

[财务指标参考数据之三]

表 2-7　20 家上市公司现金比率统计

所属行业	农业	采掘	食品	纺织服装	造纸	石化	电子	金属	机械	医药
上市公司	隆平高科	大同煤业	贵州茅台	雅戈尔	晨鸣纸业	上海石化	海康威视	上海宝钢	三一重工	同仁堂
2013	0.38	0.37	2.23	0.11	0.13	0.01	1.63	0.14	0.37	1.65
2014	0.37	0.77	2.63	0.13	0.19	0.02	1.18	0.14	0.29	1.43
2015	0.31	0.79	1.84	0.23	0.18	0.14	0.98	0.09	0.25	1.43
2016	0.71	0.81	1.81	0.41	0.22	0.61	1.13	0.10	0.31	1.49
2017	0.25	0.89	2.28	0.23	0.25	0.87	0.96	0.12	0.18	1.32

① 也有观点认为,现金类资产还包括应收票据。

（续表）

所属行业	电力	建筑	交通运输	信息技术	批发零售	房地产	社会服务	金融	文化传播	综合
上市公司	粤电力	葛洲坝	东方航空	川大智胜	南京新百	华夏幸福	黄山旅游	工商银行	中视传媒	复旦复华
2013	0.20	0.16	0.04	1.97	0.32	0.18	0.26	—	1.65	0.46
2014	0.27	0.17	0.02	0.80	0.26	0.19	0.27	—	2.12	0.72
2015	0.32	0.22	0.12	1.92	0.43	0.32	0.72	—	2.23	0.50
2016	0.30	0.21	0.03	2.09	0.35	0.28	1.68	—	2.46	0.43
2017	0.26	0.15	0.06	2.36	0.38	0.30	1.64	—	2.79	0.27

（五）其他辅助性指标

1. 现金即付比率

在上述现金比率的基础上，还可以得到现金即付比率。计算公式为：

现金即付比率＝现金类资产÷（流动负债－预收账款）

在计算现金即付比率时，分子为现金类资产，分母用流动负债减去预收账款，因该款项形成的债务未来企业多以商品或劳务偿还，一般无须用现金支付。现金即付比率可作为短期偿债分析的辅助指标使用。

2. 货币资金比率

货币资金比率反映企业用货币资金偿付流动负债的能力。计算公式为：

货币资金比率＝货币资金÷流动负债

货币资金比率的分析与上述指标分析类似。作为辅助指标，常在企业的特殊时期如破产清算、债务重组时使用才有意义。

3. 存货信赖度

存货信赖度反映企业用存货资产偿付短期债务的能力，计算公式为：

存货信赖度＝（流动负债－速动资产）÷存货

通常情况下，存货信赖度小于1表明企业短期偿债能力较好，大于1表明企业短期偿债能力较弱①。

［例2-5］ 根据附录MN公司有关财务数据，分析企业存货信赖度变动情况。

按照公式计算出的企业存货信赖度如表2-8所示。

---

① 经过推导不难看出，存货信赖度小于1时营运资本为正值，存货信赖度大于1时营运资本为负值。

表 2－8　存货信赖度分析

年　份	2013	2014	2015	2016	2017
存货信赖度	1.07	1.16	0.86	1.02	0.81

企业的存货信赖度在 2015 年和 2017 年分别为 0.86 和 0.81，表明其短期偿债能力较强。

4. 流动负债与存货比率

流动负债与存货比率反映企业利用存货偿还流动负债的能力，该指标计算公式为：

流动负债与存货比率＝流动负债÷存货

流动负债与存货比率指标小于 1 时较为理想，说明企业具有用存货对短期债务进行偿付的能力。

5. 速动负债与流动负债比率

企业的债务结构对短期偿债能力也有一定的影响。速动负债与流动负债比率的计算公式为：

速动负债与流动负债比率＝速动负债÷流动负债

其中，速动负债是指流动负债中在 3 个月内到期并且预计无法延迟支付的债务。若企业流动负债中速动负债比率越高，则企业短期债务风险越大。

6. 流动负债与总负债比率

流动负债与总负债比率同样反映债务结构对短期债务风险的影响，其计算公式为：

流动负债与总负债比率＝流动负债÷总负债

相对来说，企业流动负债与总负债比率越高，短期偿债压力越大。

三、影响短期偿债能力的其他因素

在进行财务报表分析时，除从财务报表中取得资料外，还需要分析财务报表资料中未充分披露出来的其他因素，以做出正确的判断。

1. 准备很快变现的长期资产

企业根据自身的经营战略往往在特定时期准备将一些长期资产变现，例如将一些机器设备清理出售，这显然可以增强企业未来的资产流动性。但是在具体分析时应谨慎处理：由于长期资产在短期内变现能力较弱，变现金额与资产净值相比可能会有较大的差异。还有些企业迫于偿债压力而采取饮鸩止渴的手段，出售企业有价值的长期资产，虽然从短期内看企业资产的流动性增强了，但从长远来看却可能导致企业最终走向衰败。

2. 良好的商业信用和偿债声誉

企业良好的商业信用表现为企业与债权人关系紧密，偿债声誉好，因此即使遇到暂时的资金困难，也可以通过借新还旧或债务展期得到解决，当然这种提高偿债能力的潜在因素具有高度的不确定性，易受整体资金环境的影响。此外，企业具备发行股票和债券的长期融资能力对提升短期偿债水平也会带来积极的作用。

3. 可动用的银行授信额度

通常商业银行对于自己关系密切、信誉度好的优质客户都会给予一定规模的信用额度，在该额度内，企业可以随时向银行申请取得贷款，从而提高企业的现金支付能力。

4. 违约长期债务

企业因故违反了长期借款协议，导致贷款人可随时要求清偿负债，也会影响企业的短期偿债能力。这是因为，在这种情况下，债务清偿的主动权并不在企业，企业只能被动地无条件归还贷款，此时企业的短期偿债压力会加大。

5. 企业的或有负债

企业的或有负债是指未来可能会给企业带来经济义务和责任、导致现金流出企业的一些事项，比如已贴现商业承兑汇票形成的或有负债、未决诉讼和仲裁形成的或有负债、为其他单位提供债务担保形成的或有负债等，一旦这些或有负债成为企业现实的债务，将会对企业的短期偿债能力带来负面的影响。

专栏 2－2

债务重组的会计处理

债务重组，是指在债务人发生财务困难的情况下，债权人按照其与债务人达成的协议或者法院的裁定做出让步的事项。

债务重组的方式主要包括：一是以资产清偿债务；二是将债务转为资本；三是除前两种情况外，修改其他债务条件如减少债务本金、减少债务利息等；四是以上三种方式的组合等。

债务重组的会计处理简述如下：

(1) 以现金清偿债务。债务人应当将重组债务的账面价值与实际支付现金之间的差额确认为债务重组利得，作为营业外收入，计入当期损益。债权人应当将重组债权的账面余额与收到的现金之间的差额确认为债务重组损失，作为营业外支出，计入当期损益。债权人已对债权计提减值准备的，应当先将该差额冲减减值准备，减值准备不足以冲减的部分，计入当期损益。

（2）以非现金资产清偿债务。债务人应当将重组债务的账面价值与转让的非现金资产公允价值之间的差额，确认为债务重组利得，作为营业外收入，计入当期损益；转让的非现金资产公允价值与其账面价值之间的差额作为转让资产损益，计入当期损益。债权人应当对受让的非现金资产按其公允价值入账，重组债权的账面余额与受让的非现金资产的公允价值之间的差额确认为债务重组损失，作为营业外支出，计入当期损益。债权人已对债权计提减值准备的，处理方法同上。

（3）将债务转为资本。债务人应当将债权人放弃债权而享有股份的面值总额确认为股本（或者实收资本），股份的公允价值总额与股本（或者实收资本）之间的差额确认为资本公积；重组债务的账面价值与股份的公允价值总额之间的差额，确认为债务重组利得，计入当期损益。债权人应当将享有股份的公允价值确认为对债务人的投资，重组债权的账面余额与股份的公允价值之间的差额，先冲减已计提减值准备，不足部分确认为债务重组损失。

（4）修改其他债务条件。债务人应当将修改其他债务条件后债务的公允价值作为重组后债务的入账价值；重组债务的账面价值与重组后债务的入账价值之间的差额，确认为债务重组利得，计入当期损益。债权人应当将修改其他债务条件后的债权的公允价值作为重组后债权的账面价值，重组债权的账面余额与重组后债权的账面价值之间的差额，比照现金清偿债务的规定处理。

（5）债务重组以现金清偿债务、非现金资产清偿债务、债务转为资本、修改其他债务条件等方式的组合进行。债务人应当依次以支付的现金、转让的非现金资产公允价值、债权人享有股份的公允价值冲减重组债务的账面价值，再比照修改其他债务条件规定处理。债权人应当依次以收到的现金、接受的非现金资产公允价值、债权人享有股份的公允价值冲减重组债权的账面余额，再比照修改其他债务条件规定处理。

第二节　资本结构分析

一、资本结构对偿债能力的影响

资本结构是指企业各项资本的构成及其比例关系。通常，广义的资本结构是指企业全部资本的构成，如长期资本和短期资本的期限结构及比例；狭义的资本结构是指企业债务资本与所有者权益资本的结构及比例。

本文是从狭义的资本结构的角度来分析其对企业偿债能力的影响。

首先，企业的资本来源，主要是指债务资本和权益资本。通常情况下，负债筹资成本较低，弹性较大，是企业灵活调动资金余缺的重要手段。但是，负债是要偿还本金和利息的，无论企业的经营业绩如何，负债都会给企业带来财务风险；权益资本是由企业的投资者(股东)所提供的，不需要偿还，可以在企业经营中永久使用，即使在企业遭遇困境时仍然不能收回，且投资者对投资回报(股利)也没有强制请求权。当企业发生破产清算时，投资者的索偿权亦在债权人之后。

其次，不难看出，权益资本是企业承担长短期债务的基础。在公司制企业中，权益资本是企业拥有的净资产，是投资者承担有限责任的底线，如果企业的清偿能力不足，没有净资产时，法律在宣告企业破产的同时可以要求企业的投资者不再承担其他债务责任，因此权益资本也就成为借款的基础。权益资本越多，债权人越有保障；权益资本越少，债权人越没有保障。在流动负债一定的情况下，如果企业长期负债比例高，不能偿债的可能性增大。所以企业能否借入资金以及借入多少资金，取决于其权益资本的实力。

再次，资本结构影响企业的财务风险。企业债务利息的特点是强制性和固定性的，不管企业是否盈利以及盈利多少，都要按约定的利率支付利息。尽管债务利息是税前支付，具有节税功能，但是如果企业债务负担过重，支付的利息过多，造成债务成本率大于投资报酬率时，将可能对企业的生产经营带来不利影响。债务越多，企业净利润的稳定性越差，可以归还债务本息的现金流越不稳定，使得偿债能力变弱，给企业带来财务风险。

二、资本结构分析指标

衡量企业资本结构的核心指标有资产负债率、权益比率、权益乘数、产权比率、财务杠杆指数等指标，辅助性指标有固定资产与长期负债比率、固定资产与长期资金比率、固定资产与权益比率等指标。

(一) 资产负债率

资产负债率是负债总额除以资产总额的比率，也称为债务比率。资产负债率的计算公式如下：

$$\text{资产负债率}=(\text{负债总额}\div\text{资产总额})\times 100\%$$

公式中的负债总额指企业的全部负债，不仅包括流动负债，而且包括非流动负债。公式中的资产总额指企业的全部资产总额，包括流动资产和非流动资产。

资产负债率是衡量企业负债水平及风险程度的重要标志。

在分析资产负债率时，应把握以下几方面要点：

(1) 资产负债率能够揭示出企业的全部资金来源中有多少是由债权人提供的，或者说在企业的全部资产中债权人的权益有多少。

(2) 从债权人的角度看，资产负债率越低越好。负债比率越低，则所有者权益越大，说明企业的财务实力越强，债权人的资金安全程度越高。对债权投资者而言，如果企业负债比率过高，他可能会在企业融资时提出更高的利息率来对自己承担的风险进行补偿。

(3) 对投资人或股东来说，负债比率较高可能带来一定的好处，如由于财务杠杆的作用，可以提高资产收益率；由于负债利息是税前支付，可以起到税盾的效果；还可以较少的资本(或股本)投入获得企业的控制权等。股权投资者关心的主要是投资收益率的高低，如果企业总资产收益率大于企业负债所支付的利息率，那么借入资金为股权投资者带来了正的杠杆效应，对股东权益最大化是有利的。

(4) 从经营者的角度看，他们最关心的是在充分利用借入资金给企业带来好处的同时，尽可能降低财务风险。因为，负债比率过高意味着企业在较大程度上是依靠债权人提供的资金来维持其生产经营或资金周转的，一旦市场出现不景气现象，或企业一时缺乏偿付本息的能力，会使企业陷入无力支付的困境，甚至破产。资产负债率超过 100%，说明企业资不抵债，有濒临倒闭的危险。

(5) 企业应努力使负债比率维持在一个合理的水平上，衡量标志是企业不会发生还本付息的偿债危机，且融资成本最低。换句话说，企业的负债比率应在不发生偿债危机的情况下，尽可能择高。这样的负债比率不仅能保护债权人利益，稳定市场秩序，而且能使企业和所有者(或股东)的风险较小而利益较大，这是一种风险成本和收益相称的负债比率，也是企业应寻求的负债比率。

(6) 一般认为，资产负债率的适宜水平是 40%～60%。对于经营风险比较高的企业，为减少财务风险应选择比较低的资产负债率；对于经营风险低的企业，为增加股东收益应选择比较高的资产负债率。利润比较稳定和资产流动性较强的企业，其偿债能力一般要大于利润波动较大和资产流动性较弱的企业，因而这些企业的负债比率可以高一些。

[例 2-6]　根据附录 MN 公司有关财务数据，分析企业资产负债率变动情况。

按照公式计算出的企业资产负债率如表 2-9 所示。

表 2-9　资产负债比率分析

年　　份	2013	2014	2015	2016	2017
资产负债率(%)	62.98	62.39	53.90	53.11	68.68

从上表可以看出，MN公司的资产负债比率除2015年和2016年外，其他年份都超过60%，2017年更高达68.68%，说明企业的资本结构中负债比重加大，经营风险增加。

［财务指标参考数据之四］

表2-10　20家上市公司资产负债比率统计　　单位：%

所属行业	农业	采掘	食品	纺织服装	造纸	石化	电子	金属	机械	医药
上市公司	隆平高科	大同煤业	贵州茅台	雅戈尔	晨鸣纸业	上海石化	海康威视	上海宝钢	三一重工	同仁堂
2013	54.65	46.06	25.66	70.59	69.20	50.99	20.38	47.03	60.84	34.21
2014	50.78	50.30	19.09	64.84	74.75	45.93	30.11	45.68	60.73	33.21
2015	51.15	63.41	30.30	69.27	77.86	28.14	36.35	47.83	61.41	24.19
2016	27.29	61.71	48.80	64.18	72.58	26.65	40.77	50.96	61.90	29.20
2017	50.41	57.60	40.19	63.50	71.34	27.94	40.66	50.18	54.71	29.61
所属行业	电力	建筑	交通运输	信息技术	批发零售	房地产	社会服务	金融	文化传播	综合
上市公司	粤电力	葛洲坝	东方航空	川大智胜	南京新百	华夏幸福	黄山旅游	工商银行	中视传媒	复旦复华
2013	62.32	79.22	80.92	13.68	68.05	86.56	38.69	93.24	25.40	57.59
2014	59.78	74.91	81.97	17.60	88.79	84.74	34.42	92.54	21.64	34.33
2015	57.98	77.98	80.76	18.17	87.68	84.80	25.44	91.89	18.79	38.51
2016	58.49	67.64	76.15	13.43	86.80	84.78	18.11	91.79	22.27	49.70
2017	58.17	72.67	75.15	11.28	66.79	81.10	12.04	91.79	20.44	50.30

（二）权益比率

权益比率也称资产权益率，是企业所有者权益与总资产之间的比值，是从另一个侧面来反映企业资本结构状况的指标，其计算公式为：

权益比率＝［所有者权益(净资产)÷总资产］×100%

＝［所有者权益÷(负债＋所有者权益)］×100%

权益比率的分析要点：

(1) 权益比率可以表明在企业所融通的全部资金中，有多少是由所有者(或股东)提供的，它揭示了所有者对企业资产的净权益。

(2) 权益比率越高，说明所有者对企业的控制权越稳固，而债权人的债权越有保障，对市场秩序的稳定也越有利，企业还可面临较低的偿付本息的压力。

(3) 一般情况下,权益比率和资产负债率之间有如下关系成立:权益比率+资产负债率=1。

[例 2-7] 根据附录 MN 公司有关财务数据,分析企业权益比率变动情况。

按照公式计算出的企业权益比率如表 2-11 所示。

表 2-11　权益比率分析

年　份	2013	2014	2015	2016	2017
权益比率(%)	32.15	32.36	46.10	46.89	31.32

计算表明,MN 公司权益比率在 2015 年和 2016 年较高,但 2017 年下降到 31.32%,表明企业总资产中所有者权益部分有较大程度的降低。

(三) 权益乘数

权益乘数是资产总额与所有者权益的比率,其计算公式为:

权益乘数=资产总额÷所有者权益

权益乘数的分析要点:

(1) 权益乘数是权益比率的倒数,说明企业资产总额是股东权益的多少倍,一般情况下,乘数是大于 1 的数值。

(2) 权益乘数越大,表明股东投入的资本在资产总额中所占的比重越小,对负债经营利用得越充分。

(3) 权益乘数是构建杜邦分析法的一个重要的基础分析指标。

[例 2-8] 根据附录 MN 公司有关财务数据,分析企业权益乘数变动情况。

按照公式计算出的企业权益乘数如表 2-12 所示。

表 2-12　权益乘数分析

年　份	2013	2014	2015	2016	2017
权益乘数	3.11	3.09	2.17	2.13	3.19

上表企业的权益乘数从 2013 年到 2017 年呈现 U 型变化趋势,特别是 2016 年后企业资本结构中负债比重有较大上升。

(四) 产权比率

产权比率是负债总额与所有者权益(股东权益)总额之间的比率,也称为净资产负债率、债务股权比率等,它也是衡量企业资本结构的指标之一,其计算公式如下:

产权比率=(负债÷所有者权益)×100%

=负债÷(总资产-负债)×100%

=资产负债率/(1-资产负债率)×100%

产权比率的分析要点：

(1) 产权比率反映的是企业债务与净资产之间的结构对比关系，指标越大，表明债务比重越大，风险越大；反之，风险越小。

(2) 产权比率体现了债权人投入企业的资本受所有者权益保护的程度。由于在企业清算时，债权人的索偿权先于所有者，因此，如果在清算时债权人投入企业的资本比重较低时，债权人受保护的程度就高。

(3) 产权比率与资产负债率是正相关关系，指标越大，说明企业加大了财务杠杆的力度，但同时偿债风险也有所增加，因此它们尽管分析的侧重点不同，但都具有相同的经济意义。

[**例 2-9**] 根据附录 MN 公司有关财务数据，分析企业产权比率变动情况。

按照公式计算出的企业产权比率如表 2-13 所示。

表 2-13 产权比率分析

年 份	2013	2014	2015	2016	2017
产权比率(%)	195.92	192.79	116.92	113.27	219.27

计算表明，MN 公司产权比率在 5 年中变动幅度较大，2017 年超过了 200%，表明企业债务融资的比重远远高于权益融资。

(五) 财务杠杆指数

在企业资本结构决策中，如果企业通过举债所获得的投资报酬能高于事先约定的债务利息，那么剩余收益将归企业投资者或股东所有，这就是企业财务杠杆的作用。财务杠杆指数就是衡量企业通过借债程度的变化而使企业投资者获取报酬发生变化的一项财务指标。该指标的计算公式为：

财务杠杆指数＝净资产报酬率÷总资产报酬率

其中净资产报酬率和总资产报酬率分别是衡量企业所有者(股东)的投资报酬能力和企业所有者及债权人共同的投资报酬能力的两项重要指标，其具体计算公式参见第五章[①]。

对财务杠杆指数的分析要点如下：

(1) 若财务杠杆指数大于 1，即净资产报酬率大于总资产报酬率，说明企业运用财务杠杆给投资者带来更大的收益，显示举债经营有利；

(2) 若财务杠杆指数等于 1，即净资产报酬率等于总资产报酬率，说明企业运用财

① 总资产报酬率从理论上说应采用第五章“公式三”形式，但为便于计算可用“公式二”形式。

务杠杆获得的利润正好与利息费用相等，显示企业没有获得财务杠杆作用；

(3) 若财务杠杆指数小于1，即净资产报酬率小于总资产报酬率，说明企业借债的投资报酬低于约定的利息成本，显示举债经营不利，企业所有者因债务增加反而蒙受损失，其财务杠杆策略是失败的。

［例2-10］ 根据附录MN公司有关财务数据，分析企业财务杠杆指数变动情况。

按照公式计算出的企业财务杠杆指数如表2-14所示。

表2-14　财务杠杆指数分析

年　　份	2014	2015	2016	2017
财务杠杆指数	2.15	1.88	1.54	1.91

计算表明，MN公司的财务杠杆指数都大于1，显示该企业有正的财务杠杆作用，其借债策略是有益的。

（六）其他辅助性指标

衡量企业财务资本结构的其他辅助性指标还有固定资产与非流动负债比率、固定资产与长期资金比率、固定资产与权益比率等，这些指标是评价企业从长期资本来源（非流动负债和所有者权益）中用于购建固定资产的比重。其公式列示如下：

固定资产与非流动负债比率＝固定资产÷非流动负债

固定资产与长期资金比率＝固定资产÷(非流动负债＋股东权益)

固定资产与权益比率＝固定资产÷所有者权益(净资产)

上述指标值越高，表明固定资产在长期资本中的占比越大。虽然固定资产是企业生产经营中必不可少的一部分，但是由于其流动性差，会对企业的偿债能力带来负面影响。特别是当企业的固定资产为特殊性的专用设备时，其作为抵押品的变现能力很低，根本无法起到提高企业偿债能力的作用。

专栏2-3

资本结构的影响因素

资本结构是指企业各项资本的构成及其比例关系，影响企业资本结构的主要因素包括以下几个方面：

1. 企业融资方式的选择范围

在不同国家或同一国家金融的不同发展时期，提供企业的可供选择的融资方式可能有很大不同。例如长期以来，在以美、英为代表的资本市场主导的金融体系中，企业主要是采用权益融资；而以德国、日本为代表的银行主导的金融体系中，企业主要是采用债务融资。再从历史发展来看，在很多国家，早期企业的融资渠道单一，银行借贷是主要的筹资方式，但是随着金融市场的发展和融资方式的多样化，企业权益融资的比重也在不断扩大。

2. 企业所处的行业

企业所处的行业在资产组合方面存在很大差异，因此导致不同行业的企业在筹资时短期资本和长期资本的比例，以及债务资本和所有者权益资本的比例也有很大不同。例如金融业就是一个典型的高负债行业。

3. 企业的现金流量状况

企业可动用的资金依靠的是现金净流量，而不是账面利润。因此当企业预计其现金净流入量比较大时，企业可以多采用债务资本融资；反之，如果企业处于规模急剧扩张或企业风险极大，现金净流入量小或流入很不稳定时，则企业更可能采用权益资本融资。

4. 企业的风险偏好

在企业资产组合既定的前提下，资本组合中短期资本与长期资本的比重是否与资产组合中流动资产与长期资产的比重相一致，这还要取决于企业管理层的风险偏好。

5. 其他环境因素

企业面临的其他环境因素如税收因素、银行和信用评级机构的态度、利息率水平等也都会对企业的资本结构产生影响。企业的资本结构正是在这些因素的共同作用下确定和变化的，因此在企业资本结构分析中必须考虑这些因素可能产生的影响。

第三节　长期偿债能力分析

一、长期偿债能力概述

长期偿债能力是企业偿还长期负债的财务保障程度。

所谓长期负债，是指偿还期在一年或超过一年的一个营业周期以上的债务，在2006年后新报表中被改为非流动负债，主要包括长期借款、应付债券、长期应付款、专项应付款、预计负债等。

此外，对于在资产负债表日起一年内到期的负债，企业有意图且有能力自主地将清偿义务展期至资产负债表日后一年以上的，应当归类为非流动负债；企业在资产负债表日或之前违反了长期借款协议，但贷款人在资产负债表日或之前同意提供在资产负债表日后一年以上的宽限期，在此期限内企业能够改正违约行为，且贷款人不能要求随时清偿的，该项负债应当归类为非流动负债。

由于长期负债的偿还期较长，受货币时间价值影响较大，长期负债的价值一般应根据合同或契约规定的在未来必须支付的本金和所付利息之和按适当贴现率折现后的折现值来确定。

长期负债的特点是：金额大、偿还期长、企业使用成本高。

长期负债的作用是：它是企业长期资产占用资金的主要来源渠道，同时也是企业生产经营长期资金需要的主要保证。

分析一个企业的长期偿债能力，主要是为了确定该企业偿还债务本金和支付债务利息的能力。由于债务期限较长，其本息的偿还就不仅仅取决于当时的现金流入量，最终还要与企业的获利能力相关。

一般来说，长期偿债能力制约于以下几个因素：

(1) 长期偿债能力必须以雄厚实力的所有者权益为基础，即企业必须保持合理的资本结构，才能确保长期债务偿还的安全性。

(2) 长期偿债能力是以总资产为物质保证。在正常情况下，作为长期负债物质保证的资产，除了一部分流动资产、金融资产、长期投资和无形资产外，余者多为有形的长期资产。长期负债最终能否得以偿还，完全取决于资产的变现收入。

(3) 长期偿债能力与企业获利能力密切关联。企业能否有足够的现金流入量偿还长期债务本息制约于收支配比的结果。一个长期亏损的企业，要保全资本都十分困难，而试图保持正常的长期负债的偿还能力就更加不易。相反，对于长期盈利企业，随着现金净流量的不断增加，必然为及时足额地偿还各项债务本息提供了坚实的财务基础。一般来说，企业的获利能力越强，长期偿债能力越强；反之，则越弱。

长期偿债能力分析对于企业利益相关者各具重要意义。

首先，企业经营者通过长期偿债能力分析，有利于优化资本结构和降低财务风险。资本结构不同，企业的长期偿债能力不同。通过长期偿债能力的分析，可以揭示资本结构中存在的问题，及时加以调整，优化资本结构，提高企业价值。由于与权益资本相比，债务资本成本低，企业通过财务杠杆作用，能够提高资金回报水平。但是增加负债比例到一定限度时，又可能加大企业的财务风险。经营者通过偿债能力分析，可以发现筹资管理存在的问题，及时调整负债比例，降低财务风险。

其次，债权人通过长期偿债能力的分析，可以判断债权的安全程度，即是否能按期收回本金及利息，所以说债权的安全程度与长期偿债能力密切相关。如果企业的长期偿债能力越强，债权的安全程度就越高；反之，则越低。

再次，企业权益投资者通过长期偿债能力分析，可以判断其投资的安全性及盈利性。通常，企业的偿债能力越强，投资者的安全性越高，企业不会通过变卖财产偿还债务，投资者不会遭受相应的损失。企业适度负债，不仅可以降低财务风险，还可以利用财务杠杆的作用，增加盈利。因此投资者考察企业长期负债的关键是借得适度，实现既能利用长期借款弥补资金缺口，获得杠杆收益，而又不至于因此而使企业陷入财务困境。

此外，对于与企业有密切利益关系的部门和其他企业来说，长期偿债能力分析也具有重要意义。比如，通过偿债能力分析，可以了解企业经营的安全性，如果企业在长期负债增长的同时，经济效益有明显提高，说明企业负债经营正确，企业财务状况发展良好，有助于政府及相关管理部门制定相应的财政金融政策；而对于业务关联企业，通过长期偿债能力分析，可以了解目标企业是否具有长期的支付能力，借以判断企业信用状况和未来业务能力，并做出建立长期稳定业务关系的决策。

二、长期偿债能力分析指标

反映企业长期偿债能力的财务指标有利息保障倍数、固定支出保障倍数、有形净值债务率、负债/EBITDA 比率、全部资本化比率等指标。

（一）利息保障倍数

利息保障倍数是指企业经营收益与利息费用的比率，也称为已获利息倍数或利息偿付倍数。它表明企业经营收益相当于利息费用的若干倍，数额越大表明企业的偿债能力越强。其计算公式如下：

利息保障倍数＝息税前利润(EBIT)÷利息费用
＝(税前利润＋利息费用)÷利息费用
＝(税后利润＋所得税＋利息费用)÷利息费用

公式中的分子“息税前利润”是指利润表中未扣除利息费用和所得税之前的利润。它可以用“利润总额加利息费用”来测算，也可以用“净利润加所得税、利息费用”来测算。由于我国 2018 年以前企业财务报表中“利息费用”没有单独列示，而是包含在“财务费用”中，所以在计算时，可以用“财务费用”近似替代“利息费用”。

之所以在公式的分子上要把利息费用加回到净利润中，是因为如果扣除了利息费用，就会低估偿付利息的能力，而所得税费用是在支付利息费用后才计算的，所以它不影响利息支付的安全性。

对于利息保障倍数的分析，应从以下几个方面进行：

(1) 利息保障倍数指标越高，表明企业的债务偿还越有保障；相反，则表明企业没有足够的资金来源偿还债务利息，企业偿债能力低下。

（2）因企业所处的行业不同，利息保障倍数有不同的标准界限，一般公认的利息保障倍数的界限为3。不过有时企业的利息保障倍数低于1，并不能说明企业就无法偿债，例如企业可以利用非付现的摊销和折旧费用来支付利息，或者还可以采取借新还旧的方式进行付息。

（3）从稳健的角度出发，应选择连续五年中最低的利息保障倍数指标作为最基本的标准，特别是在企业的盈利水平发生周期性变动的情况下。

（4）在利用利息保障倍数指标分析企业的偿债能力时，还要注意利息资本化问题。利息资本化是指将利息支出作为固定资产的增加额，而不作为当期费用来处理。从严格意义上来讲，资本化的利息也是利息支付的一部分，因此在计算时应包含在利息费用中，不过，目前企业在报表中专门公开披露资本化利息的情况还不太多见。

［例2－11］　根据附录MN公司有关财务数据，分析企业利息保障倍数变动情况。

按照公式计算出的企业利息保障倍数如表2－15所示。

表2－15　利息保障倍数分析

年　份	2013	2014	2015	2016	2017
利息保障倍数	9.49	7.67	14.62	37.76	6.26

通过计算可以发现，MN公司在2016年的利息保障倍数指标值最高，达到37.76倍，但2017年却下降至6.26倍，表明企业的长期偿债能力有较大程度的降低。

（二）固定支出保障倍数

固定支出保障倍数是利息保障倍数的扩展形式，是评价企业长期偿债能力的又一重要指标。固定支出保障倍数是指企业经营业务收益与固定支出的比率。其计算公式如下：

固定支出保障倍数＝(利润总额＋固定支出)÷固定支出

这里的固定支出是指利息费用加上企业发生的、类似于利息费用的固定性费用。固定支出应包括以下内容：

（1）计入财务费用的利息支出，这部分利息支出是最基本的固定支出。

（2）资本化利息。即计入固定资产成本的利息费用。

（3）经营租赁费中的利息部分，由于通常企业报表及附注中很少披露有关信息，所以也有用经营租赁费的三分之一作为利息部分来进行估算的情况，但此方法尚存有争议。

(4) 非费用性质的固定支出，如优先股股利，由于它是扣除所得税后的盈余分配，因此需折算成税前的数值。

因此，固定支出保障倍数还可以写成如下形式：

$$\text{固定支出保障倍数}=\frac{\text{息税前利润}+\text{租赁费中的利息费用}}{\text{利息费用}+\text{租赁费用中的利息费用}+\text{优先股股利}(1-\text{所得税率})}$$

固定支出保障倍数指标计算时使用的息税前利润是在利润表的基础上调整得来的，使用税前利润(利润总额)加利息费用，所以这两个指标的计算口径是一致的。

固定支出保障倍数的分析要点：

(1) 固定支出保障倍数是用于考察与负债有关的固定支出和经营业务收益的关系，用于衡量企业用经营业务收益偿付固定支出的能力，该指标数额越大，表明企业偿债能力越强。

(2) 固定支出保障倍数没有考虑借款本金的偿付问题，是因为企业的收益和固定支出都是以盈利为基础的，而偿付本金所需的资金不一定只靠盈利来得到，还可以利用企业的摊销和折旧费用以及再融资方式获得。

(三) 有形净值债务率

有形净值债务率是企业负债总额与有形净值的百分比率。有形净值是所有者权益减去无形资产和商誉后的净值，即所有者具有所有权的有形资产净值。有形净值债务率用于揭示企业的长期偿债能力，表明债权人在企业破产时的被保护程度。其计算公式如下：

$$\text{有形净值债务率}=[\text{负债总额}\div(\text{所有者权益}-\text{无形资产}-\text{商誉})]\times 100\%$$

有形净值债务率主要是用于衡量企业的风险程度和对债务的偿还能力。指标值越大，表明风险越大，企业长期偿债能力越弱；反之，则风险越小，企业长期偿债能力越强。

对有形净值债务率的分析，可以从以下几个方面进行：

(1) 有形净值债务率揭示了负债总额与有形资产净值之间的关系，能够计量债权人在企业处于破产清算时能获得多少有形财产保障。从长期偿债能力来讲，指标越低越好。

(2) 有形净值债务率指标最大的特点是在可用于偿还债务的净资产中扣除了无形资产和商誉，这主要是由于无形资产和商誉产生的未来经济利益有较大的不确定性，无法作为偿还债务的来源。

(3) 有形净值债务率指标的分析与产权比率分析相似，从稳健的财务角度来看，企业负债总额与有形资产净值应至少维持在 1∶1 的比例关系，故该指标应不高于

100%为好。

[例 2-12]　根据附录 MN 公司有关财务数据,分析企业有形净值债务率变动情况。

按照公式计算出的企业有形净值债务率如表 2-16 所示。

表 2-16　有形净值债务率分析

年　　份	2013	2014	2015	2016	2017
有形净值债务率(%)	218.47	223.41	123.69	115.38	228.89

经过计算可以看出,MN 公司有形净值债务率在 2016 年达到最低的 115.38%,但 2017 年又有较大上升,企业长期偿债能力下降明显。

(四) 负债/EBITDA 比率

负债/EBITDA 比率也是用于衡量企业长期偿债能力的一个重要指标,在西方国家使用比较广泛。其中 EBITDA 是指息税摊折前利润,即企业净利润和所得税、固定资产折旧、摊销及偿付利息所支付的现金之和。该指标的计算公式如下:

负债/EBITDA 比率=负债÷EBITDA

=负债÷(净利润+所得税+固定资产折旧+摊销+利息)

负债/EBITDA 比率反映以企业所创造的税前利润和留在企业内部的固定资产折旧费用、摊销费用在支付利息前对企业总债务的保障能力。该指标值越小,企业偿债能力越强,反之越弱。通常该指标的一般水平在 5 左右,一些优秀企业的指标值可以达到 1 以内。

(五) 全部资本化比率

全部资本化比率是指付息总债务和付息总债务与所有者权益之和的比值。其计算公式为:

全部资本化比率=付息总债务÷(付息总债务+所有者权益)×100%

其中付息总债务是指企业需要支付利息的债务,一般包括短期借款、一年内到期的非流动负债、长期借款和应付债券之和,其他负债项目如发生利息支付也应计入。

全部资本化比率反映了企业付息总债务占企业付息总债务与所有者权益之和的比例大小,一般来说,全部资本化比率越大,企业所面对的支付利息费用和偿付本金的压力就越大,对债务的保障能力也就越弱。

(六) 带息负债比率

带息负债比率是企业付息债务与全部负债的比值,其计算公式为:

带息负债比率＝(短期借款＋一年内到期的非流动负债＋长期借款＋应付债券＋应付利息)÷负债总额×100%

一般情况下,带息负债比率应低于50%,指标越低,企业债务风险越低。

［**例2-13**］　根据附录MN公司有关财务数据,分析企业带息负债比率变动情况。

按照公式计算出的企业带息负债比率如表2-17所示。

表2-17　带息负债比率分析

年　　份	2013	2014	2015	2016	2017
带息负债比率(%)	54.77	56.42	42.25	43.10	49.35

由计算可以看出,MN公司带息负债比率在2014年达到最高的56.42%,但随后三年有所降低,债务风险处于可控状态。

(七) 其他辅助性指标

1. 长期负债与营运资本比率

长期负债与营运资本比率是指企业的长期负债与营运资本的比值。其计算公式为:

长期负债与营运资本比率＝(非流动负债÷营运资本)×100%

＝非流动负债÷(流动资产－流动负债)×100%

由于非流动负债会随着时间推移不断地转化为流动负债,因此流动资产除了满足偿还流动负债的要求,还必须有能力偿还即将到期的非流动负债。一般来说,如果非流动负债不超过营运资本,长期债权人和短期债权人都将有安全保障。因此该指标值越低,表明企业未来偿还长期债务的保障能力越强。

［**例2-14**］　根据附录MN公司有关财务数据,分析企业长期负债与营运资本比率变动情况。

按照公式计算出的企业长期负债与营运资本比率如表2-18所示。

表2-18　长期负债与营运资本比率分析

年　　份	2013	2014	2015	2016	2017
长期负债与营运资本比率(%)	−459.25	−54.89	263.80	−3 680.08	151.60

由于2013年、2014年和2016年MN公司营运资本皆为负数,造成该指标同样也为负值,指标不再具有分析意义。而2017年的指标数据表明,企业营运资本对长期债务的保障能力较过去已有所提高。

2. 长期负债与总资产比率

长期负债与总资产比率是指企业的长期负债与总资产的比值，也称长期负债比率。其计算公式为：

长期负债与总资产比率＝(非流动负债÷总资产)×100%

从债权人角度来说，长期负债与总资产比率越低越好。

3. 长期负债与权益比率

长期负债与权益比率指企业长期负债与所有者权益的比率关系，衡量企业筹措长期负债占自有资本的比重。其计算公式为：

长期负债与权益比率＝(非流动负债÷所有者权益)×100%

该指标一般以不超过100%为好，比率越低，表明企业借入长期资金的偿债保障程度越高。

［**例2－15**］　根据附录MN公司有关财务数据，分析企业长期负债与权益比率变动情况。

按照公式计算出的企业长期负债与权益比率如表2－19所示。

表2－19　长期负债与权益比率分析

年　　份	2013	2014	2015	2016	2017
长期负债与权益比率(%)	24.79	9.30	25.04	30.39	39.13

计算表明，MN公司长期负债与权益比率连续5年低于40%，显示长期债务风险较低。

4. 流动资产与总负债比率

流动资产与总负债比率是企业流动资产与负债总额之间的比率，其计算公式为：

流动资产与总负债比率＝(流动资产÷负债总额)×100%

该指标用于衡量企业在不处置非流动资产的情况下，利用流动资产偿付总负债的能力。当企业面临财务困境时，由于长期资产变现率较低，有可能会给企业带来较大损失。通常该指标值较高时，企业偿债能力较强。

［**例2－16**］　根据附录MN公司有关财务数据，分析企业流动资产与总负债比率变动情况。

按照公式计算出的企业流动资产与总负债比率如表2－20所示。

表 2－20　流动资产与总负债比率分析

年　　份	2013	2014	2015	2016	2017
流动资产与总负债比率(%)	84.59	86.38	86.70	72.44	93.93

由上表可见,MN 公司流动资产与总负债比率连续 5 年总体呈现上升趋势,表明其偿债能力较强。

三、影响长期偿债能力的其他因素

在财务报告分析中,还有一些因素也会对长期偿债能力带来影响,报表使用者应引起足够的注意。

1. 长期租赁

企业的长期租赁有两种形式：融资租赁和经营租赁。融资租赁是由租赁公司垫付资金,按承租人要求购买设备,承租人按合同规定支付租金,所购设备一般于合同期满转归承租人所有的一种租赁方式。因而企业通常将融资租赁视同购入固定资产,并把与该固定资产相关的债务作为企业负债反映在资产负债表中。

企业的经营租赁与融资租赁不同,它不在资产负债表上反映,只出现在报表附注和利润表的租金项目中。当企业经营租赁量比较大,期限比较长或具有经常性时,经营租赁实际上就构成了一种长期性筹资,但是租赁费用却不在长期负债项目中反映。因此,在进行长期偿债能力评价时,必须考虑这类经营租赁对企业债务结构的影响。①

2. 或有事项和承诺事项

或有事项是指过去的交易或事项形成的,其结果须由某些未来不确定事项的发生或不发生才能决定的不确定事项。常见的或有事项有：商业票据背书转让或贴现、未决诉讼、未决仲裁、产品质量保证等。或有事项分为或有资产和或有负债。

产生或有资产会提高企业的偿债能力;产生或有负债会降低企业的偿债能力。因此,在分析企业的财务报表时,必须充分注意有关或有项目的报表附注披露,以了解未在资产负债表上反映的或有项目,并在评价企业长期偿债能力时,考虑或有项目的潜在影响。同时,应关注是否有资产负债表日后的或有事项。

承诺事项是企业由具有法律效力的合同或协议的要求而引起某种经济责任和义务的事项,如与贷款有关的承诺、信用证承诺、售后回购协议下的承诺等。企业做出的

① 根据 2018 年 12 月财政部修订的“新租赁准则”规定,取消承租人经营租赁和融资租赁的分类,采用统一的会计处理模型。对短期租赁和低价值资产租赁以外的其他所有租赁均确认使用权资产和租赁负债,并分别计提折旧和利息费用。在境外或境内外上市企业自 2019 年 1 月 1 日起实施,其他企业自 2021 年 1 月 1 日起实施。

承诺有时会大量增加该企业的潜在负债或承诺义务，而却没有通过资产负债表反映出来。因此，在进行企业长期偿债能力分析时，报表分析者应根据报表附注及其他有关资料等，判断承诺变成真实负债的可能性及潜在长期负债的数量，并做出相应的调整处理。

专栏 2-4

借款费用的资本化问题

借款费用，是指企业因借款而发生的利息及其相关成本。借款费用包括借款利息、折价或者溢价的摊销、辅助费用以及因外币借款而发生的汇兑差额等。费用的资本化，是指将有关负债费用在会计处理上将其计为购建资产的历史成本。

根据 2006 年新会计准则的规定，企业发生的借款费用，可直接归属于符合资本化条件的资产的购建或者生产的，应当予以资本化，计入相关资产成本；其他借款费用，应当在发生时根据其发生额确认为费用，计入当期损益。这里所说的符合资本化条件的资产，是指需要经过相当长时间的购建或者生产活动才能达到可使用或者可销售状态的资产，包括固定资产和需要经过相当长时间的购建或者生产活动才能达到可使用或可销售状态的存货、投资性房产等。

专门借款，是指为购建或者生产符合资本化条件的资产而专门借入的款项。专门借款发生的辅助费用，在所购建或者生产的符合资本化条件的资产达到预定可使用或者可销售状态之前发生的，应当在发生时根据其发生额予以资本化，计入符合资本化条件的资产成本；在所购建或者生产的符合资本化条件的资产达到预定可使用或者可销售状态之后发生的，应当在发生时根据其发生额确认为费用，计入当期损益。

一般借款发生的辅助费用，应当在发生时根据其发生额确认为费用，计入当期损益。

在资本化期间内，属于借款费用资本化范围的外币借款本金及利息的汇兑差额，应当予以资本化，计入符合资本化条件的资产的成本。

第四节 偿债能力扩展分析

本章前三节的偿债能力和资本结构分析都是建立在企业财务报表的表内项目分析基础上，但现实中，企业还可能存在有较多的表外或有负债项目，忽略这些因素有可能使我们高估企业的真实偿债能力。另一方面，在构建偿债能力财务分析指标时，一些表内负债项目还存在自身合理性问题，同时，表内权益、资产项目也有可能存在账面价值和市场价值差异问题。下面我们给出在实务工作中对企业偿债能力评估的若干扩展分析框架。

一、或有负债分析指标

对于调查出的企业或有负债项目，在风险评估时可以直接采用或有负债分析指标进行分析，包括或有负债比率、担保比率等。

1. 或有负债比率

或有负债比率是企业表外或有负债的全部余额与所有者权益的比率。其计算公式为：

或有负债比率＝或有负债余额÷所有者权益×100%

其中，或有负债余额是企业已贴现承兑汇票、担保余额、贴现与担保外的被诉事项金额和其他或有负债之和。正常情况下，企业或有负债比率宜低于5%，良好企业该指标比率值在1.5%以下。

2. 担保比率

担保比率是企业发生的对外担保金额与所有者权益的比率。其计算公式为：

担保比率＝担保金额÷所有者权益×100%

一般来说，企业应以净资产为限对外提供担保，因此担保比率的合理范围应该在100%以内。

除上述担保金额外，其他或有负债各项目也可以采用类似指标进行债务风险评价。

二、财务指标调整分析

在前三节的分析中，我们介绍了多项反映企业长短期偿债能力和资本结构的财务分析指标，但由于存在表外或有负债以及表内负债项目合理性问题，在实际工作中，这些指标未必能够客观真实地反映企业实际的债务风险，存在高估或者低估风险的情形。针对这种情况，我们在不调整报表的前提下，可以调整相关指标各构成项目，进而对分析指标进行修正。

（一）或有负债项目调整

如企业存在或有负债事项，应将或有负债金额全部计入负债总金额内，再进行财务指标分析。例如，对于资产负债率分析，可以构建以下“经调整的资产负债率”指标，其计算公式为：

$$经调整的资产负债率=\frac{表内负债+表外或有负债}{表内负债+表外或有负债+所有者权益}\times 100\%$$

显然，经调整的资产负债率指标能够更为准确地反映企业的真实债务状况，有助于分析人员合理评估企业债务风险。类似地，我们还可以用"流动负债加短期或有负债"和"非流动负债加长期或有负债"替代前面各指标中的流动负债和长期负债项目，从而对相关指标进行修正和调整，这里各具体修正指标不再赘述。

（二）其他项目调整

在财务报表账面负债项目中，还存在某些特殊项目，在选用相关指标分析时，也可以根据实际情况，考虑对计算项目进行调整，以下试述两例。

1. 递延所得税负债

递延所得税来自于会计规则和税收法规之间的差异，虽然企业报表中的递延所得税负债被列入非流动负债中，但其并非债务，与股东、债权人、职工、政府等企业利益相关者并无实质关系。一般来说，法律意义上的债，是指按照合同的约定或依照法律的规定，在当事人之间产生的特定权利和义务关系，债的关系自发生时起就在法律上具有拘束力或强制力。因此，财务报表中所记载的负债应当有明确的债权人。然而，在纳税影响会计法下所记载的递延所得税负债却是查无实据的预期信息，由于缺乏原始凭证，也就缺乏法律事实。所以，递延所得税负债仅仅是预期的负债而非通常所称的"债"，同时它也没有明确的债权人①。

基于以上分析，我们在进行企业偿债能力评价时，对于递延所得税负债项目，可以考虑从负债中扣除后进行分析。

2. 长期应付款

在金融实务中，常出现这样的情形：小微企业借款人在向商业银行申请贷款时，会因企业资产负债率过高而被银行拒绝。而在这类企业的负债中，企业业主常以自有资金或其他非货币性资产投入企业而形成个人对企业的债权，一般被计入企业的长期应付款项目。

一些商业银行信贷评估专家认为，企业长期应付项目中的业主债权可以被视为一种"准权益"，是业主本人对企业前景充满信心的表示。测算企业资产负债率指标时，如不考虑从负债中扣除该项目因素，将可能高估企业债务风险，不利于解决小微企业融资难问题。

---

① 周华：《递延所得税的合理性辨析》，载《经济管理》2011年第2期。

从上例可见,在实务中灵活而准确地使用指标分析技术,具有重要的现实意义。

三、财务报表调整分析

在偿债能力分析中,较为复杂的一种方法是,将表外项目表内化,对财务报表进行重述调整后,再采用标准财务指标计算法进行分析。

例如,某企业有经营租赁项目,相关债务未计入表内反映,评估人员可以考虑建立信用分析模型,将该经营租赁表内资本化,对原财务报表进行重述调整。

有关调整主要步骤如下:首先,根据企业经营租赁项目的年度支付数据和合适的折现率,测算出经营租赁项目净现值,计入总负债。其次,根据项目净现值和折现率测算隐含利息。再次,测算管理费用中调减的租赁费。又次,用租赁费和隐含利息测算增加的折旧费用并计入损益。最后,将隐含利息计入损益。

在报表调整完成后,再用前述财务指标(如资产负债率指标)进行对比计算分析,将有助于识别企业隐含的债务风险。

四、市值指标调整分析

对于一些上市公司来说,其财务报表表内权益、资产项目有可能存在账面价值和市场价值的差异。如企业的权益市场价值,可以利用公司股票的市价和发行数量计算得到;企业的资产市场价值,也可以通过各类市场评估方法取得。

相对来说,利用报表账面数据计算出的各类偿债分析指标,未必能够准确反映企业真实的财务风险,存在高、低估甚至无法判断的可能。因此,如果能够结合报表各项目取得市场价值数据进行指标调整计算和分析,得出的结论将会更为稳健。

例如,产权比率为企业债务与权益资本的比值,该指标虽然分析起点比较清晰,但是如果企业所有者权益为负值,则指标分析失效。此时,如果我们对该指标采用企业债务与权益资本市值比率来计算,上述问题便可得到解决。

市值指标分析方法可能的不足在于市场价值存在波动性,分析时需要加以控制。

专栏 2-5

金融负债和权益工具

金融负债,是指企业符合下列条件之一的负债:

(1) 向其他方交付现金或其他金融资产的合同义务;

(2) 在潜在不利条件下,与其他方交换金融资产或金融负债的合同义务;

(3) 将来须用或可用企业自身权益工具进行结算的非衍生工具合同,且企业根据该合同将交付可变数量的自身权益工具;

(4) 将来须用或可用企业自身权益工具进行结算的衍生工具合同，但以固定数量的自身权益工具交换固定金额的现金或其他金融资产的衍生工具合同除外。

金融负债的分类包括以下各项：

(1) 以公允价值计量且其变动计入当期损益的金融负债，包括交易性金融负债(含属于金融负债的衍生工具)和指定为以公允价值计量且其变动计入当期损益的金融负债。该指定应当满足下列条件之一：一是能够消除或显著减少会计错配；二是根据正式书面文件载明的企业风险管理或投资策略，以公允价值为基础对金融负债组合或金融资产和金融负债组合进行管理和业绩评价，并在企业内部以此为基础向关键管理人员报告。该指定一经做出，不得撤销。

(2) 金融资产转移不符合终止确认条件或继续涉入被转移金融资产所形成的金融负债。

(3) 不属于前述情形的财务担保合同和以低于市场利率贷款的贷款承诺。

(4) 以摊余成本计量的金融负债，除前三项外其他金融负债均计入此项。

权益工具，是指能证明拥有某个企业在扣除所有负债后的资产中的剩余权益的合同。企业发行的金融工具同时满足下列条件的，应当分类为权益工具：

(1) 该金融工具应当不包括交付现金或其他金融资产给其他方，或在潜在不利条件下与其他方交换金融资产或金融负债的合同义务。

(2) 将来须用或可用企业自身权益工具结算该金融工具。如为非衍生工具(如企业发行的无固定期限、能够自主决定支付本息的可转换优先股等)，该金融工具应当不包括交付可变数量的自身权益工具进行结算的合同义务；如为衍生工具(如认股权证等)，企业只能通过以固定数量的自身权益工具交换固定金额的现金或其他金融资产结算该金融工具。

企业应对发行的非衍生工具进行评估，以确定所发行的工具是否为复合金融工具。企业发行的一项非衍生工具同时包含金融负债成分和权益工具成分的，应于初始计量时先确定金融负债成分的公允价值，再从复合金融工具公允价值中扣除负债成分的公允价值，作为权益工具成分的价值。

本章小结

偿债能力是指企业偿还债务的能力，短期偿债能力侧重于对企业流动资产变现能力的考察；长期偿债能力衡量的是企业偿还一年以上长期债务的能力，由于债务期限较长，其本息的偿还就不仅仅取决于当时的现金流入量，最终还与企业的获利能力相关。另外，企业的长期偿债能力与企业的资本结构也有着十分密切的联系，资本结构影响企业的财务风险。

衡量短期偿债能力的主要指标是流动比率和速动比率指标;衡量企业资本结构的核心指标有资产负债率、权益比率、财务杠杆指数等指标,反映企业长期偿债能力的指标有利息保障倍数、固定支出保障倍数、有形净值债务率、负债/EBITDA 比率、全部资本化比率等指标。

在偿债能力分析中,还需要分析财务报表资料中未充分披露出来的其他因素,如企业的商业信用和偿债声誉、可动用的银行授信额度、或有事项和承诺事项、长期租赁等,这些因素都会对企业偿债分析带来影响。

扩展的偿债能力分析包括或有负债指标分析、财务指标调整分析、财务报表调整分析和市值指标调整分析等。

本章关键术语

短期偿债能力　资本结构　长期偿债能力　营运资本　流动比率　速动比率　资产负债率　财务杠杆指数　利息保障倍数　或有事项　或有负债比率

思考题

1. 简述衡量企业短期偿债能力的主要指标。
2. 简述分析企业资本结构的主要指标。
3. 简述衡量企业长期偿债能力的主要指标。
4. 影响企业短期和长期偿债能力的因素有哪些?
5. 简述企业资本结构与长期偿债能力之间的联系。
6. 简述扩展的企业偿债能力分析方法。

第三章　营运能力分析

学习目的

1. 了解企业营运能力分析的作用；
2. 了解企业主要资产、负债和权益项目的变动分析与审核；
3. 掌握企业营运能力分析指标；
4. 了解影响企业营运能力的主要因素。

第一节　营运能力分析概述

企业的营运能力是指企业充分利用现有资源创造价值的能力。其实质就是要以尽可能少的资产占用，尽可能短的时间周转，尽可能少的人员配备，生产尽可能多的产品，创造尽可能多的销售收入。因此，企业营运能力是影响企业财务状况稳定与否和获利能力强弱的关键环节。

一、营运能力分析的界定和作用

（一）营运能力分析的界定

企业的营运能力分析，实际上就是分析企业资源运用的效率，通常都是从企业资金使用（资产）的角度来进行的，因此很多教材也称之为资产使用效率分析，常用的分析指标包括总资产周转率、流动资产周转率、固定资产周转率、存货周转率、应收账款周转率、营运资本周转率等等，由此可以判断分析出企业对这些可利用资产的使用效果。

除此之外，营运能力分析还可以从企业资金来源（权益和负债）的角度来展开，常用的评价指标有总负债周转率、所有者权益周转率、应付账款周转率等，这些指标反映了企业资金（负债资金和权益资金）的使用效率，因此我们也可把这几项指标分析定义为资金的使用效率分析。

再者，广义的企业营运能力分析还应该包括对企业人员生产效率方面的评价，我们称之为人工营运效率分析，使用的指标有销售收入对员工人数比率、净利润对员工人数比率等。

本书与其他教材的一个重要不同之处在于，我们对企业营运能力的分析将分别从资产使用效率、资金使用效率和人工营运效率三个方面展开，当然，重点主要是在资产使用效率方面。

（二）营运能力分析的作用

企业营运能力分析对企业的不同利益相关人员具有不同的作用：

1. 有利于企业管理者改善经营管理

企业经理人员接受企业所有者或股东的委托，对其投入企业的资产负有保值增值的责任。他们承担管理企业日常经营活动的职责，必须确保公司支付给股东与风险相适应的收益，并能使企业的各项经济资源得到有效的利用。因此，虽然他们也关心企业的盈利水平，但在财务分析中他们更关心企业经营的整个过程。比如通过资产结构分析和效率分析，可发现和揭示与企业经营性质、经营时期不相适应的资产结构比例，并及时加以调整，形成合理的资产结构，使资产保持足够的流动性，提高资金周转速度，改善财务状况，以赢得外界对企业的信心。特别是对于闲置资产、低质量资产或虚拟资产进行分析，能摸清存量资产结构，并迅速处理有问题的资产，可以有效防止或消除资产经营风险，提高盈利能力，使企业现有资源盈利更多，而且保持持续增长。此外，营运能力分析还可帮助管理者了解人力资源的配置效率，降低经营风险，为财务决策和财务预算指明方向，为预测财务危机提供必要的信息。

2. 有助于企业投资者进行投资决策

企业的投资者包括企业所有者和潜在投资者，他们进行财务分析的目的是要分析企业的盈利能力和财务安全性，只有当投资者认为企业有良好的发展前景时他们才会保持或增加投资。而企业营运能力分析正有助于判断企业财务的安全性、资本的保全程度以及评估企业的价值创造能力，并可用以进行相应的投资决策。

首先，企业的安全性与资产结构密切相关，一般企业流动性及变现能力强的资产所占的比重越大，企业的偿债能力越强，企业的财务安全性也就越高；其次，要保全所有者或股东的投入资本，必须要有高质量的资产作为物质基础，通过资产管理效率分析，可以很好地判断资产的安全程度；再次，企业的资产结构和效率直接影响着企业的收益。企业存量资产的周转速度越快，实现收益的能力越强；存量资产中商品资产越多，实现的收益额也越大；商品资产中毛利额高的商品所占比重越高，取得的利润越高。良好的资产结构和资产管理效率预示着企业未来盈利的能力。

而对企业所有者而言，企业资金使用效率的高低，也有助于评价经营者的经营业绩，发现经营中的不足，从而通过行使股东权利为企业未来的发展制定决策。

3. 有助于债权人进行信用决策

企业的营运能力直接影响着企业的偿债能力和盈利能力，是确保企业实现经营绩效的重要环节。债权人通过对营运能力的分析将有助于他们判明其债权的物资保证程度或安全性，用以进行相应的信用决策。

短期债权人通过了解企业流动资产周转率、应收账款周转率和存货周转率等指标，加上对支持有关比率的各个变量进行质量分析，可以判明企业短期债权的物资保证程度；长期债权人通过了解与长期债务期相接近的可实现长期资产，可以明确企业长期债权的安全性。一般来说，企业的资产使用效率越高，债权人的物质保障程度越高，债权的安全性越强。另外，债权人通过对资金使用效率的分析，还可以了解到企业的经营管理水平，从而做出对企业扩大信用或收缩信用的决策。

4. 对其他与企业具有密切关系的部门和单位具有重要意义

对于政府及有关管理部门，企业营运能力分析有助于他们判明企业经营是否稳定，财务状况是否良好，有利于他们监督各项经济政策、法规的执行情况，并为宏观决策与调控提供可靠信息。

对于业务关联企业，企业营运能力分析有助于他们判明对方企业是否有足量合格的商品供应或有足够的现金支付能力，企业的供销能力及其财务信用状况是否可靠，员工生产效率是否具有竞争力，进而确定可否与之建立长期稳定的业务合作关系或者所能给予的信用政策的松紧度。

总之，营运能力分析能够用以评价一个企业的经营水平、管理水平，乃至预期它的发展前景，对各个利益主体来说意义重大。

专栏 3－1

金融资产

根据 2006 年会计准则的规定，金融资产在初始确认时应被划分为四个类别，分别是：(1) 以公允价值计量且其变动计入当期损益的金融资产，包括交易性金融资产和指定为以公允价值计量且其变动计入当期损益的金融资产；(2) 持有至到期投资；(3) 贷款和应收款项；(4) 可供出售金融资产。企业初始确认金融资产时，应当按照公允价值计量。对于以公允价值计量且其变动计入当期损益的金融资产，相关交易费用应当直接计入当期损益；对于其他类别的金融资产，相关交易费用应当计入初始确认金额。

交易性金融资产是指满足以下条件之一的金融资产：一是取得该金融资产的目的主要是为了近期内出售并获利；二是属于进行集中管理的可辨认金融工具组合的一

部分，有客观证据表明企业近期采用短期获利方式对该组合进行管理；三是属于衍生工具。直接指定为以公允价值计量且其变动计入当期损益的金融资产是指满足以下条件之一的金融资产：一是该指定可以消除或明显减少由于该金融资产的计量基础不同所导致的相关利得或损失在确认或计量方面不一致的情况；二是企业风险管理或投资策略的正式书面文件已载明，该金融资产组合等以公允价值为基础进行管理、评价并向关键管理人员报告。在资产负债表日，企业应将该金融资产的公允价值变动差额计入当期公允价值变动损益。处置该金融资产时其公允价值与初始入账金额之间的差额应确认为投资收益，同时调整公允价值变动损益。

企业对持有至到期投资在持有期间应当按照摊余成本和实际利率计算确认利息收入并计入投资收益，同时按摊余成本对持有至到期投资进行后续计量。处置持有至到期投资时，应将所取得价款与该投资账面价值之间的差额计入投资收益。

贷款和应收款项主要是指金融企业发放的贷款和一般企业销售商品或提供劳务形成的应收款项等债权。贷款持有期间所确认的利息收入应根据实际利率计算。企业收回或处置贷款和应收款项时，应将取得的价款与该贷款和应收款项账面价值之间的差额计入当期损益。

可供出售金融资产持有期间取得的利息或现金股利应计入投资收益。资产负债表日，可供出售金融资产应当以公允价值计量且公允价值变动计入其他综合收益(原计入资本公积，2015 年后调整)。处置该金融资产时，应将取得的价款与该金融资产账面价值之间的差额计入投资损益；同时将持有期间产生的其他综合收益转入投资损益。

2017 年 3 月 31 日，财政部修订发布了《企业会计准则第 22 号——金融工具确认和计量》等三项金融工具会计新准则，将金融资产分类由“四分类”改为“三分类”，要求在境内外同时上市的企业以及在境外上市并采用国际财务报告准则或企业会计准则编制财务报告的企业自 2018 年 1 月 1 日起施行，其他境内上市企业自 2019 年 1 月 1 日起施行。

新金融准则规定，金融资产划分为三类：(1) 以摊余成本计量的金融资产；(2) 以公允价值计量且其变动计入其他综合收益的金融资产；(3) 以公允价值计量且其变动计入当期损益的金融资产。

以摊余成本计量的金融资产应当同时符合下列条件：一是企业管理该金融资产的业务模式是以收取合同现金流量为目标；二是该金融资产的合同条款规定，在特定日期产生的现金流量，仅为对本金和以未偿付本金金额为基础的利息的支付。

以公允价值计量且其变动计入其他综合收益的金融资产应当同时符合下列条件：一是企业管理该金融资产的业务模式既以收取合同现金流量为目标又以出售该金融

资产为目标;二是该金融资产的合同条款规定,在特定日期产生的现金流量,仅为对本金和以未偿付本金金额为基础的利息的支付。

除上述两类金融资产之外的金融资产,企业应当将其分类为以公允价值计量且其变动计入当期损益的金融资产。

二、重要资产、负债和权益项目的变动分析与审核

企业营运能力分析是对企业资源的使用效率进行分析。所谓企业的资源,从其使用角度来看,表现为财务报表上的各项资产,而从其来源角度看,则表现为财务报表上的负债和所有者权益。企业在经营过程中,资产、负债和所有者权益的绝对数值在不断发生变化,使得相应的资产、负债和所有者权益结构也相应变化。在进行效率指标分析之前,我们首先对其中的一些主要项目进行分析和审核。

(一) 货币资金

货币资金包括现金、银行存款和其他货币资金。货币资金是企业流动性最强、最有活力的资产,同时又是获利能力最低,或者说几乎不产生收益的资产,其拥有量过多或过少对企业生产经营都会产生不利影响。货币资金发生变动的主要原因有:

1. 销售规模的变动

企业销售商品或提供劳务是取得货币资金的最重要途径,当销售规模发生变动时,货币资金存量规模必然会发生相应的变动,并且二者具有一定的相关性。

2. 信用政策的变动

销售规模的扩大是货币资金增加的先决条件,如果企业改变信用政策,则货币资金存量规模就会因此而变化。例如,企业在销售时提高现销比例,货币资金存量规模就会大些;反之,货币资金存量规模就会小些。如果企业收账政策改变,也会对货币资金存量规模产生影响,如企业奉行较严格的收账政策,收账力度较大,货币资金存量规模就会大些;反之则反是。

3. 为大笔现金支出做准备

在企业生产经营过程中,可能会发生大笔的现金支出,如准备派发现金股利,偿还将要到期的大额银行借款或集中购货等,企业为此必须提前做好准备,积累大量的货币资金以备需要,这样就会使货币资金存量规模较大。一旦这种需要消失,货币资金存量规模就会降下来。

4. 资金调度

一般来说,企业货币资金存量规模过小,会降低企业的支付能力,影响到企业的信誉,因此可能丧失优惠进货机会及最佳投资机会等;反之,如果货币资金存量规模过

大，则会使企业丧失这部分资金的获利机会，增加资金的持有成本，影响企业资金的利用效果。所以企业管理人员对资金的调度也会影响货币资金存量规模，如在货币资金存量规模过小时通过筹资活动提高其存量规模；或在其存量规模较大时，通过短期证券投资的方法加以充分利用，就会降低其存量规模。

审核企业的货币资金项目，需重点关注货币资金规模是否合理、现金与银行存款的真实性、企业日常现金管理和内部控制是否健全，对于持有大量外币资金的企业，还要考虑汇率变动对资金价值的影响。

（二）应收账款

应收账款是由于企业提供商业信用产生的对企业交易方的债权。单纯从资金占用角度讲，应收账款的资金占用是一种最不经济的行为，但这种损失往往可以通过企业扩大销售而得到补偿。所以，应收账款的资金占用又是必要的。对应收账款变动情况的分析，应从以下几方面进行：

1. 企业销售规模变动对应收账款的影响

企业销售产品是形成应收账款的直接原因，在其他条件不变时，应收账款会随着销售规模的增加而同步增加，这种变动是一种正常变动。

2. 企业信用政策变动对应收账款的影响

如果企业的信用政策比较严格，应收账款的规模就会小些；反之，则会大些。同时企业收账政策也将对应收账款产生影响，当企业采取较严格的收账政策时，应收账款的规模就会小些；反之，则会大些。

审核企业应收账款项目时，需重点关注应收账款的账龄、债务人的构成及其信用状况、坏账准备的计提方法与变更情况、应收账款与营业收入的关系，对于企业在关联交易中利用应收账款项目进行非法拆借资金、资产转移、利益输送和操纵利润等方面要保持警惕，可与其他应收款项目结合分析。

（三）存货

存货资产是企业流动资产中最重要的组成部分，是生产经营活动重要的物质基础，存货资产的变动，不仅对流动资产的资金占用有极大的影响，而且对生产经营活动产生重大影响。存货变动更主要地受到企业生产经营方面的影响。例如，生产经营规模的扩张和收缩、资产利用效果的高低、资产周转速度的快慢、存货管理的水平等等。如果仅就会计政策对存货的影响进行分析，其原因有：

1. 存货数量盘存方法的影响

存货数量变动是影响资产负债表存货项目的基本因素，企业存货数量的确定主要有两种方法可供选择：实地盘存法和永续盘存法。当企业采用实地盘存法进行存货数量核算时，资产负债表上存货项目反映的就是存货的实有数量。如果采用永续盘存法，除非在编制资产负债表时对存货进行盘存，否则，资产负债表上存货项目所反映的只是存货的账面数量。两种不同的存货数量确认方法会造成资产负债表上存货项目的差异，这种差异不是存货数量本身变动引起的，而是存货数量的会计确认方法不同造成的。

2. 期末存货价值的计价原则对存货项目的影响

期末存货价值的确定通常采用历史成本原则，但会计制度也允许企业采用“成本与可变现净值孰低法”来确定。当按历史成本原则确定的存货低于可变现净值时，按两种方法确定的期末存货价值是一致的，当存货的可变现净值下跌至成本以下时，按“成本与可变现净值孰低法”确定的存货期末金额就会低于按历史成本法确定的存货期末金额。因此，当企业改变存货价值确定方法时，就有可能引起资产负债表上存货项目变动。

审核企业存货项目时，需重点关注企业存货的规模与结构、存货的计价方法和变更的合理性、存货跌价准备的计提是否正确，是否存在用存货计价来操纵利润的现象。

（四）长期股权投资

长期股权投资，是指投资方对被投资单位实施控制、重大影响的权益性投资，以及对其合营企业的权益性投资。除企业进行投资和收回投资引起长期股权投资项目发生变动外，长期股权投资的变动还受其核算所采用的会计政策的影响，即是按成本法还是按权益法进行核算。

1. 长期股权投资的成本法核算

成本法，是指长期股权投资按投资成本计价的方法。在成本法下，长期股权投资以初始成本计量，除了投资企业追加投资、收回投资等情形外，长期股权投资的账面价值保持不变。被投资单位宣告分派的现金股利或利润，应当确认为当期的投资收益。按新准则规定，企业持有的对子公司投资采用成本法核算。

2. 长期股权投资的权益法核算

权益法，是指长期股权投资最初以初始投资成本计量，其后根据投资企业享有被投资单位所有者权益份额的变化对长期股权投资的账面价值进行调整的方法。长期股权投资准则规定，应当采用权益法核算的长期股权投资包括两类：一是对合营企业投资；二是对联营企业投资。

（1）按照权益法核算的长期股权投资，取得投资时若初始投资成本大于投资时应享有被投资单位可辨认净资产公允价值份额的，不调整长期股权投资的初始投资成本；长期股权投资的初始投资成本小于投资时应享有被投资单位可辨认净资产公允价值份额的，其差额应当计入当期损益（营业外收入），同时调整长期股权投资的成本。

（2）在持有投资期间，对属于因被投资单位实现净损益和其他综合收益产生的所有者权益的变动，投资企业按照持股比例计算应享有的份额，增加或减少长期股权投资的账面价值，同时分别确认投资收益和其他综合收益。

（3）对被投资单位除净损益、其他综合收益和利润分配以外其他因素（如接受其他股东资本性投入）导致的所有者权益变动，企业按照持股比例计算应享有或应分担的份额，增加或减少长期股权投资的账面价值，同时确认为资本公积。

（4）被投资单位宣告分派利润或现金股利时，投资企业按持股比例计算应享有的部分，相应减少长期股权投资的账面价值。

（5）投资方确认被投资单位发生的净亏损，应当以长期股权投资的账面价值以及其他实质上构成对被投资单位净投资的长期权益减记至零为限，投资方负有承担额外损失义务的除外。

另外，长期股权投资在按照规定进行核算确定其账面价值的基础上，如果存在减值迹象的，应当按照相关准则的规定确定其可收回金额并计提减值准备。

审核长期股权投资项目时，需重点关注企业长期股权投资的构成与投资方向、投资收益的质量和稳定性、投资减值准备的合理性以及市场变化对长期投资的风险影响等。

（五）固定资产

固定资产是为企业生产商品、提供劳务、出租或经营管理持有的，使用年限超过一年的，单位价值较高的有形资产。固定资产的变动可从以下方面进行分析：

1. 固定资产占用量变动情况分析

固定资产原值是表示固定资产占用量的指标，如果剔除物价变动的影响，也可以说固定资产原值是以价值形式表示的固定资产实物量的指标。通过固定资产原值的变动情况，可以了解固定资产占用量规模的变动情况。固定资产占用变化情况包括：投资转入固定资产；自行购入固定资产；自建、自制固定资产；融资租入固定资产；接受捐赠固定资产；固定资产盘盈；出售转让固定资产；投资转出固定资产；固定资产报废清理；固定资产盈亏及毁损；以及其他原因引起的固定资产增减。

2. 会计政策变更对固定资产影响的分析

从会计政策方面讲，引起固定资产变动的最主要方面是折旧方法的选择，会计准则和制度允许企业使用的折旧方法有：年限平均法、工作量法、双倍余额递减法和年数总和法，其中后两种方法属于加速折旧法。不同的折旧方法由于各期所提折旧不同，会引起固定资产价值发生不同的变化。固定资产折旧方法的选择对固定资产的影响还隐含着会计估计对固定资产的影响，例如，对折旧年限的估计、对固定资产残值的估计等。分析人员必须了解企业采用什么样的会计政策，据此说明会计政策选择和变更对固定资产产生的影响，这样才能真正反映出生产经营活动的结果及其影响。

审核固定资产项目时，需重点关注固定资产的配置和利用是否合理、固定资产的折旧和减值政策是否正确，固定资产的变现性、盈利性和增值性是否充分，以及固定资产投资与企业技术装备和未来发展的关系等。

（六）无形资产

无形资产是指企业拥有或者控制的没有实物形态的可辨认非货币性资产，包括专利权、商标权、著作权、特许经营权、土地使用权、非专利技术等。尽管没有实物形态，但在知识经济时代，其对企业生产经营活动的影响十分巨大，目前一些高科技轻资产类型企业，其无形资产占总资产的比重相对较高。

企业的无形资产一般由外部投资、自行购买或者内部研究开发取得，形成或取得时的实际成本就是无形资产的入账价值。其中，企业自行开发的无形资产，在研究阶段的支出于发生时计入当期损益，开发阶段的支出满足一定条件时，确认为无形资产。在资产负债表上的"无形资产"是指无形资产原值减去累计摊销和减值准备后的余额，无形资产的减少除出售、对外投资等原因外，主要是因为其价值摊销和减值造成的。

对企业无形资产项目的审核，可重点关注无形资产的盈利质量、无形资产的确认和资本化条件、无形资产的摊销方法、无形资产的变现性以及账外无形资产等方面。

（七）短期借款

短期借款是企业向银行或其他金融机构借入的、偿还期限在一年以内的各种借款。短期借款发生变化，其原因主要为两大方面：一是生产经营需要；二是企业负债筹资政策变动。具体来说可能是：

1. 流动资金的需要

当季节性或临时性需要产生时，企业就可能通过短期借款来满足其资金需要；而当这种季节性或临时性需要消除时，企业就会偿还这部分短期借款，从而造成短期借款的变动。

2. 节约利息支出

一般来讲短期借款的利率低于长期借款和长期债券的利率，所以企业举借短期借款相对于长期借款可以减少利息支出。

3. 调整负债结构和财务风险水平

企业增加短期借款，可以相对减少对长期负债的需求，使企业负债结构发生变化。相对于长期负债而言，短期借款具有风险大、利率低的特点，负债结构变化将会引起负债成本和财务风险发生相应的变化。

4. 增加企业资金弹性

短期借款可以随借随还，有利于企业对资金存量进行调整。

审核短期借款项目时，应关注其规模与流动资产特别是存货是否相适应、借款的利息和偿债时间，评价短期还款能力及企业的流动性风险。

（八）应付账款

应付账款是因商品交易或接受劳务而产生的应付给供应单位的款项，其数量变动主要有以下原因：

1. 企业销售规模的变动

当企业销售规模扩大时，会增加存货需求，使应付账款规模扩大；反之，会使其降低。

2. 充分利用无成本资金

应付账款是因企业商业信用产生的一种无资金成本或资金成本极低的资金来源。企业在遵守财务制度、维护企业信誉的条件下充分加以利用，可以减少其他筹资方式的筹资数量，并减少债务利息支出。

3. 授信企业的信用政策发生变化

如果提供商业信用的授信企业放宽信用政策和收账政策，企业应付账款的规模就会大些；反之，就会小些。

4. 企业资金的充裕程度

企业资金相对充裕，应付账款规模就小些，当企业资金比较紧张时，就会影响到应付账款的偿还。

审核应付账款项目时，需重点关注应付账款的增加是否与企业支付能力恶化或盈利水平下降有关，同时应了解应付账款规模的合理性和真实性。

（九）长期借款

长期借款是企业向银行等金融机构借入的、偿还期在一年以上的各种借款。影响长期借款变动的因素主要有：

1. 银行信贷政策及资金市场的资金供求状况

当银行实行宽松的信贷政策或资金供给充分时，企业长期借款的规模就比较大，反之就会小些。

2. 企业对资金的长期需要

当企业需要进行长期的固定资产投资时，对长期资金的需求增加，长期借款也会增加。而当企业缺乏长期投资项目时，长期借款就会减少。

3. 企业负债结构和财务风险水平的调整

长期借款与短期借款相比期限长，资金成本高，但偿债压力小，风险较低。通过长短期借款的变化，可以调整企业的负债结构，改变财务风险水平。

审核长期借款项目时，需重点关注长期借款是否与企业固定资产、无形资产投资规模相适应，掌握企业长期借款利息成本及其资本化情况。

（十）股本（实收资本）

股本的变动主要由以下原因引起：

1. 公司增发新股或配股

从本质上说，这是由投资者追加投资引起的股本变化。如果企业减资则会相反。

2. 资本公积或盈余公积转增股本

这虽然会引起股本发生变化，但所有者权益总额并不因此变化。

3. 以送股进行利润分配

这会引起股本增加和未分配利润减少，但所有者权益总额不变。

对股本（实收资本）的审核重点关注企业是否有虚假出资和抽逃出资的情况。

（十一）未分配利润

引起未分配利润项目发生变化的原因有两点：

1. 企业生产经营活动的业绩

这里的经营活动包括本年度的经营活动和以前年度的经营活动，因为未分配利润是各年度生产经营业绩积累的结果。

2. 企业的利润分配政策

企业采取高股利分配政策，未分配利润就会减少，企业采取低股利分配政策，未分配利润就会增加。

审查未分配利润主要关注企业利润分配是否符合公司章程，以及前期损益调整对利润分配的影响。

专栏 3－2

长期股权投资的类型

2014 年 3 月财政部发布了修订的《企业会计准则第 2 号——长期股权投资》，规定企业对长期股权投资核算包括对实施控制、共同控制和重大影响三类投资活动的核算。

1. 控制

根据《企业会计准则第 33 号——合并财务报表》的定义，控制是指一个企业能够决定另一个企业的财务和经营政策，并能据以从另一个企业的经营活动中获取利益的权力。当一个企业（母公司）直接或通过子公司间接拥有被投资单位半数以上的表决权，表明母公司能够控制被投资单位时，应当将该被投资单位认定为子公司。当母公司拥有被投资单位半数或以下的表决权而满足下列条件之一的，视为母公司能够控制被投资单位，应当将该被投资单位认定为子公司，但有证据表明母公司不能控制被投资单位的除外。

(1) 通过与被投资单位其他投资者之间的协议，拥有被投资单位半数以上的表决权。

(2) 根据公司章程或协议，有权决定被投资单位的财务和经营政策。

(3) 有权任免被投资单位的董事会或类似机构的多数成员。

(4) 在被投资单位的董事会或类似机构占多数表决权。

在确定能否控制被投资单位时，还应当考虑企业和其他企业持有的被投资单位的当期可转换的可转换公司债券、当期可执行的认股权证等潜在表决权因素。

2. 共同控制

《企业会计准则第40号——合营安排》指出，共同控制是指按照相关约定对某项安排所共有的控制，并且该安排的相关活动必须经过分享控制权的参与方一致同意后才能决策。这里一项由两个或两个以上的参与方共同控制的安排被称为合营安排，它具有以下特征：

(1) 各参与方均受到该安排的约束。

(2) 两个或两个以上的参与方对该安排实施共同控制。任何一个参与方都不能够单独控制该安排，对该安排具有共同控制的任何一个参与方均能够阻止其他参与方或参与方组合单独控制该安排。

合营安排不要求所有参与方都对该安排实施共同控制。合营安排参与方既包括对合营安排享有共同控制的参与方(即合营方)，也包括对合营安排不享有共同控制的参与方。

合营安排分为共同经营和合营企业两类。其中，共同经营是指合营方享有该安排相关资产且承担该安排相关负债的合营安排。合营企业是指合营方仅对该安排的净资产享有权利的合营安排。

3. 重大影响

按照《企业会计准则第2号——长期股权投资》的规定，重大影响是指投资方对被投资单位的财务和经营政策有参与决策的权力，但并不能够控制或者与其他方一起共同控制这些政策的制定。在确定能否对被投资单位施加重大影响时，应当考虑投资方和其他方持有的被投资单位当期可转换公司债券、当期可执行认股权证等潜在表决权因素。

通常，当投资企业直接拥有或通过子公司间接拥有被投资单位20%以上但低于50%的表决权股份时，一般认为对被投资单位具有重大影响。

投资方能够对被投资单位施加重大影响的，被投资单位为其联营企业。

需要指出的是，根据财政部2014年3月修订的《企业会计准则第2号——长期股权投资》规定，如投资企业持有的投资，对被投资单位不具有共同控制或重大影响、在活跃市场中没有报价且公允价值不能可靠计量的，原采用长期股权投资核算的该项投资将改作为金融资产核算。投资企业应根据自身的业务特点、投资策略、企业管理要求及对被投资单位的影响力等因素，将该金融资产分别计入“交易性金融资产”或“可供出售金融资产”类别。

第二节 营运能力指标分析

对营运能力指标进行分析，常用的分析方法包括趋势分析法和同业比较分析法。

趋势分析，即对同一企业的各个时期的营运能力指标的变化加以对比分析，这样可以帮助分析人员掌握该指标的发展规律和发展趋势。

同业比较分析，即同行业之间的比较，它可以是与同行业的平均水平相比，也可以是与同行业先进水平相比，前者反映的是在行业中的一般状况，后者反映的是与行业先进水平的距离或者是在行业中的领先地位。企业在实际分析时可根据需要选择比较标准。

一、资产运用效率分析指标

资产运用效率，是指资产利用的有效性和充分性。有效性是指使用的后果，是一种产出的概念；充分性是指使用的进行，是一种投入概念。

对资产运用效率进行评价的财务比率通常采用各项资产的周转率指标，其一般公式为：

各项资产周转率＝周转额(销售收入)/各项资产平均值

资产周转率也可用周转天数表示，其计算公式为：

$$资产周转天数=\frac{计算期天数(360)}{资产周转率}$$

一般来说，如果资产周转率的数值越大，或资产周转天数越少，那么资产的运用效率就越高。

下面我们对资产运用效率的一些指标进行分析。

(一) 总资产周转率

总资产周转率是指企业一定时期的销售收入与资产总额的比率，它反映企业的总资产在一定时期内(通常为一年)周转的次数。其计算公式如下：

$$总资产周转率(次数)=\frac{销售收入}{总资产平均值}$$

其中：
$$总资产平均值=\frac{期初总资产+期末总资产}{2}$$

总资产周转率也可用周转天数表示，其计算公式为：

$$总资产周转天数=\frac{360}{总资产周转率}$$

总资产周转率的分析要点如下：

(1) 总资产周转率反映了企业资产创造销售收入的能力。总资产周转率高(或总资产周转天数少)，说明企业全部资产经营效率好，取得的收入高，盈利能力强，偿债能力也强。

(2) 总资产周转率的高低，取决于销售收入和总资产两个因素。增加收入或减少总资产，都可以提高总资产周转率。

(3) 要注意总资产周转率的异常变化，例如在销售收入基本不变的情况下，企业突然报废大量固定资产，会使当期总资产周转率大幅上升，此时该指标就不具有可比性，对特殊情况应注意特殊的评价和揭示。

[例 3-1] 根据附录 MN 公司有关财务数据，分析企业总资产周转率变动情况。

按照公式计算出的企业总资产周转率如表 3-1 所示。

表 3-1　总资产周转率分析

年　　份	2014	2015	2016	2017
总资产周转率(次)	0.41	0.42	0.27	0.32

计算表明，企业 2015 年总资产周转率为 0.42 次，之后两年该指标有所降低，表明企业总资产的使用效率没有提高。

[财务指标参考数据之五]

表 3-2　20 家上市公司总资产周转率统计

所属行业	农业	采掘	食品	纺织服装	造纸	石化	电子	金属	机械	医药
上市公司	隆平高科	大同煤业	贵州茅台	雅戈尔	晨鸣纸业	上海石化	海康威视	上海宝钢	三一重工	同仁堂
2013	0.51	0.52	0.62	0.31	0.43	3.13	0.87	0.86	0.58	0.81
2014	0.46	0.39	0.52	0.33	0.37	3.00	0.97	0.82	0.48	0.78

(续表)

所属行业	农业	采掘	食品	纺织服装	造纸	石化	电子	金属	机械	医药
上市公司	隆平高科	大同煤业	贵州茅台	雅戈尔	晨鸣纸业	上海石化	海康威视	上海宝钢	三一重工	同仁堂
2015	0.44	0.28	0.43	0.26	0.30	2.73	0.98	0.71	0.38	0.79
2016	0.35	0.28	0.39	0.23	0.29	2.51	0.89	0.74	0.38	0.77
2017	0.30	0.34	0.47	0.15	0.32	2.50	0.90	0.94	0.64	0.75

所属行业	电力	建筑	交通运输	信息技术	批发零售	房地产	社会服务	金融	文化传播	综合
上市公司	粤电力	葛洲坝	东方航空	川大智胜	南京新百	华夏幸福	黄山旅游	工商银行	中视传媒	复旦复华
2013	0.46	0.73	0.68	0.26	0.82	0.36	0.38	0.03	0.73	0.67
2014	0.42	0.75	0.60	0.22	0.85	0.29	0.44	0.03	0.50	0.63
2015	0.36	0.71	0.52	0.20	1.00	0.27	0.45	0.03	0.34	0.41
2016	0.32	0.72	0.49	0.20	0.90	0.26	0.36	0.03	0.36	0.32
2017	0.38	0.63	0.46	0.18	0.83	0.19	0.36	0.03	0.52	0.31

（二）流动资产周转率

流动资产周转率是指企业一定时期的销售收入与流动资产平均余额的比率，即企业流动资产在一定时期内（通常为一年）周转的次数。其计算公式如下：

$$\text{流动资产周转率(次数)}=\frac{\text{销售收入}}{\text{流动资产平均值}}$$

其中：

$$\text{流动资产平均值}=\frac{\text{期初流动资产}+\text{期末流动资产}}{2}$$

流动资产周转天数与总资产周转天数的计算公式基本相同，不再赘述（以下周转率指标中周转天数分析与此相同）。

流动资产周转率是反映企业流动资产运用效率的指标，其分析要点：

(1) 企业流动资产周转率越快，周转次数越多，周转天数越少，表明企业以相同的流动资产占用实现的销售收入越多，说明企业流动资产的运用效率越好，进而使企业的偿债能力和盈利能力均得以增强。反之，则表明企业利用流动资产进行经营活动的能力较差，效率较低。

(2) 由于流动资产是企业短期偿债能力的基础，企业应该有一个比较稳定的流动资产数额，并以此提高使用效率，应防止企业以大幅降低流动资产为代价追求高周转率。

[例 3-2] 根据附录 MN 公司有关财务数据，分析企业流动资产周转率变动情况。

按照公式计算出的企业流动资产周转率如表 3-3 所示。

表 3-3 流动资产周转率分析

年份	2014	2015	2016	2017
流动资产周转率(次)	0.78	0.85	0.65	0.63

上表表明，MN 企业流动资产周转率在 2015 年表现最好，但随后两年有所下降，流动资产使用效率偏低。

[财务指标参考数据之六]

表 3-4 20 家上市公司流动资产周转率统计表

所属行业	农业	采掘	食品	纺织服装	造纸	石化	电子	金属	机械	医药
上市公司	隆平高科	大同煤业	贵州茅台	雅戈尔	晨鸣纸业	上海石化	海康威视	上海宝钢	三一重工	同仁堂
2013	0.80	1.41	0.79	0.50	1.13	8.44	1.01	2.57	0.95	0.96
2014	0.77	1.11	0.71	0.57	0.94	8.52	1.09	2.46	0.79	0.94
2015	0.82	0.73	0.58	0.55	0.69	9.15	1.10	2.27	0.62	0.99
2016	0.61	0.69	0.50	0.55	0.65	6.77	1.01	2.16	0.62	0.97
2017	0.60	0.84	0.58	0.34	0.70	5.30	1.03	2.46	1.03	0.95
所属行业	电力	建筑	交通运输	信息技术	批发零售	房地产	社会服务	金融	文化传播	综合
上市公司	粤电力	葛洲坝	东方航空	川大智胜	南京新百	华夏幸福	黄山旅游	工商银行	中视传媒	复旦复华
2013	2.65	1.21	6.96	0.45	1.88	0.38	1.03	—	1.01	1.22
2014	2.49	1.25	5.82	0.48	2.28	0.30	1.22	—	0.71	1.23
2015	2.32	1.16	4.54	0.41	2.50	0.29	1.08	—	0.49	0.93
2016	2.01	1.11	5.06	0.41	2.02	0.29	0.87	—	0.53	0.64
2017	2.30	0.95	5.95	0.41	2.13	0.21	0.85	—	0.77	0.54

（三）固定资产周转率

固定资产周转率是衡量固定资产运用效率的指标，指企业一定时期（通常为一年）的销售收入与固定资产平均净值的比率。其计算公式为：

$$固定资产周转率(次数)=\frac{销售收入}{固定资产平均净值}$$

其中：
$$固定资产平均净值=\frac{期初固定资产净值+期末固定资产净值}{2}$$

固定资产周转率的分析要点：

(1) 固定资产周转率越高，周转天数越少，表明企业固定资产利用越充分，同时也说明企业固定资产投资得当，固定资产结构分布合理，能够较充分地发挥固定资产的使用效率，企业的经营活动越有效；反之，则表明固定资产使用效率不高，提供的生产经营成果不多，企业固定资产的营运能力较差。

(2) 这一指标的分母采用的是固定资产净值，因此指标的比较将受到折旧方法和折旧年限的影响，应注意其可比性问题。在不增加投资的情况下，企业的固定资产周转率会越来越高，因净值会随着时间的推移而减少。

(3) 企业的固定资产一般采用历史成本法入账，在企业的固定资产、销售量没有发生变化的情况下，也可能由于通货膨胀的影响导致物价上涨，使销售收入增加，结果固定资产周转率会提高，但此时固定资产效能并没有增加。

(4) 从理论上说，固定资产要完成全部价值的周转，必须经过其全部折旧期。或者讲，在固定资产周转率指标中，销售收入并不是由固定资产的周转价值形成的，至多仅固定资产折旧部分形成为销售收入。但是从固定资产实际使用效果看，它又与销售收入的形成有一定的关系，所以在财务实践中，仍采用了通俗的计算方法。

[例 3-3] 根据附录 MN 公司有关财务数据，分析企业固定资产周转率变动情况。

按照公式计算出的企业固定资产周转率如表 3-5 所示。

表 3-5 固定资产周转率分析

年 份	2014	2015	2016	2017
固定资产周转率(次)	1.31	1.65	1.92	2.63

从上式可以看出，MN 公司的固定资产周转率指标在逐年增加，表明企业固定资产具有较好的使用效率。

(四) 应收账款周转率

应收账款周转率是指企业一定时期(通常为一年)的销售收入与应收账款平均余额的比值，即企业的应收账款在一定时期内周转的次数。其计算公式为：

$$应收账款周转率(次数)=\frac{销售收入}{应收账款平均值}$$

其中：$$应收账款平均值=\frac{期初应收账款+期末应收账款}{2}$$

应收账款周转率是反映企业应收账款运用效率的指标，其分析要点是：

(1) 一定期间内，企业的应收账款周转率越高，周转次数越多，表明企业应收账款回收速度越快，企业应收账款的管理效率越高，资产流动性越强，短期偿债能力越强。同时，较高的应收账款周转率可有效地减少收款费用和坏账损失，从而相对增加企业流动资产的收益能力。

(2) 影响应收账款周转率下降的原因主要是企业的信用政策、客户故意拖延和客户财务困难。而过快的应收账款周转率可能是由紧缩的信用政策引起的，其结果可能会危及企业的销售增长，损害企业的市场占有率。

(3) 应收账款是时点指标，易受季节性、偶然性和人为因素的影响。如当应收账款余额在年度内的不同季度或不同月份有着显著波动的情况下，年平均的应收账款余额就不能简单地取年初和年末数的平均值，而应按 4 个季度末或 12 个月末的余额计算平均值，否则会造成该指标严重高估或低估。

(4) 应收账款额通常还应包括未办贴现的应收票据额，即企业全部赊销额。

[例 3-4] 根据附录 MN 公司有关财务数据，分析企业应收账款周转率变动情况。

按照公式计算出的企业应收账款周转率如表 3-6 所示。

表 3-6 应收账款周转率分析

年 份	2014	2015	2016	2017
应收账款周转率(次)	18.16	17.31	16.28	17.22

MN 公司的应收账款周转率指标自 2014 年起连续降低，进一步分析发现是由于企业销售收入的增长速度低于应收账款年平均余额的增长速度所致，表明该公司应收账款的管理效率下降。

[财务指标参考数据之七]

表 3-7 20 家上市公司应收账款周转率统计表

所属行业	农业	采掘	食品	纺织服装	造纸	石化	电子	金属	机械	医药
上市公司	隆平高科	大同煤业	贵州茅台	雅戈尔	晨鸣纸业	上海石化	海康威视	上海宝钢	三一重工	同仁堂
2013	12.15	4.26	3 299.14	41.80	6.08	75.54	4.80	19.14	2.22	21.97
2014	8.54	5.22	12 066.35	41.92	5.80	56.70	4.81	17.58	1.57	17.68

（续表）

所属行业	农业	采掘	食品	纺织服装	造纸	石化	电子	金属	机械	医药
上市公司	隆平高科	大同煤业	贵州茅台	雅戈尔	晨鸣纸业	上海石化	海康威视	上海宝钢	三一重工	同仁堂
2015	7.19	4.08	14 397.22	52.35	5.44	49.68	4.07	17.06	1.15	14.51
2016	7.21	3.82	无应收账款	58.49	5.78	47.48	3.30	18.95	1.19	13.51
2017	7.30	5.76	无应收账款	34.23	7.81	46.80	3.23	25.70	2.10	12.75

所属行业	电力	建筑	交通运输	信息技术	批发零售	房地产	社会服务	金融	文化传播	综合
上市公司	粤电力	葛洲坝	东方航空	川大智胜	南京新百	华夏幸福	黄山旅游	工商银行	中视传媒	复旦复华
2013	9.75	14.67	27.16	5.32	268.67	13.35	6.91	—	7.49	13.13
2014	9.94	9.01	24.30	3.78	136.52	7.81	7.33	—	7.12	17.13
2015	10.16	7.45	27.89	3.23	140.08	6.23	7.82	—	5.56	11.21
2016	8.62	9.66	35.86	3.61	156.31	6.45	10.48	—	11.33	8.61
2017	9.51	7.89	42.79	3.78	37.32	4.20	15.34	—	72.44	8.12

（五）存货周转率

存货周转率是指一定时间内（通常为一年）企业营业成本（销售成本）与存货平均余额的比率，是反映企业销售能力强弱、存货是否过量和资产流动能力的一个指标，也是衡量企业生产经营各环节中存货运营效率的一个综合性指标。其计算公式为：

$$存货周转率(次数)=\frac{营业成本}{存货余额平均值}$$

其中：
$$存货余额平均值=\frac{期初存货余额+期末存货余额}{2}$$

存货周转率的分析要点如下：

（1）存货周转率指标比应收账款周转率反映的内容更具综合性，涉及企业供、产、销各环节。在分析存货周转率指标时，应尽可能结合存货的批量因素、季节性变化因素等情况对指标加以理解。

（2）一般来说，存货周转率指标越高，表明存货周转速度越快，存货变现能力越强，资金占用水平越低，但不能盲目追求高存货周转率，如该指标过高可能存在如下问题：存货水平太低，采购过于频繁，批量太小，可能出现停工待料现象。

（3）如果存货周转率恶化，则可能由以下原因造成：低效率的存货控制和管理导致存货的过度购置，低效率的生产导致存货产品生产量下降，销售困难导致存货积压，以及企业不适当的销售政策导致销售不畅。

(4) 不同企业存货计价方法不一样，可能会造成指标差异。例如，在物价上升时，采用先进先出法计价的企业的存货成本相对较高，而采用后进先出法的企业的存货成本相对较低，这会导致两类企业之间存货周转率的显著不同。

(5) 结合存货周转率指标分析，还可进一步对存货的结构进行分析，分别计算原材料周转率、在产品周转率、产成品周转率等，以此分析各类存货的周转速度及其变动对整体存货周转率的影响。

(6) 在计算时应注意指标分子和分母数据时间上的对应性。此外，不同行业存货周转率指标可能有较大差异。

[例 3-5] 根据附录 MN 公司有关财务数据，分析企业存货周转率变动情况。

按照公式计算出的企业存货周转率如表 3-8 所示。

表 3-8　存货周转率分析

年　　份	2014	2015	2016	2017
存货周转率(次)	0.88	0.83	0.71	0.67

计算表明，MN 公司 2014 年以来存货周转率呈逐步降低之势，说明企业存货管理效率较差。

[财务指标参考数据之八]

表 3-9　20 家上市公司存货周转率统计

所属行业	农业	采掘	食品	纺织服装	造纸	石化	电子	金属	机械	医药
上市公司	隆平高科	大同煤业	贵州茅台	雅戈尔	晨鸣纸业	上海石化	海康威视	上海宝钢	三一重工	同仁堂
2013	1.38	14.05	0.20	0.35	4.09	11.18	4.60	5.74	2.74	1.27
2014	1.43	9.15	0.17	0.48	3.35	12.03	5.15	5.84	3.81	1.25
2015	1.62	7.83	0.15	0.57	2.78	11.89	5.92	5.93	31.15	1.21
2016	1.63	9.42	0.18	0.67	3.13	10.78	5.61	5.46	3.27	1.26
2017	1.72	14.10	0.28	0.42	3.62	10.92	5.35	6.60	2.35	1.28
所属行业	电力	建筑	交通运输	信息技术	批发零售	房地产	社会服务	金融	文化传播	综合
上市公司	粤电力	葛洲坝	东方航空	川大智胜	南京新百	华夏幸福	黄山旅游	工商银行	中视传媒	复旦复华
2013	13.18	2.21	36.57	1.90	2.92	0.32	0.80	—	9.63	3.44
2014	12.98	2.39	34.90	1.64	3.13	0.26	0.90	—	5.40	2.37

(续表)

所属行业	电力	建筑	交通运输	信息技术	批发零售	房地产	社会服务	金融	文化传播	综合
上市公司	粤电力	葛洲坝	东方航空	川大智胜	南京新百	华夏幸福	黄山旅游	工商银行	中视传媒	复旦复华
2015	12.21	2.56	35.76	1.16	3.73	0.28	1.04	—	3.26	1.50
2016	12.50	2.59	38.38	1.46	3.25	0.29	1.06	—	4.83	0.78
2017	15.32	1.80	40.73	1.44	3.65	0.16	2.18	—	7.78	0.47

（六）其他辅助性指标

1. 营运资本周转率

营运资本周转率是衡量企业运用营运资本创造销售收入的能力。其计算公式为：

$$\text{营运资本周转率(次数)}=\frac{\text{销售收入}}{\text{营运资本平均值}}$$

其中：

$$\text{营运资本平均值}=\frac{\text{期初营运资本}+\text{期末营运资本}}{2}$$

营运资本周转率水平高,表明企业运用营运资本创造收入的效率较高,反之则较低。但是如该指标过高,则说明企业营运资本可能不足,会影响企业资金的流动性。

[例 3-6] 根据附录 MN 公司有关财务数据,分析企业营运资本周转率变动情况。

按照公式计算出的企业营运资本周转率如表 3-10 所示。

表 3-10 营运资本周转率分析

年 份	2014	2015	2016	2017
营运资本周转率(次)	−11.23	110.97	22.77	8.91

从上表分析中可以看出,2015 年企业营运资本周转率水平较高,但后两年又有较大下降,企业总体营运资本使用效率较弱。

2. 现金周转率

现金周转率是企业销售收入与现金平均余额的比率,反映了企业对现金的管理水平和利用效率的高低。其计算公式为：

$$\text{现金周转率(次数)}=\frac{\text{销售收入}}{\text{现金平均余额}}$$

其中：

$$\text{现金平均余额}=\frac{\text{期初现金}+\text{期末现金}}{2}$$

现金周转率指标应维持在一个合理水平,较高的比率意味着企业对现金的使用效率较好,但同时也表明企业所持有的现金较少,这可能是企业出现财务困难的一个信号;与此相反,如果现金周转率比率较低,一方面说明企业对现金的使用效率较差,但另一方面又表明企业的现金充裕,短期偿债有保证。

3. 预付账款周转率

预付账款周转率是企业营业成本与平均预付账款的比率,其计算公式如下:

$$预付账款周转率(次数)=\frac{营业成本}{平均预付账款余额}$$

其中: $$平均预付账款余额=\frac{期初预付账款+期末预付账款}{2}$$

预付账款周转率反映企业资金被占用状况,从财务角度而言,指标值越高,在企业营业成本一定的条件下,预付款项越少,对企业越有利。

[例3-7] 根据附录MN公司有关财务数据,分析企业预付账款周转率变动情况。

按照公式计算出的企业预付账款周转率如表3-11所示。

表3-11 预付账款周转率分析

年　　份	2014	2015	2016	2017
预付账款周转率(次)	1.70	2.92	1.88	2.74

由上表可知,2015年企业预付账款周转率水平较高,但后两年有较大波动,2017年在上年下降的基础上又有所回升。

4. 原材料周转率

原材料周转率是反映企业原材料使用效率的指标,其计算公式为:

$$原材料周转率(次数)=\frac{耗用原材料成本}{原材料存货平均余额}$$

其中: $$原材料存货平均余额=\frac{期初原材料+期末原材料}{2}$$

原材料周转率评价标准与存货周转率评价标准相同,周转率指标越高,企业原材料创造收入的效果越好。

5. 在产品周转率

在产品周转率是反映企业在产品利用效率的指标,其计算公式为:

$$在产品周转率(次数)=\frac{制造成本}{在产品存货平均余额}$$

其中：

$$在产品存货平均余额=\frac{期初在产品+期末在产品}{2}$$

在产品周转率评价标准与存货周转率评价标准相同，周转率指标越高，企业在产品创造效益的水平越高。

6. 产成品周转率

产成品周转率是反映企业产成品使用效率的指标，其计算公式为：

$$产成品周转率(次数)=\frac{营业成本}{产成品存货平均余额}$$

其中：

$$产成品存货平均余额=\frac{期初产成品+期末产成品}{2}$$

产成品周转率评价标准与存货周转率评价标准相同，周转率指标越高，企业产成品创造效益的能力越强。

在评价使用原材料周转率、在产品周转率和产成品周转率时，由于无法从企业公开的财务报表中获取相关数据，因此只能有条件使用。

7. 不良资产比率

与前面的指标不同，不良资产比率衡量的是企业不良资产占全部资产的占比情况，其计算公式为：

$$不良资产比率=\frac{年末不良资产总额}{资产总额+资产减值准备余额}\times 100\%$$

$$年末不良资产总额=资产减值准备余额+应提未提和应摊未摊的潜亏挂账+未处理资产损失$$

不良资产比率越高，将间接影响企业资产的利用效率和盈利能力，通常该比率不宜高于2.5%，指标值越低越好。

专栏3-3

企业长期投资合理性分析

长期投资是企业不可能或不准备在一年内变现的投资。由于长期投资对企业的影响重大，长期投资决策正确与否就显得至关重要。除了一些定量方法如净现值法、内部投资收益率法、获利指数法等外，对企业长期投资的合理性分析，还有其他一些因素需要考虑。

1. 该项长期投资方案能否获得较高收益

企业进行长期投资的目的之一是获得较高的收益，常用的各种长期投资决策方法只是针对已有的备选方案做出相对的选择，但投资项目所获得的收益率是否达到了特定企业、特定行业的投资报酬率，投资决策实施后是否达到了企业期望中的收益或是更高的收益，这些都是分析长期投资方案是否合理的重要因素。

2. 该项长期决策方案是否实现了低风险或风险分散的目标

企业进行长期投资的另一个目的是为了分散风险，如果某项长期投资决策执行后，没有降低企业风险，这样的长期投资决策就是错误的决策。尤其对投资组合来讲，在一般情况下，长期投资组合可以分散企业风险，但如果投资组合的类别和比重不合理，如股权投资和债权投资的比重失当，就可能会直接影响投资组合分散风险的效果，这样的长期投资方案也是不可取的。

3. 该项投资项目的安全性和企业的破产风险

长期投资的投资额大、周期长、见效慢，基于这些特点，在分析长期投资决策是否合理时不仅要看项目本身的安全性，还要看企业的规模和经营状况，看它是否有能力承担该项目所带来的风险和不确定性，项目的失败有可能直接导致企业的破产，如果某项决策带有明显的投机行为，则该项长期投资决策一定不会是合理可行的决策。

4. 该项投资方案是否与企业的总体发展目标和经营方针相一致

长期投资决策作为企业的发展战略的重要组成部分，它的决策过程、执行过程和事后反馈过程都要紧紧围绕企业的总体发展目标和经营方针进行，一旦偏离，长期投资方案不仅不能给企业带来投资收益的最大化，也不会对企业经营起到有力的支持作用，显然不可能是合理有效的长期投资方案。

5. 该项长期投资方案是否合法

合法性是指长期投资的行为是否符合国家的相关法律和法规的要求。如果某些长期投资方案，它的收益率非常之高，但这些项目是违反国家法律规定的，那么这项长期投资方案也是不合理的，这是宏观环境因素对长期投资决策的影响。

二、资金使用效率分析指标

资金的使用效率是从企业资金来源(负债资金和权益资金)的角度对其进行周转能力分析和效率评价，主要的评价指标有总负债周转率、所有者权益周转率、应付账款周转率等。

(一) 总负债周转率

总负债周转率是企业销售收入与平均负债总额的比率，其计算公式如下：

$$\text{总负债周转率(次数)}=\frac{\text{销售收入}}{\text{平均负债总额}}$$

其中：
$$\text{平均负债总额}=\frac{\text{期初负债总额}+\text{期末负债总额}}{2}$$

总负债周转率反映的是企业负债资金创造效益的能力，该指标越高，说明企业利用负债实现销售收入的能力越强，反之就越弱。

［例 3－8］ 根据附录 MN 公司有关财务数据，分析企业总负债周转率变动情况。

按照公式计算出的企业总负债周转率如表 3－12 所示。

表 3－12　总负债周转率分析

年　　份	2014	2015	2016	2017
总负债周转率(次)	0.66	0.74	0.50	0.53

由计算发现，MN 公司总负债周转率指标自 2014 年后开始下降，说明企业利用负债创造收入的能力一般，进一步分析可知是由于企业债务增长较多所致。

（二）所有者权益周转率

所有者权益周转率(或股东权益周转率)是企业销售收入与平均所有者权益的比率，其计算公式如下：

$$\text{所有者权益周转率(次数)}=\frac{\text{销售收入}}{\text{平均所有者权益总额}}$$

其中：
$$\text{平均所有者权益总额}=\frac{\text{期初所有者权益}+\text{期末所有者权益}}{2}$$

所有者权益周转率衡量的是企业投资者的权益资金创造收入的能力，该指标值越大，说明权益资金的使用效率越高，对投资者越有利；反之，该指标值越小，说明权益资金的使用效率越低，对投资者越不利。

［例 3－9］ 根据附录 MN 公司有关财务数据，分析企业所有者权益周转率变动情况。

按照公式计算出的企业所有者权益周转率如表 3－13 所示。

表 3－13　所有者权益周转率分析

年　　份	2014	2015	2016	2017
所有者权益周转率(次)	1.29	1.04	0.57	0.81

计算表明，MN 公司所有者权益周转率指标从 2014 年开始连续三年逐年下降，说

明企业利用权益资金的使用效率在不断降低，直到2017年该指标才有所好转。

（三）应付账款周转率

应付账款周转率是企业营业成本和平均应付账款的比率，其计算公式如下：

$$应付账款周转率(次数)=\frac{营业成本}{平均应付账款余额}$$

其中：
$$平均应付账款余额=\frac{期初应付账款+期末应付账款}{2}$$

应付账款周转率反映的是企业利用上游供应商提供的商业信用的能力，该指标值越小，说明企业运用商业信用的水平越高，反之则越低。应付账款周转率在国内财务分析中使用较少，但在欧美企业财务分析领域运用得比较广泛[①]。

[例3-10] 根据附录MN公司有关财务数据，分析企业应付账款周转率变动情况。

按照公式计算出的企业应付账款周转率如表3-14所示。

表3-14 应付账款周转率分析

年　　份	2014	2015	2016	2017
应付账款周转率(次)	8.32	12.46	11.86	12.50

通过计算可以看出，MN公司应付账款周转率2014年较低，但2015年以后上升较高，说明企业利用上游客户商业信用的能力开始下降。

（四）预收账款周转率

预收账款周转率是企业销售收入与平均预收账款的比率，其计算公式如下：

$$预收账款周转率(次数)=\frac{销售收入}{平均预收账款余额}$$

其中：
$$平均预收账款余额=\frac{期初预收账款+期末预收账款}{2}$$

预收账款周转率反映企业利用下游经销商提供的商业信用的能力，从财务角度而言，指标值越低，在企业销售收入一定的条件下，预收款项越多，对企业越有利。

[例3-11] 根据附录MN公司有关财务数据，分析企业预收账款周转率变动情况。

---

① 应付账款周转率在美国报表分析中常采用如下公式：应付账款周转率=(营业成本+存货变动额)/平均应付账款余额。

按照公式计算出的企业预收账款周转率如表 3－15 所示。

表 3－15　预收账款周转率分析

年　　份	2014	2015	2016	2017
预收账款周转率(次)	2.78	3.08	1.81	1.96

上表数据表明,MN 公司预收账款周转率 2015 年达到最高,但后两年下降较为明显,对下游客户的议价能力有所提高。

三、人工营运效率分析指标

人工营运效率分析,即评价企业人力资源的经营效率,我们使用的主要指标有销售收入对员工人数比率和净利润对员工人数比率等。

(一) 销售收入对员工人数比率

销售收入对员工人数比率衡量企业员工人均取得的销售收入情况。其计算公式为:

销售收入对员工人数比率(元／人)＝年销售收入÷员工人数

该指标用于评价企业人均销售收入变动情况,反映劳动力投入的产出水平,一般以高于行业平均值为好。

[例 3－12]　根据附录 MN 公司有关财务数据,分析企业销售收入对员工人数比率变动情况。

按照公式计算出的企业销售收入对员工人数比率如表 3－16 所示。

表 3－16　销售收入对员工人数比率分析

年　　份	2013	2014	2015	2016	2017
销售收入对员工人数比率(万元/人)	28.75	27.18	27.95	29.41	21.98

从上表可知,MN 公司销售收入对员工人数比率 2017 年与前几年相比出现大幅下降,进一步分析可知,当年销售收入较上年增长 53.3%,但员工人数较上年增长 105.1%,使员工生产效率下降明显。

(二) 净利润对员工人数比率

净利润对员工人数比率衡量企业员工人均取得的净利润情况。其计算公式为:

净利润对员工人数比率(元／人)＝净利润÷员工人数

该指标用于评价企业人均净利润变动情况,一般以高于行业平均水平为好。

[**例3-13**] 根据附录MN公司有关财务数据，分析企业净利润对员工人数比率变动情况。

按照公式计算出的企业净利润对员工人数比率如表3-17所示。

表3-17 净利润对员工人数比率分析

年 份	2013	2014	2015	2016	2017
净利润对员工人数比率（万元/人）	3.84	3.30	4.03	11.08	3.65

分析可知，MN公司净利润对员工人数比率2017年为人均3.65万元，与上年相比下降显著，值得管理者关注。

专栏3-4

非货币性资产交换的计量

货币性资产，是指企业持有的货币资金和将以固定或可确定的金额收取的资产，包括现金、银行存款、应收账款和应收票据以及准备持有至到期的债券投资等。非货币性资产，是指货币性资产以外的资产。

非货币性资产交换，是指交易双方主要以存货、固定资产、无形资产和长期股权投资等非货币性资产进行的交换，该交换不涉及或只涉及少量的货币性资产（即补价）。

（1）公允价值法计量

非货币性资产交换同时满足下列条件的，应当以公允价值和应支付的相关税费作为换入资产的成本，公允价值与换出资产账面价值的差额计入当期损益：一是该项交换具有商业实质；二是换入资产或换出资产的公允价值能够可靠地计量。

当发生补价时，应当分别下列情况处理：支付补价的，换入资产成本与换出资产账面价值加支付的补价、应支付的相关税费之和的差额，应计入当期损益；收到补价的，换入资产成本加收到的补价之和与换出资产账面价值加应支付的相关税费之和的差额，应计入当期损益。

如果是多项资产的非货币性资产交换，应按照换入各项资产的公允价值占换入资产公允价值总额的比例，对换入资产的成本总额进行分配，确定各项换入资产的成本。

（2）账面价值法计量

未同时满足前述条件的非货币性资产交换，应当以换出资产的账面价值和应支付的相关税费作为换入资产的成本，不确认损益。

发生补价时，应当分别下列情况处理：支付补价的，应当以换出资产的账面价值，加上支付的补价和应支付的相关税费，作为换入资产的成本，不确认损益；收到补价的，应当以换出资产的账面价值，减去收到的补价并加上应支付的相关税费，作为换入资产的成本，不确认损益。

如果是多项资产的非货币性资产交换，应当按照换入各项资产的原账面价值占换入资产原账面价值总额的比例，对换入资产的成本总额进行分配，确定各项换入资产的成本。

以上所谓非货币性资产交换具有商业实质，需满足下列条件之一：一是换入资产的未来现金流量在风险、时间和金额方面与换出资产显著不同；二是换入资产与换出资产的预计未来现金流量现值不同，且其差额与换入资产和换出资产的公允价值相比是重大的。但如交易双方存在关联方关系，则可能导致发生的非货币性资产交换不具有商业实质。

四、营业周期和现金营业周期

营业周期是指从取得存货开始到销售存货并收回现金为止的时间，即企业的生产经营周期。通常认为营业周期等于存货周转天数与应收账款周转天数之和。其计算公式如下：

营业周期＝存货周转天数＋应收账款周转天数
＝360/存货周转率＋360/应收账款周转率

一般情况下，企业营业周期短，说明资金周转速度快，流动性强，资产使用效率高；营业周期长，说明资金周转速度慢，流动性弱，资产使用效率低。营业周期的长短取决于存货周转天数与应收账款周转天数共同的作用，所以必须结合存货和应收账款的周转情况一并分析。营业周期的长短，不仅体现了企业的资产管理水平，还会影响企业的偿债能力和盈利能力。此外，不同的行业，营业周期的差异也较大，例如一般商业企业的营运周期比较短，工业企业的营业周期比较长。

现金营业周期是指企业在生产经营过程中完成现金资产周转所用的时间，等于存货周转天数加上应收账款周转天数再减去应付账款周转天数之值。其计算公式如下：

现金营业周期＝存货周转天数＋应收账款周转天数－应付账款周转天数
＝360/存货周转率＋360/应收账款周转率－360/应付账款周转率

从上式可以看出，现金营业周期也就是企业营业周期减去应付账款周转天数。我们知道，在现金周转过程中，企业在存货储备和使用过程中都需要占用现金资产，企业在销售产品或提供劳务时向交易对方提供商业信用时，其现金资产也要被占用，但同时企业也可以利用供应商提供的商业信用，使用他人的现金资产①。这样，企业的现金周转天数，就等同于存货的现金周转天数加上应收账款的现金周转天数，再减去应付账款的现金周转天数。

与营业周期的分析类似，现金营业周期的长短反映了企业使用现金资产的效率，现金营业周期越短，表明企业现金资产的使用效率越高；现金营业周期越长，说明企业现金资产的使用效率越低②。

［**例 3-14**］　根据附录 MN 公司有关财务数据，分析企业营运周期和现金营运周期的变动情况。

按照有关公式计算出的企业营运周期和现金营运周期如表 3-18 所示。

表 3-18　营运周期和现金营运周期分析　　单位：天

年　份	2014	2015	2016	2017
存货周转天数	407.42	433.54	508.95	538.98
应收账款周转天数	19.83	20.79	22.11	20.91
应付账款周转天数	43.25	28.90	30.36	28.81
营业周期	427.25	454.33	531.06	559.89
现金营业周期	384.00	425.44	500.70	531.08

从表 3-18 计算得知，MN 公司营业周期从 2014 年至 2017 年逐年上升，表明其经营管理效率较差，资金使用效率不断降低。同时，MN 公司现金营运周期也表现出类似的严重问题。企业对此需要高度重视，进一步强化管理。

五、影响营运能力的因素

企业生产经营的最终目的在于有效运用其各项资源取得收益的最大化，这不仅是企业的管理者，同时也是企业的投资者、债权人及其他利益相关者非常关心的问题。一般来说，影响企业营运能力的因素包括：企业所处行业及其经营背景、企业经营周期的长短、企业资产的构成及其质量、企业资金筹措和运用的力度，以及企业采用的财务政策等。

（一）企业所处行业及其经营背景

不同的企业由于所处的行业不同，资产占用的规模呈现较大的差异。例如一般制

---

①　这种财务上的策略也称为“OPM(Other People's Money)策略”。

②　在实务中现金营业周期还可以扩展为“存货周转天数＋应收账款周转天数－应付账款周转天数＋预付账款周转天数－预收账款周转天数”，被称为“营运资金周转天数”。

造业固定资产占总资产的比重较大，而服务业流动资产占总资产的比重较高，这样有关企业分别计算出的周转率指标与其他行业的指标相比，就会有显著的不同。

另外，企业的经营背景不同，其营运能力也会有差异。例如，采用先进的生产和管理技术的企业生产效率高，营运能力就强；反之，生产技术水平落后的企业生产效率低下，其营运能力就差。

（二）企业经营周期的长短

不同的企业由于产品生产和销售的差异性，导致其经营周期的长短不同。经营周期较长的企业，可能是存货比重较大，或者是特定的信用政策致使其应收账款的周转期较长。在分析的时候应该具体判断，不能以周转率的高低来武断评价企业营运能力的强弱，而应考虑其经营周期的影响作用。

（三）企业资产的构成及其质量

企业营运能力的强弱还与企业资产的构成及其质量有关。企业的资产大致可分为流动资产和非流动资产两类，应注意这两类资产的合理配置，以及每一项资产在企业价值创造过程中是否能发挥其应有的作用，例如企业积压的存货、未使用的固定资产，它们不仅不能为企业创造价值，而且还占用管理成本，阻碍企业营运水平的提高，必须得到有效的清理。

（四）企业资金筹措和运用的力度

企业资金的来源，无外乎债务资金和权益资金。合理地安排债务和权益资金的比例关系，并使用好这些资金，提高资金的使用效率，对增强营运能力具有重要的意义。

（五）企业采用的财务政策

企业所采用的财务政策，决定着企业资产的账面数额。例如企业的折旧政策、存货的计价政策、资产的减值政策等，都会因影响资产账面值而使周转率指标出现差异。因而企业可能会选择对自己有利的财务政策，来得到较好的营运能力指标，因此在分析时因注意减少或排除企业财务政策的不当干扰。

专栏 3-5

资产减值及其损失的确定

资产减值，是指资产的可收回金额低于其账面价值。在资产负债表日，企业应当判断资产是否存在可能发生减值的迹象。该迹象按其与企业的关系，可以分为外部迹象和内部迹象。

资产减值的外部迹象包括如下方面：

(1) 资产的市价当期大幅度下跌，其跌幅明显高于因时间的推移或者正常使用而预计的下跌。资产在正常的使用过程中会发生磨损，其价值逐年降低。如果资产的市价发生非正常的大幅度下跌，就有可能使资产的可收回金额低于资产的账面价值，从而有可能发生资产减值。

(2) 企业经营所处的经济、技术或者法律等环境以及资产所处的市场在当期或者将在近期发生重大变化，从而对企业产生不利影响。

(3) 市场利率或其他市场投资回报率当期已经提高，从而影响企业计算资产预计未来现金流量现值的折现率，导致资产可收回金额大幅度降低。

(4) 企业的市值(如上市公司股票市值)已经大大低于其净资产账面价值。

资产减值的内部迹象包括如下方面：

(1) 有证据表明资产已经陈旧过时或其实体已经损坏。

(2) 资产已经或将被闲置、重组、终止使用或者提前处置。

(3) 企业内部报告的证据表明资产的经济绩效已经低于或者将低于预期，如资产所创造的净现金流量或者实现的营业利润(或者亏损)远远低于(或者高于)预计金额等。

当资产存在减值迹象的，应当估计其可收回金额。可收回金额可根据资产的公允价值减去处置费用后的净额与资产预计未来现金流量的现值两者之间较高者确定。资产的公允价值减去处置费用后的净额与资产预计未来现金流量的现值，只要有一项超过了资产的账面价值，就表明资产没有发生减值，不需再估计另一项金额。

当计量结果表明资产的可收回金额低于其账面价值时，应当将资产的账面价值减记至可收回金额，减记的金额确认为资产减值损失，计入当期损益，同时计提相应的资产减值准备。

资产减值损失确认后，减值资产的折旧或者摊销费用应当在未来期间作相应调整，以使该资产在剩余使用寿命内，系统地分摊调整后的资产账面价值(扣除预计净残值)。此外，资产减值损失一经确认，在以后会计期间不得转回。

本章小结

企业的营运能力是指企业充分利用现有资源创造价值的能力。其实质就是要以尽可能少的资产占用，尽可能短的时间周转，尽可能少的人员配备，生产尽可能多的产品，创造尽可能多的销售收入。企业营运能力分析对企业的不同利益相关者具有不同的作用。

营运能力分析包括资产运用效率、资金运用效率和人工营运效率分析。资产运用效率是指资产利用的有效性和充分性，对资产运用效率进行评价的财务比率是各种资产的周转率指标。资金的运用效率是从企业资金来源的角度对其进行周转能力分析和效率评价，主要的评价指标有总负债周转率、所有者权益周转率、应付账款周转率等。人工营运效率是对企业人员生产效率方面的评价，本章采用的指标有销售收入对员工人数比率、净利润对员工人数比率等。

一般来说，影响企业营运能力的因素包括：企业所处行业及其经营背景、企业经营周期的长短、企业资产的构成及其质量、企业资金筹措和运用的力度，以及企业采用的财务政策等。

本章关键术语

营运能力分析　货币资金　应收账款周转率　存货周转率　应付账款周转率　固定资产周转率　总资产周转率　营业周期　现金营业周期

思考题

1. 简述企业营运能力分析的作用。
2. 简述企业资产运用效率的主要指标。
3. 简述企业资金使用效率的主要指标。
4. 简述企业人工营运效率的主要指标。
5. 影响企业营运能力的因素有哪些？
6. 简述营业周期和现金营业周期的差别。

第四章　获利能力分析

学习目的

1. 了解企业获利能力分析的作用；
2. 了解影响企业获利能力的财务因素；
3. 熟悉企业收入、费用和利润项目及其变动特点；
4. 掌握企业获利能力分析指标；
5. 掌握销售毛利变动分析方法。

第一节　获利能力分析概述

获利能力是指企业获取利润的能力，表现为企业在一定时间内获取收益额的多少及收益数额的构成。从企业的角度看，一般对获利能力可以用两种方法评价：一种是利润和销售收入的比例关系，另一种是利润和资产的比例关系。

本书所说的获利能力分析，研究的是企业在一定时间内相对于一定的销售收入所获得利润的水平，通常利润率越高，获利能力就越强。对于把投入企业资产或股东权益与取得利润联系起来并对盈利水平进行分析，本书称之为投资报酬分析。本章我们首先讨论获利能力分析，下一章讨论投资报酬分析。

一、获利能力分析的作用

无论对于企业的投资者、债权人、经营管理者、政府管理部门以及企业职工，企业的获利能力都是至关重要的，它是企业利益相关的各个方面了解企业、认识企业、改进企业经营管理并进行相关决策的重要依据。由于财务报表的不同使用者使用报表的出发点不同，因而企业获利能力分析对于不同的企业利益相关人也有着不同的意义。

（一）有利于投资者保护权益并进行投资决策

就投资者而言，他们最关心的是其所投资企业的资产或净资产的增值程度以及盈利水平的高低。企业投资者不仅关心企业一定时期的盈利能力大小，而且更关心企业获利能力的稳定性、持久性以及资本的保全程度和可靠性。只有企业具备一定的获利能力，企业才可能实现资本的保值增值。

一般来说，投资者们往往认为企业的获利能力要比企业财务状况、营运能力更重要。他们的直接目的就是获得更多的利润，而利润在一定程度上是衡量投资效果的重要依据，投资者们经常会通过判断企业获利能力来预测未来收益或估计投资风险，进而进行投资决策。此外，企业获利能力的增加还会使股票价格上升，从而使投资者获得资本收益。

（二）有利于债权人衡量资金投入的安全性

债权人可以通过分析企业的获利能力来衡量收回本息的安全程度，从而使借贷资金流向较高安全性和利润率的社会生产部门。

企业短期债权人关注的是在短期内企业能否按时还本付息，因此主要分析企业当期的盈利水平，在短期借款时期内企业的盈利水平高，短期债权人的利益就较有保证，他们较少关心企业未来盈利水平的稳定性和持久性。另外，短期债权人是否能收回其借款本息，还常常取决于企业的现金净流量，因此，短期债权人还特别关心企业盈利情况下的现金支付能力。

企业长期债权人关注的是企业在长期债务到期时能否及时足额还本付息。长期债务的偿还要以企业高水平、持久稳定的获利能力为基础，因此长期债权人的分析侧重于分析判断企业长期获利水平的高低、获利的稳定性和持久性，并以此预期在长期借款到期后他们能否及时足额收回本金和利息。

（三）有利于企业管理者更好地管理企业

企业从事生产经营活动的根本目的，是最大限度地获取利润并维持企业持续稳定地经营和发展。只有不断获取利润、不断充实企业的资本和总资产，企业才能不断做大做强。因此，对企业经理人员来说，分析企业的获利能力具有十分重要的意义。

一方面，获利能力水平反映了企业的经营业绩。用已达到的获利能力指标与标准、基期、同行业平均水平、其他企业相比较，能够较好地衡量出企业管理者的工作业绩。另一方面，通过对获利能力的深入分析或因素分析，还可以发现经营管理中存在的不足、缺陷以至重大问题，进而采取措施有针对性地解决问题，提高企业未来的盈利水平。

（四）有利于政府部门评价企业并行使管理职能

政府部门通过考察分析企业的获利能力，能够评价企业的经营管理水平及其对社会的贡献能力。企业获利能力越强，就意味着实现利润越多，对政府税收的贡献越大，政府就能有更多的财政资金用于基础设施建设、科技教育、环境保护以及其他各项公益事业，更好地行使社会管理职能，为国民经济和社会发展提供充足的保障。

（五）有利于保障企业职工的劳动者权益

企业获利能力的高低，直接关系到企业员工的切身利益。企业的竞争实际上是人才的竞争，企业具有较强的盈利能力，就能为员工提供较稳定的就业岗位、较多的深造和发展机会、较丰富的薪金及物质待遇，为员工工作、生活、健康等各方面创造良好的条件，同时也能吸引人才，使他们更努力地为企业工作。

二、影响获利能力的财务因素

影响企业获利能力的因素很多，除了一个国家或地区的宏观经济发展水平因素之外，企业产品市场竞争能力、企业的产供销管理能力、企业的财务控制能力、企业的风险处置能力等因素都可能对企业获利能力产生影响。下面仅从财务的角度来简要分析影响企业获利能力的若干关键性因素。

（一）企业销售收入及其增长率水平

企业获利的基础是实现盈利销售，这是企业发展的根本保证。企业科学的销售政策和严格的信用管理水平决定了企业是否具有良好的营销状况，同时稳定和持续增长的收入水平对提高企业获利能力也是必不可少的因素。

（二）企业成本费用的控制能力

降低企业成本费用主要取决于技术水平、产品设计、规模经济和企业对成本费用的管理能力。即使在销售收入没有明显增加的情况下，企业通过强化成本和费用管理，节能降耗，也可以很好地实现利润的增长。

（三）企业的资产和资产结构

企业的资产不能较好地利用，例如固定资产闲置，或者资产结构不合理，固定资产和流动资产比例失衡，都会给企业带来经营上的困难，从而降低企业的获利能力。

（四）企业的偿债水平

企业的偿债水平过高，说明企业没有充分利用资金，企业创造利润的能力没有得到充分发挥。但企业偿债水平过低，则有可能造成企业被动破产，即企业在盈利的情况下破产。

（五）企业的财务杠杆水平

当企业权益资金报酬率高于企业借款利息率时，企业利用债务融资可以提高企业获利能力；反之，企业的负债经营则降低企业的获利能力。

（六）企业的营运资本

企业的营运资本增加，可以增强企业的经营能力，使企业盈利能力增加；企业的营运资本减少，会降低企业的经营实力，企业获利能力下降。

（七）企业的资产营运能力

企业的资产周转率提高，能为企业提供更多的资金支持，有利于企业扩大生产和创利水平；反之，企业的资产周转率降低，在获取相同收益的情况下企业需要投入更多的资金，从而使企业获利能力下降。

专栏 4－1

非经常性损益

非经常性损益是指与公司正常经营业务无直接关系，以及虽与正常经营业务相关，但由于其性质特殊和偶发性，影响报表使用人对公司经营业绩和盈利能力做出正常判断的各项交易和事项产生的损益。根据中国证监会《公开发行证券的公司信息披露解释性公告第 1 号——非经常性损益(2008)》的规定，非经常性损益通常包括以下项目：

(1) 非流动性资产处置损益，包括已计提资产减值准备的冲销部分；

(2) 越权审批，或无正式批准文件，或偶发性的税收返还、减免；

(3) 计入当期损益的政府补助，但与公司正常经营业务密切相关，符合国家政策规定、按照一定标准定额或定量持续享受的政府补助除外；

(4) 计入当期损益的对非金融企业收取的资金占用费；

(5) 企业取得子公司、联营企业及合营企业的投资成本小于取得投资时应享有被投资单位可辨认净资产公允价值产生的收益；

(6) 非货币性资产交换损益；

(7) 委托他人投资或管理资产的损益；

(8) 因不可抗力因素，如遭受自然灾害而计提的各项资产减值准备；

(9) 债务重组损益；

(10) 企业重组费用，如安置职工的支出、整合费用等；

(11) 交易价格显失公允的交易产生的超过公允价值部分的损益；

(12) 同一控制下企业合并产生的子公司期初至合并日的当期净损益；

(13) 与公司正常经营业务无关的或有事项产生的损益；

(14) 除同公司正常经营业务相关的有效套期保值业务外，持有交易性金融资产、交易性金融负债产生的公允价值变动损益，以及处置交易性金融资产、交易性金融负债和可供出售金融资产取得的投资收益；

(15) 单独进行减值测试的应收款项减值准备转回；

(16) 对外委托贷款取得的损益；

(17) 采用公允价值模式进行后续计量的投资性房地产公允价值变动产生的损益；

(18) 根据税收、会计等法律、法规的要求对当期损益进行一次性调整对当期损益的影响；

(19) 受托经营取得的托管费收入；

(20) 除上述各项之外的其他营业外收入和支出；

(21) 其他符合非经常性损益定义的损益项目。

在对财务报表进行收益分析、预测或业绩评价时，必须把非经常性损益予以剔除，因为这些项目具有非重复性、非一般性以及不可预测的特点，且管理当局对其也无力控制。如果一个公司频繁报告非经常性损益项目，那么这种情况就应该被认为对企业盈利具有负面影响。

第二节 损益项目分析

一、收入项目分析

(一) 收入概述

根据《企业会计准则——基本准则》的规定，收入是指企业在日常活动中形成的、会导致所有者权益增加的、与所有者投入资本无关的经济利益的总流入。

收入按照其在企业经营业务中的主次，可以分为主营业务收入和其他业务收入。主营业务收入是企业日常活动中主营业务形成的收入，包括商品销售收入和提供劳务收入。主营业务收入可以根据企业营业执照上载明的主要业务范围确定。其他业务收入是指主营业务收入以外的收入，也称副营业务收入，主要包括：转让技术使用权所取得的收入、销售材料所取得的收入等。其他业务收入可以通过营业执照上载明的兼营业务范围来确定。需要说明的是，在新会计准则中，不再区分主营业务收入和其他业务收入，只统称为营业收入。

收入按照其形成是否与企业日常经营活动有直接关系，可以分为营业收入和营业外收入。营业收入是指企业在一定期间从销售商品、提供劳务及让渡资产使用权等日常活动中取得的收入。营业外收入是企业发生的与企业日常经营活动无直接关系的各项收入，或者说是企业偶发性交易或事项取得的结果，即人们通常所讲的利得。

一般来说，财务上的收入包括狭义和广义两种概念。狭义角度的收入概念即《企业会计准则》的定义。而从企业利润表的会计分类出发，广义的收入概念包括营业收入、建造合同收入、营业外收入和投资收益等。下面我们将从广义角度对一些主要收入项目进行分析。

（二）“旧收入准则”对收入的确认与计量

2017 年 7 月 5 日，财政部修订发布了《企业会计准则第 14 号——收入》（“新收入准则”），在具体实施中，财政部要求：（1）在境内外同时上市的企业以及在境外上市并采用国际财务报告准则或企业会计准则编制财务报告的企业，自 2018 年 1 月 1 日起执行新收入准则；（2）其他在境内上市的企业，自 2020 年 1 月 1 日起执行新收入准则；（3）执行企业会计准则的非上市企业，自 2021 年 1 月 1 日起执行新收入准则；（4）对于条件具备、有意愿和有能力提前执行新收入准则的企业，允许其提前执行该准则。

由于当前仍有大量企业尚未执行“新收入准则”，本书在此先简述 2006 年“旧收入准则”对收入的确认与计量。

从理论上说，收入只有在经济利益很可能流入从而导致企业资产增加或者负债减少、且经济利益的流入额能够可靠计量时才能予以确认，这就是所谓的收入实现原则。当收入被确认后，企业应按已实现的收入记账，计入当期损益。

1. 销售商品收入

销售商品收入是指企业通过销售产品或商品而取得的收入，如制造企业销售产成品、半成品而取得的收入，商品流通企业销售商品取得的收入，房地产开发企业销售自行开发的房地产取得的收入等。企业销售商品的收入，应当在下列条件均能满足时予以确认：

（1）企业已将商品所有权上的主要风险和报酬转移给购货方；

（2）企业既没有保留通常与所有权相联系的继续管理权，也没有对已售出的商品实施有效控制；

（3）收入的金额能够可靠计量；

（4）相关经济利益很可能流入企业；

（5）相关的已发生的或将发生的成本能够可靠计量。

销售商品收入的金额应按照企业与购货方签订的已收或应收的合同或协议价款的公允价值确定。销售商品涉及现金折扣的，应当按照扣除现金折扣前的金额来确认销售商品收入金额，现金折扣在实际发生时计入当期损益。销售商品涉及商业折扣的，应当按照扣除商业折扣后的金额来确认销售商品收入金额。企业已经确认销售商品收入的售出商品发生销售折让的，应当在发生时冲减当期销售商品收入。企业已经确认销售商品收入的售出商品发生销售退回的，应当在发生时，冲减当期的销售商品收入。而资产负债表日以前售出的商品在资产负债表日至财务会计报告批准报出日之间退回的，应当冲减报告年度的收入。

2. 提供劳务收入

提供劳务收入是指企业通过提供劳务作业而取得的收入，如交通运输企业提供运输劳务取得的收入，建筑企业提供建筑安装劳务取得的收入，服务性企业提供各类服务取得的收入等。企业对外提供劳务，其收入应在以下条件满足的情况下予以确认：

（1）收入的金额能够可靠计量；

（2）相关的经济利益很可能流入企业；

（3）交易的完工进度能够可靠确定；

（4）交易中已发生的和将发生的成本能够可靠计量。

提供劳务收入的金额应根据企业从接受劳务方已收或应收的合同或协议价款的公允价值确定。当企业在资产负债表日提供劳务交易的结果能够可靠估计时，应当采用完工百分比法计量劳务收入，即企业应当在资产负债表日按提供劳务收入总额乘以完工进度扣除以前会计期间累计已确认提供劳务收入后的金额，确认当期提供劳务收入；同时，按照提供劳务总成本乘以完工进度扣除以前会计期间累计已确认提供劳务成本后的金额，确认当期提供劳务成本。

如果企业在资产负债表日提供劳务交易结果不能够可靠估计时，则应当分别下列情况进行处理：

（1）已发生的劳务成本预计能够得到补偿，应按已经发生的劳务成本金额提供劳务收入；并按相同金额结转劳务成本。

（2）已发生的劳务成本预计不能够得到补偿的，应当将已经发生的劳务成本计入当期损益，不确认提供劳务收入。

另外，企业与其他企业签订的合同或协议包括销售商品和提供劳务时，销售商品部分和提供劳务部分能够区分且能够单独计量的，应将提供劳务的部分作为提供劳务处理；销售商品部分和提供劳务不能够区分的，或虽能区分但不能够单独计量的，应当将销售商品部分和提供劳务部分全部作为销售商品处理。

3. 让渡资产使用权收入

让渡资产使用权收入是指企业通过让渡资产使用权而取得的收入，包括利息收入、使用费收入和现金股利收入。当同时满足下列条件时，才能确认让渡资产使用权收入：

（1）相关的经济利益很可能流入企业；

（2）收入的金额能够可靠计量。

企业应当分别下列情况确定让渡资产使用权收入金额：

（1）利息收入金额，按照他人使用本企业货币资金的时间和实际利率计算确定；

（2）使用费收入金额，按照有关合同或协议约定的收费时间和方法计算确定；

（3）现金股利收入金额，按照被投资单位宣告的现金股利分配方案和持股比例计算确定。

4. 建造合同收入

建筑安装企业和生产飞机、船舶、大型机械设备等产品的工业制造企业，其生产活动、经营方式有其特殊性：这类企业所建造或生产的产品通常体积巨大，产品的价值也较大，并且建造或生产产品的周期比较长。因此，这类企业在开始建造或生产产品之前，通常要与产品的需求方(即客户)签订建造合同。

建造合同是指为建造一项或数项在设计、技术、功能、最终用途等方面密切相关的资产而订立的合同，分为固定造价合同和成本加成合同。固定造价合同是指按照固定的合同价或固定单价确定工程价款的建造合同。成本加成合同是指以合同约定或其他方式议定的成本为基础，加上该成本的一定比例或定额费用确定工程价款的建造合同。

(1) 合同收入与合同成本

根据《企业会计准则第 15 号——建造合同》规定，合同收入应当包括：合同规定的初始收入以及因合同变更、索赔、奖励等形成的收入。

合同成本应当包括从合同签订开始至合同完成止所发生的、与执行合同有关的直接费用和间接费用。其中，合同的直接费用包括：耗用的材料费用；耗用的人工费用；耗用的机械使用费；其他直接费用。合同的间接费用是企业下属的施工单位或生产单位为组织和管理施工生产活动所发生的费用。

直接费用在发生时直接计入合同成本，间接费用在资产负债表日按照系统、合理的方法分摊计入合同成本。合同完成后处置残余物资取得的收益等与合同有关的零星收益，应当冲减合同成本。

(2) 合同收入与费用的确认

在资产负债表日，建造合同的结果能够可靠估计的，应当根据完工百分比法确认合同收入和合同费用。完工百分比法是指根据合同完工进度确认收入与费用的方法。

固定造价合同的结果能够可靠估计应同时满足下列条件：一是合同总收入能够可靠地计量；二是与合同相关的经济利益很可能流入企业；三是实际发生的合同成本能够清楚地区分和可靠地计量；四是合同完工进度和为完成合同尚需发生的成本能够可靠地确定。

成本加成合同的结果能够可靠估计应同时满足下列条件：一是与合同相关的经济利益很可能流入企业；二是实际发生的合同成本能够清楚地区分和可靠地计量。

在资产负债表日，应当按照合同总收入乘以完工进度扣除以前会计期间累计已确认收入后的金额，确认为当期合同收入；同时，按照合同预计总成本乘以完工进度扣除以前会计期间累计已确认费用后的金额，确认为当期合同费用。

当期完成的建造合同，应当按照实际合同总收入扣除以前会计期间累计已确认收入后的金额，确认为当期合同收入；同时，按照累计实际发生的合同成本扣除以前会计期间累计已确认费用后的金额，确认为当期合同费用。

(3) 建造合同的结果不能可靠估计的处理

合同成本能够收回的，合同收入根据能够收回的实际合同成本予以确认，合同成本在其发生的当期确认为合同费用。

合同成本不可能收回的，在发生时立即确认为合同费用，不确认合同收入。

合同预计总成本超过合同总收入的，应当将预计损失确认为当期费用。

(三)"新收入准则"对收入的确认与计量

与"旧收入准则"相比，新收入准则在对收入的确认与计量方面，做了以下改进与调整：

1. 以控制权转移替代风险报酬转移作为收入确认时点的判断标准

新收入准则打破了商品和劳务的界限，要求企业在履行合同中的履约义务，即客户取得相关商品或服务(以下简称"商品")控制权时确认收入。履约义务是指合同中企业向客户转让可明确区分商品的承诺。履约义务既包括合同中明确的承诺，也包括由于企业已公开宣布的政策、特定声明或以往的习惯做法等导致合同订立时客户合理预期企业将履行的承诺。企业为履行合同而应开展的初始活动，通常不构成履约义务，除非该活动向客户转让了承诺的商品。

根据新收入准则规定，当企业与客户之间的合同同时满足下列条件时，企业应当在客户取得相关商品控制权时确认收入：

(1) 合同各方已批准该合同并承诺将履行各自义务；

(2) 该合同明确了合同各方与所转让商品或提供劳务(以下简称"转让商品")相关的权利和义务；

(3) 该合同有明确的与所转让商品相关的支付条款；

(4) 该合同具有商业实质，即履行该合同将改变企业未来现金流量的风险、时间分布或金额；

(5) 企业因向客户转让商品而有权取得的对价很可能收回。

对于不符合上述第(5)条规定的合同，企业只有在不再负有向客户转让商品的剩余义务，且已向客户收取的对价无须退回时，才能将已收取的对价确认为收入；否则，应当将已收取的对价作为负债进行会计处理。没有商业实质的非货币性资产交换，不确认收入。

2. 采用统一收入确认模型，提出收入的具体时间确认指引

新收入准则要求采用统一的收入确认模型来规范所有与客户之间合同产生的收入，并且就"在某一时段内"还是"在某一时点"确认收入提供具体指引，以更好地解决

收入确认时点问题，提高会计信息可比性。

根据新收入准则规定，满足下列条件之一的属于在某一时段内履行履约义务，否则属于在某一时点履行履约义务：

（1）客户在企业履约的同时即取得并消耗企业履约所带来的经济利益；

（2）客户能够控制企业履约过程中在建的商品；

（3）企业履约过程中所产出的商品具有不可替代用途，且该企业在整个合同期间内有权就累计至今已完成的履约部分收取款项。

对于在某一时段内履行的履约义务，企业应当在该段时间内按照履约进度确认收入，但是履约进度不能合理确定的除外。

企业应当考虑商品的性质，采用产出法或投入法确定恰当的履约进度。其中，产出法是根据已转移给客户的商品对于客户的价值确定履约进度；投入法是根据企业为履行履约义务的投入确定履约进度。对于类似情况下的类似履约义务，企业应当采用相同的方法确定履约进度。

当履约进度不能合理确定时，企业已经发生的成本预计能够得到补偿的，应当按照已经发生的成本金额确认收入，直到履约进度能够合理确定为止。

对于在某一时点履行的履约义务，企业应当在客户取得相关商品控制权时点确认收入。在判断客户是否已取得商品控制权时，企业应当考虑下列迹象：一是企业就该商品享有现时收款权利，即客户就该商品负有现时付款义务；二是企业已将该商品的法定所有权转移给客户，即客户已拥有该商品的法定所有权；三是企业已将该商品实物转移给客户，即客户已实物占有该商品；四是企业已将该商品所有权上的主要风险和报酬转移给客户，即客户已取得该商品所有权上的主要风险和报酬；五是客户已接受该商品；六是其他表明客户已取得商品控制权的迹象。

3. 明确以交易价格作为收入的计量原则

根据新收入准则规定，企业应当按照分摊至各单项履约义务的交易价格计量收入。这里的交易价格，是指企业因向客户转让商品而预期有权收取的对价金额。企业代第三方收取的款项以及企业预期将退还给客户的款项，应当作为负债进行会计处理，不计入交易价格。

另外，企业应当根据合同条款，并结合其以往的习惯做法确定交易价格。在确定交易价格时，企业还应当考虑可变对价、合同中存在的重大融资成分、非现金对价、应付客户对价等因素的影响。

（1）合同中存在可变对价的，企业应当按照期望值或最可能发生金额确定可变对价的最佳估计数，但包含可变对价的交易价格，应当不超过在相关不确定性消除时累计已确认收入极可能不会发生重大转回的金额。企业在评估累计已确认收入是否极可能不会发生重大转回时，应当同时考虑收入转回的可能性及其比重。

每一资产负债表日，企业应当重新估计应计入交易价格的可变对价金额。可变对价金额发生变动的，按照收入准则与可变对价变动的分摊相关的规定进行会计处理。

（2）合同中存在重大融资成分的，企业应当按照假定客户在取得商品控制权时即以现金支付的应付金额确定交易价格。该交易价格与合同对价之间的差额，应当在合同期间内采用实际利率法摊销。

合同开始日，企业预计客户取得商品控制权与客户支付价款间隔不超过一年的，可以不考虑合同中存在的重大融资成分。

（3）客户支付非现金对价的，企业应当按照非现金对价的公允价值确定交易价格。非现金对价的公允价值不能合理估计的，企业应当参照其承诺向客户转让商品的单独售价间接确定交易价格。非现金对价的公允价值因对价形式以外的原因而发生变动的，应当作为可变对价，按照上述存在可变对价时的规定进行会计处理。

单独售价，是指企业向客户单独销售商品的价格。

（4）企业应付客户（或向客户购买本企业商品的第三方）对价的，应当将该应付对价冲减交易价格，并在确认相关收入与支付（或承诺支付）客户对价二者孰晚的时点冲减当期收入，但应付客户对价是为了向客户取得其他可明确区分商品的除外。

企业应付客户对价是为了向客户取得其他可明确区分商品的，应当采用与本企业其他采购相一致的方式确认所购买的商品。企业应付客户对价超过向客户取得可明确区分商品公允价值的，超过金额应当冲减交易价格。向客户取得的可明确区分商品公允价值不能合理估计的，企业应当将应付客户对价全额冲减交易价格。

4. 对包含多重交易安排合同的会计处理提供了更明确的指引

对于包含多重交易安排的合同，新收入准则要求企业在合同开始日对合同进行评估，识别合同所包含的各单项履约义务，按照各单项履约义务所承诺商品（或服务）的单独售价的相对比例将交易价格分摊至各单项履约义务，进而在履行各单项履约义务时确认相应的收入，以解决此类合同的收入确认问题。

当单独售价无法直接观察的，企业可综合考虑其能够合理取得的全部相关信息，采用市场调整法、成本加成法、余值法等方法合理估计单独售价。

（1）市场调整法，是指企业根据某商品或类似商品的市场售价考虑本企业的成本和毛利等进行适当调整后，确定其单独售价的方法。

（2）成本加成法，是指企业根据某商品的预计成本加上其合理毛利后的价格，确定其单独售价的方法。

（3）余值法，是指企业根据合同交易价格减去合同中其他商品可观察的单独售价后的余值，确定某商品单独售价的方法。

5. 对于某些特定交易(或事项)的收入确认和计量给出了明确规定

新收入准则对于某些特定交易(或事项)的收入确认和计量给出了明确规定。如附有销售退回条款的销售、附有质量保证条款的销售、主要责任人与代理人、附有客户额外购买选择权的销售、向客户授予知识产权许可、售后回购交易、预收款无需退回、无需退还的初始费等，这些规定有助于更好地指导实务操作，提高会计信息的可比性。限于篇幅，有兴趣的读者可以查阅相关会计准则进行了解。

(四) 营业外收入

营业外收入相当于非常收益或利得，是企业发生的与其生产经营活动无直接关系的各项收入。营业外收入与营业收入有两点主要差别：

一是营业收入是稳定的日常经营活动产生的；但是营业外收入则是非常的、非日常经营活动产生的，且多为管理当局所不能控制或左右，例如罚款收入。

二是营业收入是总额概念，多与成本费用相配比；而营业外收入是净额概念，或者是相互对立的因素抵销后的数额(如出售资产净收益是售价与账面价抵销后的净额)，或者就只有一个金额(如诉讼后的赔偿收入)。

营业外收入主要包括：

(1) 非货币性资产交换利得(与关联方交易除外)。这是指在非货币性资产交换中换出资产为固定资产、无形资产的，换入资产公允价值大于换出资产账面价值的差额，扣除相关费用后计入营业外收入的金额。

(2) 出售无形资产收益。这是指企业出售无形资产时，所得价款扣除其相关税费后的差额，大于该项无形资产的账面余额与所计提的减值准备相抵差额的部分。

(3) 债务重组利得。这是指重组债务的账面价值超过清偿债务的现金、非现金资产的公允价值、所转股份的公允价值或者重组后债务账面价值间的差额。

(4) 企业合并损益。这是指合并对价小于取得可辨认净资产公允价值的差额。

(5) 盘盈利得。这是指企业对于现金等资产清查盘点中盘盈的资产、报经批准后计入营业外收入的金额。

(6) 因债权人原因确实无法支付的应付款项。这是指因债权人单位变更登记或撤销等而无法支付的应付款项等。

(7) 政府补助。这是指企业从政府无偿取得货币型资产或非货币型资产形成的利得，如政策性补贴、财务扶持性补贴、先征后退的税收优惠等①。

---

① 根据《企业会计准则——政府补助》规定，与企业日常活动相关的政府补助，应当按照经济业务实质，计入其他收益或冲减相关成本费用；与企业日常活动无关的政府补助，应当计入营业外收入。

(8) 教育费附加返还款。这是指自办职工子弟学校的企业，在交纳教育费附加后，教育部门返还给企业的所办学校经费补贴费。

(9) 罚款收入。这是指对方违反国家有关行政管理法规，按照规定支付给本企业的罚款，不包括银行的罚息。

(五) 投资收益

投资收益是企业以各种方式对外投资所获得的净收益(如发生亏损则为投资损失)，包括从长期股权投资企业分得的利润、认购股票应得的股利、债券投资应得的利息、出售所持投资的损益等。请参阅专栏5-1“投资收益”。

(六) 收入项目的分析要点

1. 分析企业经营增长的目标

要充分了解企业当前的发展战略，分析其主要是以追求收入的增加还是以追求利润的增长为目标。如果某个企业只重视收入的成长，常能快速扩大营业额，但同时是以增加应收账款和形成大量坏账为代价，其结果只能带来企业未来的财务恶化和管理危机。

2. 分析企业收入的确认标准是否合理准确

可重点分析本期收入与前后期收入的时间界限有无混淆现象，采用完工百分比法的条件和计量方法是否合理，应根据商业折扣和现金折扣的特点分别分析折扣的合理性以及对企业收入的影响。

3. 分析企业营业收入的品种构成

在从事多品种经营的情况下，企业不同的营业收入构成对报表使用者有十分重要的意义，只有占收入比重大的主营业务产品才是企业过去业绩的主要增长点。

4. 分析企业营业收入的地区增长点

不同地区消费者对不同商品具有不同的偏好，不同地区的市场潜力在很大程度上制约着企业的未来发展。

5. 分析部门或地区相关政策、行政手段对收入的贡献

例如补贴收入只是偶然所得，不具持续性，因而即使能增加企业的利润，也只是暂时的，并不代表企业长期盈利能力的发展水平。

6. 分析与关联交易的收入在总收入中的比重

关联方交易是企业间交易行为的一个特殊部分，报表使用者必须关注关联交易营业收入的交易价格、交易的实现时间等方面的非市场化因素。

7. 分析现销收入和赊销收入的关系

通过对二者结构及变动情况的分析，可以了解企业产品销售的特点及其营销策略选择，分析判断其合理性。

8. 分析营业外收入的比重和增长变化

企业常常通过出售、转让和置换资产，或进行债务重组等手段利用增加营业外收入来改善盈利水平，但显然这些方法无助于真正提高主营业务的获利水平。

9. 分析投资项目的前景

企业的投资收益取决于投资项目（包括实业投资、金融资产投资和房地产投资等）的经营情况及分配政策，因此对投资项目的行业风险和发展前景需要认真研究。

10. 分析收入的稳定性

要对企业收入进行至少连续 3 年的趋势分析，以判断其收入的稳定性。只有收入较为稳定增长的企业，其生产经营才能正常进行。

二、费用项目分析

费用是指企业在日常活动中发生的、会导致所有者权益减少的、与向所有者分配利润无关的经济利益的总流出。

（一）费用的基本特征

1. 费用是企业在日常活动中形成的

费用必须是企业在其日常活动中所形成的，这是为了将其与损失相区分，企业非日常活动所形成的经济利益的流出不能确认为费用，而应当计入损失。

2. 费用会导致所有者权益的减少

与费用相关的经济利益的流出应当会导致所有者权益的减少，不会导致所有者权益减少的经济利益的流出不应确认为费用。

3. 费用是与向所有者分配利润无关的经济利益的总流出

费用的发生应当会导致经济利益的流出，从而导致资产的减少或者负债的增加（最终也会导致资产的减少）。其表现形式包括现金或者现金等价物的流出，存货、固定资产和无形资产等的流出或者消耗等。由于企业向所有者分配利润也会导致经济利益的流出，而该经济利益的流出属于所有者权益的抵减项目，不是经营活动的结果，所以不应确认为费用。

（二）费用的确认标准

费用只有在经济利益很可能流出从而导致企业资产减少或者负债增加且经济利益的流出额能够可靠计量时才能予以确认。

确认费用一般有三种标准：

(1) 企业为生产产品、提供劳务等发生的可归属于产品成本、劳务成本等的费用，应当在确认产品销售收入、劳务收入等时，将已销售产品、已提供劳务的成本等计入当期损益。例如，企业售出商品是直接与所产生的营业收入相联系的，所以该项销售产品的成本就可以与本期销售收入配比而作为本期费用，计入当期损益。

(2) 企业发生的支出不产生经济利益的，或者即使能够产生经济利益但不符合或者不再符合资产确认条件的，应当在发生时确认为费用，计入当期损益。例如，无形资产的摊销等。有时有些支出不能明确提供未来的利益，这时候就可以作为当期费用予以确认，如广告费等。

(3) 企业发生的交易或者事项导致其承担了一项负债而又不确认为一项资产的，应当在发生时确认为费用，计入当期损益。如企业对外担保发生诉讼且法院已判决从而可以确认该项预计负债为费用。

(三) 费用的类别

费用按照功能分类，可以划分为从事经营业务发生的营业成本，以及管理费用、销售费用、财务费用和研发费用等，也即直接费用和间接费用两大类。

1. 直接费用

直接费用与营业收入的取得存在因果关系，一般随营业收入的增加而增加，即营业成本。它主要是制造企业由产品生产成本直接转化而来的销售成本，以及商业企业由商品进货成本直接转化而来的销售成本，或因提供劳务或让渡资产使用权等日常活动而发生的实际成本。

营业成本包括主营业务成本和其他业务成本。

主营业务成本是企业在确认销售商品和提供劳务等经常性活动时应结转的成本。在期(月)末，企业应根据本期(月)已销售商品和已提供劳务的实际成本转入主营业务成本。本期发生的销售退回，如果业已结转销售成本，则应予以冲回。

其他业务成本是企业确认的除主营业务活动以外的其他经营活动所发生的支出。包括销售材料的成本、出租固定资产的折旧额、出租无形资产的摊销额、出租包装物的成本或摊销额等。采用成本模式计量的投资性房地产的企业，其投资性房地产计提的折旧额或摊销额，也计入其他业务成本。

2. 间接费用

间接费用也称期间费用，是企业主要经营活动中必定要发生，但与营业收入的取得不存在明显直接因果关系，并且不影响或不分摊到其他会计期间的费用，如管理费用、销售费用、财务费用和研发费用等，这类费用作为一定会计期间的费用，直接与同一会计期间的收入配比，列入当期损益。

(1) 管理费用。管理费用是企业为管理和组织生产经营活动所发生的各项费用。具体包括：

① 待业保险费，即企业按规定交纳的待业保险基金；

② 董事会费，即企业董事会或最高权力机构及其成员为执行职能而发生的各项

费用，如津贴、差旅费、会议费等；

③ 咨询费，即企业向有关咨询机构进行科学技术、经营管理咨询所支付的费用或支付企业经济、法律、技术顾问的费用；

④ 聘请中介机构费，即企业聘请会计师事务所进行审计、验资、资产评估等发生的费用；

⑤ 诉讼费，即企业因起诉或应诉而支付的各项费用；

⑥ 税金，即企业按规定支付的房产税、车船使用税、土地使用税、印花税等；

⑦ 土地使用费，即企业使用土地或海域而支付的费用；

⑧ 土地损失补偿费，即企业在生产经营过程中破坏土地而支付的土地损失补偿费；

⑨ 技术转让费，即企业购买或使用专有技术而支付的技术转让费用；

⑩ 无形资产摊销，即土地使用权、工业产权、非专利技术、商誉和其他无形资产的摊销费用；

⑪ 递延资产和长期待摊费用摊销，即开办费和其他长期待摊费用的摊销；

⑫ 坏账损失准备，即企业年末按应收账款的一定比例计提的坏账准备；

⑬ 存货跌价准备，即企业按存货的期末可变现净值低于其成本的差额计提的存货跌价准备；

⑭ 存货盘盈和盘亏，即企业存货盘点后的盘亏、盘盈净额；

⑮ 业务招待费，即企业为业务经营的合理需要在年销售净额一定比例之内支付的费用；

⑯ 其他费用，即不包括在上述项目中的其他管理费用，如绿化费、排污费等。

(2) 销售费用

销售费用又称营业费用，是企业在商品销售过程中所发生的费用，以及为销售本企业商品而专设的销售机构的销售费用。商品流通企业在购买商品过程中发生的进货费用也包括在销售费用中。

销售费用具体包括：应由企业负担的运输费、装卸费、包装费、保险费、展览费、销售佣金、委托代销手续费、广告费、租赁费、销售服务费及商品流通企业的进货费用，专设销售机构人员工资、福利费、差旅费、办公费、折旧费、修理费、材料消耗、低值易耗品摊销及其他费用。

但企业内部销售部门属于行政管理部门，所发生的经费开支，不包括在销售费用之内，而应列入管理费用。

(3) 财务费用

财务费用是企业为进行资金筹集等理财活动而发生的各项费用，包括利息净支出、汇兑净损失、金融机构手续费和其他因资金往来而发生的费用。

利息净支出包括短期借款利息、长期借款利息、应付票据利息、票据贴现利息、应付债券利息、长期应付融资租赁款利息、长期应付引进国外设备款利息等，企业银行存款获得的利息收入应冲减上述利息支出。

汇兑净损失指企业在兑换外币时因市场汇价与实际兑换汇率不同形成的损失或收益，因汇率变动期末调整外币账户余额而形成的损失或收益，当发生汇兑收益时应冲减汇兑损失。

金融机构手续费包括发行债券所支付的手续费、开出汇票的银行手续费、调剂外汇手续费等。

在 2018 年 6 月财政部最新修订的一般企业财务报表格式中，又增列“利息费用”和“利息收入”项目。其中“利息费用”项目反映企业为筹集生产经营所需资金等而发生的应予费用化的利息支出，“利息收入”项目反映企业确认的利息收入。

(4) 研发费用

研发费用是企业进行研究与开发过程中发生的费用化支出。

研发费用原计入企业的管理费用，如企业开发新产品、新技术所发生的新产品设计费、工艺规程制定费、设备调整费、原材料和半成品的试验费、技术图书资料费、未获得专项经费的中间试验费及其他有关费用。2018 年财政部修订企业利润表列报格式，将研发费用予以单列。

按照《企业会计准则第 6 号——无形资产》的规定，企业内部研究开发项目的支出包括研究阶段支出与开发阶段支出两个部分。研发支出预期能够为企业未来创造更多的价值。其中，研究是指为获取并理解新的科学或技术知识而进行的独创性的有计划调查，其特点在于研究阶段是探索性的。从已经进行的研究活动看，将来是否会转入开发，开发后是否会形成无形资产等具有较大的不确定性。开发是指在进行商业性生产或使用前，将研究成果或其他知识应用于某项计划或设计，以生产出新的或具有实质性改进的材料、装置、产品等，其特点在于开发阶段相对研究阶段而言，应当是完成了研究阶段的工作，在很大程度上形成一项新产品或新技术的基本条件已经具备。

通常，对研究阶段支出与开发阶段支出应分别处理：企业内部研究开发项目中研究阶段的支出，应当于发生时计入当期损益(研发费用)，完成研究后进入开发阶段所发生的支出在满足一定条件后允许资本化，不符合资本化条件的计入当期损益。

(四) 新收入准则对合同成本的规定

1. 与合同成本有关的资产

根据新收入准则规定，企业为履行合同发生的成本，不属于其他企业会计准则规范范围且同时满足下列条件的，应当作为合同履约成本确认为一项资产：

(1) 该成本与一份当前或预期取得的合同直接相关,包括直接人工、直接材料、制造费用(或类似费用)、明确由客户承担的成本以及仅因该合同而发生的其他成本;

(2) 该成本增加了企业未来用于履行履约义务的资源;

(3) 该成本预期能够收回。

增量成本是指企业不取得合同就不会发生的成本(如销售佣金等),企业为取得合同发生的增量成本预期能够收回的,应当作为合同取得成本确认为一项资产。

以上与合同成本有关的资产应当采用与该资产相关的商品收入确认相同的基础进行摊销,计入当期损益。

2. 其他计入当期损益事项

根据新收入准则规定,企业应当在下列支出发生时,将其计入当期损益:

(1) 管理费用。

(2) 非正常消耗的直接材料、直接人工和制造费用(或类似费用),这些支出为履行合同发生,但未反映在合同价格中。

(3) 与履约义务中已履行部分相关的支出。

(4) 无法在尚未履行的与已履行的履约义务之间区分的相关支出。

另外,企业增量成本确认为一项资产摊销期限不超过一年的,可以在发生时计入当期损益;企业为取得合同发生的、除预期能够收回的增量成本之外的其他支出(如无论是否取得合同均会发生的差旅费等),应当在发生时计入当期损益,但是明确由客户承担的除外。

(五) 费用项目的分析要点

1. 分析营业成本的确认

企业成本的变动既受企业不可控因素的影响(如受市场因素的影响而引起的价格波动),也受企业可控因素的影响(如供货渠道、批量采购等因素及会计核算方法的选择等)。而根据收入和费用配比原则,企业应在确认收入的同时或同一会计期间结转相关的成本。特别应注意:一是在收入确认的同一会计期间,相关的成本必须结转。二是如一项交易的收入尚未确认,即使商品已经发出,相关的成本也不能结转。三是商品采用实际成本计价的,根据《企业会计准则第 1 号——存货》规定,结转的商品成本应采用先进先出法、加权平均法和个别计价法计算,后进先出法和移动加权平均法不再适用。商品采用计划成本或售价核算的,在结转计划成本和售价的同时,还应结转售出商品应负担的成本差异和进销差价,将计划成本和售价调整为实际成本。

2. 分析管理费用时,应注意管理费用和营业收入、财务预算的配比

要根据企业当前的财务状况、以前各期的收入水平来评价管理费用的支出情况。此外,从费用的特性角度看,企业的管理费用基本属于固定性开支,在企业业务量和收入量

一定的情况下，有效地控制与压缩固定性行政管理费用，将能给企业带来更多的收益。

3. 分析销售费用时，应注意与营业收入的比较

通过比率分析与行业水平、本企业历史水平和当期计划水平做比较，考察其合理性。由于销售费用是来自于企业市场拓展的费用开支，在企业业务正常发展的情况下，片面追求一定时期内销售费用的降低，有可能会对企业的长期发展不利。

4. 分析财务费用时，应注意企业的利息费用变动情况

可以进一步对企业贷款规模、贷款利息率和贷款期限进行考察，分析企业贷款规模、结构和融资成本的合理性。对于有大量外汇业务的企业，要通过分析汇兑损益掌握外汇市场风险对企业的影响程度。另外，还要注意财务费用赤字问题，当企业利息收入大于利息费用时，这种情况常会出现，如数额过大，应引起关注。

5. 分析研发费用时，应注意企业研发费用的合理性

企业的发展离不开研究与创新，研发费用较高的企业通常是有长远发展规划的企业，政府也对企业开展研发活动制订了税优政策①。应注意分析企业研发费用的合理性，费用过高或者过低对企业发展都会有不利影响。同时，还应注意区分研究阶段与开发阶段的差异性，防范企业运用研发费用资本化进行会计操纵。

6. 应结合营业收入和利润状况综合分析企业的成本费用情况

根据营业成本和四项费用的规模金额、结构变化和时间趋势变化，分析企业费用管理的有效性和合理性。如营业收入与成本费用呈现同比例增长，导致利润增长，就说明企业经营处于一种稳定成熟的状态，实现利润有保障。

三、利润项目分析

利润是企业在一定会计期间的经营成果，包括企业在一定会计期间内实现的收入减去费用后的净额、直接计入当期利润的利得和损失等。

（一）利润项目概述

2007 年前，原利润表主要有四个利润项目，即主营业务利润、营业利润、利润总额和净利润。我国财政部 2014 年修订的《企业会计准则第 30 号——财务报表列报》中取消了原报表的主营业务利润项目，增加了其他综合收益和综合收益总额两项目，下面我们对这些主要利润项目进行概述。

---

① 财政部、国家税务总局、科技部于 2015 年 11 月 2 日联合发布《关于完善研究开发费用税前加计扣除政策的通知》(财税〔2015〕119 号)，并自 2016 年 1 月 1 日起实施。这个通知规定，企业开展研发活动中实际发生的研发费用，未形成无形资产计入当期损益的，在按规定据实扣除的基础上，按照本年度实际发生额的 75%，从本年度应纳税所得额中扣除；形成无形资产的，按照无形资产成本的 175%在税前摊销。

1. 营业利润

营业利润即企业的经营利润。按照当前会计准则的规定，营业利润应以营业收入为基础，减去营业成本、税金及附加、销售费用、管理费用、财务费用、研发费用、资产减值损失、信用减值损失，加上公允价值变动收益(减去公允价值变动损失)、资产处置收益、投资收益(减去投资损失)、其他收益后得到。其计算公式为：

营业利润＝营业收入－营业成本－税金及附加－管理费用－销售费用－财务费用－研发费用－资产减值损失－信用减值损失＋公允价值变动收益＋资产处置收益＋投资收益＋其他收益

从上式可以看出，提高企业的营业利润，一方面应努力扩大营业收入，增加多种收益来源；另一方面应力争减少各项成本费用，同时合理调整产品结构，通过多元化经营防范产品市场风险。

2. 利润总额

企业的利润总额以营业利润为基础，加上营业外收入并减去营业外支出后计算得到。其计算公式为：

税前利润总额＝营业利润＋营业外收入－营业外支出

企业的利润总额主要来源于营业利润，但营业外收支等也会对它产生一定影响。过去经常发生某企业营业利润出现亏损或大幅下降时，该企业通过营业外收入来调节利润总额的现象。因此，对利润总额的异常变动应引起关注。

3. 净利润

企业的净利润数额等于税前利润总额减去所得税费用后的余额。计算公式为：

净利润＝利润总额－所得税费用
＝收入－费用＋直接计入当期损益的利得和损失

净利润是公司的净利，通常情况下，净利润越多，企业盈利能力就越强。但是如果把净利润这一总量指标作为评价指标，则可能会导致忽视企业的资源投入，而无法反映企业真实的经营效率和盈利水平；并且片面强调净利润，还有可能诱发企业的短期行为，造成财务危机。

2018 年财政部报表列报要求新增“持续经营净利润”和“终止经营净利润”两行项目，分别反映净利润中与持续经营相关的净利润和与终止经营相关的净利润，有助于分析者较好地掌握企业真实的盈利情况。

4. 其他综合收益

综合收益是指企业在某一期间除与所有者以其所有者身份进行的交易之外的其

他交易或事项所引起的所有者权益变动。与净利润相比,综合收益包含了那些未实现的、超出利润和损失的因素,能更好地反映当期净资产的全部变动情况。综合收益与会计收益的差异在于其是非货币性资产的持产收益。综合收益的计算公式如下:

综合收益=(期末所有者权益-期初所有者权益)-(股东追加投资-股东收回投资-分派股东股息)

其他综合收益是指企业根据其他会计准则规定未在当期损益中确认的各项利得和损失。其他综合收益项目分为两种情形,需要进行分类列报:一是以后会计期间不能重分类进损益的其他综合收益项目;二是以后会计期间在满足规定条件时将重分类进损益的其他综合收益项目。相关具体内容请参阅专栏 4-2“其他综合收益的分类列报”。

5. 综合收益总额

综合收益总额项目是企业净利润和其他综合收益扣除所得税影响后的净额相加后的合计金额,计算公式为:

综合收益总额=净利润+其他综合收益扣税后净额

在合并利润表中,企业在综合收益总额项目之下还应单独列示归属于母公司所有者的综合收益总额和归属于少数股东的综合收益总额。

专栏 4-2

其他综合收益的分类列报

其他综合收益,是指企业根据其他会计准则规定未在当期损益中确认的各项利得和损失。企业应当以扣除相关所得税影响后的净额在利润表上单独列示各项其他综合收益项目,并且其他综合收益项目应当根据其他相关会计准则的规定分为下列两类进行列报:

1. 以后会计期间不能重分类进损益的其他综合收益项目

(1) 重新计量设定受益计划变动额

有设定受益计划形式离职后福利的企业,应当将重新计量设定受益计划的变动额,计入其他综合收益。

(2) 权益法下不能转损益的其他综合收益

这是指按照权益法核算的在被投资单位不能重分类进损益的其他综合收益变动中所享有的份额。投资单位在确定应享有或应分担的被投资单位其他综合收益的份额时,该份额的性质取决于被投资单位的其他综合收益的性质,即如果被投资单位的其他综合收益属于“以后会计期间不能重分类进损益”类别,则投资方确认的份额也属于“以后会计期间不能重分类进损益”类别。

(3) 其他权益工具投资公允价值变动

这是指企业指定为以公允价值计量且其变动计入其他综合收益的非交易性权益工具投资发生的公允价值变动。

(4) 企业自身信用风险公允价值变动

这是指企业指定为以公允价值计量且其变动计入当期损益的金融负债,由企业自身信用风险变动引起的公允价值变动,计入其他综合收益。

注意:一般企业财务报表格式中均包含上述第(1)、(2)项;已执行新金融准则或新收入准则的一般企业财务报表格式中还包含上述第(3)、(4)项。

2. 以后会计期间在满足规定条件时将重分类进损益的其他综合收益项目

(1) 权益法下可转损益的其他综合收益

这是指按照权益法核算的在被投资单位可重分类进损益的其他综合收益变动中所享有的份额。如果被投资单位的其他综合收益属于“以后会计期间在满足规定条件时将重分类进损益”类别,则投资方确认的份额也属于“以后会计期间在满足规定条件时将重分类进损益”类别。

(2) 外币财务报表折算差额

这是指企业对境外经营的财务报表进行折算时,应当将外币财务报表折算差额计入其他综合收益,当企业在处置境外经营时,应将该境外经营相关的外币报表折算差额转入处置当期损益。

(3) 可供出售金融资产公允价值变动损益

这是指可供出售金融资产公允价值变动形成的利得或损失,除减值损失和外币货币性金融资产形成的汇兑差额外,应当直接计入其他综合收益,在该金融资产终止确认时转出,计入当期损益。

(4) 持有至到期投资重分类为可供出售金融资产损益

持有至到期投资重分类为可供出售金融资产的,在重分类日该投资的账面价值与其公允价值之间的差额计入其他综合收益,在该可供出售金融资产发生减值或终止确认时转出,计入当期损益。

(5) 现金流量套期损益的有效部分

现金流量套期利得或损失中属于有效套期的部分,应当直接确认为其他综合收益;在一定的条件下原套期工具利得或损失转出时应计入当期损益。

(6) 其他债权投资公允价值变动

这是指企业分类为以公允价值计量且其变动计入其他综合收益的债权投资发生的公允价值变动。

(7) 金融资产重分类计入其他综合收益的金额

这是指企业将一项以摊余成本计量的金融资产重分类为以公允价值计量且其变动计入其他综合收益的金融资产时，计入其他综合收益的原账面价值与公允价值之间的差额。

(8) 其他债权投资信用减值准备

这是指企业分类为以公允价值计量且其变动计入其他综合收益的金融资产的损失准备。

(9) 现金流量套期储备

这是指企业套期工具产生的利得或损失中属于套期有效的部分。

注意：一般企业财务报表格式中均包含上述第(1)、(2)项；未执行新金融准则或新收入准则的一般企业财务报表格式中还包含上述第(3)、(4)、(5)项；已执行新金融准则或新收入准则的一般企业财务报表格式中还包含上述第(6)、(7)、(8)、(9)项。

(二) 利润项目分析要点

1. 分析企业的营业利润

分析企业的营业利润时，应配比利润总额结合行业、企业历史水平进行分析，评价企业当期利润质量及其发展趋势，然后对其构成因素的具体项目进行分解评价。注意主营业务和其他业务收入结构、营业成本、税金及附加与营业收入之间的配比情况，谨防对营业收入和成本费用金额的人为操纵。对于影响利润的非生产经营性因素应进一步分析评估，对于投资收益、公允价值变动损益、资产处置收益等项目也应高度重视，防止出现对营业利润的会计造假。

2. 分析企业的利润总额

分析企业税前利润总额时，应与营业收入配比进行，利润总额不仅代表了企业的综合盈利能力，还关系到企业各利益主体的利益分配问题。对于影响利润总额的营业外收支项目要重点关注，异常出现的营业外收支变动往往是企业进行盈余管理的重要手段。

3. 分析企业的净利润

分析净利润时，应注意对所得税费用的分析：一是会计与税法的差异，企业纳税以应纳税所得额为标准，而后者是在企业利润总额的基础上经调整后确定的；二是所得税会计的应付税款法和纳税影响会计法的差异，尽管两种方法对企业当期所得税的交纳是一致的，但因对企业当期所得税费用的列示不同，从而会影响企业当期净利润的高低。

4. 注重对利润的内涵质量的分析

在对各利润项目进行分析时，应注重对利润的内涵质量的分析。对于影响利润质量的不利因素如不良资产、关联交易、非经常性损益等，应单独列示或排除之后，再进行利润分析。

5. 运用分类结构分析和时间趋势分析

对企业利润项目可以采用分类结构分析和时间趋势分析的方法，进一步揭示不同业务性质和损益来源的收支项目的稳定性和成长性，从中能清楚地看到利润构成中主要的、基本的、相对稳定持久的经营成果和临时的、特殊的、非正常的业务或事项的影响结果，从而更好地对企业的盈利水平做出客观的评价。

[例 4-1] 根据附录 MN 公司有关财务数据，分析该企业收支盈利状况变动情况。

MN 公司的收支结构分析表和增长趋势分析表分别如表 4-1 和表 4-2 所示。

表 4-1 MN 公司收支结构分析 单位：%

年份	2013	2014	2015	2016	2017
一、营业收入	100.00	100.00	100.00	100.00	100.00
减：营业成本	63.85	62.22	63.71	64.54	64.14
营业税金及附加	2.51	1.91	2.20	2.16	2.36
销售费用	12.56	12.63	11.14	11.11	9.07
管理费用	4.52	5.10	5.34	7.83	7.43
财务费用	2.13	2.62	1.39	1.43	4.19
资产减值损失	0.00	0.00	0.58	0.32	13.06
加：公允价值变动净收益	0.00	0.00	0.01	0.02	—0.01
投资收益	0.87	0.10	0.86	39.16	20.61
其中：对联营企业和合营企业的投资收益	0.00	0.00	0.00	0.00	0.00
二、营业利润	15.31	15.62	16.52	51.80	20.35
加：补贴收入	2.04	1.74	0.00	0.00	0.00
营业外收入	1.00	0.25	3.01	1.29	1.94
减：营业外支出	0.26	0.12	0.65	0.61	0.25
其中：非流动资产处置净损失	0.00	0.00	0.05	0.07	0.02
三、利润总额	18.09	17.48	18.88	52.48	22.03
减：所得税	3.99	3.62	4.48	14.80	5.41
加：影响净利润的其他科目	—0.74	—1.74	0.00	0.00	0.00
四、净利润	13.36	12.13	14.40	37.68	16.62

表 4-2　MN 公司收支增长趋势分析

年　　份	2015 年比 2014 年		2016 年比 2015 年		2017 年比 2016 年	
	增减额（万元）	增减百分比（%）	增减额（万元）	增减百分比（%）	增减额（万元）	增减百分比（%）
一、营业收入	147 224.51	31.62	90 595.79	14.78	374 641.37	53.26
减：营业成本	100 758.52	34.78	63 518.26	16.27	237 514.65	52.32
营业税金及附加	4 584.09	51.64	1 706.28	12.68	10 302.47	67.93
销售费用	9 477.69	16.12	9 902.53	14.50	19 647.08	25.13
管理费用	8 968.91	37.75	22 342.42	68.27	24 992.21	45.38
财务费用	−3 711.93	−30.41	1 544.21	18.18	35 106.14	349.65
资产减值损失	3 524.81	—	−1 308.96	−37.14	138 586.26	6 254.33
加：公允价值变动净收益	67.88	—	57.57	84.81	−256.31	−204.30
投资收益	4 804.90	999.80	270 137.19	5 110.92	−53 218.24	−19.32
其中：对联营企业和合营企业的投资收益	0.00	—	0.00	—	0.00	—
二、营业利润	28 495.20	39.17	263 085.81	259.87	−144 981.98	−39.80
加：补贴收入	−8 100.72	−100.00	0.00	—	0.00	—
营业外收入	17 275.12	1 514.16	−9 346.95	−50.75	11 813.59	130.26
减：营业外支出	3 381.98	581.84	298.15	7.52	−1 559.39	−36.59
其中：非流动资产处置净损失	315.11	—	160.01	50.78	−240.92	−50.71
三、利润总额	34 287.62	42.12	253 440.71	219.07	−131 609.00	−35.65
减：所得税	10 593.43	62.90	76 637.19	279.35	−45 703.40	−43.92
四、净利润	31 776.07	56.26	176 803.52	200.33	−85 905.60	−32.41

由表 4-1 可知：

(1) 企业的营业成本和营业税金及附加基本保持稳定，2014 年以后销售费用占比在逐年降低，2017 年比 2014 年下降了 3.56 个百分点；但管理费用占比则上升较快，2017 年比 2014 年上升了 2.33 个百分点；财务费用占比 2015 年有较大下降，但在 2017 年突然提高，达到 4.19%。

(2) 企业的投资收益在 2016 年大幅增长，占收入比重达到 39.16%，但由于市场风险的影响，2017 年又下降到 20.61%。投资收益占比的大起大落，加大了企业经营活动的风险。

(3) 由于市场因素的冲击，2017 年企业资产减值占比大幅升至 13.06%，对当期企业收益产生重大影响。

(4) 从 2013 年到 2015 年间，企业的营业利润、利润总额和净利润项目占比比较稳定，但 2016 年起这些指标突然大幅上升，这与企业加大对房地产和证券市场投资获得较多投资收益有关。

再通过分析表 4－2 可知：

(1) 企业 2016 年较上年营业收入仅增长 14.78%，但营业利润增长却高达 259.87%；2017 年营业收入较上年增长 53.26%，而营业利润却同比下降 39.80%。如此之大的反差主要来自投资收益和资产减值。

(2) 2016 年企业投资收益较上年增长 5 110.92%，但由于市场变化，2017 年该项目却同比下降 19.32%。2016 年企业资产减值损失较上年下降了 37.14%，但 2017 年该项目却同比上升 6 254.33%。市场的不利变化最终影响到企业的获利水平。

专栏 4－3

所得税费用

在利润表中，利润总额减去所得税费用即为净利润。所得税费用是企业按会计准则根据纳税义务确认的会计费用，与当年企业实际按《税法》缴纳的当期应交所得税并不一致。那么，所得税费用是如何得到的呢？

在资产负债表债务法下进行所得税费用的核算，一般可分成以下六个步骤：

1. 确认资产和负债的账面价值及其计税基础

资产和负债的账面价值是指企业按照相关会计准则进行核算后在资产负债表中列示的金额。资产的计税基础是一项资产在未来期间计税时按照税法规定可以税前扣除的金额；负债的计税基础是指负债的账面价值减去未来期间计算应纳税所得额时按照税法规定可予抵扣的金额。

2. 计算产生的暂时性差异

从资产和负债看，一项资产或一项负债的计税基础和其在资产负债表中的账面价值之间的差额，随时间推移将会消除，因此该项差异是暂时的，被称为暂时性差异。该项差异在以后年度资产收回或负债清偿时，会产生应税金额或可抵扣金额，因而可分为应纳税暂时性差异和可抵扣暂时性差异。

3. 计算递延所得税负债和递延所得税资产的期末余额

将应纳税暂时性差异与可抵扣暂时性差异分别乘以适用的所得税税率，确定递延所得税负债和递延所得税资产的期末余额。

4. 计算递延所得税

将递延所得税负债再减去递延所得税资产期末余额与期初余额之差，确定当期的递延所得税。计算公式如下：

递延所得税＝递延所得税负债的期末余额与期初余额之差－递延所得税资产的期末余额与期初余额之差

理解此公式时，注意这里的递延所得税不包括按照会计准则规定不予计入所得税费用的纳税影响。如某项交易或事项按照会计准则规定应计入所有者权益的，由该交易或事项产生的递延所得税及其变化亦应计入所有者权益。

5. 计算本期应交所得税

根据税法规定计算出应纳税所得额，乘以相应所得税率，可以得到本期应交所得税。

本期应交所得税＝当期应纳税所得额×所得税税率

6. 确定利润表中的所得税费用

利润表中的所得税费用等于本期应交所得税与递延所得税之和。

所得税费用＝本期应交所得税＋递延所得税

第三节　获利能力指标分析

企业获利能力的分析主要是评价企业收入、费用和利润各要素的增减变动及其相互间关系变化的原因和趋势，一般多采用比率指标的分析手段。分析评价的角度可以是多方面的，本书将从两个方面展开：一是从企业销售收入的角度进行销售获利能力分析，二是从成本费用的角度进行成本费用获利能力分析。

一、销售获利能力分析指标

（一）销售净利率

销售净利率是在分析企业获利能力中使用最广的一项评价指标，也称销售净收益率、纯益率等，是指企业净利润与销售收入的比值。其计算公式为：

销售净利率＝(净利润÷销售收入)×100%

销售净利率反映了企业每单位销售收入中所获得的净利润的数额。其分析要点如下：

(1) 该指标值越大，说明企业获利能力越高。指标值与企业净利润呈正比，与销售收入呈反比，因此企业必须在保持销售不变的情况下提高净利润，或者使得净利润的增长幅度超过销售收入的增长幅度，才能达到提高企业销售净利率的目标。通常，销售净利率持续达到20%以上的非金融企业，具有较强的竞争优势。

(2) 由于指标中的净利润是企业各项收益与各项成本费用配比后的净利，所以各年的数额会有较大变动，应注意结合盈利结构增减变动分析来考察销售净利率指标。在指标分析时，还可以采用趋势变化分析和参照行业指标、计划指标等分析手段来进行评价。

[例4-2] 根据附录MN公司有关财务数据，分析企业销售净利率变动情况。

按照公式计算出的企业销售净利率如表4-3所示。

表4-3 销售净利率分析

年 份	2013	2014	2015	2016	2017
销售净利率(%)	13.36	12.13	14.40	37.68	16.62

计算表明，企业2016年销售净利率超常增长，原因是其当年大规模投资收益获利所致。事实上，如扣除2016年和2017年的投资收益，企业的经营亏损将不可避免。

[财务指标参考数据之九]

表4-4 20家上市公司销售净利率统计 单位：%

所属行业	农业	采掘	食品	纺织服装	造纸	石化	电子	金属	机械	医药
上市公司	隆平高科	大同煤业	贵州茅台	雅戈尔	晨鸣纸业	上海石化	海康威视	上海宝钢	三一重工	同仁堂
2013	16.09	−7.89	51.63	8.96	3.39	1.74	28.63	3.18	8.29	12.24
2014	17.95	7.65	51.53	20.21	2.37	−0.69	27.16	3.25	2.49	12.95
2015	23.07	−25.65	50.38	30.12	4.83	4.06	23.28	0.44	0.59	13.55
2016	21.82	6.19	46.14	24.76	8.83	7.66	23.24	4.96	0.70	12.92
2017	27.98	15.07	49.82	2.99	12.59	6.69	22.38	7.06	5.81	13.02
所属行业	电力	建筑	交通运输	信息技术	批发零售	房地产	社会服务	金融	文化传播	综合
上市公司	粤电力	葛洲坝	东方航空	川大智胜	南京新百	华夏幸福	黄山旅游	工商银行	中视传媒	复旦复华
2013	14.09	3.28	2.38	27.94	3.88	12.76	12.48	44.60	5.87	4.15
2014	14.90	4.13	3.95	6.70	5.54	14.14	14.89	41.93	7.43	4.57
2015	18.00	4.17	5.38	14.18	2.27	13.01	18.76	39.81	5.57	8.14
2016	5.67	4.47	5.04	13.57	2.48	11.46	22.47	41.29	−25.07	6.27
2017	4.27	5.47	6.70	18.36	4.71	14.77	24.58	39.57	12.22	6.64

（二）销售毛利率

销售毛利率是销售毛利与销售收入的比值，其中销售毛利是销售收入与销售成本之差。其计算公式为：

销售毛利率＝销售毛利÷销售收入×100%
＝[(销售收入－销售成本)÷销售收入]×100%
＝1－销售成本率

销售毛利率的分析要点：

(1) 销售毛利率反映的是企业营业收入的获利水平，销售毛利率越高，说明企业营业成本控制越好，获利能力越强。

(2) 企业毛利率下降的主要原因有：因竞争而降低售价；购货成本或生产成本上升；此外由于市场变化或企业战略实施的暂时影响，使得毛利率水平较高的产品（商品）的生产（销售）量占总量的比重的下降，也会造成企业销售毛利率的降低。

(3) 销售毛利率指标具有明显的行业特点。一般来说，营业周期短、固定费用低的行业的毛利率水平比较低；营业周期长、固定费用高的行业，则要求有较高的毛利率，以弥补其巨大的固定成本。

(4) 一般而言，销售毛利率超过60%以上的企业具有极强的竞争优势；毛利率在40%～60%之间的企业具有较强的竞争优势；毛利率在20%～40%之间的企业，处于高度竞争的行业；毛利率在20%以下的企业，处于过度竞争的行业，这类企业较难以为投资者带来理想的回报。

[例4-3] 根据附录MN公司有关财务数据，分析企业销售毛利率变动情况。

按照公式计算出的企业销售毛利率如表4-5所示。

表4-5 销售毛利率分析

年　份	2013	2014	2015	2016	2017
销售毛利率(%)	36.15	37.78	36.29	35.46	35.86

从上表可以看出，MN公司销售毛利率2013～2014年逐渐增长，随后两年又开始下降，但降幅不大，说明企业获利能力尚属稳定。

（三）营业利润率

营业利润率是企业营业利润与销售收入的比值。其计算公式为：

营业利润率＝(营业利润÷销售收入)×100%

营业利润率反映企业每单位销售收入中获得的营业利润的金额。营业利润率越高，表明企业通过日常经营活动获得收益的能力就越强。

[例4-4] 根据附录MN公司有关财务数据，分析企业营业利润率变动情况。

按照公式计算出的企业营业利润率如表4-6所示。

表4-6　营业利润率分析

年　　份	2013	2014	2015	2016	2017
营业利润率(%)	15.31	15.62	16.52	51.80	20.35

从上表可以看出，MN公司2013～2017年营业利润率总体水平呈上升趋势，特别是2016年，营业利润率达到51.80%，这与企业当年取得大量投资收益有关。

（四）息税前利润率

息税前利润率是企业息税前利润(EBIT)和销售收入之比。其计算公式为：

息税前利润率＝(息税前利润÷销售收入)×100%

息税前利润率反映企业每单位销售收入中获得的息税前利润的金额。息税前利润率越高，企业获利能力越强。

（五）销售利润率

销售利润率也称税前净利率，是企业利润总额与销售收入之比。其计算公式为：

销售利润率＝(利润总额÷销售收入)×100%

销售利润率衡量的是企业销售收入中获得利润总额的多少。销售利润率越高，表明企业当期各项经营活动获得收益的能力就越强。不过，由于利润总额中包含有企业利得这些不确定收益项目在内，因此，这一指标只能对企业当期的盈利情况提供分析的基本信息，而在跨期比较时，还必须对一些特殊的收益项目进行具体分析。

[例4-5] 根据附录MN公司有关财务数据，分析企业销售利润率变动情况。

按照公式计算出的企业销售利润率如表4-7所示。

表4-7　销售利润率分析

年　　份	2013	2014	2015	2016	2017
销售利润率(%)	18.09	17.48	18.88	52.48	22.03

计算表明，MN公司2016年销售利润率很高，前面分析已知这是由于企业大量投资收益导致，在该数据的背后隐藏着企业较大的风险隐患，一旦市场发生变化，投资收益下降，企业主营业务收益质量差的顽症将会彻底暴露。

（六）EBITDA率

EBITDA率是企业息税摊折前收益(EBITDA)与销售收入的比率，计算公式为：

EBITDA率＝[(净利润＋所得税＋利息支出＋固定资产折旧＋无形资产摊销)÷销售收入]×100%

EBITDA率是衡量企业盈利能力的重要指标，由于息税摊折前收益排除了企业内部会计政策和外部融资、税收政策的差异性影响，故使得不同地区、不同行业的企业更易于进行业绩比较。该指标值越高，表明企业盈利能力越强。

（七）辅助性指标

在上述比率指标的分析中，还可以通过评价企业成本与费用的控制水平，来间接分析企业的销售获利能力。显然，企业控制成本费用的能力越强，则其获利能力越高。

1. 销售成本率

销售成本率也称营业成本率，是企业营业成本与销售收入的比率。计算公式为：

销售成本率＝营业成本÷销售收入×100%

销售成本率衡量企业每单位实现的销售收入中经营成本占用的金额，指标值越高，表明企业在成本控制方面越差，企业的盈利水平也就越弱。

2. 销售费用率

销售费用率也称营业费用率，是企业销售费用、管理费用、财务费用和研发费用之和与销售收入的比率。计算公式为：

销售费用率＝[(销售费用＋管理费用＋财务费用＋研发费用)÷销售收入]×100%

销售费用率衡量企业在销售收入中四项费用的占比情况，费用占比越高，企业盈利性越差。

3. 成本费用与收入比率

成本费用与收入比率即销售成本率和销售费用率之和，是企业全部成本费用与收入的比率，公式如下：

成本费用与收入比率＝[(营业成本＋销售费用＋管理费用＋财务费用＋研发费用)÷销售收入]×100%

成本费用与收入比率反映企业对成本费用的综合管理能力，指标值越高，企业盈利能力越弱。

[例4-6] 根据附录MN公司有关财务数据，分析企业销售成本率、销售费用率

和成本费用与收入比率的变动情况。

按照公式计算出的企业销售成本率、销售费用率和成本费用与收入比率如表 4－8 所示。

表 4－8 销售成本率、销售费用率和成本费用与收入比率分析

年 份	2013	2014	2015	2016	2017
销售成本率(%)	63.85	62.22	63.71	64.54	64.14
销售费用率(%)	19.20	20.35	17.87	20.37	20.69
成本费用与收入比率(%)	83.05	82.57	81.58	84.91	84.83

从上表计算可知，MN 公司销售成本率 2014 年表现最好，但随后三年又逐渐上升，说明企业成本控制水平有所下降。与此同时，企业销售费用率在 2015 年最低，但以后该指标有缓慢增长，2017 年达到最大。综合上述两项指标，可以发现，MN 公司成本费用与收入比率在 2015 年为 81.58%，到了 2017 年却达到 84.83%，说明企业的成本费用管理出现一些问题，企业日常盈利水平下滑成为不争的事实。

4. 研发支出与收入比率

研发支出与收入比率即企业研究与开发支出与销售收入的比率，计算公式如下：

研发支出与收入比率＝研究与开发支出÷销售收入×100%

按照《企业会计准则》的规定，对研究阶段支出与开发阶段支出应分别处理：企业内部研究开发项目中研究阶段的支出，应当于发生时计入当期损益，完成研究后进入开发阶段所发生的支出在满足一定条件后允许资本化。因此，研发支出应包括费用化支出和资本化支出两部分。

在评价企业研发支出与收入比率时，可观察其逐年变化趋势以及与行业间比较差异，需注意企业该比率过高可能带来的潜在投资风险。

5. 广告费与收入比率

广告费与收入比率是企业广告费用与销售收入的比率，其计算公式如下：

广告费与收入比率＝(广告费÷销售收入)×100%

所谓广告，是企业通过一定形式的媒体，公开而广泛地向公众传递信息的一种宣传手段，能够帮助企业提高市场声誉，扩大产品销售，获取竞争优势。企业的广告费是指同时符合以下条件的费用：一是广告需经工商部门批准的专门机构发布；二是通过一定的媒体传播；三是取得合法有效的凭证。

广告费是企业营销费用的重要组成部分，广告费与收入比率反映企业对广告费用的管控能力，如指标高于行业水平，则意味着过高的费用开支将会侵蚀企业的盈利。

6. 利息与营业利润比率

利息与营业利润比率是企业支付的全部长短期债务利息与营业利润之比，计算公式如下：

利息与营业利润比率＝(利息支出÷营业利润)×100%

利息是企业融资活动产生的主要成本，这里的利息支出，不仅包括费用化的利息，也包括资本化的利息，通常不同行业该指标差别较大。一般来说，企业的利息支出占营业利润比率较低的公司，往往具有较高的竞争优势，如在消费品行业，优秀企业该指标常在15%以下。

二、成本费用获利能力分析指标

(一) 成本费用利润率

成本费用利润率是企业利润总额与成本费用总额比率。其计算公式为：

成本费用利润率＝(利润总额÷成本费用总额)×100%
＝[利润总额÷(营业成本＋销售费用＋管理费用＋财务费用＋研发费用)]×100%

成本费用利润率反映的是企业成本费用与利润总额之间的关系，是从企业耗费的角度考核企业获利情况的主要指标。当企业获利水平一定的情况下，成本费用总额越小，成本费用利润率就越高，说明企业盈利能力越强；反之，如成本费用总额越大，成本费用利润率就越低，说明企业盈利能力越差。类似地，当企业成本费用总额一定时，利润总额越高，成本费用利润率值就越高，企业盈利能力越强；反之，利润总额越低，成本费用利润率就越小，企业盈利能力越弱。

需要说明的是，有些教材中成本费用利润率的分子项也有用营业利润或净利润表示的情形，因此在进行报表分析时，对名称相同但计算公式不同的财务指标应注意识别。

[例4－7] 根据附录MN公司有关财务数据，分析企业成本费用利润率的变动情况。

按照公式计算出的企业成本费用利润率如表4－9所示。

表4－9 成本费用利润率分析

年 份	2013	2014	2015	2016	2017
成本费用利润率(%)	21.78	21.17	23.14	61.81	25.97

从上表可知，MN公司成本费用利润率在2014年最低，之后连续出现增长，当然这也与企业的较大投资收益有关。

（二）营业成本毛利率

营业成本毛利率是企业销售毛利与营业成本的比率。其计算公式是：

营业成本毛利率＝(毛利÷营业成本)×100%

＝[(营业收入－营业成本)÷营业成本]×100%

营业成本毛利率反映的是企业经营业务中每单位成本获得收入的水平。该指标还可以用以衡量企业不同产品的获利能力，通常指标数值越大，企业获利能力越强。

[例 4－8]　根据附录 MN 公司有关财务数据，分析企业营业成本毛利率的变动情况。

按照公式计算出的企业营业成本毛利率如表 4－10 所示。

表 4－10　营业成本毛利率分析

年　份	2013	2014	2015	2016	2017
营业成本毛利率(%)	56.62	60.72	56.95	54.95	55.91

统计发现，MN 公司营业成本毛利率从 2014 年起开始下降，2016 年达到最低水平，说明企业主营产品盈利能力减弱。

（三）营业成本利润率

营业成本利润率是企业营业利润与营业成本的比率，其计算公式为：

营业成本利润率＝(营业利润÷营业成本)×100%

营业成本利润率反映的是企业经营业务中单位成本耗费获得的回报能力，其分析方法与营业成本毛利率基本一致。

[例 4－9]　根据附录 MN 公司有关财务数据，分析企业营业成本利润率的变动情况。

按照公式计算出的企业营业成本利润率如表 4－11 所示。

表 4－11　营业成本利润率分析

年　份	2013	2014	2015	2016	2017
营业成本利润率(%)	23.97	25.11	25.93	80.26	31.72

MN 公司的营业成本利润率自 2013 年持续增长，企业获利能力提高。但 2017 年较上年有大幅下降，这是由于企业盈利过度依赖不稳定的投资收益的结果。

（四）税前成本利润率

税前成本利润率是企业利润总额与税前成本的比率。企业的税前成本包括营业成本、税金及附加、营业外支出和四项费用。其计算公式是：

税前成本利润率＝利润总额÷税前成本×100%

＝[利润总额÷(营业成本＋税金及附加＋销售费用＋管理费用＋财务费用＋研发费用＋营业外支出)]×100%

税前成本利润率反映了企业全部成本费用支出给企业带来的税前收益。该指标值越大，企业的获利水平越高。

[例4-10] 根据附录MN公司有关财务数据，分析企业税前成本利润率的变动情况。

按照公式计算出的企业税前成本利润率如表4-12所示。

表4-12　税前成本利润率分析

年　　份	2013	2014	2015	2016	2017
税前成本利润率(%)	21.07	20.67	22.36	59.86	25.20

计算表明，MN公司税前成本利润率从2014年起连续上升，企业总体获利状况较好，但不可忽视指标大幅变动中的风险因素。

(五) 税后成本利润率

税后成本利润率是企业净利润与税后成本的比率。企业的税后成本是税前成本加上所得税，即营业成本、税金及附加、营业外支出、四项费用和所得税之和。其计算公式是：

税后成本利润率＝(净利润÷税后成本)×100%

＝[净利润÷(税前成本＋所得税)]×100%

＝[净利润÷(营业成本＋税金及附加＋销售费用＋管理费用＋财务费用＋研发费用＋营业外支出＋所得税)]×100%

税后成本利润率评价的是企业全部成本支出与净利润的关系，以揭示企业各项成本费用开支的使用效果。该指标值越大，企业的获利能力越强。

[例4-11] 根据附录MN公司有关财务数据，分析企业税后成本利润率的变动情况。

按照公式计算出的企业税后成本利润率如表4-13所示。

表4-13　税后成本利润率分析

年　　份	2013	2014	2015	2016	2017
税后成本利润率(%)	14.87	13.75	16.20	36.78	17.90

MN公司5年中税后成本利润率与税前成本利润率变动完全一致，分析同前。

专栏4-4

企业收益质量恶化的预警信号

一般认为，企业收益质量发生恶化之前可能出现的预警信号有：

1. 不切合实际的、过于激进的盈利目标，以及基于这些盈利目标的管理当局奖金计划；

2. 管理当局过分感兴趣于通过运用非常激进的会计手段来维持企业盈利趋势；

3. 虽然实现盈利以及盈利的增长，企业经营当中却不能创造充足的现金流量；

4. 资产、负债，收入或者费用的确认出现异常；

5. 常常发生重大的关联交易；

6. 现金短缺、负的现金流量、营运资本和信用短缺，影响营运周转；

7. 融资能力(包括借款及增资)降低，营业扩充的资金来源只能依赖盈余；

8. 成本增长超过收入；

9. 对单一或少数产品、顾客或交易的依赖；

10. 企业的盈利过度依赖除主营业务以外的其他业务；

11. 企业属于夕阳工业或濒临危机的产业；

12. 因经济或其他情况导致的产能过剩；

13. 现有借款合约对流动比率、额外借款及偿还时间的规定缺乏弹性；

14. 存货大量增加超过销售所需；

15. 企业计提的各种准备明显不足；

16. 应收账款规模的不正常增加；

17. 企业无正当理由变更会计政策和会计估计；

18. 注册会计师不正常变更；

19. 审计报告出现异常。

第四节　销售毛利变动分析

一、销售毛利及其影响因素

销售毛利是指营业收入与营业成本之差。其基本计算公式为：

销售毛利＝营业收入－营业成本＝销售数量×(单位售价－单位成本)

从上式可以看出，对销售毛利的变动分析，可以从销售收入和销售成本发生变化的原因着手，显然当产品销售数量、产品售价、产品单位成本及销售组合等因素中之任一项发生变化，都会使销售毛利发生改变。

从影响毛利变动的影响因素来看，大致可以分为外部因素和内部因素两方面。

（一）外部因素

外部因素主要是指市场供求变动而导致的销售数量和销售价格的升降。一般来说，在其他条件不变的情况下，销售数量增加和销售价格上升都能够增加产品销售毛利，而销售数量减少和销售价格回落都会使销售毛利降低。

（二）内部因素

影响毛利变动的内部因素主要有：企业开拓市场的意识和能力；成本管理水平；产品构成决策和企业的战略要求等。其中有效的成本管理能够降低产品销售成本，提高销售毛利。企业成功的市场开拓和产品市场决策将会同时对提高毛利水平的多因素带来积极的作用，例如在销售组合中由低利润产品向高利润产品转化、通过产品售价和销售量的组合变化作用从而推动销售收入的增长等，这些举措都可有助于提高企业的销售毛利额。

二、毛利变动分析方法

（一）单一产品毛利变动分析

下面通过一个算例来说明单一产品毛利变动分析的方法。

[例 4-12]　假设 MN 公司仅销售一种产品，根据 2016 年（基期）和 2017 年（本期）的有关财务资料，分析企业销售毛利变动情况。

表 4-14　单一产品毛利变动分析表

项　　目	2017 年	2016 年	增减变化量
销售收入（元）(1)	1 140 000	1 060 000	80 000
销售成本（元）(2)	648 000	630 000	18 000
销售毛利（元）(3)＝(1)－(2)	492 000	430 000	62 000
销售量（件）(4)	120 000	100 000	20 000
单位售价（元）(5)＝(1)÷(4)	9.5	10.6	－1.1
单位成本（元）(6)＝(2)÷(4)	5.4	6.3	－0.9

1. 销售数量变动对毛利的影响

销售数量变动对毛利的影响也称数量差异，是由于本期和基期的产品销售数量发生变动所引起。其计算公式为：

某产品销售数量变动的影响额＝(本期销售数量－基期销售数量)×基期单位销售毛利
＝(本期销售数量－基期销售数量)×(基期单位售价－基期单位成本)

根据MN公司的有关资料，计算出2017年销售数量变动对毛利的影响差异为：

销售数量变动对毛利的影响＝(120 000－100 000)×(10.6－6.3)＝86 000(元)

计算表明，由于产品销售数量的增加，使本期毛利增加了86 000元。

2. 销售价格变动对毛利的影响

销售价格变动对毛利的影响称为销售价格差异，是由于本期和基期的产品销售价格发生变动所引起。其计算公式为：

某产品销售价格变动的影响额＝本期销售数量×(本期销售单价－基期销售单价)

根据MN公司的有关资料，计算出2017年销售价格变动对毛利的影响差异为：

销售价格变动对毛利的影响＝120 000×(9.5－10.6)＝－132 000(元)

计算表明，由于产品销售价格的降低，使本期毛利减少了132 000元。

3. 销售成本变动对毛利的影响

销售成本变动对毛利的影响称为成本价格差异，是由于本期和基期的产品销售成本发生变动所引起。其计算公式为：

某产品销售成本变动的影响额＝本期销售数量×(本期单位成本－基期单位成本)

根据MN公司的有关资料，计算出2017年单位销售成本变动对毛利的影响差异为：

单位销售成本变动对毛利的影响＝120 000×(5.4－6.3)＝－108 000(元)

计算表明，由于产品单位销售成本的降低，使本期毛利增加了108 000元。

综合上述分析可知，MN公司2017年比2016年销售毛利增加了62 000元，其中销售数量变动使毛利增加86 000元，销售价格降低使毛利减少132 000元，销售成本降低使毛利增加108 000元。

(二) 多种产品毛利变动分析

在经营多种产品的企业中，其销售毛利的数额除了受每一种产品的销售数量、销售单价、单位销售成本等因素的影响外，当销售收入一定时，各种产品之间的销售构成也会对企业的毛利总额产生影响。其中销售毛利的计算公式为：

$$销售毛利 = \sum[某产品销售数量 \times (该产品销售单价 - 该产品单位销售成本)]$$
$$= \sum(企业销售收入 \times 某产品销售比重 \times 某产品毛利率)$$

当企业每种产品的毛利率已知时，全部产品的综合毛利率可由下式得到：

$$全部产品综合毛利率 = \sum(某产品销售比重 \times 该产品毛利率)$$

多种产品毛利变动分析就是从各种相关因素变动对毛利的影响程度的角度来进行分析，下面我们简要地从销售收入和综合毛利率两个方面来考察。

1. 销售收入变动对毛利的影响

企业全部产品销售收入的变动对毛利的影响可以通过以下公式计算得到：

$$销售收入变动的影响额 = (本期销售收入总额 - 基期销售收入总额) \times 基期综合毛利率$$

上式表明本期销售收入较基期销售收入的增加，可以正比例提高企业的销售毛利。

2. 综合毛利率变动对毛利的影响

当企业销售收入总额一定时，毛利额的高低取决于综合毛利率的高低，计算公式为：

$$综合毛利率变动的影响额 = 本期销售收入总额 \times (本期综合毛利率 - 基期综合毛利率)$$

显然，当本期的综合毛利率高于基期的综合毛利率，同样有助于提高企业的销售毛利。

专栏 4－5

分部报告和中期报告

集团化的企业通常从事一种以上行业(产品)的经营活动，在组织形式上多采用跨地区(国家)的分部化结构，各个分部的经营业务及其经营成果可能各不相同。因此，为了解集团化企业的整体状况，按行业、地区及子公司报告主要经营和财务指标就成为一项披露要求。

分部报告应按行业、产品、地区说明企业主营业务收入、主营业务利润的构成情况，对占主营业务收入或主营业务利润10%以上的业务经营活动及其所属行业，以及占主营业务收入或主营业务利润10%以上的主要产品应予介绍。此外，主营业务及其结构较上期发生较大变化的，主要全资及控股子公司经营情况及业绩，也应予以说明。

分部报告的分析方法也可以采用趋势分析和比率指标分析。通过分析分部报告，不仅可以了解到企业收入、利润的主要来源及构成，还可以据此预测分部利润及利润率的变化趋势，从而把握企业未来的盈利变化情况。

中期报告是指短于一个完整会计年度的会计报告，如半年报、季报、月报等，它们是正式会计报告的附加信息来源，主要提供分阶段的详细会计信息。

中期报告是年度报告的组成部分，年度报告的披露原则和要求基本上也适用于半年度报告。中期报告资料的及时性可在一定程度上弥补年度报告资料细节的不足。除非特别重大的事项，中期报告可以不对资产负债表日后事项和或有项目进行调整或披露。中期报告必须披露企业经营活动的季节性特征。

中期报告分析有助于报告分析者明确企业的发展趋势，识别可能存在的潜在问题及问题的影响范围和程度。

本章小结

获利能力是指企业在一定时间内相对于一定的销售收入获取利润的能力，利润率越高，获利能力就越强。它是企业利益相关者了解企业、认识企业、改进企业经营管理并进行相关决策的重要依据。影响获利能力的因素除了宏观经济发展水平外，企业产品市场竞争能力、产供销管理能力、财务控制能力、风险处置能力等因素都可能对企业获利能力产生影响。

企业获利能力的分析主要是评价企业收入、费用和利润各要素的增减变动及其相互间关系变化的原因和趋势，一般多采用比率指标的分析手段，包括从企业销售收入的角度进行销售获利能力分析和从成本费用的角度进行成本费用获利能力分析。

企业的销售毛利是指营业收入与营业成本之差。对销售毛利的变动分析，可以从销售收入和销售成本发生变化的原因着手，当产品销售数量、产品售价、产品单位成本及销售组合等因素中之任一项发生变化，销售毛利都会发生改变。毛利变动分析的具体方法可根据单一产品和多产品的不同分别进行。

本章关键术语

收入　费用　利润　销售净利率　销售毛利率　成本费用利润率　销售毛利

思考题

1. 简述企业获利能力分析的作用。

2. 简述影响获利能力的财务因素。
3. 简述收入、费用和利润项目的构成及分析要点。
4. 简述衡量企业获利能力的主要指标。
5. 简述企业销售毛利变动的分析方法。

第五章　投资报酬能力分析

学习目的

1. 了解投资报酬能力分析的作用；
2. 熟悉投入资本的类别及其配比收益项目；
3. 掌握投资报酬能力分析指标；
4. 了解投资报酬能力的影响因素；
5. 掌握杜邦分析方法的原理和作用。

第一节　投资报酬能力分析概述

上一章我们讨论了企业的获利能力问题，即从企业一定时间内相对于一定销售收入所获得回报的角度来研究企业的盈利性。本章我们继续研究企业的盈利性问题，与上一章有所不同的是，现在是从企业资产或股东权益投入与企业投资回报之间关系的角度来进行研究，本书称之为企业的投资报酬分析。

一、投资报酬和投资报酬率

投资报酬是指企业投入资本后的回报。从经济学的观点来看，投资是消费的延迟，目的是为了增加未来的财富。投资者投入一定的资金从事投资活动，总是希望在未来获得一定的投资回报。不同的投资项目，其承担的风险不同，投资者要求的投资回报也就不同。

投资报酬率是指企业投资回报与投入资本的比率。作为一种资本收益率，它反映了企业向长期资金提供者支付报酬的能力以及企业吸引未来资金提供者的能力。它是从资本投入的角度对企业盈利能力做出的评价。

二、投资报酬分析的作用

通过分析企业的投资报酬能力，可以帮助报表使用者了解企业的盈利水平，评价企业管理者的经营业绩，分析企业的未来发展趋势，做好企业的内部决策和控制。

（一）帮助投资者进行投资决策

投资报酬能力分析是评价企业投资效果的重要方面，分析投入产出的比例关系能够真实反映企业当前的投资状况，以及现有投资水平下的盈利能力。企业投资者据此可以判断出对企业投资的效果，进一步分析未来投资回报的变化趋势，有效进行投资决策。

（二）帮助债权人进行信用决策

企业的债权人总是希望把借贷资金投入到有良好市场前景和稳定盈利回报的企业中去，以获得借款利息收益。通过评价企业的投资报酬能力，债权人能够对企业的经营能力、管理水平和资金安全做出客观准确的判断，从而提高融资效率。

（三）帮助企业管理者强化内部决策

企业在生产经营活动中，会有不同的投资项目。企业管理者通过对项目投资报酬率的分析，可以更好地做好投资规划、执行和控制。另外，投资报酬能力也反映了企业的经营业绩，企业管理者通过比较分析，可以发现经营管理中存在的不足和问题，进而采取针对性措施解决这些问题。

三、投入资本及其配比收益

从不同的角度出发，企业投入资本可以用不同的方法进行计量，与此同时，不同内容的投入资本的配比收益也有所不同。一般来说，投入资本可以分为以下三种层次：全部资产、长期资本和所有者权益资本。

（一）全部资产

投入资本的第一个层次是企业投入的全部资产，即资产负债表上的所有资产项目，包括各种流动资产和非流动资产等，它们都是能够给企业带来现金流量、为企业创造价值的项目。虽然也有人认为在资产项目中的某些资产未必能对企业当期盈利提供帮助，但是从投资角度看，企业所拥有的全部资产都应该被合理使用，所以在计算投资报酬率时，应该把全部资产都包含在投资基数中。

与全部资产投入相配比的收益部分是息税前利润(EBIT)。息税前利润是指扣除利息和所得税前的利润，可用税前利润加上利息求得。一般来说，利息、所得税和净利润分别是企业外部债权人、政府和企业投资者对投资回报的求偿权，按照投资的配比原则，与企业全部投资相对应的投资收益就应该是利息、所得税和净利润之和，即息税前利润。

（二）长期资本

企业投入的长期资本是长期负债与所有者权益资本之和，但不包括流动负债。长期资本是可供企业使用的长期性资金，是由企业的长期资金债权人和权益投资者提供的。

与长期资本投入相配比的收益部分是息税前利润减去短期债务利息。原因是在企业的资本投入中没有包含流动负债的部分，因此流动负债的利息部分也应该相应从收益中扣除。

（三）所有者权益资本

投入资本的第三个层次是所有者权益资本，即净资产。它是由企业的所有者提供的长期性资本，包括实收资本、资本公积、盈余公积和未分配利润等。

与所有者权益资本投入相配比的收益部分是企业的净利润，即息税前利润扣除利息和所得税后的余额。从企业权益投资者的角度看，企业收益中的利息和所得税应分别由外部债权人和政府分享，这些都是企业所有者收益的抵减项，所以企业所有者获得的真正收益应是扣除各种支出后的税后收益。

专栏 5－1

投资收益

投资收益是指企业在一定的会计期间对外投资所取得的回报。在新准则中，投资收益主要包括长期股权投资收益和金融资产投资收益。

企业长期股权投资持有期间投资收益的确认因核算方法而异。若采用成本法核算，在被投资单位宣告发放现金股利或分派利润时，确认投资收益；若采用权益法核算，应按企业分享的被投资单位当年实现的净利润，确认投资收益。投资方在计算确认应享有或应分担被投资单位的净损益时，与联营企业、合营企业之间发生的未实现内部交易损益按照应享有的比例计算归属于投资方的部分，应当予以抵销，在此基础上确认投资收益。处置长期股权投资时，按实际收到的金额与股权投资账面价值的差额，确认投资收益；如为权益法核算时还须将资本公积转入投资收益；已计提减值准备的，应同时结转减值准备。

企业持有和处置交易性金融资产、持有至到期投资、可供出售金融资产时对投资收益的核算，请参阅专栏 3－1“金融资产”。

新会计准则引入了公允价值的计量属性。值得注意的是在持有期内公允价值变动并没有计入投资收益，而是分别计入公允价值变动科目和其他综合收益科目，只有在处置时才将上述科目转入投资收益。

在企业的投资收益中，资产处置收益、利息收益和成本法下的股利收益对应的是现金流入，收益质量较高；而权益法确认的投资收益通常并不直接对应现金流入，收现质量较难以保证。

企业在投资活动中获取收益或承担亏损，虽不是企业通过自身的生产或劳务活动所得，但也是企业利润总额的重要组成部分。较高的投资收益在一定程度上反映了企业良好的投资业绩与管理，但若企业过于依赖投资收益来维持公司的业绩而不能在正常的主营业务中获得盈利，显然是难以实现企业的长远发展的。

第二节 投资报酬能力指标分析

基于企业投入资本及其配比收益的不同构成，分析企业投资报酬能力的指标包括以下几种：总资产报酬率、净资产报酬率、长期资本报酬率、资本金报酬率和投资收益率等。下面我们将逐一讨论这些指标。

一、投资报酬能力指标

（一）总资产报酬率

总资产报酬率(ROA)也称总资产收益率，是企业一定期限内实现的收益额与该时期企业平均资产总额的比率。它是反映企业资产综合利用效果的核心指标，也是衡量企业总资产盈利能力的重要指标。其基本计算公式如下：

$$总资产报酬率=\frac{收益总额}{平均资产总额}\times 100\%$$

在上述公式中，“平均资产总额”是指企业期初资产总额与期末资产总额的平均数，“收益总额”根据上一节投入资本与收益的配比原则，应为息税前利润，即税后净利润加利息费用再加所得税。因此，总资产报酬率的计算公式可以写为：

$$公式一：总资产报酬率=\frac{息税前利润}{平均资产总额}\times 100\%$$

由于我国的企业财务报表在2018年之前只要求列示财务费用，而没有单独列示利息费用，所以在实务中，人们也常用利润总额即税前利润来表示收益总额。据此总资产报酬率的计算公式又可以写为：

$$公式二：总资产报酬率=\frac{利润总额}{平均资产总额}\times 100\%$$

总资产报酬率的第三种计算公式，在美国企业和我国台湾地区企业报表分析中被广泛采用。该计算公式表示如下：

$$\text{公式三：总资产报酬率}=\frac{\text{净利润}+\text{利息费用}\times(1-\text{所得税率})}{\text{平均资产总额}}\times100\%$$

在上式中，考虑到利息费用具有抵税效果，收益总额被表示为扣除抵税效果后的利息费用再加上净利润。

最后，总资产报酬率的计算也可以用净利润来反映收益总额，由此得到如下计算公式：

$$\text{公式四：总资产报酬率}=\frac{\text{净利润}}{\text{平均资产总额}}\times100\%$$

上述财务比率又被称为总资产净利率，目前国内上市公司在年报中也有采用公式四报告企业的总资产报酬率。

总资产报酬率的分析要点如下：

(1) 总资产报酬率是一种重要的财务分析指标。该指标集中体现了资产运用效率和利用效果之间的关系；在企业资产总额一定的情况下，可以分析企业盈利的稳定性和持久性，确定企业所面临的风险；还可反映企业综合经营管理水平的高低。

(2) 总资产报酬率指标越大，反映企业投资回报能力越强。影响总资产报酬率指标值大小的因素包括两个方面：收益总额和总资产平均占用额。其中收益总额是总资产报酬率的正影响因素，企业获利能力越强，收益总额越高；资产平均占用额是总资产报酬率的负影响因素，在分析资产占用额对总资产报酬率的影响时，不仅应注意尽可能降低资产占用额，提高资产运用效率，还应该重视资产结构的影响，合理安排资产构成，优化资产结构。

(3) 对总资产报酬率的分析可以结合趋势分析和同业比较分析进行。因为收益总额中可能包含着非经常或非正常的因素，因此，我们通常应进行连续几年(如5年)的总资产报酬率的比较分析，对其变动趋势进行判断，才能取得相对准确的信息。在此基础上再进行同业比较分析，有利于提高分析结论的准确性。

(4) 由于总资产报酬率有多种计算公式，在进行跨国或跨区域企业财务指标比较分析时，应注意计算口径的一致性和可比性。

[例 5-1] 根据附录 MN 公司有关财务数据，分析企业总资产报酬率变动情况。

按照公式二计算出的企业总资产报酬率如表 5-1 所示。

表 5-1　总资产报酬率分析

年　份	2014	2015	2016	2017
总资产报酬率(%)	7.27	7.98	14.04	7.09

计算表明,MN公司的总资产报酬率从2014年至2017年逐年上升,进一步的分析发现,由于企业利润总额的增长超过了平均总资产占用的增长,致使企业投资报酬能力明显提高,但由于企业利润的增长大部分来自于不稳定的投资收益,2017年市场的变化使该指标又大幅回落。

[财务指标参考数据之十]

表5-2　20家上市公司总资产报酬率(公式二)统计　　单位:%

所属行业	农业	采掘	食品	纺织服装	造纸	石化	电子	金属	机械	医药
上市公司	隆平高科	大同煤业	贵州茅台	雅戈尔	晨鸣纸业	上海石化	海康威视	上海宝钢	三一重工	同仁堂
2013	8.35	−0.80	53.86	4.34	1.82	6.49	27.46	3.63	5.38	12.01
2014	8.21	4.82	44.01	8.13	1.08	−2.69	29.45	3.64	1.55	12.25
2015	10.37	−6.61	36.20	9.42	2.09	14.23	26.16	0.80	0.19	13.04
2016	7.80	2.76	33.71	7.02	3.22	24.99	23.19	4.59	0.10	12.21
2017	9.06	7.57	45.07	1.24	4.83	21.30	22.57	7.78	4.79	11.97
所属行业	电力	建筑	交通运输	信息技术	批发零售	房地产	社会服务	金融	文化传播	综合
上市公司	粤电力	葛洲坝	东方航空	川大智胜	南京新百	华夏幸福	黄山旅游	工商银行	中视传媒	复旦复华
2013	8.35	3.20	1.72	8.17	4.30	6.11	4.27	1.86	5.74	3.46
2014	8.14	4.10	2.73	1.75	5.67	5.38	6.17	1.83	4.94	3.36
2015	8.22	3.78	3.16	3.13	3.21	4.92	7.92	1.70	2.57	4.32
2016	2.67	4.07	3.21	3.12	2.77	4.29	7.66	1.57	−12.14	3.76
2017	2.19	4.43	3.94	3.62	5.08	4.09	8.34	1.45	8.50	2.86

(二)净资产报酬率

净资产报酬率(ROE)亦称净资产收益率、所有者(股东)权益报酬率、股本报酬率、净值报酬率,是企业一定时期内净利润与平均净资产(所有者权益)之比,该指标反映了企业所有者所获投资报酬的大小。其计算公式为:

$$\text{净资产报酬率}=\frac{\text{净利润}}{\text{平均净资产总额}}\times 100\%$$

上式中净利润为企业税后净利,平均净资产总额为企业期初净资产总额与期末净资产总额的平均数。

需要说明的是,对于股份公司来说,净资产报酬率通常是指普通股东权益报酬率。

如果公司股份中有优先股，应将这部分内容剔除。财务制度规定，优先股股利在企业提取任意盈余公积和支付普通股股利之前支付，而且无论公司的收益如何，优先股的股利一般是固定不变的。因此，可以说普通股股东才是公司资产的真正所有者和风险的主要承担者。所以这时候的净资产报酬率（普通股东权益报酬率）的计算公式为：

$$普通股东权益报酬率=\frac{净利润-优先股股利}{平均净资产总额-平均优先股股东权益}\times 100\%$$

净资产报酬率的分析要点：

（1）净资产报酬率是立足于所有者权益的角度来考核企业获利能力和投资回报能力，因而它是最被所有者关注的、对企业具有重大影响的指标。一般来说，净资产报酬率越高，企业净资产的使用效率就越高，投资者和债权人的利益保障程度也就越大。

（2）报表使用者通过分析净资产报酬率指标，一方面可以判定企业的投资效益，另一方面可以了解企业管理水平的高低。同时对该指标的分析还是所有者考核其投入企业的资本保值增值程度的基本途径。在具体分析时，可以结合指标的时间趋势分析和行业或同业比较分析等方式进行。

［例 5-2］　根据附录 MN 公司有关财务数据，分析企业净资产报酬率变动情况。

按照公式计算出的企业净资产报酬率如表 5-3 所示。

表 5-3　净资产报酬率分析

年　　份	2014	2015	2016	2017
净资产报酬率(%)	15.64	15.01	21.62	13.15

上表分析可知，MN 公司净资产报酬率从 2014 年至 2017 年出现大幅波动现象，以 2016 年和 2017 年变动最为显著，虽然企业整体净资产报酬率在市场中处于领先地位，但其经营收益较不稳定，企业应予以足够重视。

［财务指标参考数据之十一］

表 5-4　20 家上市公司净资产报酬率统计　　单位：%

所属行业	农业	采掘	食品	纺织服装	造纸	石化	电子	金属	机械	医药
上市公司	隆平高科	大同煤业	贵州茅台	雅戈尔	晨鸣纸业	上海石化	海康威视	上海宝钢	三一重工	同仁堂
2013	17.95	-6.86	40.12	9.53	4.76	11.66	30.96	5.44	12.47	15.87
2014	17.34	5.74	32.72	20.76	3.13	-4.01	35.89	5.42	3.04	15.21
2015	20.89	-16.86	27.08	23.58	6.19	17.75	34.42	0.63	0.57	15.01

（续表）

所属行业	农业	采掘	食品	纺织服装	造纸	石化	电子	金属	机械	医药
上市公司	隆平高科	大同煤业	贵州茅台	雅戈尔	晨鸣纸业	上海石化	海康威视	上海宝钢	三一重工	同仁堂
2016	12.19	4.64	25.23	17.05	10.16	26.43	33.89	7.87	0.70	13.61
2017	14.62	12.85	33.74	1.24	14.23	22.97	34.04	14.28	8.94	13.80

所属行业	电力	建筑	交通运输	信息技术	批发零售	房地产	社会服务	金融	文化传播	综合
上市公司	粤电力	葛洲坝	东方航空	川大智胜	南京新百	华夏幸福	黄山旅游	工商银行	中视传媒	复旦复华
2013	18.26	11.42	8.17	8.62	9.61	36.03	8.11	21.85	6.52	7.67
2014	16.22	13.41	12.72	1.74	29.07	27.80	10.30	19.62	4.83	6.18
2015	15.96	12.61	15.03	3.43	19.20	23.18	11.87	16.64	2.41	6.80
2016	4.32	11.63	11.32	3.26	17.51	19.38	10.38	14.76	−11.46	6.80
2017	3.85	11.69	12.79	3.67	15.98	16.15	10.41	13.95	8.05	5.72

（三）长期资本报酬率

长期资本报酬率(ROTC)也称长期资本收益率，是收益总额与长期资本平均占用额之比。其中，长期资本是企业非流动负债和所有者权益之和，而收益总额分别有两种表示方法，因此长期资本报酬率就有两种计算公式，分别列示如下：

$$\text{公式一：长期资本报酬率}=\frac{\text{利润总额}+\text{长期负债利息}}{\text{平均长期资本}}\times 100\%$$

上述公式国内企业通常采用，另在美国及我国台湾地区该指标的计算公式为：

$$\text{公式二：长期资本报酬率}=\frac{\text{净利润}+\text{长期负债利息}\times(1-\text{所得税率})}{\text{平均长期资本}}\times 100\%$$

长期资本报酬率反映的是每单位长期资本能够获得多少盈利。该指标是从长期资金的提供者——长期债权人和所有者的角度来分析其投资报酬率。显然，要提高长期资本报酬率，一方面要增强企业的获利能力，另一方面要尽可能减少长期资本的占用。

与前述指标类似，长期资本报酬率的比较分析也包括时间趋势分析和同业比较分析。

（四）投入资本报酬率

投入资本报酬率(ROIC)也称投入资本收益率，该指标不仅反映企业投入资本获得报酬的能力，另外还可以与企业加权平均成本进行比较，从而帮助人们判断企业投入的资本是否能够得到有效利用，企业的经济价值是否得到提升。投入资本报酬率的计算公式为：

$$投入资本报酬率=\frac{息税前利润\times(1-所得税率)}{投入资本}$$

上式中投入资本(Invested Capital)通常包括优先股、普通股和长期债务。从理论上讲，投入资本的构成是：

投入资本＝权益净资产＋有息负债－超额现金－非经营性资产(或非核心资产)

但在实际计算中，由于相关数据的限制，一般多用有息负债加所有者权益反映。其中，有息负债等于短期借款、长期借款、应付债券、一年内到期的非流动负债之和。

而在台湾地区，投入资本的计算也采用以下公式：

投入资本＝净营运资金＋固定资产净额＋其他资产净额

其中，净营运资金等于营运用途的流动资产(不包括理财性质的短期有价证券)减去非付息的流动负债(不包括付息的银行短期借款)；固定资产净额即公司固定资产的净账面价值；其他资产净额指由营业活动所形成的其他资产扣除其他负债部分，不包括主业外的长期投资部分。

(五) 资本金报酬率

资本金报酬率也称实收资本报酬率，是净利润与企业平均实收资本的比率。其计算公式为：

$$资本金报酬率=\frac{净利润}{平均实收资本总额}\times 100\%$$

资本金报酬率衡量的是企业所有者投入资本赚取利润的能力，公式中的资本金指的是资产负债表上的实收资本项目。该指标数值越高，表明投资者投入企业资金得到的回报就越高。通过对资本金报酬率的分析，不仅可以了解企业管理水平和经济效益的高低，而且还可以判定企业的投资效益，从而对所有者投资决策提供帮助。

(六) 资本报酬率

资本报酬率也称资本收益率，是企业净利润与平均资本总额之比，计算公式为：

$$资本报酬率=\frac{净利润}{平均资本总额}\times 100\%$$

$$平均资本=[(年初实收资本+年初资本公积)+(年末实收资本+年末资本公积)]\div 2$$

资本报酬率中企业资本由实收资本和资本公积两部分构成，是所有者权益中的核心部分。资本报酬率比率越高，企业回报能力越强。

［例 5-3］ 根据附录 MN 公司有关财务数据，分析企业资本金报酬率和资本报酬率变动情况。

按照公式计算出的企业资本金报酬率和资本报酬率如表 5-5 所示。

表 5-5 资本金报酬率和资本报酬率分析

年 份	2014	2015	2016	2017
资本金报酬率(%)	41.50	51.53	132.27	80.46
资本报酬率(%)	30.23	25.34	31.83	22.20

经过计算发现，MN 公司资本金报酬率从 2014 年起不断上升，在 2017 年达到最高，这是当年企业实收资本增长 25%而同期净利润却增长 200%所致，2017 年由于利润降低，该指标又出现大幅下降，表明企业经营风险加大。相比之下，资本报酬率变动幅度较小，但 2017 年指标较前三年有明显回落。

（七）营运资本报酬率

营运资本报酬率也称营运资本收益率，是净利润与企业年均营运资本的比率，计算公式如下：

$$\text{营运资本报酬率}=\frac{\text{净利润}}{\text{平均营运资本}}\times 100\%$$

营运资本报酬率衡量企业运用营运资本取得投资回报的效果，但企业营运资本可能出现负值，使指标运用受到一定限制。该指标值越高，企业投资报酬能力越强。

（八）投资收益率

投资收益率是企业投资性收益与平均对外投资总额的比率。其计算公式如下：

$$\text{投资收益率}=\frac{\text{投资性收益}}{\text{平均对外投资总额}}\times 100\%$$

上式中，企业投资性收益是指公允价值变动损益和投资收益之和，企业平均对外投资总额是指企业金融资产投资、长期股权投资及投资性房地产的期初和期末平均值①。

投资收益率反映了企业对外长短期投资所获得回报的能力。该指标数值越高，说

① 本文对该指标的定义暂未考虑交易性金融负债对公允价值变动损益和投资收益的影响。另外，理论上分母的投资性房地产是指以公允价值模式计量的投资性房地产。

明企业投资盈利能力越强,对外投资的效果越好。

[**例 5-4**] 根据附录 MN 公司有关财务数据,分析企业投资收益率变动情况。

按照公式计算出的企业投资收益率如表 5-6 所示。

表 5-6 投资收益率分析

年 份	2014	2015	2016	2017
投资收益率(%)	0.58	1.81	24.66	19.14

表 5-7 投资收益与对外投资项目分析 单位:万元

项 目	2013	2014	2015	2016	2017
公允价值变动净收益	0	0	67.88	125.46	−130.85
投资收益	3 636.69	480.58	5 285.49	275 422.67	222 204.43
交易性金融资产	0	0	87.38	212.83	81.98
可供出售金融资产	0	0	436 890.01	1 649 669.07	467 233.85
持有至到期投资	0	0	0	0	0
长期股权投资	71 612.07	95 542.29	56 955.41	87 101.25	109 256.56
投资性房地产	0	0	1 896.79	1 787.40	5 325.52

计算发现,MN 公司投资收益率在 2016 年以前仅为 1%~2%左右。但 2016 年却大幅上升达到 24.66%。进一步分析可知,企业自 2015 年以来在金融工具和投资性房地产上的投资规模高速增长,给企业带来了较高的收益,说明企业对外投资策略比较成功。

二、影响投资报酬能力的因素

投资报酬能力是衡量企业投入产出能力的重要指标。对企业来说,影响投资报酬能力的因素很多,下面以总资产报酬率(公式二)为例,简要分析可能对其产生影响的内外部因素。

(一) 内部因素

1. 企业收益状况

收益总额是投资报酬能力的正向影响因素,收益总额越高,企业投资报酬能力越强。报表分析者应注意分析企业各项收益的来源和结构,判断它们对企业收益总额的贡献度。

2. 成本控制水平

企业的盈利不仅与各项收入相关,也受成本费用控制的影响。在争取扩大销售的同时，企业如果能够严格成本管理，有效组织成本核算和控制，必然可以更好地实现利润增长，提高投资报酬能力。

3. 平均资产规模

企业占用的平均资产规模对总资产报酬率的影响是反向的，即在其他条件如产出水平不变的前提下，平均资产规模越小，总资产报酬率越高。

（二）外部因素

1. 特定行业或产业状况

一个企业的投资报酬能力与其所在的行业或产业的发展密不可分。处于朝阳产业和高收益行业的企业投资报酬能力会较高，而处于夕阳产业和低收益行业的企业一般投资报酬能力较弱。在进行报表分析时，对企业投资报酬能力的分析应结合行业或产业的平均水平来考虑。

2. 产品市场竞争情况

企业的产品竞争能力和产品结构是决定企业获利水平的重要因素，同样也对企业投资报酬能力产生影响。具有较高市场竞争力的产品毛利率高，盈利能力强，企业产品组合可以降低市场风险，这些因素都将利于企业提升市场竞争力，增强投资报酬能力。

3. 企业未来发展前景

每一个企业都有一个成长的过程，它的现在很重要，但它的将来更重要。在对企业当前的投资报酬能力进行分析的同时，报表分析者还应关注企业未来的发展前景，判断其发展潜力。有潜力的企业，暂时的投资报酬率低并不能说明企业盈利能力不会在未来发生改变。

专栏 5－2

政府补助

政府补助是指企业从政府无偿取得货币性资产或非货币性资产。政府补助具有下列特征：一是来源于政府的经济资源。对于企业收到的来源于其他方的补助，有确凿证据表明政府是补助的实际拨付者，该项补助也属于来源于政府的经济资源；二是无偿性，即企业取得来源于政府的经济资源，不需要向政府交付商品或服务等对价。

政府补助分为与资产相关的政府补助和与收益相关的政府补助。与资产相关的政府补助，是指企业取得的、用于购建或以其他方式形成长期资产的政府补助。与收益相关的政府补助，是指除与资产相关的政府补助之外的政府补助。政府补助必须同时满足下列条件才能予以确认：一是企业能够满足政府补助所附条件；二是企业能够收到政府补助。

政府补助为货币性资产的，应当按照收到或应收的金额计量。政府补助为非货币性资产的，应当按照公允价值计量；公允价值不能可靠取得的，按照名义金额计量。

与资产相关的政府补助，应当冲减相关资产的账面价值或确认为递延收益。与资产相关的政府补助确认为递延收益的，应当在相关资产使用寿命内按照合理、系统的方法分期计入损益。按照名义金额计量的政府补助，直接计入当期损益。相关资产在使用寿命结束前被出售、转让、报废或发生毁损的，应当将尚未分配的相关递延收益余额转入资产处置当期的损益。

与收益相关的政府补助，应当分情况按照以下规定进行会计处理：

1. 用于补偿企业以后期间的相关成本费用或损失的，确认为递延收益，并在确认相关成本费用或损失的期间，计入当期损益或冲减相关成本；

2. 用于补偿企业已发生的相关成本费用或损失的，直接计入当期损益或冲减相关成本。

第三节　杜邦分析法

杜邦分析法是利用各主要财务比率指标间的内在联系，对企业财务状况及经济效益进行综合分析评价的一种方法。该方法把净资产报酬率进一步分解，重点揭示企业获利能力、资产运用效率和债务结构对企业投资报酬能力的影响，以及各有关指标间的相互作用关系。因为这种方法是由美国杜邦公司的财务人员首先应用，所以得名。

一、杜邦分析法的原理

虽然利用财务比率可以了解企业各个方面的财务状况，但是都只是从其中某个特定的角度去分析，无法对企业整体的财务状况做出评价。

而杜邦分析法则提供了一个综合评价企业财务状况的基本方法，该方法从企业所有者的角度出发，将综合性最强的净资产报酬率(ROE)进行逐项分解，有助于深入分析及比较企业的经营业绩，通过分析指标变化原因和变动趋势，为企业今后采取的改进措施指明了方向。杜邦分析法的基本结构如图 5－1 所示。

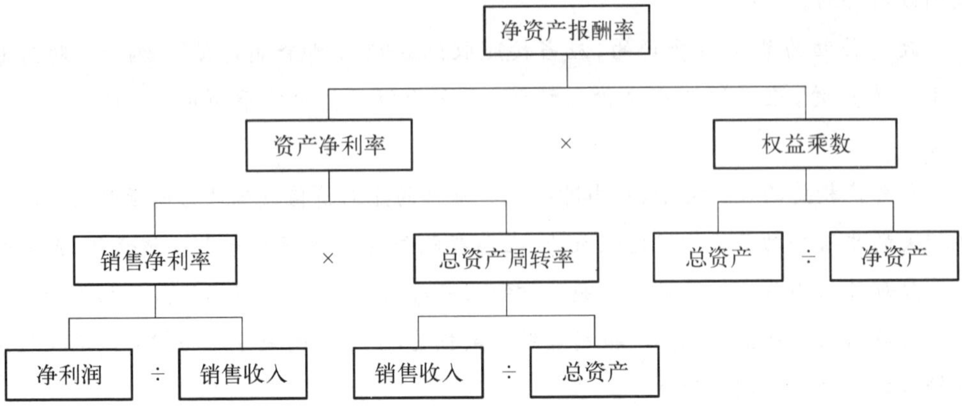

图 5-1　杜邦分析体系图

在杜邦分析法中，几种主要的财务指标之间的关系如下：

净资产报酬率＝资产净利率×权益乘数

＝销售净利率×总资产周转率×权益乘数

我们已经知道，净资产报酬率是反映投资报酬能力的指标，而销售净利率、总资产周转率和权益乘数分别是反映企业获利能力、资产运用效率和债务结构（偿债能力）的重要指标，这样通过杜邦分析模型，不同角度的财务分析指标被综合到了一起，提高了分析的科学性。

杜邦分析法的分析要点如下：

（1）净资产报酬率是一个综合性极强的投资报酬指标，净资产报酬率高低的决定因素主要有资产净利率和权益乘数，并且还可以进一步分解为受销售净利率、总资产周转率和权益乘数三个因素的共同影响。

（2）资产净利率是影响净资产报酬率的关键指标，净资产报酬率的高低首先取决于资产净利率的高低。而资产净利率又受两个指标的影响，分别是销售净利率和总资产周转率。要想提高销售净利率，一方面要扩大销售收入，另一方面要降低成本费用。总资产周转率反映了企业资产占用与销售收入之间的关系，影响总资产周转率的一个重要因素是资产总额，由杜邦分解式和杜邦分析图均可见：销售净利率越大，资产净利率越大；总资产周转率越大，资产净利率越大；而资产净利率越大，则净资产报酬率越大。

（3）权益乘数对净资产报酬率具有倍率影响。权益乘数主要受资产负债率指标的影响，在资产总额不变的条件下，适度开展负债经营，可以减少所有者权益所占的份额，增加权益乘数，从而达到提高净资产报酬率的目的。

(4) 在杜邦分解式中,注意总资产和权益数既可以取平均数也可以取年末数,如果取平均数,则所有涉及资产和权益的指标计算都应按照年度平均数计算,以保证分解指标和分析数据计算口径的统一。

二、杜邦分析法的作用

企业是一个整体,是一个完整的系统工程,各子系统间相互依存,其中一个因素变动会影响整体的变化。杜邦分析法把企业资产负债表和利润表有机地结合起来,通过指标分解和组合,不仅可以了解企业财务状况的全貌以及各项财务指标间的结构关系,而且还可以查明各项主要财务指标增减变动的影响因素及存在的问题。

同时,杜邦分析法由于较好地解释了投资报酬核心指标的影响因素,为企业进一步采取具体措施指明了方向,为企业管理层和决策者优化经营结构和财务结构,提高企业偿债能力和经营效益提供了基本思路,即提高净资产报酬率的根本途径在于扩大销售、改善经营结构、节约成本费用、合理配置资源、加快资金周转、优化资本结构、在不危及企业财务安全的前提下适当增加债务规模等。

杜邦分析法尽管是一个较好的综合分析方法,但也有其不足之处。例如指标体系较为机械,一些重要的财务指标没有被包含在内等,所以在实际使用时,应注意与其他分析方法配合运用。

专栏 5-3

净资产报酬率的五因素模型

在典型的杜邦分析法中,净资产报酬率可以分解为三项指标的乘积形式,其公式为:

$$\text{净资产报酬率}=\text{销售净利率}\times\text{总资产周转率}\times\text{权益乘数}$$
$$=\frac{\text{净利润}}{\text{销售收入}}\times\frac{\text{销售收入}}{\text{总资产}}\times\frac{\text{总资产}}{\text{净资产}}$$

这个模型还可以进一步扩展,在某些情况下,分析利息费用和所得税也具重要作用,为此可以把销售净利率分解为如下公式:

$$\text{销售净利率}=\frac{\text{净利润}}{\text{利润总额}}\times\frac{\text{利润总额}}{\text{息税前利润}}\times\frac{\text{息税前利润}}{\text{销售收入}}$$

将上式代入到杜邦分析法的公式中,便可以得到净资产报酬率的五因素模型如下:

$$\text{净资产报酬率}=\frac{\text{净利润}}{\text{利润总额}}\times\frac{\text{利润总额}}{\text{息税前利润}}\times\frac{\text{息税前利润}}{\text{销售收入}}\times\frac{\text{销售收入}}{\text{总资产}}\times\frac{\text{总资产}}{\text{净资产}}$$

净资产报酬率五因素模型中的第一个指标反映了企业所得税率的状况，实际上该指标等于1减去所得税率；第二个指标反映了企业的利息负担状况，是企业息税前利润中扣除债权人索取权（利息）的盈余部分占比；第三个指标反映了企业的销售获利水平；而后两个指标则分别反映了企业的总资产营运能力和偿债能力。显然，净资产报酬率五因素模型可以为报表分析者提供更加全面的财务分析信息。

本章小结

投资报酬是指企业投入资本后的回报，投资报酬率反映了企业向长期资金提供者支付报酬的能力，通过分析企业的投资报酬能力，可以帮助报表使用者了解企业的盈利水平，评价企业管理者的经营业绩，分析企业的未来发展趋势，做好企业的内部决策和控制。

企业投入资本可以按照全部资产、长期资本和所有者权益资本三种方式来进行计量，其配比收益也有所不同。基于企业投入资本及其配比收益的不同构成，分析企业投资报酬能力的指标可以分为总资产报酬率、净资产报酬率、长期资本报酬率、资本报酬率和投资收益率等。

杜邦分析法是利用各主要财务比率指标间的内在联系，对企业财务状况及经济效益进行综合分析评价的一种方法。该方法把净资产报酬率进一步分解，重点揭示企业获利能力、资产运用效率和债务结构对企业投资报酬能力的影响，以及各有关指标间的相互作用关系，有助于深入分析及比较企业的经营业绩，通过分析指标变化原因和变动趋势，为企业今后采取的改进措施指明方向。

本章关键术语

投资报酬能力　息税前利润　总资产报酬率　净资产报酬率　杜邦分析法

思考题

1. 简述企业投资报酬能力分析的作用。
2. 简述影响投资报酬能力的内外部因素。
3. 简述衡量企业投资报酬能力的主要指标。
4. 简述杜邦分析法的原理和作用。

第六章　现金流量分析

学习目的

1. 了解现金流量分析的作用；
2. 熟悉现金流量表的主要项目构成；
3. 掌握现金流量的结构分析和趋势分析方法；
4. 掌握主要的现金流量比率指标。

第一节　现金流量分析概述

现金流量表是反映企业现金的来源和使用的报表，它按照企业的主要活动——经营活动、投资活动和筹资活动来反映现金收支。现金流量是某一时期企业现金流入和流出的数量，现金流量信息能够表明企业的经营状况、偿债能力和发展前景，对企业财务分析具有重要作用。

一、现金流量基本概念

（一）现金的概念

现金流量表中的“现金”，是指库存现金、可以随时用于支付的存款和现金等价物。

1. 库存现金

库存现金是指企业持有的可随时用于支付的现金，与会计核算中“现金”账户所包括的内容一致。

2. 随时用于支付的存款

随时用于支付的存款是指企业存在银行或其他金融机构，随时可以用于支付的款项，包括企业的在途资金、银行存款、其他货币资金等可以随时用于支付的部分。质押、冻结的活期存款不能随时用于支付，故不能包括在现金流量表的现金概念中。如果存在银行或其他金融机构的款项中不能随时用于支付，如不能随时支取的定期存款，也不应作为现金流量表中的现金，但提前通知银行或其他金融机构便可支取的定期存款，则可以包括在现金流量表中的现金概念中。

3. 现金等价物

现金等价物是指企业持有的期限短、流动性强、易于转换为已知金额现金、价值变动风险很小的投资，一般指的是从编表日起三个月内到期、可上市流通、转让或随时兑现的债券投资。现金等价物虽然不是现金，但其支付能力与现金的差别不大，可视为现金。权益性投资变现的金额通常不确定，因而不属于现金等价物。

根据现金流量表准则及其指南的规定，企业应当根据具体情况，确定现金及现金等价物的范围，一经确定不得随意变更。如果发生变更，应当按照会计政策变更处理。

（二）现金流量

现金流量是企业现金流动的金额数量，即企业一定时期内现金流入量和流出量的总称。需要注意的是，企业现金形式的转换不会产生现金的流入和流出，例如企业从银行提取现金，是企业现金存放形式的变化，现金未流出企业，不构成现金流量。同样，现金和现金等价物之间的转换也不属于现金流量，例如企业用现金购买将于 3 个月到期的国库券。

1. 现金流量的分类

在现金流量表中，现金流量被分为三大类：经营活动现金流量、投资活动现金流量和筹资活动现金流量。

经营活动是指企业直接进行产品生产、商品销售或劳务提供的活动，它们是企业取得净收益的主要交易和事项。

投资活动是指企业长期资产的购建和不包括现金等价物范围内的投资及其处置活动。

筹资活动是指导致企业资本及债务规模和构成发生变化的活动。

现金流量表按照经营活动、投资活动和筹资活动进行分类报告，目的是便于报表使用人了解各类活动对企业财务状况的影响，以及估量未来的现金流量。

在上述划分的基础上，又将每大类活动的现金流量分为现金流入量和现金流出量两类。现金流入量是指企业在一定时期内从各种经济业务中收进现金的数量。现金流出量是指企业在一定时期内为各种经济业务付出现金的数量。这样企业的现金流量又可分为经营活动现金流入量、经营活动现金流出量、投资活动现金流入量、投资活动现金流出量、筹资活动现金流入量和筹资活动现金流出量共计六类。

2. 现金净流量

现金净流量是指现金流入与现金流出的差额，也叫净现金流量或现金流量净额，其公式为：

现金净流量＝现金流入量－现金流出量

现金净流量可能是正数，也可能是负数。如果是正数，则为净流入；如果是负数，则为净流出。现金净流量反映了企业各类活动形成的现金流量的最终结果，即企业在一定时期内，现金流入大于现金流出，还是现金流出大于现金流入。现金净流量是现金流量表反映的一个重要指标，表明现金流量的构成，还可以通过以下公式表示：

现金净流量＝经营活动现金净流量＋投资活动现金净流量＋筹资活动现金净流量
＝(经营活动现金流入量－经营活动现金流出量)＋(投资活动现金流入量－投资活动现金流出量)＋(筹资活动现金流入量－筹资活动现金流出量)

（三）现金流量表

现金流量表是以现金为基础编制的，用以反映企业在一定会计期间内现金和现金等价物流入和流出情况的会计报表。

现金流量表是一张动态报表，它关注的是企业现金的流动状况，其内容概括起来主要反映的是三个方面的信息：(1) 本期现金从何而来；(2) 本期现金用于何处；(3) 本期现金余额发生了怎样的变化。

现金流量表虽然和利润表同属动态报表，但彼此之间又有显著差异。利润表反映的是会计利润，而会计利润和现金流量不同。利润表是以权责发生制为基础编制的，如一笔业务是否确认为收入，不是看现金是否流入企业，而是看权利义务是否转移；而现金流量表则是以收付实现制为基础编制的，一笔业务只要产生现金流动，就必须在现金流量表上反映。

（四）现金流量分析的作用

现金流量分析的作用体现在以下几个方面：

1. 直接揭示企业当前的偿债能力和支付能力

企业的还本付息活动、股利支付活动和生产采购活动是企业债权人、投资者和供应商们极为关注的部分，通过对现金流量表的分析他们可以获取企业是否具备现金偿债能力和支付能力的重要信息。

2. 对企业经营活动、投资活动和筹资活动做出评价

对企业各项活动做出评价，有助于经营管理者有效管理现金。经营活动产生的现金流量从本质上讲代表了企业自我创造现金的能力，该部分占现金流量的比率越高，企业的财务基础越稳固。而投资活动和筹资活动也是企业重要的业务活动，会对现金流动状况产生较大影响。经营管理者通过对现金流量的分析，可以有效进行现金管理。

3. 弥补权责发生制的不足，对企业收益质量做出评价

根据权责发生制计量的企业会计利润和现金净流量并非同向变化，有的企业账面

利润很高,但收现能力很差。对现金流量的分析可以揭示企业的收益质量。

4. 有利于报表使用者预测企业未来的现金流量

在许多情况下,过去的现金流量是报表使用者预计企业未来现金流量变动的基础,在企业资本预算和项目评估中是预测分析的关键信息。

5. 防范会计操纵

现金流量表的编制基础是现金,它避免了应计制下因营运资金的增减变化而发生的信息操纵,以及通过会计政策和核算方法的改变而发生的盈利操纵。现金流量表因为有对应的银行存款等资金可供验证,因而它具有较高的信息真实性。

二、现金流量的构成

(一) 经营活动产生的现金流量

经营活动是指企业投资活动和筹资活动以外的所有交易和事项。包括购买商品、接受劳务、制造产品、广告宣传和推销、交纳税款、销售商品、提供劳务、经营租赁等业务。经营活动现金流量的列报方法有两种,一种称直接法,另一种称间接法。

直接法是指通过现金流入和支出的主要类别直接反映来自企业经营活动的现金流量的报告方法。采用直接法报告现金流量,可以揭示企业经营活动现金流量的来源和用途,有助于预测企业未来的现金流量。

间接法是在企业当期取得的净利润的基础上,通过有关项目的调整,从而确定出经营活动的现金流量。采用间接法报告现金流量,可以揭示净收益与净现金流量的差别,有利于分析收益的质量和企业的营运资金管理状况。

我国会计准则中规定,经营活动现金流量的列报在正表中采用直接法,同时要求在现金流量表补充资料中用间接法披露将净利润调节为经营活动的现金流量。

1. 经营活动现金流入的主要项目

(1) 销售商品、提供劳务收到的现金。反映企业销售商品、提供劳务实际收到的现金,主要包括:收回当期的销售货款和劳务收入款;收回前期销售货款和劳务收入款;预收账款;企业销售材料和代购代销业务收到的现金。其中,由于退货而退给购买单位的款项作为此项目的减少项,不作为现金流出。

用公式表示如下:

销售商品、提供劳务收到的现金=营业收入+本期增值税销项税额+应收账款(期初−期末)+应收票据(期初−期末)+预收账款(期末−期初)−本期计提的坏账准备+本期收回前期核销坏账−票据贴现利息支出

(2) 收到的税费返还。反映企业收到返还的各种税费,包括增值税、消费税、营业税、所得税、关税、教育费附加等。

(3) 收到的其他与经营活动有关的现金。反映企业除上述各项目外，收到的其他与经营活动有关的现金。包括经营性租赁收到的租金和出租包装物收到的租金收入、罚款收入、流动资产损失中由个人赔偿的现金收入、除税费返还外的其他政府补助收入等。其他与经营活动有关的现金，如果价值较大的，应单列项目反映。

2. 经营活动现金流出的主要项目

(1) 购买商品、接受劳务支付的现金。反映企业购买材料、商品、接受劳务实际支付的现金，主要包括：本期购买商品、接受劳务支付的现金；支付前期的应付账款和应付票据款；预付账款。其中，因所购货物的退回而收到的现金应扣除，不作为现金流入。为购置存货而发生的借款利息资本化部分，应在“分配股利、利润或偿付利息支付的现金”项目中反映。

用公式表示如下：

购买商品、接受劳务支付的现金＝营业成本＋本期增值税进项税额＋存货(期末－期初)＋应付账款(期初－期末)＋应付票据(期初－期末)＋预付账款(期末－期初)－本期列入成本、制造费用中的应付职工薪酬和折旧费

(2) 支付给职工以及为职工支付的现金。支付给职工的现金包括：工资、奖金以及各种津贴和补贴。为职工支付的现金包括：为职工交纳的医疗、养老、失业、工伤、生育等社会保险基金，补充养老保险，住房公积金等。但本项目不包括企业支付给离退休人员的各项费用和支付给在建工程人员的工资。前者包括在“支付的其他与经营活动有关的现金”中，后者包括在“购建固定资产、无形资产和其他长期资产所支付的现金”中。

(3) 支付的各项税费。反映企业按规定支付的各项税费，包括本期发生并支付的税费，以及本期支付以前各期发生的税费和预交的税金，如支付的教育费附加、印花税、房产税、土地增值税、车船使用税、营业税、增值税、所得税等。不包括本期退回的增值税、所得税。本期退回的增值税、所得税等在“收到的税费返还”项目中反映。

(4) 支付的其他与经营活动有关的现金。反映企业除上述各项目外，支付的其他与经营活动有关的现金。包括经营租入固定资产支付的租金、租入包装物支付的租金、罚款支出、支付的备用金、差旅费、办公费、保险费、销售费、业务招待费、退还的押金等。其他与经营活动有关的现金，如果金额较大的，应单列项目反映。

(二) 投资活动产生的现金流量

投资活动是指企业长期资产的购建和不包括在现金等价物范围内的投资及其处

置活动。

1. 投资活动现金流入的主要项目

(1) 收回投资收到的现金。反映企业出售、转让或到期收回除现金等价物以外的交易性金融资产、持有至到期投资、可供出售金融资产、长期股权投资、投资性房地产而收到的现金。不包括债权性投资收回的利息、收回的非现金资产,以及处置子公司及其他营业单位收到的现金净额。债权性投资收回的本金在本项目反映,债权性投资收回的利息在"取得投资收益所收到的现金"项目中反映。处置子公司及其他营业单位收到的现金净额单设项目反映。

(2) 取得投资收益所收到的现金。反映企业因股权性投资而分得的现金股利,从子公司、联营企业或合营企业分回利润而收到的现金,因债权性投资而取得的现金利息收入。股票股利不在本项目中反映。包括在现金等价物范围内的债券性投资,其利息收入在本项目中反映。

(3) 处置固定资产、无形资产和其他长期资产收回的现金净额。反映企业在报告期内处置固定资产、无形资产及其他长期资产时因取得价款收入、保险赔偿收入等而收到的现金减去为处置这些资产而支付的有关费用后的净额。如处置固定资产、无形资产和其他长期资产所收回的现金净额为负数,则应作为投资活动产生的现金流量,在"支付的其他与投资活动有关的现金"项目中反映。

(4) 处置子公司及其他营业单位收到的现金净额。反映企业对子公司及其他营业单位处置以后收到的现金净额。处置子公司及其他营业单位收到的现金净额如为负数,则将该金额填列至"支付其他与投资活动有关的现金"项目中。

(5) 收到的其他与投资活动有关的现金。反映企业除上述各项目外,收到的其他与投资活动有关的现金。如收回购买股票和债券时支付的已宣告但尚未领取的现金股利或已到付息期尚未领取的债券利息等。

2. 投资活动现金流出的主要项目

(1) 购建固定资产、无形资产和其他长期资产支付的现金。反映企业购买、建造固定资产,取得无形资产和其他长期资产支付的现金,包括购买机器设备所支付的现金及增值税款、建造工程支付的现金、支付在建工程人员的工资等现金支出。不包括为购建固定资产、无形资产和其他长期资产而发生的借款利息资本化部分,以及融资租入固定资产所支付的租赁费,前者在"分配股利、利润或偿付利息支付的现金"项目中反映,后者在"支付的其他与筹资活动有关的现金"项目中反映,它们都属于筹资活动的现金流出。

(2) 投资支付的现金。反映企业进行权益性投资和债权性投资所支付的现金,包括企业取得的除现金等价物以外的交易性金融资产、持有至到期投资、可供出售金融资产而支付的现金，以及支付的佣金、手续费等交易费用。企业购买债券的价款中含有债券利息的，以及溢价或折价购入的，均按实际支付的金额反映。

(3) 取得子公司及其他营业单位支付的现金净额。反映企业为取得子公司及其他营业单位而对外支付的现金净额。净额如为负数，应在“收到其他与投资活动有关的现金”项目中反映。

(4) 支付的其他与投资活动有关的现金。反映企业除上述各项目外，支付的其他与投资活动有关的现金流出。例如购买股票或债券时，实际支付的价款中包含已宣告但尚未领取的现金股利或已到付息期但尚未领取的债券利息等。

（三）筹资活动产生的现金流量

筹资活动是指导致企业资本及债务规模和构成发生变化的活动。这里所说的资本，包括企业实收资本与资本溢价；所说的债务，包括发行债券，向金融企业借入款项以及偿还债务等。

1. 筹资活动现金流入的主要项目

(1) 吸收投资收到的现金。反映企业以发行股票、债券等方式实际收到的款项净额(发行收入减去支付的佣金等发行费用后的净额)。但发行股票、债券时企业直接支付的审计咨询等费用不在本项目反映，应在“支付的其他与筹资活动有关的现金”反映。

(2) 取得借款收到的现金。反映企业举借各种短期借款、长期借款所收到的现金。

(3) 收到的其他与筹资活动有关的现金。反映企业除上述各项目外，收到的其他与筹资活动有关的现金，如接受捐赠的现金等。如果价值较大的，应单列项目反映。

2. 筹资活动现金流出的主要项目

(1) 偿还债务支付的现金。反映企业以现金偿还债务的本金，包括偿还金融企业借款本金，偿付企业到期债券本金，但均不包括偿还的利息。

(2) 分配股利、利润或偿付利息支付的现金。反映企业实际支付的现金股利、支付给其他投资单位的利润或用现金支付的借款利息、债券利息。不同用途的借款，其利息的开支可能在在建工程、财务费用科目中核算，均在本项目中反映。

(3) 支付的其他与筹资活动有关的现金。反映企业除上述各项目外，支付的其他与筹资活动有关的现金。如以发行股票、债券等方式筹集资金而由企业直接支付的审计、咨询等费用，融资租赁所支付的现金，以分期付款方式构建固定资产以后各期支付的现金等。其他与筹资活动有关的现金，如果价值较大的，应单列项目反映。

专栏 6-1

编制经营活动现金流量的间接法

编制经营活动现金流量的间接法是指在企业当期取得的净利润的基础上，通过有关项目的调整，从而确定出经营活动的现金流量。在将“净利润”调整成为“经营活动现金净流量”时，需要进行以下 5 类调整计算：

(1) 首先从净利润中扣除“非经营活动的损益”(筹资和投资活动的损益)，即加回以下项目：处置固定资产、无形资产、其他长期资产的损失(属投资活动)；固定资产报废损失(属投资活动)；投资损失(属投资活动)；财务费用(不属于经营活动的部分)；公允价值变动损失(通常与企业的投资活动或筹资活动有关)。净利润扣除“非经营活动损益”后，得出的是“经营活动净损益”。

(2) 在“经营活动净损益”上加回非付现的费用：计提的减值准备；计提固定资产折旧(含油气资产折耗、生产性生物资产折旧)；无形资产摊销；长期待摊费用摊销。这 4 种费用都已在计算利润时扣除，但没有在本期支付现金，所以应将其加回。

(3) 加上非现金流动资产的减少：存货减少(减增加)；经营性应收项目减少(减增加)。经营性应收项目包括应收票据、应收账款、预付账款和其他应收款中与经营活动有关的部分。这些项目的增加是企业对营运资本的投资，会减少现金；它们的减少是企业收回营运资本，会增加现金。

(4) 加上非现金流动负债的增加：经营性应付项目的增加(减减少)。经营性应付项目包括应付票据、应付账款、预收账款、应付职工薪酬、应交税费、应付利息和其他应付款中与经营活动有关的部分。这些负债项目的增加使企业现金流入，它们的减少，会使现金流出。

(5) 最后加上递延所得税资产减少(减增加)，或加递延所得税负债增加(减减少)。递延所得税资产减少或递延所得税负债增加使计入所得税费用的金额大于当期应交的所得税金额，其差额没有发生现金流出，但在计算净利润时已经扣除，所以应当加回。另一方面，递延所得税资产增加或递延所得税负债减少使计入所得税费用的金额小于当期应交的所得税金额，其差额并没有发生现金流入，但在计算净利润时已经包括在内，所以应当扣除。

第二节　现金流量表的一般分析

现金流量表对于企业经营活动收益的反映是以收付实现制为基础的，相对于以权责发生制为基础的利润表来说，可以提供更加准确的企业财务信息。现金流量表的一般分析包括对现金流量的基本评价、现金流量结构分析和现金流量趋势分析三个方面。

一、现金流量的基本评价

（一）评价企业三类活动的现金流量

经营活动产生的现金流量是企业全部现金流量中最重要的组成部分，它反映了企业通过自身的经营活动创造现金的能力。当企业净利润大于零，且经营活动产生现金净流入时，不仅表明该企业具有获利能力，能保证正常运转所需要的资金，而且还能将多余的现金直接用于投资或偿还债务。反之，则说明企业利润的含金量低，获现能力弱，企业若要维持正常经营，只能要么减少投资，要么向外融资。

对投资活动现金流量的分析应侧重于金融资产投资、长期股权投资、固定资产、无形资产和其他长期资产等交易而产生的现金流入与流出。投资活动净减少也有可能是企业正处于成长期，要建造营业用房或需要添置设备所致。此时，如果经营活动现金流量为正数，则可弥补因投资需要产生的现金不足，否则企业则必须向外融资。

对筹资活动现金流量的分析应侧重于发行股票、债券、长期借款产生的现金流入和偿还债务本金与利息、分配股利与利润产生的现金流出。要注意的是有的企业为保持良好的股利记录，用募股流入的现金作为股利分配给股东，使筹资活动产生现金流入的同时又产生相应的流出。筹资活动现金净增加或减少，在某种程度上可以反映企业的筹资能力。

由于在会计实务中存在着多种原因使经营活动、投资活动、筹资活动的现金流量增加或减少，因此报表分析者应该针对不同的情况作具体的分析，但分析重点无疑是在经营活动的现金流量上。这是因为企业取得现金尽管可以通过收回投资（投资活动）或发行债券或股本（筹资活动）等方式来实现，但债务本金的偿还、利息与股利的支付等，最终还是取决于经营活动净现金流入。如果经营活动的净现金流入占总现金流入的比率越高，说明企业的财务基础越稳定，获利能力与对外筹资能力就越强。

（二）不同时期企业现金流量的变化规律

某企业全部现金流量净减少 100 万元，是否意味着偿债能力很差？反之，净增加 100 万元，是否应认为其获利能力与偿债能力好呢？这就需要做具体分析。

对一家成长型的、极具发展潜力的企业来说，为培育新的利润增长点，扩大投资规模，需要耗用资金，现金净流量很可能是负数。对一个经营连续亏损、已纳入清算或停业计划的企业来说，通过变卖资产很可能使现金流量表描述的现金流量是净增加的。

报表使用者在分析现金流量表时应该结合企业的行业特点、发展前景、市场份额等综合因素，并联系资产负债表和利润表相关项目的增减变动，来分析企业投资活动与筹资活动对现金流量的影响。一般来说，在不同时期企业的现金流量变化是有一定规律可循的，如表 6－1 所示：

表 6－1 不同时期企业现金流量变化的规律

项目 \ 发展时期	初创与成长期	成熟期	衰退期
经营活动现金净流量	<0	>0	<0
投资活动现金净流量	<0	<0 或>0	>0
筹资活动现金净流量	>0	<0 或>0	<0
现金净流量合计	>0	>0	<0
净利润	<0 或>0	>0	<0

由上表，在通常情况下，我们可以看到：

(1) 在企业的初创和成长时期，经营活动现金净流量和投资活动现金净流量会出现负值，这是因为企业的投资支出较多，且产能还没有完全达到规模经营的水平所致。但由于此阶段企业有较多筹资行为使得其筹资活动现金净流量会为正值，企业处于亏损或微利状态。

(2) 当企业进入成熟期时，经营活动现金净流量多为正值，投资活动和筹资活动现金净流量因企业具体情况不同而会出现不同变化，此时企业处于盈利状态。

一般情况下，正常企业在经营活动中取得的现金流入足以用于经营活动中所需的现金支出，并有一定的现金净流入量可用于偿还债务或进行投资。当企业扩张或改变经营战略而需要长期投资时，一般需要筹集长期资金，包括发行股票或筹集长期借款，如果长期投资有效，就会在将来产生现金流入，不会有较大偿债压力，全部现金净流量也会为正值。

(3) 当企业进入衰退时期时，因企业产品失去竞争力致使销售收入不断减少，经营活动现金净流量出现负值，同时企业的融资能力也受到严重制约，无法获得外部信用，结果筹资活动现金净流量也出现负值，而投资活动现金净流量因企业变卖资产会出现正值，但总的现金净流量仍为负值，此时企业的盈利能力已经极弱甚至完全丧失。

（三）三类活动现金净流量综合分析

综合企业三类活动现金净流量状况，并结合企业发展的不同阶段、企业经营战略和外部市场环境，我们可以整理出如表 6－2 所示的综合分析框架，进而对企业当前和未来发展趋势进行分析和预测，以便准确揭示企业的财务质量，识别企业面临的经营风险。

表 6-2　企业三类活动现金净流量综合分析

项目	经营活动现金净流量	投资活动现金净流量	筹资活动现金净流量	分析结论
1	+	+	+	企业经营效果良好，投资活动已见成效，资金流量充裕，盈利能力、偿债能力强。但资金利用效率需要关注
2	+	+	－	企业经营、投资都很见效，正处还款期，短期内资金需求不会太大，现金流量正常
3	+	－	+	企业经营基本良好，正在加大投资力度，因而筹资力度也在增加，需要考察其投资方向及项目的可行性
4	+	－	－	企业经营活动正常，但投资入不敷出，后续资金乏力，筹资能力低，对经营活动依赖大
5	－	+	+	企业经营活动存在问题，靠借债维持正常生产，应该重点关注投资活动资金来源，是来自投资收入还是收回投资，如果是后者，形势不太乐观
6	－	+	－	企业经营欠佳，分析投资现金来源，如是收回投资则很危险；如是投资性收入，则风险不是太高，但应有新的经营规划，否则前景堪忧
7	－	－	+	企业经营和投资均不理想，靠借债维持日常经营和生产规模的扩大，如是初创期或是产业转型，一旦渡过难关，尚可发展。如是稳定期企业，危险加大
8	－	－	－	现金流量极差，财务出现危机，信用风险极高。如果企业不及时扭转形势，企业将陷入困境

（四）经营活动现金流量与净利润综合分析

利用现金流量表和利润表中有关经营活动现金净流量和净利润项目，我们还可以对企业经营与风险状况进行综合分析，如表 6-3 所示。

表 6-3　企业经营活动现金流量与净利润综合分析

项目	经营活动现金净流量	净利润	分析结论
1	+	+	企业运营正常，自身能够产生经营现金净流入量，企业实现长期发展所需的资金能够得到保障
2	+	－	企业虽然亏损，但仍有经营现金净流入量，能够确保生产销售的正常进行，应重点提高产品的盈利能力，如降低成本、提高产品价格、增加销量，实现扭亏为盈

（续表）

项目	经营活动现金净流量	净利润	分析结论
3	－	＋	企业经营现金净流量为负，虽盈利但收益质量不佳，需要外部融资来补充自身的现金不足。企业应加强内部管理，合理利用商业信用，提高盈利获现能力
4	－	－	企业持续亏损，经营恶化，缺乏造血机能，现金不足，将面临破产清算的危险

专栏 6－2

权责发生制和收付实现制

权责发生制又称应计制(Accrual Basis)，是以应收应付作为标准来确定本期收入和费用以计算本期盈亏的会计处理方法。在应计制下，凡属本期已获得的收入，不管是否已收到现金均作为本期的收入处理；凡属本期应负担的费用，不管是否付出了现金都作为本期的费用处理。反之，凡不应归属于本期的收入，即使现金已经收到并且已经入账也不作为本期收入处理；凡不属于本期的费用，即使已付了现金并且已登记入账也不作为本期费用处理。在应计制下，应归属本期的收入和费用，不仅包括本期实际收到的收入和实际支出的费用，也可能包括下期收到的收入和支付的费用，以及在上期已经取得的收入和付出的费用。所以在会计期末要确定本期的收入和费用，必须根据账簿记录按照归属原则对其进行调整。

收付实现制又称现金制(Cash Basis)，是以现金的实际收付为标准来确定本期收入和费用以计算本期盈亏的会计处理方法。在现金收付的基础上，凡在本期实际以现金付出的费用，不论其应否在本期收入中获得补偿均应作为本期应计的费用处理；凡在本期实际收到的现金收入，不论其是否属于本期均应作为本期应计的收入处理；反之，凡本期还没有以现金收到的收入和没有用现金支付的费用，即使它归属于本期，也不作为本期的收入和费用处理。

在现金收付制基础上，会计在处理经济业务时不考虑预收收入、预付费用以及应计收入和应计费用的问题，会计期末也不需要进行账项调整，因为实际收到的款项和付出的款项均已登记入账，所以可以根据账簿记录来直接确定本期的收入和费用、并加以对比以确定本期盈亏。

企业利润表的收入、费用和盈利是以权责发生制为基础编制，而现金流量表的现金流入和流出是以收付实现制为基础编制的。

二、现金流量的结构分析

现金流量表结构分析是指报表使用者为了达到分析企业经营状况和预测企业未来经营现金流量的目的，选择现金流量表中特定项目作为主体，以分析总体构成的一种分析方法。现金流量的结构分析可以分为现金流入结构分析、现金支出结构分析及现金余额结构分析。

（一）现金流入结构分析

现金流入构成是反映企业的各项业务活动现金流入，即经营活动的现金流入、投资活动的现金流入和筹资活动的现金流入等在全部现金流入中的比重以及各项业务活动现金流入中具体项目的构成情况，明确企业的现金究竟来自何方，要增加现金流入主要应在哪些方面采取措施等等。一般来说，经营活动现金流入占现金总流入量比重较大的企业，经营状况好较好，财务风险较低，现金流入结构较为合理。

（二）现金支出结构分析

现金支出结构分析是指企业的各项现金支出占企业当期全部现金支出的百分比，它具体地反映企业的现金用于哪些业务活动。一般来说，在企业的正常经营活动中，经营活动的现金流出具有一定的稳定性，各期变化差异不是很大，但投资活动和筹资活动现金流出的稳定性较差，甚至带有偶然性，需要具体情况具体分析。

（三）现金净额结构分析

现金余额结构分析是指经营活动、投资活动和筹资活动以及汇率变动影响的现金收支净额占全部现金净流量的百分比，它反映企业的现金净流量是如何形成与分布的，可以说明企业现金收支是否平衡及其原因。

［例 6－1］　根据附录 MN 公司有关财务数据，分析企业现金流入结构变动情况。

经整理得到 MN 公司现金流入结构变动情况如表 6－4 所示。

表 6－4　现金流入结构变动分析　　单位：%

年　　份	2013	2014	2015	2016	2017
经营活动产生的现金流量					
销售商品、提供劳务收到的现金	47.11	43.67	51.86	39.38	32.61
收到的税费返还	2.06	1.63	1.15	0.45	0.27
收到其他与经营活动有关的现金	0.84	1.17	1.71	0.69	0.82
经营活动现金流入小计	50.00	46.47	54.72	40.52	33.70
投资活动产生的现金流量					
收回投资收到的现金	0.38	0.33	0.10	12.21	8.94

（续表）

年　　份	2013	2014	2015	2016	2017
取得投资收益收到的现金	0.32	0.19	0.38	0.47	0.34
处置固定资产、无形资产和其他长期资产收回的现金净额	0.72	0.65	0.50	0.21	0.11
处置子公司及其他营业单位收到的现金净额	0	0	0	0	0.01
收到其他与投资活动有关的现金	0.13	0	1.00	0.01	0
投资活动现金流入小计	1.55	1.17	1.99	12.89	9.40
筹资活动产生的现金流量					
吸收投资收到的现金	1.40	0.34	0.03	0.23	0.16
取得借款收到的现金	44.63	50.83	37.89	45.16	54.13
收到其他与筹资活动有关的现金	2.41	1.19	5.37	1.20	2.61
筹资活动现金流入小计	48.45	52.36	43.29	46.59	56.90

从MN公司的现金流入结构变动分析表中，可以看出该企业在2015年以后经营活动现金流入占总现金流入比重逐步降低，2017年仅为33.70%，说明企业日常经营活动获现能力的贡献度较低。2014年后企业投资活动现金流入占比较往年大幅上升，主要为收回投资收到的现金。同时，企业筹资活动现金流入占比在2015年后持续增长，2017年达到56.90%，其中绝大部分为借款所得。企业经营能力的下滑，须引起有关方面的关注。

三、现金流量的趋势分析

现金流量趋势分析是根据连续数期的现金流量表，动态比较各期有关项目的金额，以揭示现金流量变化趋势的一种分析方法。趋势分析通常是采用编制历年财务报表的方法，即将连续多年的报表并列在一起加以分析，以观察变化趋势。观察连续数期的会计报表，比单看一个报告期的财务报表，能了解到更多的信息和情况，并有利于分析变化的趋势。

现金流量的趋势分析常用的方法有：

（一）同一项目的增减额比较分析

这种分析方法是通过对现金流量表中相同项目绝对金额的比较、计算，以揭示差异的一种分析方法。其计算公式为：

项目增减额＝后期数值－前期数值

（二）同一项目的趋势百分比分析

这种分析方法又分为定基趋势百分比和环比趋势百分比两种。

1. 定基趋势百分比

定基趋势百分比是指在连续几期的财务数据中，以某一期的数据作为固定基数，其他各期与之进行比较后，再分别计算各期数值对固定基期的变动情况，以判别各期相对于基期的变化趋势。其计算公式如下：

定基趋势百分比＝分析期数值÷固定基期数值

定基趋势增减百分比＝分析期与基期数值增减额÷固定基期数值

2. 环比趋势百分比

环比趋势百分比是指在连续几期的会计数据中，每一期与上一期比较，分别计算各期的变动情况，计算趋势百分比，以观察每期的增减变动情况并判断发展趋势。其计算公式为：

环比趋势百分比＝分析期数值÷上期数值

环比趋势增减百分比＝分析期与上期数值增减额÷上期数值

在进行趋势分析时，应注意选择合适的基期和分析期，计算口径应保持一致。在分析中，如果发现出现异常数值变动，应重点关注。事实上，这是财务分析中“分析性复核”思想的重要体现。

［例 6－2］　根据附录 MN 公司有关财务数据，分析企业经营活动现金流量趋势变动情况。

经整理得到 MN 公司经营活动现金流量趋势变动情况如表 6－5 所示。

表 6－5　经营活动现金流量趋势分析

项目＼年份	2015 比 2014		2016 比 2015		2017 比 2016	
	增减额（万元）	增减百分比（%）	增减额（万元）	增减百分比（%）	增减额（万元）	增减百分比（%）
销售商品、提供劳务收到的现金	220 508.44	45.94	332 905.76	47.53	191 088.74	18.49
收到的税费返还	－2 426.57	－13.56	－3 692.79	－23.87	－1 675.33	－14.22
收到其他与经营活动有关的现金	10 232.10	79.41	－4 929.19	－21.32	12 593.18	69.24
经营活动现金流入小计	228 313.97	44.70	324 283.78	43.88	202 006.59	19.00

（续表）

项目 \ 年份	2015比2014		2016比2015		2017比2016	
	增减额（万元）	增减百分比（%）	增减额（万元）	增减百分比（%）	增减额（万元）	增减百分比（%）
购买商品、接受劳务支付的现金	156 803.27	61.20	−16 003.47	−3.87	317 774.19	80.04
支付给职工以及为职工支付的现金	14 204.48	30.72	23 636.38	39.11	74 604.12	88.73
支付的各项税费	19 820.52	48.74	57 654.88	95.32	−5 376.17	−4.55
支付其他与经营活动有关的现金	11 982.16	21.50	24 042.54	35.50	22 662.53	24.70
经营活动现金流出小计	202 810.42	50.85	89 330.34	14.85	409 664.68	59.29
经营活动产生的现金流量净额	25 503.55	22.79	234 953.44	170.99	−207 658.08	−55.77

从上表分析可知，MN公司经营活动产生的现金净流量2016年较2015年增长了170.99%，但2017年较上年又下降55.77%，反映出企业经营活动缺乏稳定性的现实。

从具体项目来看，销售商品、提供劳务收到的现金增幅在2017年明显下降，仅为18.49%，但同期购买商品、接受劳务支付的现金增幅却高达80.04%。另外，收到其他与经营活动有关的现金、支付的各项税费等项目增减变动幅度也较大，数值很不稳定，企业的经营风险不可小视。

专栏6-3

职工薪酬的分类

职工薪酬是指企业为获得职工提供的服务或解除劳动关系而给予的各种形式的报酬或补偿。职工薪酬包括短期薪酬、离职后福利、辞退福利和其他长期职工福利。企业提供给职工配偶、子女、受赡养人、已故员工遗属及其他受益人等的福利，也属于职工薪酬。职工薪酬分为如下四类。

(1) 短期薪酬。这是指企业在职工提供相关服务的年度报告期间结束后12个月内需要全部予以支付的职工薪酬，因解除与职工的劳动关系给予的补偿除外。短期薪酬具体包括：职工工资、奖金、津贴和补贴，职工福利费，医疗保险费、工伤保险费和生育保险费等社会保险费，住房公积金，工会经费和职工教育经费，短期带薪缺勤，短期利润分享计划，非货币性福利以及其他短期薪酬。其中，带薪缺勤是指企业支付工资或提供补偿的职工缺勤，包括年休假、病假、短期伤残、婚假、产假、丧假、探亲假等。分享计划是指因职工提供服务而与职工达成的基于利润或其他经营成果提供薪酬的协议。

企业应当在职工为其提供服务的会计期间，将实际发生的短期薪酬确认为负债，并计入当期损益，其他会计准则要求或允许计入资产成本的除外。

（2）离职后福利。这是指企业为获得职工提供的服务而在职工退休或与企业解除劳动关系后提供的各种形式的报酬和福利，短期薪酬和辞退福利除外。

离职后福利计划是指企业与职工就离职后福利达成的协议，或者企业为向职工提供离职后福利制定的规章或办法等，可分类为设定提存计划和设定受益计划。其中，设定提存计划是指向独立的基金缴存固定费用后，企业不再承担进一步支付义务的离职后福利计划；设定受益计划是指除设定提存计划以外的离职后福利计划。

企业应当在职工为其提供服务的会计期间，将根据设定提存计划计算的应缴存金额确认为负债，并计入当期损益或相关资产成本。企业对设定受益计划的会计处理通常包括四个步骤，具体可参阅相关企业会计准则。

（3）辞退福利。这是指企业在职工劳动合同到期之前解除与职工的劳动关系，或者为鼓励职工自愿接受裁减而给予职工的补偿。

企业向职工提供辞退福利的，应当在下列两者孰早日确认辞退福利产生的职工薪酬负债，并计入当期损益：一是企业不能单方面撤回因解除劳动关系计划或裁减建议所提供的辞退福利时；二是企业确认与涉及支付辞退福利的重组相关的成本或费用时。

（4）其他长期职工福利。这是指除短期薪酬、离职后福利、辞退福利之外所有的职工薪酬，包括长期带薪缺勤、长期残疾福利、长期利润分享计划等。

第三节 现金流量比率指标分析

现金流量比率指标分析是通过将两个相关会计项目构建成相关财务比率，用以揭示现金流量表中不同项目之间或与资产负债表、利润表的有关项目之间所存在的逻辑关系的一种分析方法。

一、现金偿付能力分析

现金偿付能力分析是现金流量分析中最重要的内容之一，也称为现金流动性分析，常用的指标有：现金债务总额比率、现金流动负债比率、现金到期债务比率、现金利息保障倍数、现金即付比率、负债偿还期、采购付现率和现金购销比率等。

（一）现金债务总额比率

该指标在国内教材中有许多种名称，如现金流量比率、现金偿债比率、总负债保障率、债务保障率、全部债务现金流量比、现金流量对负债总额比等等，是以年度经营活动产生的现金净流量与负债总额相比较，表明企业现金流量对其全部债务偿还的满足程度。其计算公式为：

$$\text{现金债务总额比率}=\frac{\text{经营活动现金净流量}}{\text{负债总额}}\times 100\%$$

现金债务总额比率的指标数值越高，说明企业用现金流量偿还债务的能力越强；反之，偿还债务的能力越弱。

［**例 6－3**］ 根据附录 MN 公司有关财务数据，分析企业现金债务总额比率变动情况。

按照公式计算出的企业现金债务总额比率如表 6－6 所示。

表 6－6　现金债务总额比率分析表

年　　份	2013	2014	2015	2016	2017
现金债务总额比率(%)	28.36	15.27	14.78	19.84	7.58

通过计算可以看出，MN 公司 2013～2017 年现金债务总额比率呈现波动变化的特点，在 2017 年达到最低比值，说明企业用现金流量偿还债务的能力较低。

（二）现金流动负债比率

现金流动负债比率也称流动负债保障率，是以企业当年经营活动产生的现金净流量与流动负债相比较，反映企业用现金流量偿还其流动债务的能力。其计算公式如下：

$$\text{现金流动负债比率}=\frac{\text{经营活动现金净流量}}{\text{流动负债}}\times 100\%$$

现金流动负债比率与反映企业短期偿债能力的流动比率有关。该指标数值越高，现金流量对流动负债清偿的保障越强，表明企业的流动性越好；反之，则表明企业的流动性较差。

（三）现金到期债务比率

现金到期债务比率也称到期债务偿付率，是企业当年经营活动产生的现金净流量与本期到期债务之比。其中，到期债务是指用现金支付的当期到期债务本金和利息。其计算公式如下：

$$\text{现金到期债务比率}=\frac{\text{经营活动现金净流量}}{\text{本期到期债务}}\times 100\%$$

企业的到期债务不仅包括短期债务还包括当期到期的长期债务以及利息。现金到期债务比率值越高,表明企业偿还到期债务的能力越强,反之则越弱。

(四) 现金利息保障倍数

现金利息保障倍数反映企业当期的现金净流量用于偿付利息的能力,它是对利息保障倍数指标的补充。其计算公式如下:

$$\text{现金利息保障倍数}=\frac{\text{经营活动现金净流量}+\text{收到利息}}{\text{支付利息}}$$

现金利息保障倍数指标数值越大,偿付利息的能力就越强。

(五) 现金即付比率

现金即付比率反映即期支付最短期(6 个月以下)债务的能力。其计算公式为:

$$\text{现金即付比率}=\frac{\text{期末现金和现金等价物}}{\text{流动负债}-\text{预收款项}-6\text{ 个月以上的短期借款}}\times 100\%$$

现金即付比率指标数值越大,偿付最短期债务的能力就越强。

(六) 负债偿还期

负债偿还期衡量的是当期经营活动产生的现金净流量用于偿还企业债务的时间,主要包括总负债偿还期和流动负债偿还期等指标,其计算公式如下:

$$\text{总负债偿还期(天)}=\frac{\text{负债总额}}{\text{经营活动现金净流量}}\times 365$$

$$\text{流动负债偿还期(天)}=\frac{\text{流动负债}}{\text{经营活动现金净流量}}\times 365$$

负债偿还期指标值越大,表明企业偿还债务的时间越长,偿债风险越大;反之,负债偿还期指标值越小,表明企业偿还债务的时间越短,偿债风险越小。

[例 6-4] 根据附录 MN 公司有关财务数据,分析企业总负债偿还期变动情况。

按照公式计算出的企业总负债偿还期如表 6-7 所示。

表 6-7 总负债偿还期分析

年 份	2013	2014	2015	2016	2017
总负债偿还期(天)	1 287.04	2 389.86	2 469.76	1 840.04	4 814.27

从上表可知,MN 公司的总负债偿还期 2013 年时为 1 287.04 天,2017 年为

4 814.27 天，说明企业偿债风险有较大程度的上升。

（七）采购付现率

采购付现率是企业购买商品、接受劳务支付的现金与营业成本的比值，计算公式为：

$$\text{采购付现率}=\frac{\text{购买商品、接受劳务支付的现金}}{\text{营业成本}}$$

采购付现率比值越高，说明企业未能在采购活动中取得理想的商业授信，支付现金的压力较大，通常该比值在 0.5～1.5 之间较为合适。

［**例 6－5**］　根据附录 MN 公司有关财务数据，分析企业采购付现率变动情况。

按照公式计算出的企业采购付现率如表 6－8 所示。

表 6－8　采购付现率分析

年　　份	2013	2014	2015	2016	2017
采购付现率	0.80	0.88	1.06	0.87	1.03

MN 公司的采购付现率在五年间维持在 0.80～1.06 之间，处于较为稳定状态。相对而言，2017 年的采购支付压力要大于前一年。

（八）现金购销比率

现金购销比率是企业购买商品、接受劳务支付的现金与销售商品、提供劳务收到的现金的比值，其计算公式为：

$$\text{现金购销比率}=\frac{\text{购买商品、接受劳务支付的现金}}{\text{销售商品、提供劳务收到的现金}}$$

事实上，现金购销比率是企业在销售和采购过程中发生的现金收支的比率，与基于企业利润表计算出的销售成本率有一定的对应关系。一般来说，现金购销比率的值应不超过 1 为好；同时从企业财务角度来说，该比率低于销售成本率对企业更为有利。

［**例 6－6**］　根据附录 MN 公司有关财务数据，分析企业现金购销比率变动情况。

按照公式计算出的企业现金购销比率如表 6－9 所示。

表 6－9　现金购销比率分析

年　　份	2013	2014	2015	2016	2017
现金购销比率	0.44	0.53	0.59	0.38	0.58

MN 公司各年的现金购销比率一直维持在 0.60 以下的水平，并低于各年的销售成本率，表明企业现金购销管理处于良好水平。

二、经营获现能力分析

经营获现能力是指企业通过各项生产经营和投资活动获得现金的能力。经营获现能力比率指标的分子项通常是经营活动和投资活动的现金流量或现金流入，分母项则可以分别从三张报表中的有关项目摘取。我们把分母项来自利润表收入和利润项目的获现能力指标称为盈利获现能力指标，把分母项来自资产负债表资产项目的获现能力指标称为投资获现能力指标，把分母项来自现金流量表经营活动现金流有关项目的获现能力指标称为现金获现能力指标。

（一）盈利获现能力指标

1. 销售现金比率

销售现金比率也称营业收入现金率、每元销售现金净流入、销售现金流量率等，是经营活动现金净流量与销售收入的比率，其计算公式为：

$$\text{销售现金比率}=\frac{\text{经营活动现金净流量}}{\text{销售收入}}\times 100\%$$

该指标反映企业每单位销售收入中获得现金净流量的多少，指标数值越高，表明企业通过销售获取现金的能力越强，收益质量越高。

［例 6－7］ 根据附录 MN 公司有关财务数据，分析企业销售现金比率变动情况。

按照公式计算出的企业销售现金比率如表 6－10 所示。

表 6－10　销售现金比率分析

年　　份	2013	2014	2015	2016	2017
销售现金比率(%)	45.52	24.04	22.42	52.94	15.28

计算表明，MN 公司的销售现金比率从 2013 年起连续三年不断下降，虽然 2016 年达到最高，但 2017 年又有大幅跳水，说明企业的销售获现能力出现不足。

［财务指标参考数据之十二］

表 6－11　20 家上市公司销售现金比率统计　　单位：%

所属行业	农业	采掘	食品	纺织服装	造纸	石化	电子	金属	机械	医药
上市公司	隆平高科	大同煤业	贵州茅台	雅戈尔	晨鸣纸业	上海石化	海康威视	上海宝钢	三一重工	同仁堂
2013	13.10	10.22	40.93	38.25	5.51	4.74	17.34	6.37	7.42	7.76
2014	15.21	4.49	40.01	20.03	5.16	3.95	21.51	15.09	4.06	7.19

（续表）

所属行业	农业	采掘	食品	纺织服装	造纸	石化	电子	金属	机械	医药
上市公司	隆平高科	大同煤业	贵州茅台	雅戈尔	晨鸣纸业	上海石化	海康威视	上海宝钢	三一重工	同仁堂
2015	17.28	−22.26	53.39	13.52	−48.03	6.37	12.73	12.93	9.14	7.70
2016	13.65	35.98	96.37	2.20	9.40	9.26	19.46	8.83	13.96	8.65
2017	16.32	32.55	38.05	38.61	0.08	7.69	17.59	11.44	22.34	10.83
所属行业	电力	建筑	交通运输	信息技术	批发零售	房地产	社会服务	金融	文化传播	综合
上市公司	粤电力	葛洲坝	东方航空	川大智胜	南京新百	华夏幸福	黄山旅游	工商银行	中视传媒	复旦复华
2013	31.49	7.89	12.25	7.88	10.03	−16.50	18.60	−0.33	−11.67	−14.01
2014	28.89	1.60	13.65	34.24	17.08	−18.43	27.46	30.58	12.29	3.55
2015	40.59	−5.77	25.92	46.97	15.40	19.43	38.16	162.23	−9.03	9.71
2016	38.38	−3.42	25.26	17.88	15.72	14.42	29.17	35.39	26.00	−3.88
2017	13.80	−0.77	19.24	37.37	4.29	−27.21	34.27	106.11	11.91	13.11

2. 现金净利润率

现金净利润率也称净利润现金保证比、盈余现金保障倍数，是经营活动现金净流量与净利润的比率，其计算公式为：

$$\text{现金净利润比率}=\frac{\text{经营活动现金净流量}}{\text{净利润}}\times 100\%$$

该指标反映企业在实现净利润的基础上获得经营活动现金净流量的能力，指标数值越高，获现能力越强，一般指标超过80%以上的企业有较大的竞争优势。

3. 现金营业利润率

现金营业利润率也称收益质量比率，是经营活动现金净流量与营业利润的比率，其计算公式为：

$$\text{现金营业利润比率}=\frac{\text{经营活动现金净流量}}{\text{营业利润}}\times 100\%$$

现金营业利润率反映企业营业利润基础上的获现能力，指标数值越高，获现能力越强。

4. 现金利润总额比率

现金利润总额比率也称盈利现金比率，是经营活动现金净流量与利润总额的比率，其计算公式为：

$$现金利润总额比率=\frac{经营活动现金净流量}{利润总额}\times 100\%$$

与上述指标类似，现金利润总额比率反映了在企业利润总额基础上的现金获取能力，指标值越高，企业获现能力就越强。

5. 销售质量比率

销售质量比率也称销售收入获现率，是来自销售的现金收入与销售收入的比率，其计算公式为：

$$销售质量比率=\frac{来自销售的现金收入}{销售收入}\times 100\%$$

该指标反映企业在销售收入中实际收到的现金占比情况，指标数值越高，说明企业获取现金的能力越强。但是，并不是说指标数值一定要越大越好，因为稳定的信用赊销政策是企业扩大销售的基础，过分追求获现水平可能反而会导致企业销售减少，市场份额降低。

[例 6－8] 根据附录 MN 公司有关财务数据，分析企业销售质量比率变动情况。

按照公式计算出的企业销售质量比率如表 6－12 所示。

表 6－12　销售现金比率分析

年　　份	2013	2014	2015	2016	2017
销售质量比率(%)	115.76	103.09	114.31	146.92	113.58

从上表可知，MN 公司的销售质量比率从 2013 年到 2017 年五年全部超过 100%，表明企业当年来自销售的现金流入要大于账面实现的销售收入，这种情况一般不太多见。

6. 投资收益收现比率

投资收益收现比率是来自投资收益的现金流入量与投资收益的比率，其计算公式如下：

$$投资收益收现比率=\frac{来自投资收益现金流入量}{投资收益}\times 100\%$$

该指标分子“来自投资收益现金流入量”包括投资活动现金流量中企业因股权性投资而分得的现金股利，从子公司、联营企业或合营企业分回利润而收到的现金，因债权性投资而取得的现金利息收入。投资收益收现比率反映了企业账面投资收益所带来的现金流量水平，不仅体现了企业投资活动的创现能力，而且可以反映企业账面投资收益的质量。该指标值越高，说明企业实际获现的投资收益质量越好。

［例 6-9］ 根据附录 MN 公司有关财务数据，分析企业投资收益收现比率变动情况。

按照公式计算出的企业投资收益收现比率如表 6-13 所示。

表 6-13 投资收益收现比率分析

年　　份	2013	2014	2015	2016	2017
投资收益收现比率(%)	90.01	437.85	98.24	4.46	5.79

计算发现，MN 公司投资收益收现比率指标从 2013 年到 2017 年变化很大，2014 年该指标最大达到 437.85%，但 2016 年以后仅为 5%上下，表明企业投资收益的获现质量有较大程度的下降。

（二）投资获现能力指标

1. 总资产净现率

总资产净现率也称总资产现金回收率、现金资产报酬率、总资产经营现金率等，是经营活动现金净流量与平均总资产的比率，其计算公式为：

$$总资产净现率=\frac{经营活动现金净流量}{平均总资产}\times 100\%$$

总资产净现率反映了企业全部投入资产获得经营现金的能力，是投资现金报酬分析的主要指标，指标数值越高，说明企业的投资现金回报越高，获现能力越强。

［例 6-10］ 根据附录 MN 公司有关财务数据，分析企业总资产净现率变动情况。

按照公式计算出的企业总资产净现率如表 6-14 所示。

表 6-14 总资产净现率分析

年　　份	2014	2015	2016	2017
总资产净现率(%)	10.00	9.48	14.16	4.92

根据上表，MN 公司总资产净现率指标从 2014 年至 2017 年出现较大波动，尤其是 2017 年仅为 4.92%，较上年降低近 10 个百分点，说明企业的投资现金回报表现转弱。

2. 净资产净现率

净资产净现率也称资本金现金流量比率、现金所有者（股东）权益报酬率等，是经营活动现金净流量与平均净资产的比率，其计算公式为：

$$净资产净现率=\frac{经营活动现金净流量}{平均净资产}\times 100\%$$

净资产净现率反映了企业所有者投入资本的现金回报能力，也是投资报酬获现能力的重要指标。该指标数值越大，表明权益投资获现能力就越强。

［例 6-11］　根据附录 MN 公司有关财务数据，分析企业净资产净现率变动情况。

按照公式计算出的企业净资产净现率如表 6-15 所示。

表 6-15　净资产净现率分析

年　份	2014	2015	2016	2017
净资产净现率(%)	30.99	23.38	30.37	12.44

MN 公司的净资产净现率指标和总资产净现率指标呈现基本相同的时间变动趋势，2016 年后指标的大幅下降反映了企业权益投资获现能力的降低。

（三）现金获现能力指标

1. 经营支出收现率

经营支出收现率是经营活动现金净流量与经营活动现金支出的比率，其计算公式为：

$$经营支出收现率=\frac{经营活动现金净流量}{经营活动现金支出}\times 100\%$$

该指标反映了企业在经营活动中，每单位现金支出能够获取的净现金流量的多少。指标数值越高，说明企业用现金投入获取现金净流量的水平越高。

［例 6-12］　根据附录 MN 公司有关财务数据，分析企业经营支出收现率变动情况。

按照公式计算出的企业经营支出收现率如表 6-16 所示。

表 6-16　经营支出收现率分析

年　份	2013	2014	2015	2016	2017
经营支出收现率(%)	58.84	28.06	22.84	53.89	14.96

分析上表可知，MN 公司经营支出收现率 2013 年以来变化较大，2016 年较上年大幅上升，但 2017 年指标又出现较大下降，说明企业现金投入获现水平变差。

2. 现金净收益比率

现金净收益比率也称现金营运指数，是经营活动现金净流量与经营活动净收益的

比率,其计算公式为:

$$现金净收益比率=\frac{经营活动现金净流量}{经营活动净收益}\times 100\%$$

该指标分母项“经营活动净收益”是用净利润减去非经营活动收益,再加上非付现费用后所得到的数值,也就是企业经营应得到的现金。

其中:

$$非经营活动收益=投资收益+公允价值变动收益+非流动资产处置净收益-固定资产报废损失-财务费用$$

$$非付现费用=固定资产折旧+无形资产、长期资产摊销+计提的减值准备$$

现金净收益比率反映经营活动净收益中产生现金净流量的能力。如果该指标小于1,说明经营活动现金净流量小于经营活动净收益,其差额已被投入到营运资金中,这表明取得同样的收益需占用更多的营运资金,现金收益质量降低;反之,指标大于1,则表明有一部分营运资金被收回加入到经营现金流量中,企业的现金收益质量提高;当指标等于1时,说明经营所得现金全部实现成为经营活动现金流量。

三、现金获利能力分析

现金获利能力分析评价的是企业现金流量与所获得净利润的影响关系,常用的主要指标有:经营现金流量净利率、经营现金流出净利率和现金流量净利率。

(一)经营现金流量净利率

经营现金流量净利率是净利润与企业经营活动现金净流量的比率。其计算公式如下:

$$经营现金流量净利率=\frac{净利润}{经营活动现金净流量}\times 100\%$$

经营现金流量净利率反映了企业每单位经营活动现金净流量创造净利润的水平,该指标值越大,表明企业现金获利能力越强。

(二)经营现金流出净利率

经营现金流出净利率是净利润与企业经营活动现金流出总额的比率。其计算公式如下:

$$经营现金流出净利率=\frac{净利润}{经营活动现金流出总额}\times 100\%$$

经营现金流出净利率反映了企业在经营活动中发生全部现金流出后所实现的净

利润的多少，指标值越大，表明企业运用现金的获利能力越强。

［例 6－13］ 根据附录 MN 公司有关财务数据，分析企业经营现金流出净利率变动情况。

按照公式计算出的企业经营现金流出净利率如表 6－17 所示。

表 6－17　经营现金流出净利率分析

年　份	2013	2014	2015	2016	2017
经营现金流出净利率(%)	17.27	14.16	14.67	38.36	16.28

MN 公司除 2016 年经营现金流出净利率指标有较大增长外，其余年份变化不大，2017 年企业现金获利水平尽管较上年下降，但与历史各期相比仍处稳定状态。

（三）现金流量净利率

现金流量净利率是企业净利润与现金及现金等价物净增加额之间的比率。其计算公式如下：

$$\text{现金流量净利率}=\frac{\text{净利润}}{\text{现金及现金等价物净增加额}}\times 100\%$$

现金流量净利率反映了企业每实现单位现金净流量总额所获得的净利润额，获得越多，说明企业的获利效果越好。

四、财务弹性分析

财务弹性是指企业自身产生的现金流量与现金需求之间的适合程度。企业的现金需求，包括用于各项资本性支出、营运资本支出、偿还债务本息、支付股利等。如果企业缺乏足够的资金又不能迅速从外部筹集，那么必然会失去投资机会和盈利空间，给企业带来经营压力。

反映财务弹性的财务比率主要有现金满足内部需要率、现金再投资比率、现金流量充足率、固定资产再投资率、投资活动融资比率和现金流量满足投资比率等。

（一）现金满足内部需要率

现金满足内部需要率又称现金流量允当比率，是企业近五年经营活动现金净流量与近五年资本性支出、存货增加和现金股利之和的比值，其计算公式为：

$$\text{现金满足内部需要率}=\frac{\text{近五年经营活动现金净流量}}{\text{近五年资本性支出、存货增加和现金股利之和}}\times 100\%$$

需要说明的是，在某些情况下，如果企业的财务数据不足，该指标也可不用近五年数据而只用当期数据来进行计算。当现金满足内部需要率大于或等于 1 时，表明企业内部的经营活动现金流量满足企业的内部需要，现金供给有保证；反之如果小于1，说明企业经营活动现金流量不能全部满足资金需求，需要依靠其他途径再进行融资。

（二）现金再投资比率

现金再投资比率也称资本支出比率、现金流量适合比率，是企业经营活动现金净流量与资本性支出的比值，其计算公式为：

$$现金再投资比率=\frac{经营活动现金净流量}{资本性支出}\times 100\%$$

上式中企业的资本性支出，是指包括购置固定资产、无形资产和其他长期资产的支出。现金再投资比率指标值越大，说明企业现金流量充足，能够满足资本性投资支出的需要；反之，则表明企业的资金不能满足需要，财务稳定性较差。

（三）现金流量充足率

现金流量充足率是企业经营活动现金净流量与长期负债偿还额、资本性支出及现金股利之和的比值，其计算公式为：

$$现金流量充足率=\frac{经营活动现金净流量}{长期负债偿还额+资本支出+股利支付}\times 100\%$$

现金流量充足率指标大于或等于1，说明企业经营能力较好，现金能够满足经营需要；如果比率指标小于1，说明企业收益质量差，现金不能满足需要。但是如果该指标数值过大，则表明企业有大量资金找不到合适的投资和使用方向，可能会影响到未来的获利能力。

（四）固定资产再投资率

固定资产再投资率是企业购置固定资产支出总额与经营活动现金净流量的比值，其计算公式为：

$$固定资产再投资率=\frac{购置固定资产支出总额}{经营活动现金净流量}\times 100\%$$

固定资产再投资率反映了企业经营活动现金净流量对固定资产投资的保证程度。指标数值越小，说明现金流量的保证越充分；指标数值越大，说明保证程度越弱。

（五）投资活动融资比率

投资活动融资比率是企业投资活动现金净流量与经营活动及筹资活动现金净流量之和的比值，但只有当投资活动现金净流量为净流出，而经营活动及筹资活动现金净流量之和为净流入时，该指标才具有分析意义，此时计算结果应取用绝对值数值。其计算公式为：

$$投资活动融资比率 = \left|\frac{投资活动现金净流量}{经营活动现金净流量 + 筹资活动现金净流量}\right| \times 100\%$$

投资活动融资比率反映了企业经营活动现金净流量和筹资活动现金净流量对投资活动现金净流量的保证程度。指标数值越小，说明对投资活动现金需要的保证越充分；指标数值越大，说明保证程度越弱。

（六）现金流量满足投资比率

现金流量满足投资比率是企业经营活动现金净流量与投资活动现金净流量的比值，但只有当经营活动现金净流量为净流入且投资活动现金净流量为净流出时，该指标才具有分析意义，此时计算结果应取用绝对值数值。其计算公式为：

$$现金流量满足投资比率 = \left|\frac{经营活动现金净流量}{投资活动现金净流量}\right| \times 100\%$$

现金流量满足投资比率反映了企业经营活动现金净流量对投资活动现金净流量的保证程度。该指标数值越大，表明保证越充分；反之则反是。

[例 6-14] 根据附录 MN 公司有关财务数据，分析企业现金流量满足投资比率变动情况。

按照公式计算出的企业现金流量满足投资比率如表 6-18 所示。

表 6-18 现金流量满足投资比率分析

年　　份	2013	2014	2015	2016	2017
现金流量满足投资比率(%)	61.91	130.21	125.09	68.23	59.54

从上表可以看出，2014 年和 2015 年企业现金流量满足投资比率都大于 1，说明企业经营活动现金净流量对投资活动现金净支出有较好的保证。但在其他年份该指标都小于 1，表明企业经营活动现金流量尚不能满足投资的需要。

专栏 6-4

自由现金流量

自由现金流量(Free Cash Flow，FCF)早在 20 世纪 80 年代就已由西方学者提出，它除了是公司价值评估体系中最为重要的环节之一外，在衡量公司经营业绩及投资价值等方面也被认为优于净利润、市盈率、经营活动现金净流量等指标。

自由现金流量是指企业经营活动产生的现金流量(Operating Cash Flow，OCF)扣除资本性支出(Capital Expenditures，CE)后的差额，即：

$$自由现金流量 = 经营活动产生的现金流量 - 资本性支出$$

其中，资本性支出是维持企业现有生产能力的全部资本支出，包括投资在固定资产、无形资产各其他长期资产上的现金支出。

自由现金流量还可以由以下公式获得：

自由现金流量＝(净利润＋折旧及摊销－营运资本变动)－资本性支出

一般来说，一个企业的自由现金流量越大，表明其内部产生现金的能力就越大，其可自由使用的内源资金也越多，企业对外融资的要求也越低，企业的财务状况越健康。自由现金流量才是企业用来扩大投资、支付利息、回报投资者的源泉。如果一个企业的自由现金流量大于零，则表明该企业不需任何外部筹资即可满足经营的扩张。

自由现金流量又可分为公司自由现金流量(Free Cash Flow for the Firm，FCFF)和股权自由现金流量(Free Cash Flow of Equity，FCFE)两类。

公司自由现金流量是流向公司股东和债权人的现金流量总和，是公司经营活动产生的现金流量扣除业务发展的投资需求后能够分配给资本提供者的现金流量，其计算公式为：

FCFF＝息税前利润 EBIT(1－所得税率)＋折旧及摊销－营运资本变动－资本性支出

股权自由现金流量是归属于股东的现金流量，是公司自由现金流量扣除供债权人分配的现金以后的剩余现金流量。其计算公式为：

(1) FCFE＝净利润＋折旧及摊销－营运资本变动－资本性支出＋新债发行收入－归还本金(有杠杆公司)

(2) FCFE＝净利润＋折旧及摊销－营运资本变动－资本性支出(无杠杆公司)

自由现金流量涵盖了损益表、资产负债表和现金流量表中的关键信息，比较综合地反映了企业的经营成效，可以起到更为客观和全面的企业评价衡量作用。

本章小结

现金流量表是以现金为基础编制的动态报表，用以反映企业在一定会计期间内现金和现金等价物流入和流出情况。现金流量是某一时期企业现金流入和流出的数量，现金流量信息能够表明企业的经营状况、偿债能力和发展前景，对企业财务分析具有重要作用。现金流量的一般分析包括对现金流量的基本评价、现金流量结构分析和现金流量趋势分析三个方面。

现金流量比率指标分析是通过将两个相关会计项目构建成财务比率，用以揭示现金流量表中不同项目之间或与资产负债表、利润表的有关项目之间所存在的逻辑关系的一种分析方法。主要包括现金偿付能力分析、经营获现能力分析、现金获利能力分析和财务弹性分析等方面的具体分析。

本章关键术语

现金 现金流量 经营活动现金流量 直接法 间接法 销售现金比率 财务弹性

思考题

1. 简述现金流量表的分类。
2. 简述不同时期企业现金流量的变化规律。
3. 简述三类活动现金净流量综合分析方法。
4. 简述经营活动现金流量与净利润综合分析方法。
5. 简述现金流量趋势分析的常用方法。
6. 现金流量比率分析有哪些主要的分析方法?

第七章 上市公司特定指标分析

学习目的

1. 了解上市公司的信息披露制度；
2. 了解上市公司主要定期报告的内容和差别；
3. 掌握上市公司每股指标和市价分析指标；
4. 熟悉上市公司股利分配指标。

第一节 上市公司的信息披露制度

上市公司是指依法公开发行股票，并在获得证券交易所审查批准后，其股票在证券交易所上市交易的股份有限公司。上市公司在性质上属于股份有限公司，因此具有股份有限公司的全部法律特征，即股东人数的广泛性，公司股份的均等性，股份发行和转让的公开性、自由性，股东责任的有限性，公司经营的公开性等。

为满足投资者全面了解上市公司的经营机遇和风险，以及公司现状和发展前景的需要，上市公司必须建立和完善其信息披露制度。

一、上市公司的信息披露资料

一般来说，一个比较完善的上市公司信息披露框架应包括以下方面的内容：

(1) 财务和非财务信息。包括财务报表信息和经营状况信息。

(2) 企业管理部门对信息的分析说明。主要说明企业财务状况，经营业绩的现状，发生的变化及其原因，以及企业未来的发展趋势。

(3) 前瞻性信息，即对未来的预测信息。包括：企业经营面临的机遇和风险；企业的发展、投资开发计划；将实际取得的业绩与以前披露的该项目的机会和风险相比较等。

(4) 股东和管理人员的信息。包括董事、大股东、管理人员的持股情况、酬金，以及关联交易方面的说明。

(5) 背景信息。主要包括：企业的长期发展的战略目标；贡献和效益；企业经营业务，资产的范围、内容和规模；产业结构，宏观经济政策对企业的影响等。

为了规范上市公司的信息披露行为，中国证券监督管理委员会于 1993 年 6 月颁布了《公开发行股票公司信息披露实施细则》，并先后出台了《公开发行证券的公司信息披露编报规则》(见表 7－1)、《公开发行证券的公司信息披露内容与格式准则》(见表 7－2)等一系列规范性文件，从而形成了比较完善的规范上市公司信息披露的制度体系。

表 7－1　公开发行证券的公司信息披露编报规则

编　号	名　　称
第 1 号	商业银行招股说明书内容与格式特别规定
第 2 号	商业银行财务报表附注特别规定
第 3 号	保险公司招股说明书内容与格式特别规定
第 4 号	保险公司财务报表附注特别规定
第 5 号	证券公司招股说明书内容与格式特别规定
第 6 号	证券公司财务报表附注特别规定
第 7 号	商业银行年度报告内容与格式特别规定
第 8 号	证券公司年度报告内容与格式特别规定
第 9 号	净资产收益率和每股收益的计算及披露
第 10 号	从事房地产开发业务的公司招股说明书内容与格式特别规定
第 11 号	从事房地产开发业务的公司财务报表附注特别规定
第 12 号	公开发行证券的法律意见书和律师工作报告
第 13 号	季度报告内容与格式特别规定
第 14 号	非标准无保留审计意见及其涉及事项的处理
第 15 号	财务报告的一般规定
第 16 号	A 股公司实行补充审计的暂行规定
第 17 号	外商投资股份有限公司招股说明书内容与格式特别规定
第 18 号	商业银行信息披露特别规定
第 19 号	财务信息的更正及相关披露
第 20 号	公允价值计量相关的信息披露
第 21 号	年度内部控制评价报告的一般规定
第 22 号	创新试点红筹企业财务报告信息特别规定

(续表)

编 号	名 称
第23号	试点红筹企业公开发行存托凭证招股说明书内容与格式指引
第24号	公开发行公司债券申请文件
第26号	商业银行信息披露特别规定(修订)

注：上述信息截止到2018年9月1日。第25号缺。

表7-2 公开发行证券的公司信息披露内容与格式准则

编 号	名 称
第1号	招股说明书的内容与格式
第2号	年度报告的内容与格式
第3号	半年度报告的内容与格式
第4号	配股说明书的内容与格式
第5号	公司股份变动报告的内容与格式
第6号	上市公司配股法律意见书的内容与格式(试行)
第7号	上市公告书的内容与格式(试行)
第8号	验证笔录的内容与格式(试行)
第9号	首次公开发行股票并上市申请文件
第10号	上市公司公开发行证券申请文件
第11号	上市公司公开发行证券募集说明书
第12号	上市公司发行可转换公司债券申请文件
第13号	可转换公司债券募集说明书
第14号	可转换公司债券上市公告书
第15号	上市公司股东持股变动报告书
第16号	上市公司收购报告书
第17号	要约收购报告书
第18号	被收购公司董事会报告书
第19号	豁免要约收购申请文件
第20号	证券公司发行债券申请文件
第21号	证券公司公开发行债券募集说明书
第22号	证券公司债券上市公告书
第23号	公开发行公司债券募集说明书
第24号	公开发行公司债券申请文件

（续表）

编　号	名　　　称
第 25 号	上市公司非公开发行股票预案和发行情况报告书
第 26 号	上市公司重大资产重组申请文件
第 27 号	发行保荐书和发行保荐工作报告
第 28 号	创业板公司招股说明书
第 29 号	首次公开发行股票并在创业板上市申请文件
第 30 号	创业板上市公司年度报告的内容与格式
第 31 号	创业板上市公司半年度报告的内容与格式
第 32 号	发行优先股申请文件
第 33 号	发行优先股预案和发行情况报告书
第 34 号	发行优先股募集说明书
第 35 号	创业板上市公司公开发行证券募集说明书
第 36 号	创业板上市公司非公开发行股票预案和发行情况报告
第 37 号	创业板上市公司发行证券申请文件
第 38 号	公司债券年度报告的内容与格式
第 39 号	公司债券半年度报告的内容与格式

注：上述信息截止到 2018 年 9 月 1 日。

根据《公开发行股票公司信息披露实施细则》的规定，股份有限公司公开发行股票、将其股票在证券交易场所交易，必须公开披露的信息包括(但不限于)：招股说明书；上市公告书；定期报告，包括年度报告、半年度报告和季度报告；临时报告，包括重大事件公告和收购与合并公告。

1. 招股说明书

股份有限公司发行股票，应当编制招股说明书，向社会公开披露有关信息。招股说明书的具体内容与格式见《公开发行股票公司信息披露的内容与格式准则(第 1 号)》。

2. 上市公告书

公司股票获准在证券交易场所交易时，上市公司应当编制上市公告书，向社会公开披露有关信息。上市公告书中载有财务会计资料的，其资产负债表报表日和利润表及其他规定的报表的报告期间终止日距挂牌交易首日不得超过 180 日，其盈利预测期间自挂牌交易首日起至盈利预测期间终止日，不得少于 90 日。

在股票公开发行期间，与发行有关的、应当公开的信息，例如股票认购表抽签结果、交款的地点与时间等，也应及时公告。

3. 定期报告

上市公司应当在每个会计年度中不少于两次向公众提供公司的定期报告。定期报告包括年度报告、半年度报告和季度报告。定期报告的格式和表式执行定期报告的内容与格式准则的规定。

4. 临时报告

临时报告包括重大事件公告和公司收购公告。

上市公司发生重大事件，应当编制重大事件公告书向社会披露。重大事件是指可能对公司的股票价格产生重大影响的事件，包括（但不限于）以下情况：

(1) 公司订立重要合同，该合同可能对公司的资产、负债、权益和经营成果中的一项或者多项产生显著影响；

(2) 公司的经营政策或者经营项目发生重大变化；

(3) 公司发生重大的投资行为或者购置金额较大的长期资产的行为；

(4) 公司发生重大债务；

(5) 公司未能归还到期重大债务的违约情况；

(6) 公司发生重大经营性或者非经营性亏损；

(7) 公司资产遭受重大损失；

(8) 公司生产经营环境发生重要变化；

(9) 新颁布的法律、法规、政策、规章等，可能对公司的经营有显著影响；

(10) 董事长、30%以上的董事或者总经理发生变动；

(11) 持有公司5%以上的发行在外的普通股的股东，其持有该种股票的增减变化每达到该种股票发行在外总额的2%以上的事实；

(12) 涉及公司的重大诉讼事项；

(13) 公司进入清算、破产状态；

(14) 公司章程的变更、注册资金和注册地址的变更；

(15) 发生大额银行退票（相当于被退票人流动资金的5%以上）；

(16) 公司更换为其审计的会计师事务所；

(17) 公司公开发行的债务担保或抵押物的变更或者增减；

(18) 股票的二次发行或者公司债到期或购回，可转换公司债依规定转为股份；

(19) 公司营业用主要资产的抵押、出售或者报废一次超过该资产的30%；

(20) 发起人或者董事的行为可能依法负有重大损害赔偿责任；

(21) 股东大会或者公司监事会议的决定被法院依法撤销；

(22) 法院做出裁定禁止对公司有控股权的大股东转让其股份；

(23) 公司的合并或者分立。

以上未作规定但确属可能对公司股票价格产生重大影响的事件也应当视为重大事件。

当公司发起人以外的任何法人直接或者间接持有一个上市公司发行在外的普通股达到 30%时，应当自该事实发生之日起 45 个工作日内，向该公司所有股票持有人发出公司收购公告。公司收购公告的具体内容参见《公开发行股票公司信息披露实施细则》第 22 条。

此外，其他信息披露还包括如下情形，在任何公共传播媒介中出现的消息可能对上市公司股票的市场价格产生误导性影响时，该上市公司知悉后应当立即对该消息做出公开澄清。

二、上市公司的定期报告

上市公司的定期报告包括年度报告、半年度报告和季度报告。这些报告的披露内容与格式主要由中国证监会颁布的《公开发行证券的公司信息披露内容与格式准则第 2 号——年度报告的内容与格式》《公开发行证券的公司信息披露内容与格式准则第 3 号——半年度报告的内容与格式》和《公开发行证券的公司信息披露编报规则第 13 号——季度报告内容与格式特别规定》来规范。

在定期报告中，年度报告以其权威性（必须经过注册会计师审计）、全面性、完整性在定期报告中占有十分重要的地位。年报准则是上市公司编报年度报告的依据，为上市公司编报年度报告提出了最低要求，所以其完善程度直接决定了年度报告质量的高低。

自 1990 年上海和深圳股票交易所成立之日起至 1993 年，股票市场不存在统一的披露规范，1993 年 4 月 22 日国务院颁布的《股票发行与交易管理暂行条例》首次规定了年度报告的披露内容，1994 年 1 月 10 日，中国证监会以证监发字〔1994〕7 号文正式公布了年报准则，首次对年度报告的格式与内容做出了统一规定。在此之后，中国证监会又先后对年报准则进行了多次修订，最近的修订时间为 2014 年 5 月。

半年度报告和季度报告都是中期报告，鉴于报告期较年报为短，所以在信息披露的内容格式以及编制期限、审计要求和延期披露等方面都有一定差异。具体比较请参见表 7－3 和表 7－4。

表 7－3　上市公司各类定期报告的主要项目比较

项　　目	季度报告	半年度报告	年度报告
报告期	每个会计年度的第 1、第 3 个季度	每个会计年度的前 6 个月	每个会计年度

（续表）

项　　目	季度报告	半年度报告	年度报告
披露期限	报告期结束后的1个月内；第1季度季度报告的披露时间不得早于上一年度年度报告	报告期结束后的2个月内	报告期结束后的4个月内
正文内容	最精简	较简单	详尽
摘要	无	按规定编制	按规定编制
财会信息	提供报告期末和上年末（或年初至报告期末和上年相同期间）公司主要会计数据和财务指标及变动比率	提供报告期末和上年末（或报告期和上年相同期间）主要会计数据和财务指标及变动比率	提供截至报告期末公司近3年的主要会计数据和财务指标
审计要求	规定除外的可以不经审计	规定除外的可以不经审计	必须经过审计

表7-4　上市公司各类定期报告的正文和摘要内容比较

报告类型	正　文　内　容	摘　要　内　容
年度报告	重要提示、目录和释义 公司简介 会计数据和财务指标摘要 董事会报告 重要事项 股份变动及股东情况 优先股相关情况 董事、监事、高级管理人员和员工情况 公司治理 内部控制 财务报告（包括审计报告全文，经审计财务报表及其附注） 备查文件目录	重要提示 主要财务数据及股东变化 管理层讨论与分析 涉及财务报告的相关事项
半年度报告	重要提示、目录和释义 公司简介 会计数据和财务指标摘要 董事会报告 重要事项 股份变动及股东情况 优先股相关情况 董事、监事、高级管理人员情况 财务报告 备查文件目录	重要提示 主要财务数据及股东变化 管理层讨论与分析 涉及财务报告的相关事项
季度报告	重要提示 主要财务数据及股东变化 重要事项	无

在正文部分中，我国上市公司年度报告共分为 12 个部分，分别是："重要提示、目录和释义""公司简介""会计数据和财务指标摘要""董事会报告""重要事项""股份变动及股东情况""优先股相关情况""董事、监事、高级管理人员和员工情况""公司治理""内部控制""财务报告"和"备查文件目录"。

半年度报告在年度报告基础上，省去了"公司治理"和"内部控制"两个部分，共有 10 个部分。季报内容则大幅精简，只有"重要提示""主要财务数据及股东变化"和"重要事项"3 个部分。

年报和半年报还有相对正文更为精简的摘要部分，但季报没有正文、摘要之分。

值得一提的是，在"财务报告"部分中，年报和半年报均要求披露比较式资产负债表、比较式利润表和比较式现金流量表，以及比较式所有者权益（股东权益）变动表和财务报表附注。另外，年报还要求提供合并财务报表和母公司财务报表。以上报告货币金额除特别说明外，通常指人民币金额，并以元、千元、万元、百万元或亿元为单位。而季报无须披露完整的财务报表，只须披露主要财务数据。

各定期报告要求提供的主要会计数据和财务指标包括但不限于以下项目：总资产、营业收入、归属于上市公司股东的净利润、归属于上市公司股东的扣除非经常性损益的净利润、归属于上市公司股东的净资产、经营活动产生的现金流量净额、净资产收益率、每股收益。

专栏 7－1

关联方与关联方交易

企业对外提供的财务报表一般认为是建立在公平交易的基础上，但是一些企业出于种种目的，会利用财务报表提供虚假信息，粉饰财务状况和经营成果，其中利用关联方交易是重要的手段之一。

当存在关联方关系时，关联方之间的交易可能不是建立在公平交易的基础上，因为关联方之间非竞争和非市场的交易条件常以一种微妙的方式影响交易行为。根据《企业会计准则第 36 号——关联方披露》的规定，一方控制、共同控制另一方或对另一方施加重大影响，以及两方或两方以上同受一方控制、共同控制或重大影响的，就构成关联方。

构成企业的关联方关系包括以下各方：

（1）该企业的母公司；

（2）该企业的子公司；

（3）与该企业受同一母公司控制的其他企业；

（4）对该企业实施共同控制的投资方；

（5）对该企业施加重大影响的投资方；

(6) 该企业的合营企业；

(7) 该企业的联营企业；

(8) 该企业的主要投资者个人(该投资者个人能够控制、共同控制一个企业或者对一个企业施加重大影响)及与其关系密切的家庭成员；

(9) 该企业或其母公司的关键管理人员(即有权力并负责计划、指挥和控制企业活动的人员)及与其关系密切的家庭成员(即在处理与企业的交易时可能影响该个人或受该个人影响的家庭成员)；

(10) 该企业主要投资者个人、关键管理人员或与其关系密切的家庭成员控制、共同控制或施加重大影响的其他企业。

关联方交易，是指关联方之间转移资源、劳务或义务的行为，而不论是否收取价款。关联方交易的类型通常包括下列各项：(1) 购买或销售商品。(2) 购买或销售商品以外的其他资产。(3) 提供或接受劳务。(4) 担保。(5) 提供资金(贷款或股权投资)。(6) 租赁。(7) 代理。(8) 研究与开发项目的转移。(9) 许可协议。(10) 代表企业或由企业代表另一方进行债务结算。(11) 关键管理人员薪酬。

第二节 上市公司特定指标分析

上市公司财务分析的指标除了我们在本书其他章节已经提到的指标外，还有一些是只有上市公司才使用的特定指标。在这里我们将其分为三类，它们是每股指标、市价指标和股利分配指标。下面我们就分别予以介绍。

一、每股指标分析

上市公司都是股份有限公司，公司的股本按相等金额分成若干股份，并以股票形式为各股东所持有。普通股票是股票中最基本的一种形式，发行普通股是公司筹集股本的主要方式。上市公司每股指标分析也称单股指标分析，就是以上市公司发行在外的普通股票为基础，衡量每单位普通股所对应的相关财务数值大小的一种财务指标分析方法，常见的指标有每股收益、每股净资产、每股股利、每股经营现金流量和每股未分配利润等。

(一) 每股收益

1. 每股收益的概念及计算

每股收益(Earning per Share，EPS)也称每股盈余，是公司净收益与发行在外普通股股数的比率,它反映了某会计年度内公司平均每股普通股获得的收益,用于评价普通股持有者获得报酬的程度。其基本计算公式如下:

$$每股收益=\frac{净收益}{发行在外普通股数}$$

由于上市公司的资本结构不同,每股收益的计算也会有一定的差异。

(1) 简单资本结构的每股收益

如果公司发行的产权证券只有普通股一种,或虽有其他证券,但对公司普通股份无稀释作用或稀释作用不明显,则该公司属于简单资本结构形式。这里说的“稀释”,是指在总收益保持不变的情况下,普通股的增加会使每股收益变小。

简单资本结构的每股收益计算较为简单,其计算公式如下:

$$每股收益=\frac{净利润-优先股股利}{发行在外的加权平均普通股数}$$

其中

$$加权平均股数=\sum(流通在外的股数\times 流通在外的月数占全年月数的比例)$$

[**例 7-1**]　MN 公司 2017 年归属于母公司所有者的净利润为 158 318.47 万元,全年发行在外的普通股为 222 661.17 万股,普通股数量年初与年末都没有变化,也没有发行优先股,计算公司当年的每股收益。

按照上述公式,计算出的公司每股收益=158 318.47÷222 661.17=0.71(元/股)。

(2) 复杂资本结构的每股收益

如果公司发行的产权证券中既包括普通股,又包括普通股的等同权益,如可转换债券、认股权证等,则公司的资本结构类型要视具体情况而定:如果公司因认股权证持有者行使认股权利或可转换债券转为股票而增加的股票不超过现有流通在外的普通股票的 20%,则该公司仍属于简单资本结构;如果公司因认股权证持有者行使认股权利或可转换债券转为股票而增加的股票超过现有流通在外的普通股票的 20%时,则该公司属于复杂资本结构。

在复杂资本结构下,公司每股收益的揭示要根据稀释程度而定。如果潜在稀释性证券对每股收益的总稀释效果不超过 3%,公司只需要披露基本每股收益指标数据;如果总稀释效果超过 3%,公司则需要同时列示基本每股收益和充分稀释的每股收益两个指标数据。

① 基本每股收益。基本每股收益是指将企业真正稀释的证券加入普通股,一并计算确定的每股收益,其计算公式如下:

$$\text{基本每股收益}=\frac{\text{净利润}-\text{优先股股利}}{\text{发行在外的加权平均普通股数}+\text{真正稀释的约当普通股数}}$$

上述公式中约当普通股是指如认股权证、可转换优先股等可以按一定方法折合成普通股的证券，因为约当普通股具有分享净利润的权利，所以它具有与相关普通股相同的市场价值。真正稀释的含义是指这些证券已经成为公司的普通股份。

② 充分稀释的每股收益。充分稀释的每股收益是指将所有可能的影响（并非真正稀释）因素都加入普通股股权中所计算出的每股收益值，目的在于更为稳健地反映每股收益状况。其计算公式为：

$$\text{充分稀释每股收益}=\frac{\text{净利润}-\text{不可转换优先股股利}}{\text{发行在外的加权平均普通股数}+\text{普通股等同权益加权平均股数}}$$

上述公式中，无论普通股的等同权益是否转化为普通股份，都被视为可能存在的稀释因素，并据此计算公司的每股收益。

2. 每股收益的分析要点

(1) 每股收益是评价上市公司投资报酬和盈利能力的最重要的一项核心指标，该指标具有引导投资、增加市场评价功能、简化财务指标体系的作用。

(2) 每股收益指标数值越高，表明公司的盈利能力越强，股东的投资回报越好，每一股份所获得的利润越大；反之则反是。但是每股收益多并不意味着公司就一定会多分红。

(3) 影响每股收益的因素有属于普通股的净利润（正影响因素）和普通股股数（负影响因素）。在计算普通股每股收益时应采用属于普通股的净利润，所以在企业净利润中要扣除不属于普通股的净利润额，如优先股股利等。而普通股股数的变动影响因素很多，既受到普通股发行状况的影响，又与企业的证券构成有关，计算时应注意把握。

(4) 利用每股收益指标可以进行公司的趋势分析与同业比较分析。每股收益的趋势分析是对连续若干年的每股收益变动状况及其趋势所进行的分析，旨在了解公司投资报酬在较长时期中的变动规律；每股收益的同业比较分析，可以帮助分析者进一步了解公司该指标值在同业中所处的地位，从而在市场平均状况下对其做出更客观的判断。

(5) 每股收益还是确定公司股票价格的主要参考指标。一般来说，在其他因素不变的情况下，每股收益越高，该公司股票的市价上升空间会较大。

(二) 每股净资产

每股净资产也称每股权益、每股账面价值，是公司年末股东权益（净资产）与年末普通股股份总数的比值。其计算公式为：

$$每股净资产=\frac{年末股东权益}{年末普通股股份总数}$$

在上式中年末股东权益是指扣除优先股权益后的股东权益余额，该指标反映了发行在外的每股普通股所代表的净资产的成本即账面权益。

一般来说，公司的经营业绩越好，其资产增值越快，净资产的数值就越高，当公司发行在外的普通股总数不变的情况下，每股净资产的数值就越大，股东所拥有的公司权益也就越多。

此外，每股净资产在理论上还提供了股票的最低价值，若股票的每股市价低于每股净资产，表明市场对公司的前景看淡，但也有可能意味着股票的价格被市场低估。

[例7-2] 根据附录MN公司有关财务数据，分析企业每股净资产变动情况。

按照公式计算出的企业每股净资产如表7-5所示。

表7-5　每股净资产分析　单位：元

年　　份	2013	2014	2015	2016	2017
每股净资产	2.69	1.94	4.07	7.07	4.05

通过计算可以看出，MN公司每股净资产2013年为2.69元，之后快速上升，2016年达到7.07元，虽然2017年有所回落，但总体增势明显，表明股东拥有的每股公司权益的账面价值实现了增值。

（三）每股股利

每股股利是指公司普通股股利总额与年末发行在外的普通股股份总数之比，其计算公式为：

$$每股股利=\frac{普通股股利总额}{年末发行在外普通股总数}$$

上式中普通股股利总额是指公司发放的现金股利总额。每股股利反映了公司予以普通股股东投资的现金回报，每股股利金额越大，投资者获得的报酬就越多。

[例7-3] 根据附录MN公司有关财务数据，分析企业每股股利变动情况。

按照公司有关资料计算出的企业每股股利如表7-6所示。

表7-6　每股股利分析　单位：元

年　　份	2013	2014	2015	2016	2017
每股股利	0.29	0.17	0.25	0.24	0.50

从该表可以看出,MN 公司 2013 年到 2016 年实行的是比较稳定的股利政策,但 2017 年企业在收益下降的背景下,却加大了股利分配的力度。

(四) 每股经营活动现金流量

每股经营活动现金流量是反映发行在外的每股普通股票所平均占有的现金流量,也是反映公司为每一普通股提供的经营净现金流量的指标。其计算公式为:

$$\text{每股经营活动现金流量}=\frac{\text{经营活动现金净流量}-\text{优先股股利}}{\text{发行在外普通股总数}}$$

每股经营活动现金流量实质上体现了作为每股收益的支付保障的现金流量的多少,因而每股经营现金流量指标越高越为股东们所乐意接受。

[**例 7-4**] 根据附录 MN 公司有关财务数据,分析企业每股经营活动现金流量变动情况。

按照公司有关资料计算出的企业每股经营活动现金流量如表 7-7 所示。

表 7-7 每股经营活动现金流量分析 单位:元

年 份	2013	2014	2015	2016	2017
每股经营活动现金流量	1.76	0.68	0.77	1.67	0.74

通过计算可以看出,MN 公司在 2013 年和 2016 年每股经营活动现金流量较高,而其他年份一般维持在 0.70 元上下,公司的现金盈余基本充足。

(五) 每股未分配利润

每股未分配利润是公司未分配利润与发行在外普通股总数的比值,其计算公式为:

$$\text{每股未分配利润}=\frac{\text{未分配利润}}{\text{发行在外普通股总数}}$$

每股未分配利润反映的是公司平均每股所占有的留存于公司内部的未分配利润的多少。每股未分配利润数值越大,说明公司留存越多,可用于股利分配的部分就越少。

专栏 7-2

股份支付

股份支付,是指企业为获取职工和其他方提供服务而授予权益工具或者承担以权益工具为基础确定的负债的交易。股份支付交易与企业与其职工间其他类型交易最大的不同,是交易对价或其定价与企业自身权益工具未来的价值密切相关。

股份支付分为以权益结算的股份支付和以现金结算的股份支付。

（1）以权益结算的股份支付

以权益结算的股份支付，是指企业为获取服务以股份或其他权益工具作为对价进行结算的交易。该股份支付应当以授予职工权益工具的公允价值计量。

如为授予后立即可行权的股份支付，应当在授予日按照权益工具的公允价值计入相关成本或费用，相应增加资本公积。如为完成等待期内的服务或达到规定业绩条件才可行权的股份支付，在等待期内的每个资产负债表日，应当以对可行权权益工具数量的最佳估计为基础，按照权益工具授予日的公允价值，将当期取得的服务计入相关成本或费用和资本公积。在行权日，企业根据实际行权的权益工具数量，计算确定应转入实收资本或股本的金额，将其转入实收资本或股本。

（2）以现金结算的股份支付

以现金结算的股份支付，是指企业为获取服务承担以股份或其他权益工具为基础计算确定的交付现金或其他资产义务的交易。该股份支付应当按照企业承担的以股份或其他权益工具为基础计算确定的负债的公允价值计量。

如为授予后立即可行权的股份支付（如授予虚拟股票的股份支付），企业应当在授予日以企业承担负债的公允价值计入相关成本或费用，相应计入负债，并在结算前的每个资产负债表日以及结算日，对负债的公允价值重新计量，其变动计入当期损益。

如为完成等待期内的服务或达到规定业绩条件以后才可行权的股份支付，在等待期内的每个资产负债表日，应当以对可行权情况的最佳估计为基础，按照企业承担负债的公允价值金额，将当期取得的服务计入相关成本或当期费用，同时计入负债。并在结算前的每个资产负债表日以及结算日，对负债的公允价值重新计量，其变动计入当期损益。

二、市价指标分析

市价指标分析是通过对以公司普通股票每股市价为中心购建的一组相关分析指标的评价来考察公司的财务经营状况和市场价值变动，以及进行企业价值评估。这里我们将讨论的市价分析指标主要有：市盈率、股利报酬率、市净率、市销率、市价与现金流比率、市盈增长率、企业价值与息税摊折前利润倍数和 Tobin's Q 值等。

（一）市盈率

市盈率（PE）为市价与每股盈余比率的简称，也称价格收益比率、本益比，是普通股每股市价与普通股每股收益的比值。其计算公式如下：

$$市盈率=\frac{普通股每股市价}{普通股每股收益}$$

在上式中，如果每股收益采用最近的前12个月或前4个季度的净收益计算得到，则称为现行市盈率(Trailing P/E)。如果每股收益采用未来12个月或未来4个季度的预测盈利计算得到，则称为预测市盈率(Forward P/E，或者 Estimated P/E)。此外，预测市盈率也可用过去两个季度的实际盈利加上未来两个季度的预测盈利计算得到。

市盈率的另一种计算方法是用权益市场价值与净收益之比表示，列式如下：

$$市盈率=\frac{权益市场价值}{净收益}$$

市盈率指标的分析要点如下：

(1) 市盈率是投资者衡量股票潜力、借以投资入市的重要指标。它反映投资人对每股收益所愿意支付的价格，是市场对公司的共同期望指标，市盈率越高，表明市场对公司越看好。

(2) 市盈率还可以用来估计股票的投资风险。在市价确定的情况下，每股收益越高，市盈率越低，投资风险越小。在每股收益确定的情况下，市价越高，市盈率越高，投资风险越大。

(3) 市盈率高低的评价必须依据当时的金融市场平均市盈率进行，并非市盈率越高越好或越低越好。该指标不能用于不同行业公司的比较，一般新兴行业普遍较高，成熟企业普遍较低，但这并不说明后者的股票就没有投资价值。

(4) 市盈率高低受股票市价的影响。影响市价的因素很多，除了企业的经营成果和市场前景外，还受整个经济环境、政府宏观政策、行业发展前景及某些人为因素包括投机炒作等的制约。因此观察市盈率的长期变动趋势很重要，同时投资者还要结合其他有关信息，才能运用市盈率指标判断股票的价值。

(5) 市盈率的高低还受净利润的影响。由于净利润受可选择的会计政策的影响，从而使得公司间的比较受到限制。而当公司当年的净利润极低时，或者公司该年度发生亏损时，市盈率指标就变得毫无意义了，因为这时的市盈率会异常高，或者是个负数。

(6) 上市公司的规模对其股票市盈率的影响也不容忽视。如公司的股本扩张以后，在公司盈利不变的情况下，会使每股收益下降，股票市盈率就会相应提高。

(7) 市盈率指标对投资者进行投资决策的指导意义是建立在健全金融市场的假设基础之上。在健全金融市场上，吸引投资者的应该是公司未来盈利的前景，而非市盈率指标的高低。另外，市盈率指标在理论上也存在一定的缺陷，如用某一时点的股票市价和某一时期的每股收益相比较，指标计算中的时间性差异将会给投资分析带来一定影响。因此对市盈率指标应该谨慎分析。

（二）盈余报酬率

盈余报酬率是普通股每股收益与普通股每股市价的比率，也就是市盈率的倒数。其计算公式如下：

$$盈余报酬率=\frac{普通股每股收益}{普通股每股市价}$$

盈余报酬率反映了投资者每付出 1 元现金所获得的收益。由于股东为取得股票而支付的代价实际上不是股票的面值，而是股票的价格，因此股东们更关心按市价支付的股本额所得到的报酬。将所支出与所得到联系起来综合考虑，要比单纯的每股收益更具有说服力。一般认为，盈余报酬率数值越大，公司盈利能力越强，投资回报越高，对投资者吸引力就越大。

盈余报酬率和市盈率互为倒数关系，所以影响市盈率的市价和盈利水平等因素对盈余报酬率指标也有类似的影响，但这两种指标对不同的投资者会有不同的理解。

通常长期投资者持有公司股票是为了获得稳定的投资收益，他们关心的是公司的长远发展和投资获利能力，因此往往通过分析比较盈余报酬率来进行投资决策。而对短期投资者来说，他们持有公司股票的目的是为了在股价变动中赚取差价，所以他们常常利用市盈率分析股票上涨的可能性以进行投资决策。

（三）本利比

本利比是普通股每股市价与普通股每股股利的比率，其计算公式为：

$$本利比=\frac{普通股每股市价}{普通股每股股利}$$

本利比反映的是股东的投入成本与投资回报之间的比率关系。股东投资所得到的回报是实际分得的现金股利，股票的市价可看作是股东投入的成本。本利比越高，表明股东的股利报酬水平越低；反之，本利比越低，表明股东的股利报酬水平越高。

（四）股利报酬率

股利报酬率也称股票获利率、股利率、股利产出率、股利市价比率，为本利比的倒数，是指普通股每股股利与普通股票市价的比率，其计算公式为：

$$股利报酬率=\frac{普通股每股股利}{普通股每股市价}$$

股利报酬率反映股东每投资1元股票所获得的股利的高低,该指标值主要取决于公司的股利政策。例如当公司采用非常稳健的股利政策时,会留存大量的净利润用以扩充公司未来的规模。这时股票报酬率不能作为判断股票投资报酬的指标,应将它与其他各种投资报酬指标结合运用,同时分析股价的未来趋势成为评价股票投资价值的主要依据[①]。

(五) 市净率

市净率(PB)也称股价净值比率,是普通股每股市价与普通股每股净资产的比率,其计算公式如下:

$$\text{市净率}=\frac{\text{普通股每股市价}}{\text{普通股每股净资产}}$$

市净率也可以用权益市场价值与权益账面价值之比得到,算式如下:

$$\text{市净率}=\frac{\text{权益市场价值}}{\text{权益账面价值}}$$

市净率表明市场对公司权益资产质量的评价,反映公司资产的现在价值,是证券市场交易的结果,可以用于对股票的投资分析。通常公司市净率小于1,表明这个企业权益资产质量差,没有发展前景;反之,市净率大于1,说明公司权益资产市价高于账面价值,资产的质量好,有发展前景。市净率越大,说明投资者普遍看好该企业,一般来说,市净率达到3,可以树立较好的公司形象。

另外要注意的是,当市净率小于1时,也可能表明公司股价被低估。投资者以低于净资产账面价值进行股票的折价交易,如公司未来的发展转好,可能会给投资者带来较高获利机会。

市净率指标与市盈率指标不同,市盈率指标主要是从股票的盈利性角度进行考虑,而市净率则主要从股票的权益资产价值角度进行考虑。但两者又有不少相似之处,它们都不是简单的越高越好或越低越好的指标,都代表着投资者对某股票或某企业未来发展潜力的判断。同时,与市盈率指标一样,市净率指标也必须在完善、健全的资本市场上,才能据以对企业做出正确、合理的分析和评价。

结合不同的市净率和市盈率特征,有专家认为市场对企业未来盈利增长和投资回报会有不同的预期,其含义如表7-8所示[②]。

---

① 我国台湾地区投资业者用类似于股利报酬率的现金殖利率来评估股票投资回报,现金殖利率为过去5年年均现金股利与购买股票时股价之比率,通常现金殖利率大于5%的企业对投资者有较大的吸引力。

② (美)伯恩斯坦、维欧德著,许秉岩、张海燕译:《财务报表分析》,北京大学出版社2004年版,第248页。

表 7－8　市净率和市盈率组合特征的市场预测

指标特征		市净率(PB)	
		高于行业水平	低于行业水平
市盈率(PE)	高于行业水平	与同期盈利水平相比，预期盈利增长迅速，且预期 ROE 较高	与同期盈利水平相比，预期盈利增长迅速，但预期 ROE 较低
	低于行业水平	与同期盈利水平相比，预期盈利增长缓慢或下降，但预期 ROE 较高	与同期盈利水平相比，预期盈利增长缓慢或下降，且预期 ROE 较低

一般来说，市净率较高往往表明市场预期的企业净资产报酬率较高，反之则反是。结合市净率和净资产报酬率的特征，我们还可用以进行股票的价格评估，如表 7－9 所示[①]。

表 7－9　市净率和净资产报酬率组合特征的股价评估

指标特征		市净率(PB)	
		高于行业水平	低于行业水平
净资产报酬率(ROE)	高于行业水平	股票价格可能正常	股票价格可能低估
	低于行业水平	股票价格可能高估	股票价格可能正常

（六）市销率

市销率(PS)也称市价与销售收入比率，其计算公式为：

$$\text{市销率}=\frac{\text{普通股每股市价}}{\text{普通股每股营业收入}}$$

市销率用于评估企业股票价值相对于本身过去业绩或某类行业及市场总体的水平。作为一种估价指标，其优势在于与市盈率和市净率相比，对于亏损企业和权益净值为负的企业也可以适用。但该指标在不同行业、部门间差异较大，故只宜于在同一类别企业间采用，尤适用于高科技公司。

（七）市价与现金流比率

市价与现金流比率(PCF)是衡量市场价格与企业财务资金状况相关关系的一种估值指标，其计算公式为：

$$\text{市价与现金流比率}=\frac{\text{普通股每股市价}}{\text{普通股每股经营现金流}}$$

① 上海国家会计学院：《财务报表分析》，经济科学出版社 2012 年版，第 138 页。

其中,普通股每股经营现金流(CFPS)等于净利润与折旧及摊销之和再除以发行在外的普通股股票数量。从理论上讲,该指标与本利比类似,市价与现金流比率越低,说明股票的内在价值越好。

（八）市盈增长率

市盈增长率(PEG)是用以评估股票计入盈利增长因素的一种估值指标,因为市盈率本身不能充分反映企业未来的盈利增长,为了衡量不同企业未来的盈利增长率,该指标通过对市盈率进行调整后得到,其计算公式为:

$$\text{市盈增长率}=\frac{\text{市盈率}}{\text{年度每股收益增长率}}$$

上式中市盈率可采用现行市盈率或预测市盈率,年度每股收益增长率采用未来1年或5年的预测增长率。市盈增长率提供了一个简单可靠的股票评估方法,如果估价准确,一只成长型股票的市盈率应该等于该公司每股收益的增长率,美国著名投资家彼德·林奇(Peter Lynch)在其所著《超越华尔街》(*One Up On Wall Street*)中如是说。

市盈增长率被普遍用于评估高增长行业和新企业等新兴市场上的股票(成长性往往很高,但不稳定),而不适用于低增长和稳定的企业股票。一般而言,当该指标值为1时,被认为股票估值得当;指标小于1时,股票被认为低估;而指标大于1时,股票则被认为高估。投资分析师通常倾向认为,市盈增长率在0～1之间,企业未来将会提供更多的回报。

在使用市盈增长率指标时需注意以下几点:一是该指标尽管对于不同公司可以进行比较,但它却容易受到公司业务组合、成长状态和不断变化的风险等因素的影响;二是由于指标对利率敏感,在低利率的市场情况下,较少有股票会估值过低,反之亦然;三是对于不以营利作为估值因素的企业来说,市盈率不一定能够准确反映其增长速度;四是仅仅依靠该指标来评价新股票是否估值过高或过低,并主要基于未来的预测数据,这似乎更多的是依靠人们的评价直觉,而没有坚实的理论支持基础。

（九）企业价值与息税摊折前利润倍数

企业价值与息税摊折前利润倍数(EV/EBITDA),又称企业价值倍数,是一种被广泛使用的公司估值指标。其计算公式为:

$$\text{企业价值与息税摊折前利润倍数}=\frac{\text{企业价值}}{\text{息税摊折前利润}}$$

上式中,企业价值(EV)等于权益的市场价值加上负债的账面价值,息税摊折前利润(EBITDA)等于企业净利润、利息、所得税与折旧摊销之和。有关数据既可以采用历史数据,也可以使用预测数据。

该指标与前述市盈率等估值指标的用法类似，其倍数相对于行业平均水平或历史水平较高通常说明高估，较低说明低估，不同行业或产业有不同的估值（倍数）水平。但该指标较市盈率又有以下优势：首先，由于不受所得税率差异的影响，使得不同国家和市场的上市公司估值更具可比性；其次，不受资本结构差异的影响，公司资本结构的改变都不会影响估值，同样有利于比较不同公司估值水平；最后，排除了折旧和摊销这些非现金成本的影响，直接评价公司的现金盈利水平，可以更准确地反映公司价值。

相对来说，该指标更适用于单一业务或子公司较少的公司估值，如果业务或合并子公司数量众多，需要做复杂调整，有可能会降低其准确性。同时，EBITDA 也没有考虑到企业未来增长率这个对于企业价值判断至关重要的因素，因而该指标在多个企业具有近似增长前景的条件下才更为适用。

（十）Tobin's Q 值

1969 年诺贝尔经济学奖得主、美国著名经济学家詹姆斯·托宾（Jamas Tobin）提出了著名的 Q 比率理论，其中 Tobin's Q 值被定义为企业的市场价值与资本重置成本之比，在一般的金融文献中该比率常采用以下计算公式：

$$\text{Tobin'Q}=\frac{\text{权益市场价值}+\text{负债市场价值}}{\text{权益账面价值}+\text{负债账面价值}}$$

上式中，权益市场价值可用企业股票价格与发行在外的股票数量相乘后得到，负债市场价值可用负债账面价值替代，因此该式也可以写为：

$$\text{Tobin'Q}=\frac{\text{股票价格}\times\text{股票数量}+\text{负债账面价值}}{\text{总资产账面价值}}$$

当 Tobin's Q 值大于 1 时，说明企业的市场价值高于其资产的重置成本，显示企业为社会创造了价值；反之，当 Tobin's Q 值小于 1 时，由于企业的市场价值低于资本的重置成本，意味着企业的价值被市场低估。托宾的 Q 理论把资本评价与投资决策有机地联系在一起，肯定了企业的市场价值发现和价值确定不仅是企业投资决策的依据，而且也是企业优化资本配置的依据。

三、股利分配指标分析

股利分配指标分析评价的是投资者比较关注的公司股利政策和现金股利支付能力的一般信息，常用的指标有：股利支付率、股利保障倍数、现金股利保障倍数、现金股利支付率和留存盈余比率等。

（一）股利支付率

股利支付率也称股利分配率、股利发放率、股利给付率、股利率和派息率，是指普通股每股股利与每股收益的比率。其计算公式如下：

$$股利支付率=\frac{普通股每股股利}{普通股每股收益}=市盈率\times股利报酬率$$

股利支付率表明企业本期的盈余收益中有多少用来发放股利，反映了公司的股利分配政策和支付股利的能力。该指标可以进一步分解成市盈率和股利报酬率的乘积形式。

股利支付率越高，表明公司留存在企业内部的资金比重较少，分配给股东的部分较多；如果股利支付率低，则有两种主要可能：一是表明公司虽然资金不短缺，但可能正准备扩大生产规模，所以尽量少发股利；另一种可能是公司现金紧张，拿不出足够的现金发放股利。

一般来说，成长性好的企业股利支付率较低，因为它要保留更多的盈余或现金进行再投资，但其成长性也会在股价上得到体现，所以股东虽然分得的股利较少，可仍能够获得更多的资本利得。

（二）股利保障倍数

股利保障倍数是公司可支付普通股股利的利润与普通股股利的比值，也即股利支付率的倒数，其计算公式如下：

$$股利保障倍数=\frac{可支付普通股股利的利润}{普通股股利}=\frac{普通股每股收益}{普通股每股股利}$$

股利保障倍数是一种安全性指标，倍数越大，表明公司支付股利的能力越强；同时也表明公司的留利较多，在企业资产质量较好的情况下，企业的发展后劲越足。倍数越小则反是。

另外，对于优先股股利保障倍数，也可以进行类似的计算和评价。优先股股利保障倍数的计算公式列示如下：

$$优先股股利保障倍数=\frac{净利润}{优先股股利}$$

［**例 7－5**］ 根据附录 MN 公司有关财务数据，分析企业股利保障倍数变动情况。按照公司有关资料计算出的企业股利保障倍数如表 7－10 所示。

表 7－10　股利保障倍数分析

年　　份	2013	2014	2015	2016	2017
股利保障倍数	1.80	2.08	1.73	4.63	1.42

由上表可以看出，MN公司股利保障倍数2016年达到最高的4.63倍，2017年虽有降低，但1.42倍的指标数值尽可确保公司充分的股利支付能力。

（三）现金股利保障倍数

现金股利保障倍数也称现金股利支付率，该指标有两种计算方法。一般最常见的公式是经营活动现金净流量与普通股股利的比值，具体计算如下：

$$\text{公式 1: 现金股利保障倍数} = \frac{\text{经营活动现金净流量}}{\text{普通股股利}}$$

现金股利保障倍数的第二个公式是对第一个公式中分母部分进行了必要的调整，从而得到实际可用于支付普通股股利的现金流量，指标的准确性更强，其计算公式为：

$$\text{公式 2: 现金股利保障倍数} = \frac{\text{经营活动现金净流量} - \text{所得税} - \text{支付的利息} + \text{收到的利息} + \text{收到的股息}}{\text{普通股股利}}$$

现金股利保障倍数是根据现金流量来反映支付股利的现金来源及其保证程度，要比根据利润来计算的股利保障倍数指标更可靠。现金股利保障倍数数值越大，表明公司用现金支付股利的能力越强，反之则越弱。

［例7-6］ 根据附录MN公司有关财务数据，分析企业现金股利保障倍数变动情况。

按照公司有关资料计算出的企业现金股利保障倍数如表7-11所示。

表7-11　现金股利保障倍数（公式一）分析

年　　份	2013	2014	2015	2016	2017
现金股利保障倍数	6.14	4.12	3.09	6.97	1.48

计算表明，MN公司除2017年现金股利保障倍数较低外，其他年份指标数值都在3倍以上，结合表7-10可以发现，同利润支付股利能力相比，MN公司的现金支付股利能力要更强。

（四）留存盈余比率

留存盈余比率也称留存收益率、留存盈利率，是留存盈利与净利润的比率，留存盈利是指净利润减去全部股利的余额。其计算公式如下：

$$\text{留存盈余比率} = \frac{\text{净利润} - \text{全部股利}}{\text{净利润}}$$

留存盈余比率反映的是公司当期收益总额中，有多大比例留在企业内部用于发展。较高的留存盈余比率意味着企业将大量净利润用于满足自我积累和自我发展的需要。

对于企业股东来说，较高的留存盈余比率表明股东获得的股利较少，但是从长远看，这有利于企业未来的发展，从而促使股价的上升，将会给股东带来获取资本利得收益的机会。

从企业债权人的角度来看，较高的留存盈余比率将使公司留存收益增加，从而提高其偿债能力，并可以降低融资风险，所以企业债权人通常希望公司维持较高的留存盈余比率。

[例 7-7]　根据附录 MN 公司有关财务数据，分析企业留存盈余比率变动情况。

按照公司有关资料计算出的企业留存盈余比率如表 7-12 所示。

表 7-12　留存盈余比率分析

年　份	2013	2014	2015	2016	2017
留存盈余比率(%)	44.48	51.89	42.36	78.41	29.68

从上表可知，MN 公司 2016 年留存盈余比率超过了 70%，目的应是企业内部发展的需要，但 2017 年该指标大幅降低到 30%左右，反映企业留利政策出现了重大调整。

专栏 7-3

净资产收益率和每股收益的计算

根据中国证监会发布的《公开发行证券公司信息披露编报规则(第 9 号)——净资产收益率和每股收益的计算及披露》(2007 年修订)的规定，上市公司应披露按全面摊薄法和加权平均法计算的净资产收益率，以及基本每股收益和稀释每股收益指标。

1. 全面摊薄净资产收益率的计算公式如下：

$$ROE=\frac{P}{E}$$

其中，P 为归属于公司普通股股东的净利润或扣除非经常性损益后归属于公司普通股股东的净利润；E 为归属于公司普通股股东的期末净资产。

2. 加权平均净资产收益率的计算公式如下：

$$ROE=\frac{P}{E_0+NP\div 2+E_i\times M_i\div M_0-E_j\times M_j\div M_0\pm E_k\times M_k\div M_0}$$

其中：P 分别对应于归属于公司普通股股东的净利润、扣除非经常性损益后归属于公司普通股股东的净利润；NP 为归属于公司普通股股东的净利润；E_0 为归属于公司普通股股东的期初净资产；E_i 为报告期发行新股或债转股等新增的、归属于公司普通股股东的净资产；E_j 为报告期回购或现金分红等减少的、归属于公司普通股股东的净资产；M_0 为报告期月份数；M_i 为新增净资产下一月份起至报告期期末的月份数；M_j 为减少净资产下一月份起至报告期期末的月份数；E_k 为因其他交易或事项引起的净资产增减变动；M_k 为发生其他净资产增减变动下一月份起至报告期期末的月份数。

3. 基本每股收益的计算公式如下：

$$EPS=\frac{P}{S}=\frac{P}{S_0+S_1+S_i\times M_i\div M_0-S_j\times M_j\div M_0-S_k}$$

其中：P 为归属于公司普通股股东的净利润或扣除非经常性损益后归属于普通股股东的净利润；S 为发行在外的普通股加权平均数；S_0 为期初股份总数；S_1 为报告期因公积金转增股本或股票股利分配等增加股份数；S_i 为报告期因发行新股或债转股等增加股份数；S_j 为报告期因回购等减少股份数；S_k 为报告期缩股数；M_0 报告期月份数；M_i 为增加股份下一月份起至报告期期末的月份数；M_j 为减少股份下一月份起至报告期期末的月份数。

4. 在发行可转换债券、股份期权、认股权证等稀释性潜在普通股情况下，稀释每股收益的计算公式如下：

$$EPS=\frac{P+(\text{已确认为费用的稀释性潜在普通股利息}-\text{转换费用})\times(1-\text{所得税率})}{S_0+S_1+S_i\times M_i\div M_0-S_j\times M_j\div M_0-S_k+\text{增加的普通股加权平均数}}$$

其中，P 为归属于公司普通股股东的净利润或扣除非经常性损益后归属于公司普通股股东的净利润。公司在计算稀释每股收益时，应考虑所有稀释性潜在普通股的影响，直至稀释每股收益达到最小。

本章小结

上市公司是指依法公开发行股票，并在获得证券交易所审查批准后，其股票在证券交易所上市交易的股份有限公司。为满足投资者全面了解上市公司的经营机遇和风险，以及公司现状和发展前景的需要，上市公司必须建立和完善其信息披露制度。一个比较完善的上市公司信息披露框架应包括以下方面的内容：财务和非财务信息、企业管理部门对信息的分析说明、前瞻性信息、股东和管理人员的信息，以及其他背景信息等。

上市公司财务分析的指标除了一般企业财务指标之外，还有一些是只有上市公司才使用的特定指标。包括每股指标、市价指标和股利分配指标。

上市公司每股指标分析是以上市公司发行在外的普通股票为基础，衡量每单位普通股所对应的相关财务数值大小的一种财务指标分析方法，常见的指标有每股收益、每股净资产、每股股利、每股经营现金流量和每股未分配利润等。

上市公司市价指标分析是通过对以公司普通股票每股市价为中心购建的一组相关分析指标的评价来考察公司的财务经营状况和市场价值变动，常用的市价分析指标有：市盈率、股利报酬率、市净率、市销率、市盈增长率、企业价值倍数和 Tobin's Q 值等。

上市公司股利分配指标评价的是投资者比较关注的公司股利政策和现金股利支付能力的一般信息，常用的指标有：股利支付率、股利保障倍数、现金股利保障倍数、现金股利支付率和留存盈余比率等。

本章关键术语

上市公司　定期报告　上市公告书　招股说明书　每股收益　市盈率　市净率　市盈增长率　Tobin's Q 值

思考题

1. 上市公司发行股票按规定要披露信息的主要包括哪些?
2. 简述上市公司年度报告的主要内容。
3. 简述每股收益的主要计算方法。
4. 简述市盈率的计算及其评价要点。
5. 简述股利分配分析的主要指标。

第八章　其他相关财务分析

学习目的

1. 了解发展能力分析的主要指标；
2. 熟悉财务成本习性分析；
3. 掌握经营杠杆和财务杠杆分析方法；
4. 熟悉社会责任财务分析指标；
5. 熟悉合并财务报表与母公司报表组合分析法。

第一节　企业发展能力分析

一、企业发展能力分析概述

作为以营利为目标的组织，企业生存下去的前提条件是必须盈利和求得发展。发展是生存之本，也是获利之源。一般来说，企业的发展能力是指企业在未来的生产经营过程中的一种成长潜能和趋势。一个发展能力强的企业，能够不断为股东创造财富，同时不断增加企业自身的价值。对企业发展能力的评价和分析，无论是就企业的投资者和债权人，还是政府管理部门、企业内部经理人员和员工，以及企业的其他利益相关者而言，都是值得重视和关注的。

在现实生活中，一个成功企业的发展路径可能是千差万别、各不相同。例如，有的企业采取外向规模增长的发展方式，即大量进行收购活动，公司规模迅速扩大，但短期内不一定带来销售及净收益的迅速增长。还有的企业则偏重于采取内部优化型发展增长方式，即在现有资产规模的基础上内部挖潜，提高质量，降低成本，扩大销售，获得增长。另一方面，还有很多企业成长滞后，增长乏力，经营困难，面临严峻的发展阻力。表 8－1 总结了不同类型企业的发展特征。

表 8-1 企业发展类型与特征

企业发展类型	发展特征
平衡发展	(1) 企业营业利润增长率高于通胀率;(2) 营业利润能够满足当期各项费用及营运资金需求,并有盈余用于企业发展投资;(3) 企业财务结构合理,费用控制良好,现金流稳定
超速发展	(1) 企业营业收入增长较快,但存货和应收账款也相应增长,并超过营业收入的增长;(2) 营运资金需求增加,但因缺乏充足的自由现金流,常常出现现金支付困难
慢速发展	(1) 企业主动减少投资,营业收入增长缓慢;(2) 流动资产仍有增长;(3) 产品竞争力下降;(4) 部分企业依靠投资收益和营业外收入维持盈利
滞速发展	(1) 企业盈利水平低;(2) 没有新增产能,也没有新产品投入市场;(3) 流动资产与流动负债均没有增长;(4) 产销受市场影响程度高
负债发展	(1) 企业大量举债投资;(2) 盈利能力低,利润增长缓慢;(3) 融资成本持续增加,现金流紧张
周期性发展	(1) 企业产销随经济周期变化而变化;(2) 经营业绩波动性较大
失控发展	(1) 企业无法适应市场变化,经营失控;(2) 财务结构失衡,营运资金紧张;(3) 面临持续亏损压力

由于企业发展方式不同,以及在发展过程中处于不同的发展阶段,使得对企业发展能力评价的侧重点也会产生较大程度上的差别。但从总体上来讲,企业发展能力的分析一般可以从以下几个方面展开:

(一) 对企业净资产(所有者权益)规模增长的分析

净资产的增长来源于企业的净利润和股东的净投资的增加,企业权益资本的不断提高能够提升投资者对企业的信心,同时对企业进行负债筹资也起到了保障作用,有利于企业获得进一步发展所需要的资金。

(二) 对销售和盈利增长的分析

销售是企业收入的最根本来源,销售增长是企业价值增长和企业发展最本质的体现。销售增长可扩大收入,而充足的收入也可为企业进一步扩张市场、开发新产品、进行技术改造等提供资金来源;另一方面,企业通过扩大收入和控制成本提高盈利水平,不仅能够为投资者带来更多的投资收益,还能够进一步充实企业的资本权益,促进企业未来的进一步发展。

(三) 对资产规模增长的分析

资产是取得收入和创造现金流的保障。要实现销售收入的增长,在资产利用效率一定的条件下就需要扩大资产规模。而扩大资产规模,一方面可以通过负债融资实现,另一方面还可以借助于股东权益的增加来实现。对资产规模增长的分析可以按资产的类别来进行。

（四）对现金流量增长的分析

企业的发展需要充足的资金支持，同时企业的盈利质量也要通过相应的现金流入来体现。企业保持适当规模的现金流量，对于提高企业支付能力、偿债能力和项目投资能力都有极其重要的意义，有助于企业的持续稳定健康发展。

（五）对资产使用效率增长的分析

企业的资产使用效率越高，表明企业利用有限资源获取收益的能力越强，会带来企业价值的快速增长。

（六）对营运资本增长的分析

企业保持合理的营运资本增长，有利于控制流动性风险，促进企业均衡发展。

（七）对股利增长的分析

投资者从企业获得的收益可以分为资本利得和股利两类，如果投资者不从企业撤资，那么他们从企业获得收益的唯一来源就是股利。虽然企业的股利政策是综合各种因素的结果，但股利的持续增长一般被投资者理解为企业的持续发展。

（八）对员工人均利润增长的分析

企业员工生产效率的提高是企业发展的重要因素，拥有高素质人才的企业，才能在竞争中求得发展。

二、发展能力指标分析

发展能力是企业在生存的基础上扩大规模、壮大实力的潜在能力。在分析企业发展能力时，主要是从以下 8 个方面进行指标考察。

1. 资本(净资产)增长分析

(1) 资本积累率。资本积累率也称净资产增长率，是指企业本年净资产增长额同年初净资产的比率。它可以表示企业当年资本的积累能力，是评价企业发展潜力的重要指标。其计算公式为：

$$资本积累率=\frac{本年净资产增长额}{年初净资产总额}\times 100\%$$

资本积累率体现了企业资本的积累情况，是企业发展强盛的标志，也是企业扩大再生产的源泉，展示了企业的发展活力。该指标越高，表明企业的资本积累越多，企业资本保全性越强，持续发展的能力越大。该指标如为负值，表明企业资本受到侵蚀，所有者利益受到损害，应予充分重视。

[例 8-1]　根据附录 MN 公司有关财务数据，分析企业资本积累率变动情况。

按照公式计算出的企业资本积累率如表 8－2 所示。

表 8－2　资本积累率分析

年　　份	2014	2015	2016	2017
资本积累率(%)	11.10	109.23	108.41	−40.22

计算发现,MN 公司的资本积累率在 2015 年和 2016 年出现惊人的高速增长,净资产大幅增加。但是 2017 年由于资本市场波动,公司持有金融资产账面价值下降,从而减少资本公积,使净资产出现负增长。

(2) 资本保值增值率。资本保值增值率是企业期末净资产总额与期初净资产总额的比率,它表示企业当年资本在企业自身努力下的实际增减变动情况,是评价企业财务效益发展状况的主要指标,其计算公式如下:

$$资本保值增值率=\frac{年末净资产总额}{年初净资产总额}=资本积累率+1$$

资本保值增值率指标反映了投资者投入企业资本的保全性和增长性。该指标越高,表明企业的资本保全状况越好,所有者的权益增长越高,债权人的债务越有保障,企业发展后劲越强。一般情况下,资本保值增值率大于 1,表明所有者权益增加,企业增值能力较强。但是,在实际分析时应考虑企业金融工具投资、利润分配及通货膨胀因素对其的影响。

(3) 三年资本平均增长率。三年资本平均增长率是企业年末净资产总额与三年前年末净资产总额相比的几何平均增长比率。该指标反映企业资本连续三年的积累情况,体现企业的发展水平和发展趋势。其计算公式为:

$$三年资本平均增长率=\left(\sqrt[3]{\frac{年末净资产总额}{三年前年末净资产总额}}-1\right)\times 100\%$$

资本积累率指标有一定的滞后性,仅能反映当期情况。而利用该指标,能够反映企业资本保值增值的历史发展状况,以及企业稳步发展的趋势。三年资本平均增长率指标越高,表明企业所有者权益得到的保障程度越大,企业可以长期使用的资金越充足,抗风险和保持连续发展的能力越强。

利用该指标分析时应注意所有者权益各类别的增长情况。实收资本的增长一般源于外部资金的进入,表明企业具备了进一步发展的基础,但并不说明企业过去具有很强的发展和积累能力;留存收益的增长反映企业通过自身经营积累了发展后备资金,既反映企业在过去经营中的发展能力,也反映出企业进一步发展的后劲。

2. 销售和盈利增长分析

（1）销售增长率。销售增长率是指企业本年销售收入增长额同上年销售收入总额的比率。销售增长率表示企业销售收入与上年相比的增减变化情况，是评价企业成长状况和发展能力的重要指标。其计算公式为：

$$\text{销售增长率}=\frac{\text{本年销售收入增长额}}{\text{上年销售收入}}\times 100\%$$

销售增长率是衡量企业经营状况和市场占有能力、预测企业经营业务拓展趋势的重要指标，也是衡量企业增长增量和存量资本的重要前提。该指标若大于零，表示企业本年的销售收入有所增长，指标值越高，表明增长速度越快，企业市场前景越好；若该指标小于零，则说明企业或是产品不适销对路、质次价高，或是在售后服务等方面存在问题，产品销售不畅，市场份额萎缩。

在实际分析时应结合企业历年的销售水平、市场占有情况、行业未来发展及其他影响企业发展的潜在因素进行分析判断。

［例 8－2］ 根据附录 MN 公司有关财务数据，分析企业销售增长率变动情况。

按照公式计算出的企业销售增长率如表 8－3 所示。

表 8－3　销售增长率分析

年　　份	2014	2015	2016	2017
销售增长率（%）	11.49	31.62	14.78	53.26

MN 公司的销售增长率在 2014 年到 2017 年期间出现了大幅变动，特别是 2017 年较上年增长 53.26%，进一步分析可知，这是企业合并范围新增某集团所致。

（2）三年销售收入平均增长率。三年销售收入平均增长率是企业当年销售收入总额与三年前销售收入总额相比的几何平均增长比率。其计算公式如下：

$$\text{三年销售收入平均增长率}=\left(\sqrt[3]{\frac{\text{当年销售收入总额}}{\text{三年前销售收入总额}}}-1\right)\times 100\%$$

三年销售收入平均增长率是为了消除销售收入短期异常波动的影响，反映企业较长时期的销售收入增长情况而采用的分析指标，能较好体现企业的发展状况和发展能力。

（3）利润增长率。利润增长率是指企业本年利润总额增长额同上年利润总额的比率。利润增长率反映企业收益与上年相比的增减变化情况，是评价企业发展能力的重要指标。其计算公式为：

$$\text{利润增长率}=\frac{\text{本年利润总额增长额}}{\text{上年利润总额}}\times 100\%$$

一个企业如果销售收入增长，但利润没有增长，从长远看，它并没有创造经济价值。利润是企业积累和发展的基础，利润增长率反映企业盈利的增长状况，指标越高，表明企业盈利能力越强，成长潜力越大；反之，则说明企业发展停滞，业务扩张能力弱。

除使用利润总额外，采用营业利润、息税前利润、净利润等项目也同样可以构建相关增长率指标，本文不再赘述。

[例 8-3] 根据附录 MN 公司有关财务数据，分析企业利润增长率变动情况。

按照公式计算出的企业利润增长率如表 8-4 所示。

表 8-4 利润增长率分析

年份	2014	2015	2016	2017
利润增长率(%)	7.78	42.12	219.07	−35.65

从表 8-3 可知，MN 公司的利润增长率在 2016 年有 219.07%的剧增后，随之出现严重的下滑势头，2017 年该指标为负增长 35.65%。主要原因是企业因投资巨亏大规模计提资产减值准备和对其他应收款中某项目全额计提坏账损失的结果。

(4) 三年利润平均增长率。三年利润平均增长率表明企业利润的连续三年增长情况，体现企业的发展潜力。其计算公式为：

$$\text{三年利润平均增长率}=\left(\sqrt[3]{\frac{\text{当年利润总额}}{\text{三年前利润总额}}}-1\right)\times 100\%$$

利用三年利润平均增长率指标，能够反映企业的利润增长趋势和效益稳定程度，较好地体现企业的发展状况和发展能力，避免因少数年份利润不正常增长而对企业发展潜力的错误判断。

3. 资产增长分析

(1) 总资产增长率。总资产增长率是企业本年总资产增长额同年初资产总额的比率，它可以衡量企业本期资产规模的增长情况，评价企业经营规模总量上的扩张程度。其计算公式为：

$$\text{总资产增长率}=\frac{\text{当年总资产增长额}}{\text{年初总资产}}\times 100\%$$

资产是企业用于取得收入的资源，也是企业偿还债务的保障。资产增长是企业发展的一个重要方面，发展性高的企业一般能保持资产的稳定增长。总资产增长率越高，说明企业本年内资产规模扩张的速度越快，但应注意资产规模扩张的质与量之间的关系以及企业的后续发展能力，避免盲目扩张。

除了对总资产的增长情况通过计算总资产增长率进行分析外，还可以对各类具体资产的增长情况进行分析。如可以计算以下指标：流动资产增长率、固定资产增长率、无形资产增长率等，计算时都是用本年增长额除以年初数额。

［**例 8－4**］　根据附录 MN 公司有关财务数据，分析企业总资产增长率变动情况。

按照公式计算出的企业总资产增长率如表 8－5 所示。

表 8－5　总资产增长率分析表

年　　份	2014	2015	2016	2017
总资产增长率（%）	10.36	46.87	104.90	－10.50

MN 公司的总资产增长率在 2014 年后出现了较快增长，特别是 2016 年增长速度惊人，这应与企业大规模扩张投资不无关系，但 2017 年企业绩效下降，总资产出现负增长。

（2）三年总资产平均增长率。三年总资产平均增长率是企业当年年末资产总额与三年前年末资产总额相比的几何平均增长比率。其计算公式如下：

$$\text{三年总资产平均增长率}=\left(\sqrt[3]{\frac{\text{当年末总资产}}{\text{三年前年末总资产}}}-1\right)\times 100\%$$

三年总资产平均增长率指标消除了资产短期波动的影响，反映了企业较长时期内的资产增长情况。

（3）固定资产成新率。固定资产成新率是企业当期平均固定资产净值同平均固定资产原值的比率，其计算公式为：

$$\text{固定资产成新率}=\frac{\text{平均固定资产净值}}{\text{平均固定资产原值}}\times 100\%$$

上式中平均固定资产净值是指企业固定资产净值的年初数同年末数的平均值。平均固定资产原值是指企业固定资产原值的年初数与年末数的平均值。

固定资产成新率反映了企业所拥有的固定资产的新旧程度，体现了企业固定资产更新的快慢和持续发展的能力。该指标高，表明企业固定资产比较新，对扩大再生产的准备比较充足，发展的可能性比较大。运用该指标分析固定资产新旧程度时，应剔除企业应提未提折旧对房屋、机器设备等固定资产真实状况的影响。此外，该指标受周期影响大，评价时应注意企业所处周期阶段这一因素。

4. 现金流量增长分析

（1）现金增长率。现金增长率是企业当年经营活动现金流入量增长额同上年经营活动现金流入量的比率，它可以衡量企业本期经营活动现金流入规模的增长情况，评价企业提升现金流入的管理水平。其计算公式为：

$$\text{现金增长率}=\frac{\text{当年经营活动现金流入量增长额}}{\text{上年经营活动现金流入量}}\times 100\%$$

企业实现的销售收入能否及时有效地转化成现金流入，这是企业现金管理成功与否的重要标志，结合企业销售增长率来分析现金增长率的变化，可以为上述评价提供一个合理而准确的依据。

[例 8-5] 根据附录 MN 公司有关财务数据，分析企业现金增长率变动情况。

按照公式计算出的企业现金增长率如表 8-6 所示。

表 8-6　现金增长率分析

年　份	2014	2015	2016	2017
现金增长率(%)	−0.46	44.70	43.88	19.00

从上表可知，MN 公司的现金增长率自 2015 年以后在逐年下降，与公司销售增长率的变动不尽一致。特别是 2017 年企业现金增长率远低于销售增长率，表明企业的经营现金管理水平下降。

(2) 三年现金平均增长率。三年现金平均增长率是企业当年经营活动现金流入量与三年前经营活动现金流入量相比的几何平均增长比率。其计算公式如下：

$$\text{三年现金平均增长率}=\left(\sqrt[3]{\frac{\text{当年经营活动现金流入量}}{\text{三年前经营活动现金流入量}}}-1\right)\times 100\%$$

三年现金平均增长率指标消除了经营活动现金流入短期波动的影响，反映了企业较长时期内的现金流入的增长情况。

5. 资产使用效率增长分析

(1) 存货周转天数加速率。存货周转天数加速率是评价企业存货周转能力变动增长的重要指标，其计算公式为：

$$\text{存货周转天数加速率}=\left(1-\frac{\text{当年存货周转天数}}{\text{上年存货周转天数}}\right)\times 100\%$$

企业的存货周转效率可以用周转天数来放映，周转天数越少，存货资产的使用效率越高。存货周转天数加速率衡量的是企业存货使用效率增长的情况，该指标值越高，表明企业存货使用效率越好。

需要说明的是，在对该指标评价时，应注意结合企业的不同发展阶段和企业内外部经济环境的变化来综合分析。

(2) 应收账款周转天数加速率。与上面的存货周转天数加速率指标类似，应收账款周转天数加速率是评价企业应收账款周转能力变动增长的重要指标，其计算公式为：

$$\text{应收账款周转天数加速率}=\left(1-\frac{\text{当年应收账款周转天数}}{\text{上年应收账款周转天数}}\right)\times 100\%$$

应收账款周转天数加速率指标值越高，表明企业应收账款的管理效率越好，反之则表明应收账款的管理效率越差。在评价该指标时，应根据企业具体的信用管理政策和内外部经济环境的变化来综合衡量。

除了存货、应收账款外，对于其他资产如流动资产、固定资产和总资产的使用效率变动的分析也可以比照上述计算方法进行，本文不再赘述。

[例 8-6] 根据附录 MN 公司有关财务数据，分析企业存货周转天数加速率和应收账款周转天数加速率变动情况。

按照公式计算出的企业存货周转天数加速率和应收账款周转天数加速率如表 8-7 所示。

表 8-7　存货周转天数加速率和应收账款周转天数加速率分析

年　　份	2015	2016	2017
存货周转天数加速率(%)	−6.41	−17.39	−5.90
应收账款周转天数加速率(%)	−4.86	−6.33	5.42

计算可知，MN 公司的存货周转天数加速率指标连续三年皆为负值，表明企业的存货管理水平持续降低。应收账款周转天数加速率指标在 2015 年和 2016 年连续两年为负，但 2017 年变为正值并有较高增长，说明企业在应收账款管理方面已有所改善。

6. 营运资本增长分析

对此分析的主要指标是营运资本增长率。营运资本增长率是企业当年营运资本变动额与上年营运资本的比率，反映企业营运资本的增长情况，其计算公式为：

$$\text{营运资本增长率}=\frac{\text{当年营运资本变动额}}{\text{上年营运资本}}\times 100\%$$

企业保持营运资本合理的增长区间，有利于控制流动性风险，促进企业发展。但需要注意的是，当企业营运资本为负值时，将会影响该指标的适用性。

7. 股利增长分析

(1) 股利增长率。股利增长率是企业当年每股股利的增长额与上年每股股利的比率，反映企业发放股利的增长情况，其计算公式为：

$$股利增长率=\frac{当年每股股利增长额}{上年每股股利}\times 100\%$$

股利增长率与企业价值(股票价值)有很密切的关系。股利增长模型认为，股票价值等于下一年的预期股利除以要求的股票必要报酬率和预期股利增长率的差额所得的商，即：

$$V=\frac{DPS}{r-g}$$

其中，V 表示股票价值，DPS 表示下一年的预期股利，r 表示要求的股票必要报酬率，g 表示股利增长率。从该模型的表达式可以看出，在其他条件不变的情况下，股利增长率越高，企业股票的价值就越高。

(2) 三年股利平均增长率。为了消除股利短期波动的影响，还可以使用三年股利平均增长率指标来反映企业在较长时期内的股利增长情况，其计算公式如下：

$$三年股利平均增长率=\left(\sqrt[3]{\frac{当年每股股利}{三年前每股股利}}-1\right)\times 100\%$$

8. 员工人均利润增长分析

对此分析的主要指标是员工人均利润增长率。员工人均利润增长率是企业本年度人均员工利润增长额与上年度人均员工利润额的比值，其计算公式如下：

$$员工人均利润增长率=\frac{当年员工人均利润增长额}{上年员工人均利润额}\times 100\%$$

员工人均利润增长率反映了企业员工生产效率的提高程度，该指标值越高，说明企业员工生产效率的增长越快，企业发展越有保证。

专栏 8-1

可持续增长率的影响因素

企业在保持一个固定的资产负债率、并且又没有其他外部权益融资的情况下所能达到的最大的销售增长率通常被称为可持续增长率(Sustainable Growth Rate，SGR)。可持续增长率最早由 R.C.Higgins 提出，后来被美国波士顿咨询公司等机构推广。根据美国麻省理工学院罗斯教授等著《公司理财》一书的分析，可持续增长率可由下式得到：

$$可持续增长率=\frac{净资产报酬率\times 留存盈余比率}{1-净资产报酬率\times 留存盈余比率} \tag{1}$$

这里的净资产报酬率(ROE)等于本年净利润除以本年末的所有者权益。

该公式经过变换后,还可以得到一种更简单的公式形式:

$$可持续增长率=净资产报酬率\times留存盈余比率 \tag{2}$$

上式中净资产报酬率等于本年净利润除以本年初(或上年末)的所有者权益。

我们知道,净资产报酬率按照杜邦模型还可以进一步分解成销售净利率、总资产周转率和权益乘数的乘积形式。由此可以看出,企业可持续增长的能力由以下4个因素决定:

(1) 销售净利率。利润率的提高将会增强企业从内部产生现金的能力,从而提高它的可持续增长率。

(2) 股利政策。企业支付的股利占净利润的比例降低,能够提高留存盈余比率。这样可以增加内部权益,继而提高可持续增长率。

(3) 筹资政策。加大企业的财务杠杆使得额外的负债融资成为可能,也可以提高可持续增长率。

(4) 总资产周转率。提高总资产周转率可以使单位资产所产生的销售收入增加,因而可以减少企业在销售增长时对新资产的需求,最终实现提升可持续增长率。

第二节 杠杆系数分析

财务分析中的杠杆理论,是指由于固定费用(包括生产经营方面的固定费用和财务方面的固定费用)的存在,当企业业务量发生较小变化时其经营利润会产生较大变化的情况。由于这种杠杆作用,企业既可以获得一定的杠杆收益,也要承担一定的杠杆风险。通常人们常用杠杆系数来衡量企业面临的这种风险。

一、成本习性、边际贡献和息税前利润

(一) 成本习性

成本习性是指成本总额与业务量(如产量、销量或产销量)之间在数量上的依存关系。成本按习性可划分为固定成本、变动成本和混合成本三类。

1. 固定成本

固定成本是指其总额在一定时期和一定业务量范围内不随业务量发生任何变动的那部分成本。属于固定成本的主要有按直线法计提的折旧费、保险费、管理人员工

资、办公费等。单位固定成本将随产量的增加而逐渐变小。

固定成本还可进一步区分为约束性固定成本和酌量性固定成本两类：

(1) 约束性固定成本。这是企业为维持一定的业务量所必须负担的最低成本，如厂房、机器设备折旧费，长期租赁费等。企业的经营能力一经形成，在短期内很难有重大改变，因而这部分成本具有很大的约束性。

(2) 酌量性固定成本。这是企业根据经营方针确定的一定时期(通常为一年)的成本，如广告费、研究与开发费、职工培训费等。

应当指出的是，固定成本总额只是在一定时期和业务量的一定范围内保持不变。

2. 变动成本

变动成本是指其总额随着业务量成正比例变动的那部分成本。直接材料、直接人工等都属于变动成本，但产品单位成本中的直接材料、直接人工将保持不变。

与固定成本相同，变动成本也存在相关范围。

3. 混合成本

有些成本虽然也随业务量的变动而变动，但不成同比例变动，这类成本称为混合成本。混合成本按其与业务量的关系又可分为半变动成本和半固定成本。

(1) 半变动成本。它通常有一个初始量，类似于固定成本，在这个初始量的基础上随产量的增长而增长，又类似于变动成本。

(2) 半固定成本。这类成本随产量的变化而呈阶梯型增长，产量在一定限度内，这种成本不变，当产量增长到一定限度后，这种成本就跳跃到一个新水平。

一般情况下，混合成本由于可以分解成固定成本和变动成本两部分，所以企业的总成本也可以直接视为由固定成本和变动成本两部分构成。

(二) 边际贡献和息税前利润

1. 边际贡献

边际贡献是指企业销售收入(或销售额)减去变动成本以后的差额，也称为边际利润。单位边际贡献表示每增加一个单位销售可提供的边际贡献，可用销售单价减去单位变动成本后得到。它们的计算公式为：

$$\begin{aligned}\text{边际贡献} &= \text{销售收入} - \text{变动成本} \\ &= (\text{销售单价} - \text{单位变动成本}) \times \text{产销量} \\ &= \text{单位边际贡献} \times \text{产销量}\end{aligned}$$

2. 息税前利润

息税前利润(Earnings Before Interest and Tax, EBIT)，也称息税前收益，是指企业支付利息和交纳所得税前的利润，在财务会计上常用销售收入总额减去变动成本和固定成本总额后得到。其计算公式为：

息税前利润＝销售收入总额－变动成本总额－固定成本总额
＝(销售单价－单位变动成本)×产销量－固定成本
＝边际贡献总额－固定成本

二、经营杠杆分析

(一) 经营杠杆的概念

在其他条件不变的情况下，产销量的增加虽然一般不会改变固定成本总额，但会降低单位固定成本，从而提高单位利润，使息税前利润的增长率大于产销量的增长率。反之，产销量的减少会提高单位固定成本，降低单位利润，使息税前利润下降率也大于产销量下降率。如果不存在固定成本，所有成本都是变动的，那么边际贡献就是息税前利润，这时息税前利润变动率就同产销量变动率完全一致。这种由于固定成本的存在而造成的利润变动率大于产销量变动率的现象，称为经营杠杆(Operating Leverage)。

运用经营杠杆，企业可以获得一定的经营杠杆利益，同时也承受相应的经营风险，对此可用经营杠杆系数来衡量。

(二) 经营杠杆系数

1. 经营风险

经营风险是指与企业经营相关的风险，尤其指利用经营杠杆而导致息税前利润变动的风险。由于经营杠杆的作用，当销售量或销售额下降时，息税前利润下降得更快，从而给企业带来经营风险。经营风险影响着企业的筹资能力，是制约企业财务决策的重要因素。

影响经营风险的因素主要有：(1) 产品需求的变化；(2) 产品售价的变化；(3) 单位产品变动成本的变化；(4) 固定成本的比重。经营风险在一定程度上取决于企业固定成本的大小。如果企业固定成本占很大比重，只要企业的营业额稍有变化，就会导致息税前利润的大幅度变化。所以，经营杠杆越高的企业，其经营风险也越高。

2. 经营杠杆系数的计算

为了反映经营杠杆的作用程度，评价经营风险的高低，需要测算经营杠杆系数(Degree of Operating Leverage，DOL)。经营杠杆系数也称经营杠杆程度，是指息税前利润的变动率相当于销售变动率的倍数。其计算方法有两种：

(1) 利用息税前利润和销售变动率的对比关系确定。其计算公式为：

$$DOL=\frac{\Delta EBIT/EBIT}{\Delta S/S}=\frac{\Delta EBIT/EBIT}{\Delta Q/Q}$$

式中：DOL 表示经营杠杆系数；$EBIT$ 表示变动前的息税前利润；$\Delta EBIT$ 表示息税前利润的变动额；S 表示变动前的销售额；ΔS 表示销售额的变动额；Q 表示变动前的销售量；ΔQ 表示销售量的变动额。

[例 8-7] MN 公司有关资料(模拟数)如表 8-8 所示，试计算该企业的经营杠杆系数。

表 8-8 经营杠杆系数计算

项　目	销售额变动前(元)	销售额变动后(元)	变动额(元)	变动率(%)
销售额	40 000	48 000	8 000	20
变动成本	24 000	28 800	4 800	20
边际贡献	16 000	19 200	3 200	20
固定成本	8 000	8 000	—	—
息税前利润	8 000	11 200	3 200	40

根据上述公式得：

$$DOL=\frac{3\,200/8\,000}{8\,000/40\,000}=\frac{40\%}{20\%}=2$$

经营杠杆系数为 2 表明息税前利润的增长是销售额增长的 2 倍；或表明息税前利润的降低是销售额降低的 2 倍。

(2) 利用贡献毛益和息税前利润的对比关系确定。其计算公式为：

$$\boldsymbol{DOL=\frac{M}{EBIT}=\frac{S-VC}{S-VC-FC}}$$

式中：M 表示变动前的边际贡献；$EBIT$ 表示变动前的息税前利润；S 表示变动前的销售额；VC 表示变动前的变动成本总额；FC 表示变动前的固定成本总额。

将表 8-7 的资料代入得：

$$DOL=\frac{16\,000}{8\,000}=2$$

(三) 经营杠杆系数的特性

从上述计算公式中可知经营杠杆系数的特性如下：

(1) 在固定成本不变的情况下，经营杠杆系数表明了销售额增长(减少)所引起的息税前利润增长(减少)的幅度。

(2) 在固定成本不变的情况下，销售额越大，经营杠杆系数越小，经营风险也就越小；反之，销售额越小，经营杠杆系数越大，经营风险也就越大。

(3) 在其他因素不变的情况下，固定成本越高，经营杠杆系数越大，经营风险也越大。

三、财务杠杆分析

(一) 财务杠杆的概念

无论企业息税前利润为多少，债务的利息和优先股的股利通常都是固定不变的。当息税前利润增大时，每 1 元利润所负担的固定财务费用就会相对减少，这就会给普通股股东带来更多的收益；反之，当息税前利润减少时，每 1 元利润所负担的固定财务费用就会相对增加，这就会大幅度减少普通股的收益。这种由于固定财务费用的存在，使普通股每股收益的变动幅度大于息税前利润变动幅度的现象，称为财务杠杆(Financial Leverage)。

运用财务杠杆，企业可以获得一定的财务杠杆利益，同时也承受相应的财务风险，对此可用财务杠杆系数来衡量。

(二) 财务杠杆系数

1. 财务风险

财务风险也称筹资风险，是指利用财务杠杆导致公司股东或企业所有者收益变动的风险，或指甚至可能导致企业破产的风险。由于财务杠杆的作用，当息税前利润下降时，税后利润下降得更快，从而给企业带来财务风险。

影响财务风险的因素主要有：(1) 资金供求的变化；(2) 利率水平的变动；(3) 获利能力的变化；(4) 资金结构的变化，即财务杠杆的利用程度。其中，财务杠杆对财务风险的影响最具综合作用。企业所有者想要获得财务杠杆利益，需要承担由此引起的财务风险，因此，必须在财务杠杆利益与财务风险之间做出合理的权衡与选择。

2. 财务杠杆系数的计算

财务风险的大小及其给企业带来的杠杆影响程度，通常用财务杠杆系数(Degree of Financial Leverage，DFL)来加以衡量。财务杠杆系数又称为财务杠杆程度，是指普通股税后每股收益变动率相当于息税前利润变动率的倍数。它可用来反映财务杠杆的作用程度，评价财务风险的高低。其计算公式为：

$$DFL=\frac{\Delta EPS/EPS}{\Delta EBIT/EBIT}$$

式中：DFL 表示财务杠杆系数；EPS 表示普通股每股收益；ΔEPS 表示普通股每股利润变动额；$EBIT$ 表示息税前利润。

[例 8-8] MN 公司发行普通股股票 10 000 股，每股面值 100 元，发行长期债券

40万元，债券利率为10%，所得税税率为33%，息税前利润18万元，该企业息税前利润及每股收益的变动情况(模拟数)见表8-9所示。

表8-9 财务杠杆系数计算 单位：元

项目	息税前利润和每股收益变动情况		
	本期	增加20%	减少20%
息税前利润	180 000	216 000	144 000
利息	40 000	40 000	40 000
税前利润	140 000	176 000	104 000
所得税	46 200	58 080	34 320
税后利润	93 800	117.920	69 680
普通股股数	10 000	10 000	10 000
每股收益	9.38	11.792	6.968

根据财务杠杆系数公式得：

$$DFL = \frac{(11.792 - 9.38)/9.38}{(216\,000 - 180\,000)/180\,000} = 1.285$$

上式结果表明，每股收益的增长是息税前利润增长的1.285倍。而在息税前利润下降时：

$$DFL = \frac{(6.968 - 9.38)/9.38}{(144\,000 - 180\,000)/180\,000} = 1.285$$

上式结果表明，每股收益的下降是息税前利润下降的1.285倍。

由于$EPS = (EBIT - I)(1 - T)/N$，对上述公式进行变换，可以得到如下公式：

$$\boldsymbol{DFL = \frac{EBIT}{EBIT - I}}$$

式中：I表示利息；T表示所得税税率；N表示流通在外的普通股股数；$EBIT$表示息税前利润。

将表8-8的有关资料代入，得：

$$DFL = \frac{180\,000}{180\,000 - 40\,000} = 1.285$$

在有优先股的条件下，由于优先股股利通常也是固定的，但应以税后利润支付，此时财务杠杆系数计算公式应改写成下列形式：

$$DFL=\frac{EBIT}{EBIT-I-PD/(1-T)}$$

式中：I 表示利息；T 表示所得税税率；$EBIT$ 表示息税前利润；PD 表示优先股股利。

（三）财务杠杆系数的特性

从上述计算公式中可知财务杠杆系数的特性如下：

(1) 财务杠杆系数表明息税前利润的增长引起的每股收益的增长幅度。

(2) 在资本总额、息税前利润相同的情况下，负债比率越高，利率越高，财务杠杆系数越大，财务风险也越大。反之，负债比率越低，利率越低，财务杠杆系数越小，财务风险也就越小。

四、复合杠杆分析

（一）复合杠杆的概念

前述已知，由于存在固定的生产经营成本，产生经营杠杆作用，使息税前利润的变动率大于产销量的变动率；同样，由于存在固定的财务成本，产生财务杠杆作用，使企业每股收益的变动率大于息税前利润的变动率。如果两种杠杆共同起作用，那么销售额稍有变动就会使每股收益产生更大的变动，这两种杠杆作用结合在一起被称为复合杠杆（Total Leverage）。

（二）复合杠杆系数的计算

显然，只要企业同时存在固定的生产经营成本和固定的利息费用等财务支出，就会存在复合杠杆的作用。对复合杠杆进行计量的指标是复合杠杆系数（Degree of Total Leverage，DTL）。

所谓复合杠杆系数，是指每股收益随着产销业务量的变动而发生变动的幅度，即每股收益的变动率相对于产销量变动率的倍数，不难看出，实际上复合杠杆系数就等于经营杠杆系数与财务杠杆系数之积。复合杠杆系数的计算公式如下：

$$DTL=\frac{\Delta EPS/EPS}{\Delta S/S}=DOL\times DFL$$

式中：DTL 表示复合杠杆系数；EPS 表示变动前的每股收益；ΔEPS 表示每股收益变动额；S 表示变动前的产销量；ΔS 表示产销量的变动额。

又因为：$DOL=\frac{M}{EBIT}$ 且 $DFL=\frac{EBIT}{EBIT-I-PD/(1-T)}$，

则有：

$$DTL=\frac{M}{EBIT-I-PD/(1-T)}$$

式中：DTL 表示复合杠杆系数；M 表示变动前的边际贡献；$EBIT$ 表示变动前的息税前利润；I 表示利息；T 表示所得税税率；PD 表示优先股股利。

（三）复合杠杆系数的特性

（1）由于复合杠杆的作用，当销售额发生较小变动而使普通股每股收益产生大幅度波动所造成的风险，被称为复合风险。复合风险直接反映企业的整体风险。在其他因素不变的情况下，复合杠杆系数越大，复合风险越大；复合杠杆系数越小，复合风险越小。

（2）复合杠杆是经营杠杆与财务杠杆共同作用的结果，从复合杠杆系数公式中可以看到经营杠杆与财务杠杆之间的相互关系，即为了达到某一复合杠杆系数，经营杠杆和财务杠杆可以有很多不同的组合。

专栏 8-2

资产负债表日后事项

根据《企业会计准则第 29 号——资产负债表日后事项》的规定，资产负债表日后事项是指资产负债表日至财务报告批准报出日之间发生的有利或不利事项，包括资产负债表日后调整事项和资产负债表日后非调整事项。

资产负债表日后调整事项是指对资产负债表日已经存在的情况提供了新的或进一步证据的事项。当企业发生资产负债表日后调整事项，应当调整资产负债表日的财务报表。企业发生的资产负债表日后调整事项，通常包括下列各项：

（1）资产负债表日后诉讼案件结案，法院判决证实了企业在资产负债表日已经存在现时义务，需要调整原先确认的与该诉讼案件相关的预计负债，或确认一项新负债。

（2）资产负债表日后取得确凿证据，表明某项资产在资产负债表日发生了减值或者需要调整该项资产原先确认的减值金额。

（3）资产负债表日后进一步确定了资产负债表日前购入资产的成本或售出资产的收入。

（4）资产负债表日后发现了财务报表舞弊或差错。

资产负债表日后非调整事项是指表明资产负债表日后发生的情况的事项，不应当调整资产负债表日的财务报表。企业发生的资产负债表日后非调整事项，通常包括下列各项：

（1）资产负债表日后发生重大诉讼、仲裁、承诺。

（2）资产负债表日后资产价格、税收政策、外汇汇率发生重大变化。

（3）资产负债表日后因自然灾害导致资产发生重大损失。

（4）资产负债表日后发行股票和债券以及其他巨额举债。

（5）资产负债表日后资本公积转增资本。

（6）资产负债表日后发生巨额亏损。

（7）资产负债表日后发生企业合并或处置子公司。

第三节　社会责任财务指标分析

现代企业财务分析一般是以企业经济责任分析为核心，却忽视了对企业的伦理责任、法律责任和生态责任等社会责任方面的分析。所谓企业的社会责任，是指企业通过企业制度和企业行为所体现的对员工、商务伙伴、客户（消费者）、社区、国家履行的各种积极义务和责任，是企业对市场和相关利益群体的一种良性反应，它既有法律、行政等方面的强制义务，也有道德方面的自愿行为。企业对社会责任的忽视，不但使依赖于现行财务分析指标结果的相关决策不科学，而且还可能给企业带来因没有履行必要的社会责任而造成的巨大风险。

2010年11月1日，国际标准化组织（International Standard Organization，ISO）正式发布《社会责任指南》（ISO26000），为企业履行社会责任提供了指导性意见[①]。因此，基于企业社会责任的财务分析十分必要，它将有助于进一步完善现有财务分析体系，使企业的财务分析与决策更加科学。

一、企业综合社会责任财务指标

企业综合社会责任财务指标主要是评价企业对国家和社会承担的责任。在各类评价体系中出现最多的是社会贡献率、社会积累率、纳税贡献率、全员劳动生产率和技术投入比率。

（一）社会贡献率

社会贡献率是企业社会贡献总额与平均资产总额的比值，它反映了企业占用社会经济资源所产生的社会经济效益的大小，用于评价企业运用全部资产为国家或社会创造价值的能力，在一定程度上表明了公司的社会责任。其计算公式为：

$$社会贡献率=\frac{企业社会贡献总额}{平均资产总额}\times 100\%$$

① ISO26000用社会责任（Social Responsibility，SR）替代企业社会责任（Corporate Social Responsibility，CSR），使得以往只针对企业的指南扩展到适用于所有类型的组织，是社会责任运动的里程碑。

其中，企业社会贡献总额包括：工资（含奖金、津贴等工资性收入），劳保退休统筹及其他社会福利支出，利息支出净额，应交或已交的各项税款、附加及福利等。社会贡献率指标越高，说明企业的社会贡献越大。

（二）社会积累率

社会积累率是企业上交的各项财政收入与企业社会贡献总额的比值，用于衡量企业社会贡献总额中多少用于上交国家财政和支持社会公益事业，从而反映企业的社会责任。其计算公式为：

$$社会积累率=\frac{企业上交国家财政总额}{企业社会贡献总额}\times 100\%$$

其中，上交国家财政总额包括企业依法向财政交纳的各项税款，如：增值税、所得税、产品销售税金及附加、其他税款等。企业的社会积累率指标越高，表明企业支持国家财政的贡献越大。

（三）纳税贡献率

纳税贡献率是企业会计年度内的纳税总额与企业平均净资产的比值，该指标可以用来衡量企业运用全部净资产为国家和社会创造价值的能力。其计算公式为：

$$纳税贡献率=\frac{企业支付的各项税款}{平均净资产}\times 100\%$$

纳税贡献率指标越高，表明企业运用自有资产为社会和国家做出的贡献越大。

（四）全员劳动生产率

全员劳动生产率是企业的工业增加值与同一时期全部职工的平均人数的比值，反映企业对社会劳动资源的利用水平和企业劳动者素质的高低，是企业生产技术水平、经营管理水平、职工技术熟练程度和劳动积极性的综合表现，间接反映企业劳动者为国家创造财富的社会责任。其计算公式为：

$$全员劳动生产率=\frac{工业增加值}{全部职工平均人数}\times 100\%$$

上式中工业增加值是指工业企业在报告期内以货币表现的工业生产活动的最终成果。全员劳动生产率指标值越大，表明企业有效利用了劳动力资源，为社会创造价值的效率越高。

（五）技术投入比率

技术投入比率是指企业当年技术转让费支出和研发费支出与年营业收入总额的比值，其计算公式是：

$$技术投入比率=\frac{企业技术转让费支出+研发费支出}{企业年收入总额}\times 100\%$$

技术投入比率指标反映了企业对人类社会技术进步的责任，该比率指标越高，表明企业的开发和技术投入力度越大，为社会和国家进步承担的社会责任越多。

二、企业法律社会责任财务指标

企业的法律社会责任是指企业按照有关法律法规的规定承担的责任义务。例如企业对本企业职工的福利、安全、教育等方面承担的义务以及照章纳税的义务等。企业的法律社会责任财务指标主要是评价企业履行法律责任的情况，常见指标有：工资支付率、法定福利支付率、社保提取率、社保支付率、税款上缴率等。

（一）工资支付率

工资支付率是企业已付工资总额与应付工资总额的比值，反映企业对国家相关劳动法规的遵守情况，该比值越大越好。其计算公式为：

$$工资支付率=\frac{已付工资总额}{应付工资总额}\times 100\%$$

（二）法定福利支付率

法定福利是指按相关法律政策规定职工享有的医疗、养老、失业保险，以及住房公积金和工会经费等方面的福利。法定福利支付率是企业已提取的法定福利与按规定计算的法定福利总额之比，该指标值越高越好。其计算公式是：

$$法定福利支付率=\frac{已提法定福利}{法定福利总额}\times 100\%$$

（三）社保提取率

国家对企业职工的社会保障有相关的法律规定，社保提取率为企业已提取的社会保障基金与按相关法律规定应提取的社保基金的比值。该指标用来反映企业对国家相关社会保障法律法规的执行情况，指标值越大越好。其计算公式是：

$$社保提取率=\frac{已提取社会保障基金}{应提取社会保障基金}\times 100\%$$

（四）社保支付率

社保支付率为企业已向社会保障机构支付的社保基金与应交社会保障基金之比。该指标反映企业是否有挤占挪用社保基金的违法行为，该指标值越大，说明企业执行社保法规责任越好。其计算公式为：

$$\text{社保支付率}=\frac{\text{已付社保基金}}{\text{应付社保基金}}\times 100\%$$

（五）税款上缴率

税款上缴率是企业已缴纳税款与应缴纳税款的比值，该指标用来分析企业是否有挤占挪用国家税款的违法行为，该比值越大，表明企业的税收法律责任履行得越好。其计算公式为：

$$\text{税款上缴率}=\frac{\text{已交纳税款}}{\text{应交纳税款}}\times 100\%$$

三、企业伦理社会责任财务指标

企业伦理社会责任财务指标评价的是企业对社会慈善事业和其他公益事业的社会责任，主要指标有：捐赠收入比率、员工人均年教育经费、员工工资增长率等。

（一）捐赠收入比率

捐赠收入比率是企业为社区建设、希望工程和困难人群发生的慈善与公益捐款与企业收入的比值，该指标可以反映企业的社会伦理责任，指标值越大越好。其计算公式为：

$$\text{捐赠收入比率}=\frac{\text{慈善与公益捐款}}{\text{企业收入总额}}\times 100\%$$

（二）员工人均年教育经费

员工人均年教育经费为企业的员工教育经费总额与员工人数的比值，该指标反映企业对员工素质的提升和未来发展所承担的社会伦理责任，该指标值越大越好。其计算公式为：

$$\text{员工人均年教育经费}=\frac{\text{员工教育经费总额}}{\text{员工人数}}$$

（三）员工工资增长率

员工工资增长率是企业本年度员工工资增长额与上年度员工工资额的比值，反映企业员工对企业增长的利润的分享程度。该指标值以高出行业平均水平和物价上涨率为好，同时与单位员工利润增长率进行比较，看二者的增长幅度是否一致，以反映企业的伦理责任。其计算公式为：

$$\text{员工工资增长率}=\frac{\text{当年员工工资增长额}}{\text{上年员工工资总额}}\times 100\%$$

四、企业生态社会责任财务指标

企业的生态责任要求企业一方面要按照有关法律的规定合理利用资源、减少对环境的污染程度，另一方面还要求企业承担治理由其所造成的环境污染的相关费用。依据可持续发展观的要求，反映企业生态社会责任的财务指标有：单位收入材料消耗量、单位收入耗能量、单位收入耗水量、单位收入不可再生资源消耗量和环保投资率等。

（一）单位收入材料消耗量

单位收入材料消耗量为企业主要材料消耗量与企业收入总额的比值，该指标反映企业生产对材料的消耗强度。该指标值越小，表明企业对材料的节约；反之，则是对材料的浪费。其计算公式为：

$$单位收入材料消耗量=\frac{主要材料消耗量}{企业收入总额}$$

（二）单位收入耗能量

单位收入耗能量是企业能源消耗量与企业收入总额的比值，该指标反映企业生产对能源的消耗强度，该指标值越小越好。值得注意的是为加强单位收入能耗的可比性，应将耗能量统一换算为热能值。其计算公式为：

$$单位收入耗能量=\frac{企业能源消耗量}{企业收入总额}$$

（三）单位收入耗水量

单位收入耗水量为企业水资源消耗量与企业收入总额的比值，该指标反映企业生产对水资源的消耗强度，该指标值越小越好。其计算公式为：

$$单位收入耗水量=\frac{企业水资源消耗量}{企业收入总额}$$

（四）单位收入不可再生资源消耗量

单位收入不可再生资源消耗量是企业消耗不可再生资源量与企业收入总额的比值，该指标反映企业生产对不可再生资源的消耗强度，指标值越小越好。其计算公式为：

$$单位收入不可再生资源消耗量=\frac{不可再生资源消耗量}{企业收入总额}$$

（五）环保投资率

环保投资率是企业环保设备净值与固定资产净值的比值，一定程度上反映企业对

人类生存环境的责任感,为分析结论的有用出发,该指标需辅以环保设备开工率指标进行分析。其计算公式为:

$$环保投资率=\frac{环保设备净值}{固定资产净值}\times 100\%$$

(六)环保支出率

环保支出率是企业全年的环保经费支出与当年销售收入的比值,反映企业从销售收入中用于环保事业的经费支出情况。其计算公式为:

$$环保支出率=\frac{年环保经费支出}{年销售收入}\times 100\%$$

专栏 8-3

企业年金基金

企业年金是指企业及其职工在依法参加基本养老保险的基础上,自主建立的补充养老保险制度,与基本养老保险、个人储蓄性养老保险一起构成了“多支柱”的我国城镇职工养老保障体系。

企业年金基金是指根据依法制定的企业年金计划筹集的资金及其投资运营收益形成的企业补充养老保险基金。企业年金所需费用由企业和职工个人共同缴纳。企业年金基金实行完全积累,为每个参加企业年金的职工建立个人账户,按照国家有关规定投资运营。企业年金基金投资运营收益并入企业年金基金。

企业年金基金管理各方当事人包括委托人、受托人、托管人、账户管理人、投资管理人和其他为企业年金基金管理提供服务的主体。其中,企业年金基金委托人是设立企业年金基金的企业及其职工;受托人是受托管理企业年金基金的符合国家规定的养老金管理公司等法人受托机构;托管人是受托提供保管企业年金基金财产等服务的商业银行或专业机构;账户管理人是受托管理企业年金基金账户的专业机构;投资管理人是受托管理企业年金基金投资的专业机构;其他为企业年金基金管理提供服务的主体包括提供中介服务的投资顾问公司、信用评估公司、精算咨询公司、会计师事务所、律师事务所等专业机构。

根据2018年2月1日起施行的《企业年金办法》规定,企业年金基金由下列各项组成:(1)企业缴费;(2)职工个人缴费;(3)企业年金基金投资运营收益。企业缴费每年不超过本企业职工工资总额的8%,企业和职工个人缴费合计不超过本企业职工工资总额的12%。具体所需费用,由企业和职工双方协商确定。

有下列情形之一的,职工企业年金个人账户中企业缴费及其投资收益完全归属于职工个人：(1) 职工达到法定退休年龄、完全丧失劳动能力或者死亡的；(2) 有规定的企业年金方案终止情形的；(3) 非因职工过错企业解除劳动合同的，或者因企业违反法律规定职工解除劳动合同的；(4) 劳动合同期满，由于企业原因不再续订劳动合同的；(5) 企业年金方案约定的其他情形。

符合下列条件之一的，可以领取企业年金：(1) 职工在达到国家规定的退休年龄或者完全丧失劳动能力时，可以从本人企业年金个人账户中按月、分次或者一次性领取企业年金，也可以将本人企业年金个人账户资金全部或者部分购买商业养老保险产品，依据保险合同领取待遇并享受相应的继承权；(2) 出国（境）定居人员的企业年金个人账户资金，可以根据本人要求一次性支付给本人；(3) 职工或者退休人员死亡后，其企业年金个人账户余额可以继承。

企业年金基金应当分别资产、负债、收入、费用和净资产进行确认和计量。

第四节　合并财务报表分析

一、合并财务报表概述

(一) 合并财务报表

随着市场经济的不断发展，企业集团化经营日益普遍，合并财务报表成为企业财务报表体系中的重要组成部分，母子公司的财务状况和经营成果因为资本关系而变得不可分割。在这种情况下，各独立法律实体的单独报表，并不能反映处于同一控制下的经济实体的经济业务。投资者需要反映集团企业整体状况的财务信息以进行投资决策，由此催生了对合并财务报表的需求。

合并财务报表是指反映母公司和其全部子公司形成的集团企业整体财务状况、经营成果和现金流量的财务报表。主要包括下列组成部分：(1) 合并资产负债表；(2) 合并利润表；(3) 合并现金流量表；(4) 合并所有者权益变动表；(5) 附注。

当母公司直接或通过子公司间接拥有被投资单位半数以上的表决权，或者拥有被投资单位半数或以下的表决权而能够实质性控制被投资单位时，该被投资单位应认定为子公司，母公司需将其纳入合并范围并编制合并财务报表。

(二) 合并程序与编制方法

在编制合并财务报表时，子公司需向母公司提供财务报表和其他有关资料，母公司需统一子公司所采用的会计政策和会计期间，使之与母公司保持一致。在此基础上，母公司按照权益法调整对子公司的长期股权投资后，以其和子公司的财务报表为基础，结合其他有关资料，进行合并财务报表的编制。

1. 合并资产负债表

在以母公司和子公司的资产负债表为基础编制合并资产负债表时，母公司与子公司、子公司相互之间发生的内部交易对资产负债表的影响应予抵销。

子公司所有者权益中不属于母公司的份额，应当作为少数股东权益，在合并资产负债表中所有者权益项目下以“少数股东权益”项目列示。

在编制报表时，母公司在报告期内因同一控制下企业合并增加的子公司，应当调整合并资产负债表的期初数；因非同一控制下企业合并增加的子公司，不应当调整合并资产负债表的期初数；母公司在报告期内处置子公司，不应当调整合并资产负债表的期初数。

2. 合并利润表

在以母公司和子公司的利润表为基础编制合并利润表时，母公司与子公司、子公司相互之间发生的内部交易对利润表的影响应予抵销。

子公司当期净损益中属于少数股东权益的份额，应当在合并利润表中净利润项目下以“少数股东损益”项目列示。

子公司少数股东分担的当期亏损超过了少数股东在该子公司期初所有者权益中所享有的份额，其余额应当分别下列情况进行处理：(1) 公司章程或协议规定少数股东有义务承担，并且少数股东有能力予以弥补的，该项余额应当冲减少数股东权益；(2) 公司章程或协议未规定少数股东有义务承担的，该项余额应当冲减母公司的所有者权益。该子公司以后期间实现的利润，在弥补了由母公司所有者权益所承担的属于少数股东的损失之前，应当全部归属于母公司的所有者权益。

母公司在报告期内因同一控制下企业合并增加的子公司，应当将该子公司合并当期期初至报告期末的收入、费用、利润纳入合并利润表；因非同一控制下企业合并增加的子公司，应当将该子公司购买日至报告期末的收入、费用、利润纳入合并利润表；母公司在报告期内处置子公司，应当将该子公司期初至处置日的收入、费用、利润纳入合并利润表。

3. 合并现金流量表

在以母公司和子公司的现金流量表为基础编制合并现金流量表时，母公司与子公司、子公司相互之间发生的内部交易对现金流量表的影响应予抵销。

母公司在报告期内因同一控制下企业合并增加的子公司，应当将该子公司合并当期期初至报告期末的现金流量纳入合并现金流量表；因非同一控制下企业合并增加的子公司，应当将该子公司购买日至报告期末的现金流量纳入合并现金流量表；母公司在报告期内处置子公司，应当将该子公司期初至处置日的现金流量纳入合并现金流量表。

4. 合并所有者权益变动表

在以母公司和子公司的所有者权益变动表为基础编制合并所有者权益变动表时，母公司与子公司、子公司相互之间发生的内部交易对所有者权益变动表的影响应予抵销。

有少数股东的，应当在合并所有者权益变动表中增加“少数股东权益”栏目，反映少数股东权益变动的情况。

上述合并报表编制过程中的抵销项目见表8－10所示。

表8－10　合并报表中的抵销项目

合并报表	母公司与子公司及子公司之间抵销项目
合并资产负债表	1. 母公司对子公司的长期股权投资与母公司在子公司所有者权益中所享有的份额应当相互抵销，同时抵销相应的长期股权投资减值准备； 2. 各子公司之间的长期股权投资以及子公司对母公司的长期股权投资，应当比照上述规定，将长期股权投资与其对应的子公司或母公司所有者权益中所享有的份额相互抵销； 3. 母公司与子公司、子公司相互之间的债权与债务项目应当相互抵销，同时抵销应收款项的坏账准备和债券投资的减值准备； 4. 母公司与子公司、子公司相互之间销售商品（或提供劳务，下同）或其他方式形成的存货、固定资产、工程物资、在建工程、无形资产等所包含的未实现内部销售损益应当抵销； 5. 对存货、固定资产、工程物资、在建工程和无形资产等计提的跌价准备或减值准备与未实现内部销售损益相关的部分应当抵销； 6. 母公司与子公司、子公司相互之间发生的其他内部交易对合并资产负债表的影响应当抵销
合并利润表	1. 母公司与子公司、子公司相互之间销售商品所产生的营业收入和营业成本应当抵销； 2. 母公司与子公司、子公司相互之间销售商品，期末全部实现对外销售的，应当将购买方的营业成本与销售方的营业收入相互抵销； 3. 母公司与子公司、子公司相互之间销售商品，期末未实现对外销售而形成存货、固定资产、工程物资、在建工程、无形资产等资产的，在抵销销售商品的营业成本和营业收入的同时，应当将各项资产所包含的未实现内部销售损益予以抵销； 4. 在对母公司与子公司、子公司相互之间销售商品形成的固定资产或无形资产所包含的未实现内部销售损益进行抵销的同时，也应当对固定资产的折旧额或无形资产的摊销额与未实现内部销售损益相关的部分进行抵销； 5. 母公司与子公司、子公司相互之间持有对方债券所产生的投资收益，应当与其相对应的发行方利息费用相互抵销； 6. 母公司对子公司、子公司相互之间持有对方长期股权投资的投资收益应当抵销； 7. 母公司与子公司、子公司相互之间发生的其他内部交易对合并利润表的影响应当抵销

（续表）

合并报表	母公司与子公司及子公司之间抵销项目
合并现金流量表	1. 母公司与子公司、子公司相互之间当期以现金投资或收购股权增加的投资所产生的现金流量应当抵销； 2. 母公司与子公司、子公司相互之间当期取得投资收益收到的现金，应当与分配股利、利润或偿付利息支付的现金相互抵销； 3. 母公司与子公司、子公司相互之间以现金结算债权与债务所产生的现金流量应当抵销； 4. 母公司与子公司、子公司相互之间当期销售商品所产生的现金流量应当抵销； 5. 母公司与子公司、子公司相互之间处置固定资产、无形资产和其他长期资产收回的现金净额，应当与购建固定资产、无形资产和其他长期资产支付的现金相互抵销； 6. 母公司与子公司、子公司相互之间当期发生的其他内部交易所产生的现金流量应当抵销
合并所有者权益变动表	1. 母公司对子公司的长期股权投资应当与母公司在子公司所有者权益中所享有的份额相互抵销； 2. 各子公司之间的长期股权投资以及子公司对母公司的长期股权投资，应当比照上述规定，将长期股权投资与其对应的子公司或母公司所有者权益中所享有的份额相互抵销； 3. 母公司对子公司、子公司相互之间持有对方长期股权投资的投资收益应当抵销； 4. 母公司与子公司、子公司相互之间发生的其他内部交易对所有者权益变动的影响应当抵销

二、合并财务报表的特点

（一）合并报表主体的特殊性

合并报表是以整个集团企业为单位，以组成集团企业的母公司和子公司的个别财务报表为基础，在抵销了个别财务报表有关集团内交易项目的金额后编制的、体现集团企业整体财务状况的报表。也就是说，组成集团的母公司、子公司均是独立核算、有各自独立的财务与经营体系、并可以独立对其股东出具财务报告的经济实体。集团内的各个母公司、子公司等均有效地支配着各自报表所展示的资源，并运用各自报表所披露的资源来取得各自的经营成果。整个机构内的母公司与子公司之间，是通过股权关系为纽带有机地联系在一起的。

从这个意义上说，合并报表所反映的主体仅仅是会计意义上的主体而非法律主体，合并报表本身并不反映任何特定现存企业的财务状况和经营成果。

（二）合并报表不具有"可验证性"

合并报表是母公司以合并范围内的母公司、子公司的报表为基础编制的。在个别报表的编制条件下，企业的报表与账簿、凭证以及实物等有“可验证性”的对应关系，报表编制的正确与否，可以通过这种“可验证性”来检验。

但是合并报表在编制过程中经过集团内部交易的抵销程序，使得其与分散在集团企业各子公司的账簿、凭证以及实物不可能存在个别企业报表的那种“可验证性”关系，仅是体现编制过程逻辑关系的正确性。

（三）合并报表体现了“实质重于形式”原则

编制合并报表的目的在于反映和报告在共同控制之下的集团企业的财务状况、经营成果和现金流量的总括情况，以及仅通过母公司报表无法掌握的集团整体的情况，防止通过集团内部交易等手段粉饰财务报表的现象，合并报表的编制体现了“实质重于形式”原则，切合现代会计中的决策有用观，能够为母公司控股股东、债权人、企业管理者和政府相关机构提供有用的决策参考依据。

（四）合并报表的编制会导致信息的遗失

合并报表的编制是会计信息在不同的法律实体间被加总和合并的过程，这一过程会导致信息的遗失。比如，合并财务报表抵销了合并范围内子公司及母公司间的交易，因此其关联交易通过“内部抵销”处理在合并财务报表中消失了。因此，通过及时获取作为单独法律实体的母子公司的报表，是对合并报表的有效补充，可有效降低信息遗失的程度。我国目前实行的是报表双重披露制，企业需同时提供母公司报表和合并报表，有利于提高报表会计信息的有用性。

三、基于合并财务报表与母公司报表的分析

由于合并财务报表的前述特点，在实践中，报表使用者必须充分利用集团企业合并财务报表与母公司报表反映的信息，针对两套报表的特殊性和差异性，采用有效的分析方法和工具，做好报表的财务分析工作。

（一）报表分析中的调查研究工作

在对集团企业进行财务报表分析时，需要至少做好以下调研和评估工作：

（1）了解集团企业内的所有成员企业情况，画出集团企业的组织结构图，弄清母公司、子公司和关联公司之间的权属关系和所有权比例。

（2）确定母公司在集团企业中的地位和作用，如在经营模式上分析母公司是投资主导型公司还是经营主导型公司，在集团资金管控上研判母公司采用的是集权式资金管控模式还是分权式资金管控模式，等等。

（3）掌握集团企业内各有关公司之间的业务关系，包括相互开展业务的公司以及业务性质和种类、共有管理人员的公司以及这些人员在公司中所处的地位、关联业务量以及对公司业绩的影响等。

(4) 辨识集团企业内各公司之间的资金往来,如资金借出者的其他应收款与借进者的其他应付款、存在业务关系的两公司之间的应收账款与应付账款、投资者的长期投资与被投资者的净资产、应收股利与应付股利等,这些数据信息需在个别报表里才能获得。

(5) 关注集团企业内部各公司间关联交易活动,验证关联交易的性质是属于业务往来还是资金转移,探查公司之间转移资金的其他方式,如转移定价、宽松的信贷期限等。

(6) 分析集团企业内各公司的优势和劣势、机会与风险,以及它们的业绩是否为集团政策或会计惯例所操纵,防范报表呈报风险。

(7) 了解集团的外部负债和权益,对于子公司和关联公司而言,需确定资金的最终来源是集团外部还是内部,无论其在转移资金时是以债务或权益的形式出现。

(8) 重视对报表各个利润指标间的勾稽关系分析,细致评估集团企业的盈利结构、盈利质量和盈利成长性,合理使用会计利润信息。

(9) 验证或有负债和其他承诺,如母公司为子公司提供的担保,确定此类潜在负债的性质和数额,对母、子公司债务杠杆比率的分析须谨慎。

(二) 两套报表分析的侧重点

1. 合并财务报表

合并财务报表是经过调整抵销母子公司之间交易和事项后得到的报表,反映了母公司和其全部子公司形成的集团企业整体的财务状况、经营成果和现金流量。分析合并资产负债表,需重点关注与集团公司主营业务相关的资产规模和质量,了解集团整体的生产经营能力;关注易变现资产,了解集团整体的流动能力;关注净资产大小,了解集团整体抗风险的能力。分析合并利润表,重点关注净利润和归属于母公司所有者的净利润,了解集团整体的可持续收益能力。分析合并现金流量表,重点关注经营活动现金流量净额,了解集团整体可持续收益的实现能力。

另外,在分析合并报表时,还应特别关注少数股东权益和少数股东损益情况,以及子公司与少数股东之间因投融资活动而产生的现金流变动情况。少数股东项目是合并报表的特殊项目,也是合并报表分析的重点之一。

2. 母公司财务报表

合并财务报表调整和抵销了母子公司之间的交易和事项,因此无法观察集团内部的业务和资金往来。通过分析母公司财务报表,可以了解母公司自身的经营与发展状况,同时结合合并财务报表,可以评价母子公司之间的业务和资金往来对集团整体财务影响的程度。

合并财务报表和母公司财务报表具有各自的特点和意义,在进行财务分析时,必须将两者结合使用，只有这样才能真实和完整地评价母公司及集团整体的财务状况、经营成果和现金流量。

（三）合并财务报表与母公司报表组合分析的方法

1. 常用分析方法

合并财务报表与母公司报表组合分析采用的常用方法是比较分析法，主要有两种：一是比较共同绝对值项目之间的增量分析法（也称差量分析法）和倍数分析法；二是分别计算合并财务报表与母公司报表的财务比率指标，再进行比较分析的方法。

另外，对于合并报表中存在而母公司报表没有的科目，还可以运用其他特定项目分析法。

（1）增量分析法和倍数分析法

增量分析法和倍数分析法是将合并报表与母公司报表各自同名称的项目逐项进行比较分析的方法，增量分析法计算两者之差额，倍数分析法计算两者之比率，计算公式如下：

$$\text{某项目合并增量}=\text{合并报表项目金额}-\text{母公司报表项目金额}$$

$$\text{某项目合并倍数}=\frac{\text{合并报表项目金额}}{\text{母公司报表项目金额}}$$

增量分析法反映了两套报表同一项目之间绝对值数量规模的变动情况，倍数分析法反映同一项目之间数量差异的程度。

通过增量分析法和倍数分析法，可以帮助我们分析和判断：集团企业与母公司的资源占用及其变动情况；合并对母公司的经营业绩、财务状况和现金流的影响情况；集团企业内部关联交易的程度和深度；母公司在集团企业中的地位和作用；整个集团企业与集团外部其他经济组织之间的现金流转状况和资本运作状况等。

例如，比较合并报表与母公司报表长期股权投资项目，计算长期股权投资项目的合并增量。如果母公司报表长期股权投资数额比合并报表数额越大，则表明母公司利用控制性投资占用子公司资源的程度越高。

再如，比较合并报表与母公司报表营业收入项目，如果合并倍数极小，则表明母公司为投资主导型企业而非经营主导型企业，其营业收入主要来自对控股子公司的销售。

需要特别指出的是，倍数分析法在分析企业内部关联交易的类型和深度方面具有重要意义。如果企业应收应付类项目、长期股权投资类项目、投资收益项目等的合并倍数异常远离1倍值，应可以判断企业内部关联交易的程度较深。

(2) 比率比较法

比率比较法是分别计算合并财务报表与母公司报表的相关财务比率指标，再进行两者间比较分析的方法。

例如，比较分析合并财务报表与母公司报表应收账款周转率及存货周转率。若母公司大量销货于子公司，而存货仍留在子公司未出售，则合并报表中母子公司间未实现的销货收入、销货成本均须抵销，而未出售的存货仍须以原始价格在合并报表上列示，因此合并报表的存货周转率将会低于母公司报表的存货周转率。同时，母公司会有大笔的销货与应收账款留在母公司报表中，但这些都会在合并报表中予以抵销，故合并报表应收账款周转率会大于母公司报表应收账款周转率。

2. 典型分析项目示例

(1) 集团企业资金管控模式分析

一般来讲，集团企业资金管控模式可以分为集权式资金管控和分权式资金管控。集权式管控模式是指集团总部将财务管理决策权高度集中，资金由总部集中管理和统一调度，下属企业各类重大财务事项都由总部统一管理。而分权式管控模式是指集团将财务决策权下放到下属成员企业，下属成员企业在筹集资本和投资、财务收支费用开支等方面均有充分的决策权。

集权式基金管控模式一般通过资金的统收统支来实现，在会计实务中，母公司资产负债表中的资金类、非经营性往来类、借款类和长期股权投资科目的余额会比较高，而合并报表中的对应科目余额与之相差不大。而在分权模式下，由于母子公司之间的资金流转并不多，子公司自行对外筹资的行为比较频繁，母公司报表和合并报表的相关科目余额会出现比较显著的差异。因此，可以首先通过分析两套报表的重要科目来确定母子公司的控制紧密程度和集团资金管控模式，其分析过程如下：

首先，应通过货币资金类科目的对比考察母公司对现金的控制程度。采用集权式管控模式的企业通常会要求下属成员企业通过母公司进行结算，而在分权式管控模式下，子公司有较大的财务决策权，因此子公司可能持有较多的货币资金。

其次，可通过其他应收款科目的对比考察母子公司间资金占用程度。一般来说，在增量分析中，如果发现合并报表中其他应收款科目的金额比母公司报表中其他应收款科目的金额小，可以说明子公司大量占用了母公司的资金；反之，如果合并报表中其他应付款科目的金额比母公司报表中的金额小，则说明母公司大量占用了子公司的资金。

再次，通过借款类科目的对比考察集团的筹资模式。在倍数分析中，如果母公司报表中的借款科目金额对合并报表中借款科目金额比例较高，则可以推断集团采用集中的筹资管理模式。反之则说明子公司主要是通过自行融资的方式筹集资金。

最后，还需要关注母公司财务报表和合并报表中的报表附注中的母公司持股比例、子公司取得方式、母子公司之间经营性和非经营性事项的频率和金额等具体的项目。

当集团企业采用集权式管控模式时，母子公司之间控制关系较为紧密，对集团财务状况的分析应以合并财务报表为主、母公司报表为辅；对采用分权式资金管控模式的集团企业而言，母子公司的经济联系相对较弱，在这种情况下，尤其需要重视母公司财务报表分析的重要性；在极端情况下，如果母公司基本无法对子公司进行有效的资金管控，则应以母公司报表为主来对集团财务进行分析评价。

(2) 财务报表盈利项目比较分析

在合并报表和母公司报表的双重披露制下，合并利润表提供了"归属于母公司所有者的净利润"和"少数股东损益"两项指标，母公司利润表提供了母公司自身的"净利润"指标。充分的盈利数据披露使财务决策所需的信息更加全面，正确把握三者之间的关系以及不同的关系所体现出的经济含义，对于集团企业财务报表分析作用显著，下面我们对这些特别项目进行比较分析(见表 8 - 11)。

表 8 - 11　合并报表和母公司报表盈利项目组合类型

项目 类型	母公司报表	合并财务报表	
	母公司净利润	归属于母公司所有者的净利润	少数股东损益
1	+	+	+
2	−	+	+
3	+	+	−
4	−	+	−
5	+	−	+
6	−	−	+
7	+	−	−
8	−	−	−

如表 8 - 11 所示，集团企业母公司净利润、归属于母公司所有者的净利润和少数股东损益三项盈利指标之间的关系相当复杂，概括起来共有八种类型，下面首先给出三项指标之间的关系式：

归属于母公司所有者的净利润＝扣除内部交易后的母公司净利润＋全资子公司净利润＋非全资子公司净利润中属于母公司的数额

少数股东损益＝非全资子公司当期净损益中属于少数股东权益的份额

不难看出，一方面，归属于母公司所有者的净利润包含母公司净利润，即与母公司净利润之间存在着关系，而少数股东损益与母公司的经营没有直接关系；另一方面，归属于母公司所有者的净利润与少数股东损益又同时受到子公司的经营影响，影响程度取决于母公司拥有各子公司的股权份额以及各子公司的经营业绩。其中，少数股东损益只受非全资子公司当期盈利的影响。下面我们来分析这八种类型。

类型一：母子公司同时盈利，即母公司盈利，所有子公司盈亏抵销后体现为盈利，且非全资子公司整体盈利，这种情形属于企业正常经营的情况。

类型二：母公司亏损、子公司盈利且子公司盈利中归属于母公司的数额超过母公司自身的亏损额，则会出现母公司净利润为负，但合并利润表中归属于母公司所有者的净利润和少数股东损益均为正的情况。

类型三：当母公司盈利且盈利额超过子公司的亏损额时，则会出现母公司净利润为正、合并利润表中归属于母公司所有者的净利润为正，而少数股东损益为负的情况。

类型四：母公司亏损、子公司盈亏各异，但子公司盈利中归属于母公司的数额超过母公司自身的亏损额，同时非全资子公司整体亏损使少数股东损益出现为负的情况。

类型五：母公司盈利、子公司盈亏各异，但子公司中归属于母公司的亏损数额超过母公司自身的盈利额，同时非全资子公司整体盈利使少数股东损益出现为正的情况。

类型六：母公司亏损但子公司盈利，且母公司自身亏损额超过子公司盈利中应归属于母公司的数额时，则会出现母公司净利润、合并利润表中归属于母公司所有者的净利润均为负，而少数股东损益为正的情况。

类型七：母公司盈利但子公司亏损，且母公司的盈利额不足以抵补子公司的亏损额，则会出现母公司净利润为正、合并利润表中归属于母公司所有者的净利润和少数股东损益均为负的情况。

类型八：此时母子公司同时亏损，这种情形属于企业出现严重危机的情况。

综上可见，在对集团企业的财务分析中，必须把握对各个利润指标间勾稽关系的分析，只有厘清合并报表与母公司报表三个利润指标间的关系才有可能准确判断集团内部各成员企业的经营成果以及集团股权结构对集团财务成果的影响，合理评估集团的盈利结构、盈利质量和盈利成长性。

同时，需重视对于少数股东损益的关注，少数股东损益在合并利润表中起着重要的作用，能清晰地反映非全资子公司整体的经营状况，从子公司经营视角为报表分析者提供更全面的信息。

专栏 8-4

衍生金融工具与套期保值

金融工具是指形成一方的金融资产同时形成其他方的金融负债或权益工具的合同。衍生金融工具又称派生金融工具、金融衍生品，与原生金融工具相对。原生金融工具是指即期交易的债券、股票、外汇等，而衍生金融工具则是由原生金融工具所派生，主要有期货、期权、远期、互换合约四种衍生工具以及由此变化、组合、合成再衍生出来的一些变体。

我国《企业会计准则第 22 号——金融工具确认和计量》规定，衍生金融工具是具有以下特征的金融工具或其他合同：一是其价值随特定利率、金融工具价格、商品价格、汇率、价格指数、费率指数、信用等级、信用指数或其他类似变量的变动而变动；二是不要求初始净投资或很少的初始净投资；三是在未来某一日期结算。

衍生金融工具的功能有两个：一是为了套期保值以规避风险；二是为了投机获取风险收益。

《企业会计准则第 24 号——套期会计》指出，套期是指企业为管理外汇风险、利率风险、价格风险、信用风险等特定风险引起的风险敞口，指定金融工具为套期工具，以使套期工具的公允价值或现金流量变动，预期抵销被套期项目全部或部分公允价值或现金流量变动的风险管理活动。上述套期工具，是指企业为进行套期而指定的、其公允价值或现金流量变动预期可抵销被套期项目的公允价值或现金流量变动的金融工具，对外汇风险套期还可以将非衍生金融资产或非衍生金融负债的外汇风险成分指定为套期工具。

套期可分为公允价值套期、现金流量套期和境外经营净投资套期三种类型。

公允价值套期是指对已确认资产或负债、尚未确认的确定承诺，或上述项目组成部分的公允价值变动风险敞口进行的套期。该公允价值变动源于特定风险，且将影响企业的损益或其他综合收益。

现金流量套期是指对现金流量变动风险敞口进行的套期。该现金流量变动源于与已确认资产或负债、极可能发生的预期交易，或与上述项目组成部分有关的特定风险，且将影响企业的损益。

境外经营净投资套期是指对境外经营净投资外汇风险敞口进行的套期。境外经营净投资，是指企业在境外经营净资产中的权益份额。

本章小结

企业的发展能力是指企业在未来的生产经营过程中的一种成长潜能和趋势。一个发展能力强的企业，能够不断为股东创造财富，同时不断增加企业自身的价值。企业发展能力的分析一般包括对企业净资产规模、销售和盈利、总资产规模、现金流量、资产使用效率、股利和员工人均利润增长的分析。

财务杠杆理论是指由于固定费用的存在，当企业业务量发生较小变化时其经营利润会产生较大变化的情况。由于这种杠杆作用，企业既可以获得一定的杠杆收益，也要承担一定的杠杆风险，具体分析时可以使用经营杠杆系数、财务杠杆系数和复合杠杆系数来衡量和评价。

企业的社会责任是指企业通过企业制度和企业行为所体现的对员工、商务伙伴、客户（消费者）、社区、国家履行的各种积极义务和责任，是企业对市场和相关利益群体的一种良性反应，它既有法律、行政等方面的强制义务，也有道德方面的自愿行为。企业的社会责任财务分析，包括企业综合社会责任、法律社会责任、伦理社会责任和生态社会责任财务指标分析等内容。

合并财务报表是指反映母公司和其全部子公司形成的集团企业整体财务状况、经营成果和现金流量的财务报表。由于合并财务报表抵销了合并范围内子公司及母公司间的交易，因此需要利用母公司报表和合并报表组合分析来评价集团企业的经营情况，常用的方法是比较分析法，对于合并报表中存在而母公司报表没有的科目，还需运用特定项目分析法。

本章关键术语

资本积累率　成本习性　边际贡献　经营杠杆　财务杠杆　复合杠杆　社会贡献率　合并财务报表

思考题

1. 简述企业发展能力分析的主要内容。
2. 简述经营杠杆分析的原理。
3. 简述财务杠杆分析的原理。
4. 简述企业社会责任财务分析的主要内容。
5. 简述合并财务报表与母公司报表组合分析法。

第九章　绩效的综合评价

学习目的

1. 了解西方国家企业绩效评价方法的演进；
2. 熟悉我国企业绩效评价方法的演进；
3. 了解企业绩效评价指标及其确定标准；
4. 掌握经济增加值和市场增加值的原理；
5. 掌握沃尔评分方法。

第一节　企业绩效评价方法的历史演进

企业绩效是指一定经营期间的企业经营效益和经营者业绩。企业经营效益主要表现在偿债能力、盈利能力、资产营运水平、投资报酬能力和持续发展能力等方面。经营者业绩主要通过经营者在经营管理企业的过程中对企业经营、成长、发展所取得的成果和所做出的贡献来体现。

企业绩效评价是指运用数理统计和运筹学方法，采用特定的指标体系，对照统一的标准，按照统一的程序，通过定量定性对比分析，对企业一定经营期间的经营效益和经营者业绩做出的客观、公正和准确的综合评判。

本节首先从历史发展的角度，对西方国家和我国企业经营绩效评价方法的演进作一简要介绍。

一、西方国家企业绩效评价方法的演进

西方国家企业经营绩效评价方法的演进可以分为三个时期：成本绩效评价时期、财务绩效评价时期和经营绩效评价创新时期。

（一）成本绩效评价时期（19 世纪初～20 世纪初）

在 19 世纪以前，由于当时企业的规模很小，对企业的经营绩效进行评价的意义自

然也就不大，可有可无，即便是有，也只局限于观察上，因而严格地说，在19世纪以前，真正意义上的企业绩效评价并不存在，更不用说绩效评价指标或绩效评价指标体系。

对西方企业绩效评价指标体系的研究，可以追溯到19世纪初出现的纺织业、铁路业、钢铁业和商业等企业管理需要的成本绩效评价时期。例如，对于纺织企业，需要在各自独立的梳理、纺织、编织、漂白过程中按照每码成本或每磅成本建立内部经营效率评价指标；而铁路业管理者则发明了管理铁路的绩效评价指标，如每吨公里成本、每位顾客公里成本、经营比率(经营成本与收入的比率)，有效地帮助了管理者评估其经营绩效。

从成本绩效评价时期各阶段的特点来看，可分为三个阶段：早期简单成本绩效评价阶段、较复杂成本绩效评价阶段和标准成本绩效评价阶段。

1. 简单成本绩效评价阶段

早期的成本思想是一种很简单的将本求利的思想，所以成本计算也就是一种简单的以营利为目的的财务计算。这一阶段经营绩效评价的重点就是为了降低生产成本，由此形成了诸如每码成本、每磅成本、每公里成本等指标，这种绩效评价带有统计的性质。

2. 较复杂成本绩效评价阶段

随着资本主义商品货币经济的产生和资本主义手工工场的出现，原有的在一般商品货币经济条件下仅仅以计算盈利为目的的简单的将本求利思想已逐渐被如何提高生产效率，以便尽可能多地获取利润的思想所取代。这一绩效评价阶段又先后经历了“实际主要成本”(也称之为“直接成本核算”)、“实际全部成本”和“正常成本核算”(也称之为“间接成本核算”)三个时期。

3. 标准成本绩效评价阶段

因为已有的成本核算是事后的分析计算，反应迟钝，不便于成本控制。另外没有成本目标，不便于进行预防性管理，根据这样的成本评价指标对经营绩效进行考核，也不利于预测和控制，于是人们又建立了一套以成本控制为中心的企业成本会计方法。

F.泰罗所倡导的“一切工作标准化”制度，为后来标准成本制度的建立奠定了理论基础。标准成本制度的建立，标志着人们观念的转变，由被动的事后反映分析转变为积极、主动的事前预算和事中控制，达到了对成本进行管理的目的。成本控制的状况即标准成本的执行情况和差异分析结果成为该时期评价企业经营绩效的主要指标。

(二) 财务绩效评价时期(约20世纪初～20世纪90年代)

20世纪初，从事多种经营的综合性企业发展起来了，为企业绩效评价指标体系进一步发展提供了机会。杜邦公司设计了多个重要的经营和预算指标，这其中持续时间最长的、也最为重要的指标就是投资报酬率指标，为企业整体及其各部门的经营业绩提供了评价的依据。

财务绩效评价时期经历了以下三个阶段：以销售利润率为中心的财务绩效评价阶段、以投资报酬率指标为中心的财务绩效评价阶段和以财务指标为主的绩效评价阶段等。

1. 以销售利润率为中心的财务绩效评价阶段

20 世纪 20 年代，运用得比较广泛的财务绩效评价指标是销售利润率。

母公司一般只注重子公司的现金流量而极少关心其绩效评价问题，许多控股公司出于成本效益及管理的方便考虑，通常借助于"投资中心"或"利润中心"实施对子公司的管理与控制。到了 60 年代，运用得最为广泛的绩效评价指标主要是预算、税前利润和剩余收益等，并把它们作为对企业管理者补偿的依据。这一时期的绩效评价始终与产量相联系。

2. 以投资报酬率指标为中心的财务绩效评价阶段

20 世纪 70 年代，西方国家企业进入以投资报酬率指标为中心的财务绩效评价阶段。例如，麦尔尼斯在对 30 家美国跨国公司 1971 年的绩效进行评价分析后，发表了《跨国公司财务控制系统——实证调查》一文，强调最常用的绩效评价指标为投资报酬率如净资产回报率等，其次为预算比较和历史比较。

此外，佩森与莱兹西对 400 家跨国公司 1979 年经营状况所作的问卷调查分析中显示：采用绩效评价的财务指标中还有销售利润率、每股收益、现金流量和内含报酬率(IRR)等。其中经营利润和现金流量已成为该时期绩效评价的重要要素，对管理者的补偿是根据每股收益、每股收益的增长以及与竞争对手相比的投资报酬指标情况而定。

3. 以财务指标为主的绩效评价阶段

20 世纪 80 年代后，对企业经营业绩的评价形成了以财务指标为主、非财务指标为补充的业绩评价指标体系。

美国的许多公司，包括跨国公司已意识到过分强调短期财务业绩是美国公司在与欧洲和日本公司竞争时处于不利地位的重要原因，于是他们把着眼点更多地转向企业长期竞争优势的形成和保持上。对管理者的补偿准备以是否实现了股东财富最大化为根据，而不是短期的财务业绩状况。General Electric、Xerox、Motorola 和 IBM 公司都逐渐开始重视过程能力、产品生产周期时间、客户的满意程度、保修成本等评价指标。

不过，这些公司的注意力基本上还是集中在如何解决生产问题而不是客户的要求以及客户的忠诚度上；更为重要的是对管理者的补偿主要还是依据财务业绩而不是工作质量业绩。

这一时期是一个以各种财务指标为主、非财务指标为补充的业绩评价时期。将非财务指标纳入企业业绩评价指标体系为新时期企业业绩评价指标体系的创新奠定了重要基础。

（三）企业绩效评价指标体系创新时期（20 世纪 90 年代至今）

20 世纪 90 年代以后，出现了一些各具特色的融入非财务指标的业绩评价方法和体系，最具代表性的有以下四种：德鲁克以改革为核心的观点、霍尔的“四尺度”论、克罗斯和林奇的等级制度，以及卡普兰和诺顿的平衡记分卡等。

1. 德鲁克以改革为核心的观点

德鲁克在 1995 年前后写了大量文章，说明企业组织搜集其主要竞争对手信息的重要性。德鲁克的观点并没有形成一个完整的理论模型，但他对竞争与改革的理解为非财务指标进入绩效评价系统提供了基础。

德鲁克认为，每一个企业组织都需要一个核心能力：改革。因此，他把注意力主要集中在帮助企业记录和评价其改革方面，认为评价一个企业改革的出发点不能仅从其自身绩效出发，而应仔细评估其所处行业在一定时期内的改革，以及企业在改革中的地位和作用。他强调绩效评价系统必须首先突出管理部门的思想意识，通过设计一系列特定性质的问题，提醒雇员注意真正需要重视的方面，再提供一个内在的组织机构，使雇员能够重视并发现这些方面可能存在的问题。

2. 霍尔的“四尺度”论

霍尔认为评价企业的绩效需以四个尺度为标准，即质量、作业时间、资源利用和人力资源的开发。

他把质量分为外部质量、内部质量和质量改进程序三种，下面又细化为若干指标。作业时间是把原材料变为完工产品的时间段，具体包括：工具检修时间、设备维修时间、改变产品和工序设计的时间等。资源利用尺度用以计量特定资源的消耗和与此相关的成本，如直接人工、原材料消耗、时间利用和机器利用情况，前两项指标是制造产品和提供劳务的直接成本，后两项既包括直接成本因素，又包括间接和机会成本因素。同时，企业需要有一定的人力资源储备和能恰当评价与奖励雇员的管理系统。

霍尔指出，企业组织可以通过对上述四个尺度的改进，减少竞争风险。

3. 克罗斯和林奇的等级制度

克罗斯和林奇提出了一个把企业总体战略与财务和非财务信息结合起来的绩效评价系统。为了强调总体战略与绩效指标的重要联系，他们列出了一个绩效金字塔。

在绩效金字塔中，公司总体战略位于最高层，由此产生企业的具体战略目标，它首先传递给平行单位，由此产生了市场满意度和财务绩效指标。战略目标再继续向下传给企业的业务经营系统，产生的指标有顾客的满意程度、灵活性、生产效率等。顾客的满意程度、灵活性共同构成企业组织的市场目标，生产效率则构成财务目标。最后，战略目标传递到作业中心层面。它们由质量、运输、周转时间和耗费构成。质量和运输共同构成顾客的满意度，运输和周转时间共同构成灵活性，周转时间和耗费共同构成生产效率。

有了合理的战略目标，作业中心就可以开始建立合理的经营效率指标，以满足战略目标的要求。然后，这些指标再反馈给企业高层管理人员，作为制订企业未来战略目标的基础。

4. 卡普兰和诺顿的平衡计分卡

与其他创新的绩效评价体系相比，美国哈佛商学院的教授卡普兰与复兴全球战略集团总裁诺顿开发的平衡计分卡的影响较大，应用较广。平衡计分卡用顾客、内部流程、学习和创新三个方面的非财务指标补充传统的评价指标。支持者认为这种方法提供了一种把企业战略转化为有效地联系战略内涵和激励绩效的工具。

平衡计分卡的基本思路是：将涉及企业表面现象和深层实质、短期成果和长远发展、内部状况和外部环境的各种因素划分为几个主要的方面，并针对各个方面的目标，设计出相应的评价指标，以便系统、全面地反映企业的整体运营情况，为企业的战略管理服务。“平衡”之意就是要平衡兼顾战略与战术、长期和短期目标、财务和非财务衡量方法、滞后和先行指标，以及外部和内部的经营绩效等诸多方面。

平衡计分卡可以让企业高层经理从财务、顾客、内部流程和学习与创新能力四个方面来观察企业。财务角度的问题是：在股东眼中，企业表现如何？典型的指标有：营业收入增长率、权益报酬率、现金流量和经济增加值等。顾客角度的问题是：顾客如何看待企业？典型的指标有：顾客满意程度、顾客保持程度、新顾客的获得、市场份额、重要顾客的购买份额等。内部流程角度的问题是：企业必须擅长哪些业务？典型的指标有：新产品数量、周转期、质量、雇员技能和生产率等。学习和创新角度的问题是：企业能否继续发展并创造价值？典型的指标有：开发新产品所需时间、产品成熟过程所需时间、销售比重较大的产品的百分比、新产品上市时间等。表 9-1 提供了一家美国地方银行的平衡计分卡指标体系的样本。

表 9-1　银行平衡计分卡评价指标体系示例

财　务　指　标	顾　客　指　标
投资报酬率	市场占有率
收入成长率	与顾客关系的程度
储蓄服务成本降低额	现有顾客保留率
各项服务收入百分比	顾客满意度调查

（续表）

内部流程指标	学习与创新指标
各产品或地区的利润与市场占有率	员工满意度
新产品收入占总收入比例	每位员工的平均销售额
各种营销渠道的交易比率	策略性技术的训练成果
每位推销员潜在顾客接触次数	策略性信息提供率
每位推销员的新客户收入额	银行激励制度与员工个人目标相容性

平衡计分卡又引入了四个新的管理程序，把企业长期战略目标与短期行动联系起来发挥作用。第一个程序是将公司战略量化为一套被广泛认可的测评指标。第二个程序是将组织的战略与各部门及个人的目标联系起来。第三个程序是实现公司业务计划与财务计划的一体化。第四个程序是反馈与学习，随时反映学习心得，使公司能及时修改战略。平衡计分卡是个动态的系统，可以根据企业的具体环境来调整。

一个设计优良的平衡计分卡能够满足企业组织的使命、战略和内外部环境的需要，综合反映企业战略与短期目标、财务与非财务指标、滞后和先行指标以及外部与内部指标等方面的综合业绩评价情况。平衡计分卡在帮助企业改进和强化管理部门的计划和控制能力方面取得了实际效果，许多企业已开始采用平衡计分卡作为其业绩评价标准。

平衡计分卡是一种主观评价的方法，尤其是在权重和绩效标准的选择上，所以只具有相对的准确性。例如，在学习与创新方面，绩效指标体系常常前后矛盾，缺乏明确的分界，卡普兰和诺顿认为员工满意程度、员工建议数量以及每个员工的收入水平等均属学习与创新方面的指标。然而，员工满意程度作为企业内部流程指标也未尝不可，同样，每个员工的收入水平作为财务方面的指标似乎更为合适。实际上，创新是一个很宽泛的概念，它涉及企业生产经营的方方面面，单独界定为一个方面的指标似乎比较困难。

总之，平衡计分卡只是提供了一种思路，构建了一种计量框架，而不是一种普遍适用的指标体系，各企业应该根据企业的战略管理要求和外部环境特点来选取不同的角度和指标进行平衡计分卡的设计。

二、我国企业绩效评价方法的演进

中华人民共和国成立以来，随着企业改革和会计制度的变迁，我国先后制定并实施了不同的企业绩效评价指标体系，其发展阶段大致可以分为以下四个时期。

(一) 计划经济时期(1949 年～1979 年)

在计划经济时期,政府部门对国有企业主要考核的是指令性生产计划的完成情况,以产品产量和企业产值为核心考核内容。当时的绩效评价主要指标为“产量,质量,节约降耗”。由于当时国家的计划价格体系不能真实反映生产成本,产值利润不能反映企业真实绩效,该阶段的考核评价主导思想是以“实物产量和质量”为主。考核评价方法是简单地用实际成果与计划目标和行业生产技术标准相对照。

这种以实物产量为主的企业考核方式导致企业缺乏效率,企业为扩大经营者绩效,都有总量扩张的冲动,如争资金、争项目、争资源,生产不计算成本等。产品创新和技术创新少、生产产品积压过多等一系列问题限制了国有企业的进一步发展。

(二) 改革开放初期(1980 年～1990 年)

20 世纪 80 年代以后,我国开始实施全面的改革和开放。随着企业的发展,对企业的考核评价逐步由以实物量指标为主转化为用价值量指标衡量为主,国家对企业的经营考核逐步过渡到以“实现产值”和“上缴利税”为主要内容,逐步将企业管理纳入到以效益为核心的轨道。在强调经济效益方面,开始注重企业的利润、成本、产值等价值指标的考核,并以企业利润的完成决定企业的报酬和激励方式。

在 1993 年《企业财务通则》出台之前,企业财务业绩评价指标体系主要是由固定资产产值率、定额流动资金周转天数、可比产品成本降低率、利润总额完成率、销售成本利润率、销售利润率、资金利润率等指标组成。

但是,单纯的产值和利润指标,使得企业为完成任期内业绩,将大量损失长期挂在账目上,引发了经营者牺牲企业长远利益以追求眼前利益的行为,结果导致多数国有企业包袱加重,陷入经营困境。

(三) 建立现代企业制度时期(1991 年～1999 年)

1991 年,中央提出经济工作重点转移到调整结构和提高经济效益上来,工业企业考核要淡化产值指标,强化效益指标。效益指标体系主要从投资者、债权人和社会贡献三个方面评价企业绩效,从而对企业经营管理水平做出正确评价。

1993 年,财政部出台了《企业财务通则》,设计出一套财务业绩评价指标体系,规定企业业绩评价指标体系由 8 项指标组成,分别从偿债能力、营运能力和获利能力方面对企业的经营业绩进行全面、综合地评价。

1995 年,财政部又制定了《企业经济效益评价指标体系(试行)》,企业业绩评价指标增为 10 项指标,每项指标并设定相应权重(详见表 9 - 2),同时首次对企业的社会贡献能力进行评价。

表 9-2 财政部《企业经济效益评价指标体系(试行)》指标

序 号	指 标 名 称	权 重	计 算 公 式
1	销售利润率	15%	销售利润÷销售净收入
2	总资产报酬率	15%	净利润÷总资产平均值
3	资本收益率	15%	净利润÷总资本平均值
4	资本保值收益率	10%	期末净资产值÷期初净资产值
5	资产负债率	5%	总负债÷总资产
6	流动比率	5%	流动资产总值÷流动负债总值
7	应收账款周转率	5%	赊销净销售额÷应收账款平均值
8	存货周转率	5%	销货成本÷存货平均值
9	社会贡献率	10%	社会贡献额÷总资产平均值
10	社会累计率	15%	上缴财政总额÷社会贡献总额

注：社会贡献总额＝工资＋利息费用＋劳保退休金及其他福利＋税＋净利润。

《企业经济效益评价指标体系(试行)》与《企业财务通则》相比，具有如下两个方面的特点：

一是中国特色与国际惯例相结合。该套评价指标体系既符合改革后企业税收制度和企业财务会计制度的要求，又在某些指标的设置上参照了国际上通行的指标体系设置方法。

二是注重综合评价。该套评价指标体系从企业投资者、债权人以及企业对社会贡献三个方面，分别设置了反映企业盈利能力、资本保值增值情况、企业偿债能力、企业对国家和社会贡献情况的指标，改变了几十年来以实现税利或上缴税利多少来衡量企业经营业绩好坏的做法。有关《企业财务通则》和《企业经济效益评价指标体系(试行)》的具体指标比较请参见表 9-3。

表 9-3 《企业财务通则》和《企业经济效益评价指标体系(试行)》指标比较

序号	《企业财务通则》 (1993 年财政部制订)	《企业经济效益评价指标体系(试行)》 (1995 年财政部制订)
1	资产负债率	销售利润率
2	流动比率	总资产报酬率
3	速动比率	资本收益率
4	应收账款周转率	资本保值增值率
5	存货周转率	资产负债率

(续表)

序号	《企业财务通则》 (1993 年财政部制订)	《企业经济效益评价指标体系(试行)》 (1995 年财政部制订)
6	资本金利润率	流动比率(或速动比率)
7	销售利税率	应收账款周转率
8	成本费用利润率	存货周转率
9		社会贡献率
10		社会积累率

1997 年,国家统计局、国家计委和国家经贸委对工业经济效益评价体系再次做出调整,采用总资产贡献率、资产保值增值率、资产负债率、流动资产周转率、成本费用利润率、全员劳动生产率和产品销售率 7 项指标,并根据前述各项指标在综合经济效益中的重要程度,由专家调查法确定新的指标权重,评价标准值则按照前四年全国平均值确定。具体情况如表 9－4 所示。

表 9－4 国家统计局、国家计委和国家经贸委工业企业经济效益考核指标

序号	指 标	权重	标准值	计 算 公 式
1	总资产贡献率	20%	10.7%	(利润总额＋税金总额＋利息支出)÷平均资产总额
2	资本保值增值率	16%	120%	报告期期末所有者权益÷上年同期期末所有者权益
3	资产负债率	12%	60%	负债总额÷资产总额
4	流动资产周转率	15%	1.52%	销售收入÷流动资产平均余额
5	成本费用利润率	14%	3.71%	利润总额÷成本费用总额
6	全员劳动生产率	10%	16 500 元/人	工业增加值÷全部职工平均人数
7	产品销售率	13%	96%	工业销售产值÷工业总产值(现价)

财政部的企业经济效益综合评价体系和国家统计局等三局委颁布的工业经济效益评价体系比过往的评价方法有明显进步,但仍存在一定的局限性,诸如缺乏企业成长性指标,无法避免短期行为;没有反映企业知识与智力资本方面的评价指标;没有考虑现金流,忽视非财务指标;行业评价标准划分较粗,降低了评价标准的适应性。

(四) 新世纪的变革时期(1999 年至今)

为有效评价国有企业的经营绩效,1999 年 6 月 1 日财政部、原国家经贸委、人事部、原国家计委联合印发了《国有资本金绩效评价指标体系》及《国有资本金绩效评价操作细则》，对国有企业绩效评价进行了重新规范，这标志着企业评价制度在我国的初步建立。

该指标体系重点评价企业资本效益状况、资产运营状况、偿债能力状况和发展能力状况等内容，通过 8 项基本指标、16 项修正指标和 8 项评议指标 3 个层次对企业绩效进行深入分析，以全面反映企业的生产经营状况和经营者的绩效，见表 9－5。

表 9－5　1999 年财政部等四部委联合发布的企业绩效评价体系

内容	权重(%)	基本指标	权重(%)	修正指标	权重(%)	评议指标	权重(%)
财务效益状况	42	净资产收益率 总资产收益率	30 12	资本保值增值率 销售利润率 成本费用利润率	16 14 12	领导班子基本素质 产品市场占有率 基础管理比较水平	20 18 20
资产运营状况	18	总资产周转率 流动资产周转率	9 9	存货周转率 应收账款周转率 不良资产比率 资产损失比率	4 4 6 4	在岗员工素质状况 技术装备更新能力 行业区域影响力 行业经营发展策略	12 10 5 5
偿债能力状况	22	资产负债率 已获利息倍数	12 10	流动比率 速动比率 现金流动负债率 长期资产适合率 经营亏损挂账率	6 4 4 5 3	长期发展能力预测	10
发展能力状况	18	销售增长率 资本积累率	9 9	总资产增长率 固定资产更新率 三年利润平均增长率 三年资本平均增长率	7 5 3 3		
合计	100		100		100		100

2002 年 2 月 22 日，财政部、国家经贸委、中央企业工委、劳动保障部和国家计委五部委联合印发了《企业效绩评价操作细则(修订)》(见表 9－6、表 9－7)。修订后的评价内容与修订前的大致相同，但修订后指标体系对第 2 层次的修正指标进行了一定的增减，而且还对评议指标以及各指标权重进行了修正。新的标准提高了对企业偿债能力和发展创新能力的评价，使该评价体系更具有可操作性，基本形成了财务指标与非财务指标相结合的绩效评价指标体系。

表 9-6　2002 年财政部等五部委联合发布的《企业绩效评价操作细则(试行)》指标体系

内容	权重(%)	基本指标	权重(%)	修正指标	权重(%)	评议指标	权重(%)
财务效益状况	38	净资产收益率 总资产报酬率	25 13	资本保值增值率 主营业务利润率 盈余现金保障倍数 成本费用利润率	12 8 8 10	经营者基本素质 产品市场占有能力(服务满意度) 基础管理水平	18 16 12
资产运营状况	18	总资产周转率 流动资产周转率	9 9	存货周转率 应收账款周转率 不良资产比率	5 5 8	发展创新能力 经营发展战略 在岗员工素质	14 12 10
偿债能力状况	20	资产负债率 已获利息倍数	12 8	现金流动负债比率 速动比率	10 10	技术装备更新水平(服务硬环境)	10
发展能力状况	24	销售(营业)增长率 资本积累率	12 12	三年资本平均增长率 三年销售平均增长率 技术投入比率	9 8 7	综合社会贡献	8
合计	100		100		100		100

表 9-7　《企业绩效评价操作细则(试行)》中定量指标的计算

评价内容	基本/修正指标	指标名称	定义
财务效益状况	基本指标	净资产收益率	(净利润/平均净资产)×100%
		总资产报酬率	(息税前利润总额/平均资产总额)×100%
	修正指标	资本保值增值率	(扣除客观因素后的年末所有者权益/年初所有者权益)×100%
		主营业务利润率	(主营业务利润/主营业务收入净额)×100%
		盈余现金保障倍数	经营现金净流量/净利润
		成本费用利润率	(利润总额/成本费用总额)×100%
资产营运状况	基本指标	总资产周转率(次)	主营业务收入净额/平均资产总额
		流动资产周转率(次)	主营业务收入净额/平均流动资产总额
	修正指标	存货周转率(次)	主营业务成本/存货平均余额
		应收账款周转率(次)	主营业务收入净额/应收账款平均余额
		不良资产比率	(年末不良资产总额/年末资产总额)×100%
偿债能力状况	基本指标	资产负债率	(负债总额/资产总额)×100%
		已获利息倍数	息税前利润总额/利息支出
	修正指标	现金流动负债比率	(经营现金净流量/流动负债)×100%
		速动比率	(速动资产/流动负债)×100%

（续表）

评价内容	基本/修正指标	指标名称	定义
发展能力状况	基本指标	销售(营业)增长率	(本年主营业务收入增长额/上年主营业务收入总额)×100%
		资本积累率	(本年所有者权益增长额/年初所有者权益)×100%
	修正指标	三年资本平均增长率	[(年末所有者权益总额/三年前年末所有者权益总额)−1]×100%
		三年销售平均增长率	[(当年主营业务收入总额/三年前主营业务收入总额)−1]×100%
		技术投入比率	(当年技术转让费支出与研发投入/主营业务收入净额)×100%

2006年9月12日，国务院国有资产监督管理委员会根据《中央企业综合绩效评价管理暂行办法》，又制定了《中央企业综合绩效评价实施细则》，本章第三节将予以详细介绍。

国资委成立以来，始终把业绩考核作为国资监管的重要手段，充分发挥业绩考核在落实国有资产保值增值责任、做强做优做大中央企业中的导向和激励约束作用，并紧密结合实际，不断完善中央企业负责人经营业绩考核制度，探索对中央企业加强分类指导，分类考核，增强业绩考核的科学性和针对性。2016年8月，国务院国有资产监督管理委员会、财政部联合印发了《关于完善中央企业功能分类考核的实施方案》(以下简称《实施方案》)。

《实施方案》根据中央企业功能定位，兼顾企业经营性质和业务特点，综合考核资本运营质量、效率和效益，以经济增加值为主，将转型升级、创新驱动、合规经营、社会责任等纳入考核指标体系，合理确定不同企业经济效益和社会效益指标，明确差异化业绩考核标准，实施差异化薪酬激励。按照《实施方案》，对中央企业将分为三类实施考核：

一是对主业处于充分竞争行业和领域的商业类中央企业，以增强国有经济活力、放大国有资本功能、实现国有资本保值增值为导向，重点考核企业经济效益、资本回报水平和市场竞争能力，引导企业提高资本运营效率，提升价值创造水平。

二是对主业处于关系国家安全、国民经济命脉的重要行业和关键领域、主要承担重大专项任务的商业类中央企业，以支持企业可持续发展和服务国家战略为导向，在保证合理回报和国有资本保值增值的基础上，加强对服务国家战略、保障国家安全和国民经济运行、发展前瞻性战略性产业以及完成重大专项任务情况的考核。

三是对公益类中央企业，以支持企业更好地保障民生、服务社会、提供公共产品和服务为导向，坚持把社会效益放在首位，重点考核产品服务质量、成本控制、营运效率和保障能力。

由于我国国家部门与国有企业之间的关系密切，国家规范的绩效评价体系在一定程度上左右企业的改革方向，对企业经营者决策具有明显导向作用。因此，可以说国家规范的绩效评价对企业尤其国企的绩效和经营具有指导意义。

专栏 9－1

企业绩效评价体系改革的动因

归纳起来，20 世纪 90 年代以后对企业绩效评价体系进行改革主要有以下三方面的原因：

1. 企业外部环境的变化带来巨大的竞争压力

30 多年来，企业的经营环境发生了很大的变化，竞争的基础已从 20 世纪 80 年代的成本和质量演变为今天的成本、质量、灵活性和创新。工业时代，竞争集中于如何将新科技尽快应用到实物资产上来创造效益，以及如何有效地管理财务资产和负债，因此财务指标是以评价企业利用资源为股东创造价值的效率性和效果性。而在信息时代，竞争的焦点转移到了对无形资产的开发和利用上，这就迫使管理者发现新的指标去衡量在新的竞争环境下导致成功的非财务的价值驱动因素。

2. 财务评价指标本身存在局限性

财务评价指标本身所存在的局限性也是绩效评价体系创新的一个原因。这些局限性主要包括：财务指标过于注重历史而且是后向看的，缺少对未来绩效的预测能力，有可能对短期绩效和不正确的行为进行奖励，无法及时抓住企业的关键变化，不能发现价值创造的动因，对无形资产和人力资本的考虑不足等。许多公司试图通过引入非财务评价指标创造更宽泛的指标体系，希望不但抓住公司价值，而且还要抓住价值创造的因素。

3. 传统绩效评价体系无法满足管理创新对信息的需要

在竞争激烈的环境中，许多公司都在进行管理创新。这些管理创新需要有关企业方方面面的信息，不但包括财务、经营成果方面的信息，还包括非财务、与经营过程相关的信息。传统绩效评价体系已经无法满足这一信息需要。例如，许多公司正在采用全面质量管理计划，许多管理会计研究者称有效的全面质量管理需要及时、详细的过程信息以辨明缺陷的所在，而这些信息无法从概括性的会计数据中得到。

第二节 绩效评价指标、评价标准及其确定方法

一、绩效评价指标

（一）绩效评价指标的选择原则

在设计企业绩效评价指标时，应该遵循以下一些主要原则：

(1) 指标的选择必须能够促使企业的管理者以及其他利益相关者关注企业目标，为实现企业目标而努力；

(2) 指标的选择必须容易从企业的公开资料中获得；

(3) 指标的选择必须科学合理，各指标之间在涵盖的经济内容上不能重复，在解释功能上要互相配合；

(4) 指标的选择必须简便易行，指标的数量不能太多，指标的含义要准确。

（二）绩效评价指标的选择和比较

1. 单指标和多指标

单指标是指企业仅用一项代表性指标来进行绩效评价。在国外，投资报酬率(ROI)是最常用的单一绩效评价指标，我国上市公司也曾以净资产收益率(ROE)作为单一绩效评价指标，此外，企业的净收益和现金流量指标也是常用的单指标。

单指标作为评价指标的优点是：

(1) 若选用适当，单指标能够反映企业的主要经营业绩；

(2) 单指标能够简化评价过程，并且易于理解；

(3) 单指标能够避免多项指标转换成最后单一绩效指标时的主观判断。

单一指标评价的缺陷是明显的，"你评价什么，他就做什么"，使得企业管理者目标仅局限于提高所评价的指标，而忽视了企业的整体发展和长远规划。

多指标评价考虑了企业经营过程中的目标多元性，从多个侧面来考察企业的绩效和管理者的贡献，所以能够更加综合地反映企业的经营绩效水平。

2. 内部指标和外部指标

内部指标是指来自企业内部的评价指标，主要是企业的财务指标，也包括一些涉及企业内部经营管理、技术和人员方面的非财务指标。外部指标主要是指外部利益相关者对企业的反映和评价，如投资者对企业的反映，对上市公司而言，主要是指股票价格，另外还有顾客满意度以及来自政府和社会的评价等。

这两类指标各有优劣，内部指标尤其是财务指标数量众多，既有绝对指标又有相对指标，运用得当的话，可以真实地反映企业的经营绩效，但是内部指标存在着被操纵

的可能性，在信息的获得上存在着明显的信息不对称现象。

外部指标与内部指标相比更为客观，它反映外部利益相关者对企业的评价，不易受到内部人员的控制，但缺陷是外部的利益相关者不能完全了解企业的实际情况，有可能做出错误的判断和选择。

3. 财务指标和非财务指标

财务指标是指可以通过企业财务报表中的数据计算的指标，传统的绩效评价大多使用财务指标，用财务指标来评价绩效简单明了，但是仅用财务指标又存在以下一些缺陷：

（1）财务指标面向过去而不是反映未来，不利于评价企业在创造未来价值能力上的水平。

（2）财务指标容易被操纵，如果过分注重企业财务报表中的会计利润，可能诱使企业管理当局采用各种方法操纵利润。

（3）财务指标主要来自财务报表资料，不包含大多数影响企业长期竞争优势的因素，如产品质量、员工的素质和技能，也不能反映经营过程和顾客的满意程度等。

非财务指标评价的优点主要表现在以下几个方面：

（1）更适用于现代经营环境。那些使企业获得成功的关键因素多为一些非财务指标，产品成本不再是决定企业竞争力的唯一关键因素，特别是对于一些高科技公司，顾客首先关心的是产品设计是否美观、功能是否齐全、交货是否及时。非财务指标可以弥补传统绩效评价导致的短期行为，有利于实现企业长远利益的最大化。

（2）非财务指标对于准确完整地评价企业的管理者有重要作用。财务指标受会计确认、计量等方面的限制，对管理者的许多工作无法衡量。一般来说，企业在培育和谐的员工关系和稳定的顾客关系，树立良好的企业形象，建立快速、高效的营销网络等方面的努力对于其长期健康发展具有重要作用，而这些因素只能通过一些非财务指标来加以衡量。

（3）非财务指标在时间和空间两个方面延伸了传统绩效评价的评价范围，因此更完整、更准确。从时间来看，非财务指标更多地着眼于未来的发展，比如企业增加技术开发费用，在短期内会影响企业的盈利性，但是从长远来看，这项决策将有利于企业未来的发展，只有通过非财务方面的计量才能准确地衡量这种趋势。从空间范围来看，非财务指标更能体现各方面利益相关者的诉求，如顾客方面、员工方面和技术革新等方面，能更全面地评价企业经营的绩效水平。

在绩效评价中引入非财务指标最大的问题来自计量方面。一方面，需要企业管理当局和其他利益相关者注意收集和整理生产经营活动中的非财务信息；另一方面，如何把非财务指标的改善值进行定量的计量或如何寻找到非财务指标与财务指标之间的关系，即用财务指标来间接衡量非财务指标，将是把非财务指标成功引入绩效评价的关键。

二、绩效评价标准

绩效评价标准是对评价客体进行分析评判的标尺，进行绩效评价的时候，必须确定一个参照系统，通过与参照系统进行比较，来确定绩效的好坏。由于评价的目的、范围和出发点不同，必然要有相应的评价标准与之相适应。评价标准应至少符合下列要求：一是应力求客观，能够公正反映企业的经营成果；二是应具有一定的方向性，能够使企业有追求更高绩效的动机；三是应作为发现问题并适时改正的基础。

（一）历史标准

历史标准是以企业的前一年度或前几个年度的平均值或最佳值作为评价标准，以确定当前年度的绩效。以历史为标准最大的优点是数据可靠，容易取得，比较简单。

历史标准最大的缺陷在于：

(1) 承认过去年份的不足或偶然性，并将这种不足或偶然性作为合理成分延续到以后；

(2) 目前企业经营环境及内部条件可能已经发生变化，与以前年度可能不可比；

(3) 评价结果只能作为企业自行评价的依据，缺乏企业间的可比性。

（二）预算标准

预算标准是指以事先制定的年度计划、预算和预期达到的目标作为评价标准。

预算标准在绩效评价中的应用很广泛，比如标准成本等。预算标准主观性较大，人为因素较强，但如果预算是建立在对未来的合理预期上，制定得较为科学合理的话，应该是一种好的标准，会有很强的激励效果。

（三）公认标准

公认标准是指根据经济发展规律和长期的企业管理经验而产生的评价标准，并且已经进入了教科书，比如流动比率的公认标准是 2，速动比率的公认标准是 1 等。但公认标准只能提供一个大致的范围，并没有考虑不同国家、不同行业的差异，作为评价标准显然不合适。

（四）行业标准

行业标准是指以其他同类企业的绩效状况作为评价标准。它是以一定时期一定范围内的同类企业作为样本，采用一定的方法，对相关数据进行测算而得出的平均值，比公认标准更接近企业的实际情况，一个行业往往有相似的经营环境，具有较强的可比性。

三、绩效评价标准的确定方法

（一）标杆瞄准

标杆瞄准是一种绩效评价标准的创新，它需要企业找出某些活动或工作中表现最佳的同行业竞争者或其他行业的领先者，然后以本公司的绩效与之相比。标杆瞄准既可用于财务评价，也可用于非财务评价，特别是在非财务评价标准的设定中能更好地促使企业发现差异，判断自身竞争优势与劣势。

标杆瞄准的基本程序是：

（1）了解掌握本企业经营管理中需要解决和改进的问题，制定工作措施和步骤，建立绩效度量指标；

（2）调查行业中的领先企业或竞争企业的绩效水平，掌握他们的优势所在；

（3）调查这些领先企业的最佳实践，即了解掌握领先企业获得优秀绩效的原因，进而树立目标，综合评判，努力仿效最佳者并超越他们。

标杆瞄准主要是企业内部管理上的一种制度，但是这种建立评价标准的方式对企业的绩效评价也有相当的借鉴意义：

（1）由于标杆瞄准是以领先企业为基准的，因而必然具有合理性和可操作性。这种目标与计划目标相比，能够不断追踪、把握外部环境的发展变化；

（2）标杆瞄准引导企业在经营中达到最优秀竞争对手的绩效，安排和调动企业内部的各种力量，使企业赶上并最终超过竞争对手；

（3）以标杆瞄准来制定标准可以更好地衡量企业管理者的才能和努力程度。

作为一项评价标准，标杆瞄准最大的不足就是信息的不完全，对于外部标准的获得，有时需要花费很大的费用，有时根本无法取得。

（二）绩效标准矩阵

绩效标准矩阵是指同时以两种或两种以上的标准来确定绩效评价标准并对绩效进行评价的指标体系，比如可以同时以预算标准和竞争对手标准为标准，还可以同时以绝对标准和相对标准来作为评价标准。

这里绝对标准是企业事先制订的绩效目标，是一种预算标准。相对标准则是考虑同行业其他企业成长的上升幅度，从而制订的本企业与同业相比较的一种标准。

绝对标准反映企业经营成果的绝对水平，但是企业的经营成果又受宏观经济形势等不可控因素的影响，而相对标准恰好可以过滤这些不可控的因素。以两种标准的结合来确立企业绩效评价的评价标准能够更准确地反映剔除不可控因素后的企业绩效。

第三节 企业绩效评价的主要方法

一、经济增加值和市场增加值

(一) 经济增加值

1. 经济增加值的概念

经济增加值(Economic Value Added,EVA)也称经济利润(Economic Profit),是美国斯特恩·斯图尔特(Stern & Stewart)管理咨询公司创造的一项经济指标,用于评价企业的业绩,并作为企业财务管理体系和经理层与员工激励制度的基础。

经济增加值指的是企业收入扣除所有成本(包括企业债务成本和权益成本)后的剩余收益,在数量上等于息前税后净经营利润(Net Operating Profit Less Adjusted Tax,NOPLAT;亦作 Net Operating Profit After Tax,NOPAT)减去债务和股权的成本,即投入资本总额(Invested Capital,IC)乘以加权平均资本成本率(Weighted Average Cost of Capital,WACC)。此外,经济增加值还可以通过用投入资本报酬率(ROIC)减去加权平均资本成本率再乘以投入资本总额后得到。经济增加值的具体计算公式如下:

经济增加值=息前税后净经营利润−加权平均资本成本率×投入资本总额
=税后净经营利润−权益资本成本率×权益资本总额
=息税前利润×(1−所得税率)−加权平均资本成本率×投入资本总额
=[息税前利润×(1−所得税率)/投入资本总额−加权平均资本成本率]×投入资本总额
=(投入资本报酬率−加权平均资本成本率)×投入资本总额

上述公式中加权平均资本成本率由股权资本成本和债务资本成本加权平均得到,其中股权资本成本可以看作股东认可的投资回报率,是股东投资于公司的机会成本。债务资本成本一般按照银行贷款利率计算。投入资本总额是公司有息负债总额和权益资本总额之和。加权平均资本成本率的计算公式为:

加权平均资本成本率=股权资本成本率×股权资本构成率+债务资本成本率×债务资本构成率

经济增加值和企业会计报表利润有所不同,下面我们通过一个例子来说明。

[例 9-1] 假设 ML 公司投入资本总额为 2 871 万元,如果加权平均资本成本率为 10%,根据有关财务资料分别计算公司的会计利润与经济增加值。

ML公司会计利润与经济增加值的计算如表9-8所示。

表9-8　ML公司会计利润与经济增加值计算表　　单位：万元

序号	项　　目	会计净利润计算	经济增加值计算
1	主营业务收入	3 993	3 993
2	其他业务收入	71	71
3	营业成本费用及税金	(3 632)	(3 632)
4	息税前利润(EBIT)(1+2−3)	432	432
5	利息费用	(86)	—
6	税前利润(4−5)	346	—
7	所得税(30%)	104	130
8	资本成本	—	287
9	会计净利润(6−7)	242	—
10	经济增加值(EVA)(4−7−8)	—	15

注：上式数值以四舍五入取整计算得到。

从表9-8可以看出，ML公司的会计净利润为243万元，但是其经济增加值只有15万元。

之所以出现如此大的差异，原因在于会计净利润仅仅考虑了债务成本，而对于占用权益资本的机会成本却没有计量。事实上，企业所有的资金来源都要有占用成本，经济增加值把这些成本从收益中扣除，更能准确反映企业的盈利状况。

在计算经济增加值的过程中，上述公式只是计算基本经济增加值的一般公式，企业经营利润并没有经过调整；而真实的经济增加值才是公司经营业绩最准确的度量指标，它要对会计数据做出所有必要的调整，这种调整使经济增加值更加接近企业的经济现实。调整的项目主要包括：研发和市场营销费用、商誉摊销、递延所得税、各种准备等。

(1) 研发和市场营销费用的调整。应将当期发生的研究开发费用和市场营销费用作为企业的一项长期投资加入到资产中(即资本化)，资本总额也增加相同数量，然后根据具体情况在几年之中进行摊销，摊销值列入当期费用抵减利润。摊销期根据公司的性质和投入的预期效果而定。

(2) 商誉的调整。由于财务报表中已经对商誉进行摊销，在调整时就将以往的累计摊销金额加入到资本总额中，同时把本期摊销额加回到税后净营业利润的计算中。

(3) 递延税项的调整。将递延所得税负债余额加入到资本总额中，递延所得税资产余额则从资本总额中扣除。同时，当期递延所得税负债与资产的净变动加回到税后净营业利润中。

(4) 各种准备的调整。计算经济附加值时将准备金账户的余额加入资本总额之中,同时将准备金余额的当期变化加入税后净营业利润。

此外,对于存货、在建工程、期权、有价证券、汇兑损益、非经常性项目等也要做必要的调整。这些调整的目的在于:消除会计稳健原则对业绩的影响,减少会计计量误差,同时减少管理层进行盈余管理和会计操纵的机会。

2. 经济增加值的作用和局限性

经济增加值是对传统会计核算的一种重要补充。企业的经营活动是否能够为企业创造价值,可以通过投资报酬和资本成本的比较来体现。当投资报酬多过资本成本时,就是创造了企业价值;反之,当投资报酬少于资本成本时,就是破坏了企业价值。企业经济增加值持续增长意味着公司市场价值的不断增加和股东财富的增长,从而有利于实现股东财富的最大化。

然而,会计利润的增加并不等于创造企业价值,公司可能通过"合理但过度地"增加资本投入,特别是营运资本的投入来增加会计利润。例如,企业经理可以通过增加资本投入提高企业的销售收入和净利润,但一旦企业营运资本的增长率超过销售和利润增长率,将导致企业的经营获利能力低于企业的加权平均资本成本率,结果实际上企业并没有创造价值,甚至是产生"损害价值"。因此,会计利润的增加并不意味着企业盈利能力的提高。

从实质上来讲,经济增加值是一种广义上的财务指标,只不过是对严格意义上的财务指标进行了适当的调整。它的调整依据是公司的财务数据,这就保证了评价数据的易获得性。

此外,由于经济增加值采用了单一评价标准,从而回避了业绩评价系统中最为困难的一个问题——多评价指标权重的选择。作为一种基于战略管理的业绩评价方法,经济增加值也强调非财务指标在沟通和联系中的作用,它将非财务指标作为部门和员工易于理解的价值创造动因,只不过是没有将其作为评价指标而已。

经济增加值还是一种全面财务管理和薪酬激励体制的框架。经济附加值几乎可以渗透到企业管理的各个方面,许多影响经济附加值的重要经营指标都与一线管理人员甚至普通员工的行为相关,并且能为他们直接控制。这些指标反映的经营信息与经济附加值联系起来直接解释了经济附加值的变化,是管理人员和各级员工可以及时了解到的,可直接影响公司上下的工作行为,进而促使经济附加值的提高。基于经济附加值奖金计划的激励数量完全取决于公司经济附加值的多少,即为股东创造了多少财富,目标奖金根据事先约定的固定公式直接计算即可得到,这样就避免了传统预算的种种弊端。

经济增加值的局限性在于：一是不便于比较不同规模的企业；二是不同成长阶段的公司经济增加值也不同，如处于成长阶段的公司经济增加值较少，而处于衰退阶段的公司经济增加值可能较高；三是缺乏统一的业绩评价标准，只能在企业内部评价中使用。

在具体实践中，经济增加值既有运用成功的例子，如可口可乐、美林、瑞士信贷和第一波士顿等著名企业；也有失败的例子，其中最著名的是 AT&T，该公司从 1992 年起推行经济增加值，最终于 2000 年底彻底放弃[①]。

3. 经济增加值在我国的运用

20 世纪 90 年代后期经济增加值指标逐渐引入我国，之后得到快速推广，目前在绩效考评与企业全面价值评估方面都得到了广泛的运用。自 2010 年开始，国务院国有资产监督管理委员会根据《中央企业负责人经营业绩考核暂行办法》的要求，开始在中央企业全面推行经济增加值考核，并将考核结果与央企负责人薪酬及任免挂钩。

2014 年 1 月，国资委印发《关于以经济增加值为核心加强中央企业价值管理的指导意见》。这个《意见》指出，价值管理是基于经济增加值的价值管理，是以价值最大化为目标，以经济增加值管理理念、管理决策和流程再造为重点，通过价值诊断、管理提升、考核激励、监测控制等管理流程的制度化、工具化，对影响企业价值的相关因素进行控制的全过程管理。进一步深化企业经济增加值考核，有助于加强国有资产监管，指导中央企业优化资源配置，促进中央企业转型升级，增强核心竞争能力，加快实现企业做强做优和科学发展。

2016 年 12 月，国资委发布了修订后的《中央企业负责人经营业绩考核办法》，进一步明确经济增加值作为企业考核目标的核心作用。至此，经济增加值考核业已成为当前我国企业绩效考核的最权威的一种主流模式。

（二）市场增加值

1. 市场增加值的概念

如果把企业看成是能够产生现金流量的特殊的资产，它同样也具有价值。企业的价值主要包括名义价值和市场价值。

企业的名义价值即构成企业资产合约时正式的账面价值（成本价），是以公认的会计准则为计量依据的资产价值表现形式，它既可以代表真实资产的账面数额，也可以作为虚拟资产的价值基础，以单纯用于计量目的。

企业的市场价值是指企业在市场上进行交易时的价值，能够公允反映企业全部资

---

① 茅宁：《企业价值创造与管理者博弈——对经济增加值方法的若干反思》，《外国经济与管理》，2002 年第 11 期。

产现时的价值状况，也称公允价值。公允价值最大的特征是来自公平交易的市场，是参与市场交易的理智双方充分考虑了市场的信息后所达成的共识。因此，公允价值实际上是与公平市场的交易价格相一致的，其本质就是市场对计量客体价值的确定。

企业的名义价值和市场价值往往有很大的差距，有时相差几十倍，尤其是企业的权益资本部分。名义价值和市场价值除了在价值形成过程中的差别外，还有以下不同之处：

第一，企业的名义价值没有考虑资产的未来收益，而投资者向企业投资就是为了得到期望的未来收益。与企业的名义价值不同，企业的市场价值内含有资产的未来收益。

第二，企业的许多资产和负债并没有计入资产负债表，但它们却影响企业的未来收益，进而影响其市场价值。如良好的商誉、品牌、忠诚的顾客、超群的技术、优秀的管理都可能增加企业的市场价值；而未决诉讼案、低劣的管理、过时产品生产线、暗淡的发展前景都可能降低企业的市场价值。

第三，许多财务报表的使用者关心的是企业的市场价值，而不是它的成本——名义的账面价值。名义价值只是市场价值的一个低劣的替代品，报表使用者需要对名义价值作出适当调整。

第四，企业管理者的任务就是为企业创造高于其成本的价值，这个价值是市场价值而非名义价值。

不过，用来评价企业绩效的并不是市场价值，而是市场增加值（Market Value Added，MVA）。市场增加值是企业总市值和总投入资本之间的差额，是企业市场价值相对于投入资本的增值部分，以此可直接衡量企业经营活动对投资者财富的贡献。市场增加值的计算公式为：

市场增加值＝企业资本总市值－企业占用的总资本

上式中企业资本总市值包括债务资本市值和股权资本市值之和，企业占用的总资本是资本供应者投入的全部资本，一般用资本投入时的账面成本价值来计量。

通常，企业债务资本的市场价值和账面成本价值基本相同，因此市场增加值的计算公式还可以简化为如下形式：

市场增加值＝企业权益资本市值－企业占用的权益资本

＝企业股票价格×流通在外股票数量－企业占用的权益资本

在财务管理中，企业的财务目标是要实现股东价值最大化，股东价值最大化也就是企业资本的市场价值最大化，但企业资本的市场价值最大化未必等于企业为股东创造了价值。例如，如果企业宣布投资 3 亿元于一个项目，投资者的反映导致企业的市场价值增加了2.5亿元,实际上企业的投资决策并没有给投资者创造价值,反而损害投资者的价值0.5亿元。因此必须比较企业投入资本与产出的差异,即管理者应力求使市场增加值最大化,而非市场价值最大化。

当市场增加值>0,说明投资者认为企业总资本的市场价值大于投入资本的价值,所以企业"创造价值";反之,当市场增加值<0,说明投资者认为企业总资本的市场价值小于投入资本的价值,所以企业"损害价值"。

实际上,市场增加值也是一个"时点指标",只能反映企业在"某一时点"是否创造价值。如果要反映企业在"某一时期"是否创造价值,必须观察一段时期以来各个时点上市场增加值的变动情况。

2. 市场增加值的作用和局限性

市场增加值是一个关键的业绩衡量指标,表明投资者投入资本的增值水平,反映了企业增加或减少股东财富的累计总量,直接与股东财富的创造相关,是从外部评价企业管理绩效的最好方法,反映了一家成长企业合理运用稀缺资源的能力。

市场增加值还与经济增加值密切相关。成熟的投资者使用许多不同方法对股票进行合理估价,但所有这些方法都基于市场估值基本原理之上。任何企业的市场增加值实际上都是通过加总投资者预测的未来经济增加值的折现值得出的。也就是说,企业的市场增加值等于企业投资的未来各期的经济增加值,以加权平均资本成本率为折现率折现后的累计现值。企业的市场增加值反映了市场对该企业未来发展的估计。

此外,市场增加值还能反映企业的风险,因为市值既包含了投资者对企业绩效的评价,也包含了他们对风险的判断。因此,市场增加值具有较强的可比性,可以对不同企业的业绩进行比较。

市场增加值的局限性在于:市场增加值仅限于从外部对上市公司进行整体评价,在评价公司内部各个局部的业绩方面,市场增加值是无能为力的,也不能用于内部绩效评价。另外,由于股票价格不仅受管理绩效的影响,还受股市总水平的影响,资本市场是否能真正评价企业的价值,迄今仍存在争议。

专栏 9-2

如何识别企业是否创造价值

经济增加值(EVA)和市场增加值(MVA)之间存在这样的关系,即企业的MVA等于企业投资的未来各期的EVA以加权平均资本成本率(WACC)为折现率折现后的累计现值。假定企业EVA以固定增长率g增长,类似"股利固定增长股票定价模型",企业的MVA可以写成下式:

$$MVA=\frac{EVA}{WACC-g}=\frac{(ROIC-WACC)IC}{WACC-g}$$

其中,$ROIC$ 是投入资本报酬率,IC 是投入资本总额。

显然,(1) 当 $WACC>g$, $MVA>0$,说明企业创造价值;当 $WACC<g$, $MVA<0$,说明企业损害价值。(2) 当 $ROIC>WACC$ 时,$EVA>0$,说明企业创造价值;当 $ROIC<WACC$, $EVA<0$,说明企业损害价值。(3) 因为企业投入资本所产生的 EVA 的累计现值等于 MVA,因此在理论上,EVA 的最大化也就是 MVA 的最大化。

上式还可以进一步变化成以下形式:

$$MVA=\frac{(ROIC-WACC)IC}{WACC-g}=\frac{[(EBIT/S)(S/IC)(1-T)-WACC]IC}{WACC-g}$$
$$=\frac{[\text{销售利润率}\times\text{投入资本周转率}\times(1-T)-WACC]IC}{WACC-g}$$

其中,$EBIT$ 是息税前利润,S 是销售额,T 是所得税税率。由上式可以看出,企业价值创造的主要影响因素有:

1. 投入资本报酬率(ROIC),反映公司的经营获利能力,与价值创造成正比,即企业的经营获利能力愈高,价值创造愈大。并且,ROIC 的高低取决于"销售利润率"和"投入资本周转率"及"所得税税率",前二者与 MVA 成正比,后者与 MVA 成反比。

2. 加权平均资本成本率(WACC),反映公司使用每单位资本的平均成本,与价值创造成反比,即企业使用资本的成本愈高,价值创造愈小。

3. 固定增长率(g),与价值创造成反比,即高速增长的企业不一定创造价值,可能损害价值,而低速增长的企业不一定损害价值,可能创造价值。

二、沃尔评分方法

(一) 沃尔评分法

财务状况综合评价的最早实践者是美国的亚力山大·沃尔教授,他在 20 世纪初出版的《信用晴雨表研究》和《财务报表比率分析》中提出了信用能力指数概念,把流动比率、产权比率、固定资产比率、存货周转率、应收账款周转率、固定资产周转率、自有资金周转率七项财务比率用线性关系结合起来,并分别给定各自的分数权重,然后通过与标准比率进行比较,确定各项指标的得分及总体指标的累计分数,从而对企业的信用水平做出评价。

原始意义上的沃尔分析法存在两个缺陷:一是所选定的七项指标缺乏证明力;二是当某项指标严重异常时,会对总评分产生不合逻辑的重大影响。

现代社会与沃尔时代已经发生很大的变化,沃尔最初提出的七项指标已难以完全适用当前企业评价的需要，各种改进型的评价方法层出不穷，但其基本思想和程序却没有改变，下面就对其分析程序作一简要介绍。

（二）沃尔评分法的分析程序

运用沃尔评分法进行综合评价的分析程序有以下步骤（见表 9－9 举例）：

表 9－9　企业沃尔综合评分法举例

指　　标	实际值	标准值	关系比率	权重分值	上/下限	综合评分
	A	B	$C=A/B$	D	E	$F=C\times D$
流动比率	2.48	2	1.238	15	25/7	18.57
速动比率	0.56	1	0.562	10	20/5	5.62
资产负债率	58.85%	40%	1.471	10	20/5	14.71
应收账款周转率	13.90	12	1.158	5	15/3	5.79
存货周转率	0.65	15	0.043	10	20/5	5.00
总资产周转率	0.62	1.88	0.331	15	25/7	7.00
销售净利率	8.36%	12%	0.697	10	20/5	6.97
成本费用利润率	9.94%	5 %	1.988	15	25/7	25.00
净资产报酬率	11.76%	10%	1.176	10	20/5	11.76
合　　计				100		100.42

（1）选定评价企业财务状况的比率指标。综合评分的首要问题是确定选择指标。在综合评价时，应根据评价目的合理选择评价指标，通常企业的偿债能力、资产运营能力、获利能力、投资报酬能力、发展能力和现金流量水平等都是要考虑到的重要方面，具体的指标选择可参阅本书的相关章节。

（2）根据各项财务比率的重要程度，确立其重要性系数，即权重分值，并使各分值的总和等于 100 分。

（3）确定各项财务比率标准值。标准比率值应以行业的平均值作为基础，适当进行理论修正。同时规定评分值的上限和下限，以减少个别指标异常给总分评价带来的不合理影响。

（4）计算各指标实际值与标准值的比率，称之为关系比率。关系比率的计算通常有三种方法。

① 如果指标实际值大于标准值为理想时，关系比率计算公式为：

关系比率＝实际值÷标准值

② 如果指标实际值大于标准值为不理想时，关系比率计算公式为：

关系比率＝[标准值－(实际值－标准值)]÷标准值

③ 如果指标实际值与标准值相差较大为不理想时，关系比率计算公式为：

关系比率＝[标准值－｜实际值－标准值｜]÷标准值

(5) 计算各项比率指标的综合分值。各项比率指标的综合分值等于各指标权重分值乘以该指标的关系比率，各分值如超过取值上下限，则取临界值，最终合计数即为综合评分结果。一般来说，综合评分在 100 分左右，表明企业财务状况基本符合标准要求；如与 100 分有较大差距，则表明企业财务状况偏离标准要求。

三、《中央企业综合绩效评价实施细则》简介

(一)《中央企业综合绩效评价实施细则》基本概况

为规范开展中央企业综合绩效评价工作，有效发挥综合绩效评价工作的评判、引导和诊断作用，推动企业提高经营管理水平，国务院国有资产监督管理委员会于 2006 年 9 月 12 日根据《中央企业综合绩效评价管理暂行办法》制定了《中央企业综合绩效评价实施细则》(下称《细则》)。

一般来说，企业综合绩效评价包括财务绩效定量评价和管理绩效定性评价两个方面内容。由于任期绩效评价和年度绩效评价的工作目标不同，评价工作内容也有所不同。

任期绩效评价作为任期经济责任审计工作的重要组成部分，需要对企业负责人任职期间企业的绩效状况进行综合评价，工作程序包括财务绩效评价和管理绩效评价两方面内容。

年度绩效评价除根据监管工作需要组织财务绩效与管理绩效的综合评价外，一般作为年度财务决算管理工作的组成部分，每个年度只进行财务绩效定量评价。

《细则》对企业绩效评价工作程序做出以下规定：财务绩效定量评价工作具体包括提取评价基础数据、基础数据调整、评价计分、形成评价结果等内容。管理绩效定性评价工作具体包括收集整理管理绩效评价资料、聘请咨询专家、召开专家评议会、形成定性评价结论等内容。最后根据财务绩效定量评价结果和管理绩效定性评价结果，按照规定的权重和计分方法，计算企业综合绩效评价总分，并根据规定的加分和扣分因素，得出企业综合绩效评价最后得分。

(二) 企业绩效评价指标体系

企业综合绩效评价指标由财务绩效定量评价指标和管理绩效定性评价指标组成。

1. 财务绩效定量评价指标

财务绩效定量评价指标由企业盈利能力状况、资产质量状况、债务风险状况和经营增长状况 4 个方面的 8 个基本指标和 14 个修正指标组成，用于综合评价企业财务

会计报表所反映的经营绩效状况。

企业盈利能力状况主要反映企业一定经营期间的投入产出水平和盈利质量；企业资产质量状况主要反映企业所占用经济资源的利用效率、资产管理水平与资产的安全性；企业债务风险状况主要反映企业的债务负担水平、偿债能力及其面临的债务风险；企业经营增长状况主要反映企业的经营增长水平、资本增值状况及发展后劲。

2. 管理绩效定性评价指标

管理绩效定性评价指标包括战略管理、发展创新、经营决策、风险控制、基础管理、人力资源、行业影响、社会贡献 8 个方面的指标，主要反映企业在一定经营期间所采取的各项管理措施及其管理成效。

(1) 战略管理评价主要反映企业所制定战略规划的科学性，战略规划是否符合企业实际，员工对战略规划的认知程度，战略规划的保障措施及其执行力，以及战略规划的实施效果等方面的情况；

(2) 发展创新评价主要反映企业在经营管理创新、工艺革新、技术改造、新产品开发、品牌培育、市场拓展、专利申请及核心技术研发等方面的措施及成效；

(3) 经营决策评价主要反映企业在决策管理、决策程序、决策方法、决策执行、决策监督、责任追究等方面采取的措施及实施效果，重点反映企业是否存在重大经营决策失误；

(4) 风险控制评价主要反映企业在财务风险、市场风险、技术风险、管理风险、信用风险和道德风险等方面的管理与控制措施及效果，包括风险控制标准、风险评估程序、风险防范与化解措施等；

(5) 基础管理评价主要反映企业在制度建设、内部控制、重大事项管理、信息化建设、标准化管理等方面的情况，包括财务管理、对外投资、采购与销售、存货管理、质量管理、安全管理、法律事务等；

(6) 人力资源评价主要反映企业人才结构、人才培养、人才引进、人才储备、人事调配、员工绩效管理、分配与激励、企业文化建设、员工工作热情等方面的情况；

(7) 行业影响评价主要反映企业主营业务的市场占有率、对国民经济及区域经济的影响与带动力、主要产品的市场认可程度、是否具有核心竞争能力以及产业引导能力等方面的情况；

(8) 社会贡献评价主要反映企业在资源节约、环境保护、吸纳就业、工资福利、安全生产、上缴税收、商业诚信、和谐社会建设等方面的贡献程度和社会责任的履行情况。

企业综合绩效评价指标权重实行百分制，指标权重依据评价指标的重要性和各指标的引导功能，通过征求咨询专家意见和组织必要的测试进行确定。其中，财务绩效定量评价指标权重确定为 70%，采用功效系数法进行评分；管理绩效定性评价指标权重确定为30%，采用综合分析判断法进行评分。在实际评价过程中，财务绩效定量评价指标和管理绩效定性评价指标的权数均按百分制设定，分别计算分项指标的分值，然后按权重折算。

表9-10、表9-11分别给出了《细则》中规定的所有指标的计算公式及其所占的权重。

表9-10 2006年国资委发布的《中央企业综合绩效评价实施细则》指标体系

内容	权重	基本指标	权重	修正指标	权重	评议指标	权重
盈利能力状况	34	净资产收益率 总资产报酬率	20 14	主营业务利润率 盈余现金保障倍数 成本费用利润率 资本收益率	10 9 8 7	战略管理 发展创新 经营决策 风险控制	18 15 16 13
资产质量状况	22	总资产周转率 应收账款周转率(次)	10 12	不良资产比率 资产现金回收率 流动资产周转率	9 7 6	基础管理 人力资源 行业影响	14 8 8
债务风险状况	22	资产负债率 已获利息倍数	12 10	速动比率 现金流动负债比率 带息负债比率 或有负债比率	6 6 5 5	社会贡献	8
经营增长状况	22	销售(营业)增长率 资本保值增值率	12 10	销售(营业)利润增长率 总资产增长率 技术投入比率	10 7 5		
合计	100		100		100		100

注：财务绩效包括基本指标和修正指标，占总分比重为70%；管理绩效包括评议指标，占总分比重为30%。

表9-11 《中央企业综合绩效评价实施细则》定量指标的计算

评价内容	基本/修正指标	指标名称	定义
盈利能力状况	基本指标	净资产收益率	归属于母公司所有者的净利润/平均归属于母公司所有者权益×100%
		总资产报酬率*	(利润总额+利息支出)/平均资产总额×100%
	修正指标	销售(营业)利润率	销售(营业)利润/营业总收入×100%
		盈余现金保障倍数*	经营现金净流量/净利润
		成本费用利润率	利润总额/成本费用总额×100%
		资本收益率	归属于母公司所有者的净利润/平均资本×100%

（续表）

评价内容	基本/修正指标	指标名称	定　　义
资产质量状况	基本指标	总资产周转率(次)	营业总收入/平均资产总额
		应收账款周转率(次)	营业总收入/应收账款平均余额
	修正指标	不良资产比率*	年末不良资产总额/(资产总额+资产减值准备余额)×100%
		资产现金回收率	经营现金净流量/平均资产总额×100%
		流动资产周转率(次)	营业总收入/平均流动资产总额
债务风险状况	基本指标	资产负债率	负债总额/资产总额×100%
		已获利息倍数*	(利润总额+利息支出)/利息支出
	修正指标	速动比率	速动资产/流动负债×100%
		现金流动负债比率	经营现金净流量/流动负债×100%
		带息负债比率	(短期借款+一年内到期的非流动负债+长期借款+应付债券+应付利息)/负债总额×100%
		或有负债比率	或有负债余额/所有者权益×100%
经营增长状况	基本指标	销售(营业)增长率	本年营业总收入增长额/上年营业总收入×100%
		资本保值增值率	扣除客观因素后的年末国有资本及权益/年初国有资本及权益×100%
	修正指标	销售(营业)利润增长率	[本年销售(营业)利润－上年销售(营业)利润]/上年销售(营业)利润×100%
		总资产增长率	(年末资产总额－年初资产总额)/年初资产总额×100%
		技术投入比率*	本年科技支出合计/营业总收入×100%
补充资料		存货周转率(次)	营业成本/存货平均余额
		两金占流动资产比重(%)	(应收账款+存货)/流动资产×100%
		成本费用占营业总收入比重(%)	成本费用总额/营业总收入×100%
		经济增加值率(%)	经济增加值/调整后资本×100%
		EBITDA率(%)	(净利润+所得税+利息支出+固定资产折旧+无形资产摊销)/营业总收入×100%
		资本积累率(%)	(年末所有者权益－年初所有者权益)/年初所有者权益×100%

注：1. *表示与《企业绩效评价操作细则(试行)》相比，评价指标名称未变但是计算公式已发生变化。

2. 平均归属于母公司所有者权益＝(年初归属于母公司所有者权益合计＋年末归属于母公司所有者权益合

计)/2

3. 平均资产总额=(年初资产总额+年末资产总额)/2

4. 销售(营业)利润=营业总收入-营业成本-营业税金及附加

5. 成本费用总额=营业成本+营业税金及附加+销售费用+管理费用+财务费用

6. 平均资本=[(年初实收资本+年初资本公积)+(年末实收资本+年末资本公积)]/2

7. 应收账款平均余额=[(年初应收账款净额+年初应收账款坏账准备)+(年末应收账款净额+年末应收账款坏账准备)]/2

8. 年末不良资产总额=资产减值准备余额+应提未提和应摊未摊的潜亏挂账+未处理资产损失

9. 平均流动资产总额=(年初流动资产总额+年末流动资产总额)/2

10. 速动资产=流动资产-存货

11. 或有负债余额=已贴现承兑汇票+担保余额+贴现与担保外的被诉事项金额+其他或有负债

12. 经济增加值=净利润+(利息支出+研究开发费用调整项)×(1-25%)-调整后资本×平均资本成本率(5.5%)

13. 调整后资本=平均资产总额-平均应付票据-平均应付账款-平均预收账款-平均应交税费-平均应付利息-平均应付职工薪酬-平均应付股利-平均其他应付款-平均其他流动负债(不含其他带息流动负债)-平均专项应付款-平均特种储备基金-平均在建工程

(三) 企业绩效评价标准

财务绩效定量评价标准划分为优秀(A)、良好(B)、平均(C)、较低(D)、较差(E)五个档次,管理绩效定性评价标准分为优(A)、良(B)、中(C)、低(D)、差(E)五个档次。对应五档评价标准的标准系数分别为1.0、0.8、0.6、0.4、0.2,差(E)以下为0。标准系数是评价标准的水平参数,反映了评价指标对应评价标准所达到的水平档次。

企业财务绩效定量评价标准值的选用,一般根据企业的主营业务领域对照企业综合绩效评价行业基本分类,自下而上逐层遴选被评价企业适用的行业标准值。

多业兼营的集团型企业财务绩效指标评价标准值的选用应当区分主业突出和不突出两种情况:

(1) 存在多个主业板块但某个主业特别突出的集团型企业,应当采用该主业所在行业的标准值。

(2) 存在多个主业板块但没有突出主业的集团型企业,可对照企业综合绩效评价行业基本分类,采用基本可以覆盖其多种经营业务的上一层次的评价标准值;或者根据其下属企业所属行业,分别选取相关行业标准值进行评价,然后按照各下属企业资产总额占被评价企业集团汇总资产总额的比重,加权形成集团评价得分;也可以根据集团的经营领域,选择有关行业标准值,以各领域的资产总额比例为权重进行加权平均,计算出用于集团评价的标准值。

另外,根据评价工作需要还可以分别选择全行业和大、中、小型规模标准值实施评价,企业规模划分执行国家统计局和国资委的有关规定执行。

本书在附录部分给出了2017年全国国有企业全行业企业绩效评价标准值,供读者参考。

(四) 评价计分方法

企业绩效评价的主要计分方法是功效系数法,用于计量指标的评价计分;辅助计分方法是综合分析判断法，用于评议指标的评价计分。根据评价指标体系的三层次结构，企业绩效评价的计分方法分为基本指标计分方法、修正指标计分方法、评议指标计分方法和定量与定性结合计分方法。

表 9－12 对上述评价计分方法进行了归纳和整理。

表 9－12　《中央企业综合绩效评价实施细则》规定的评价计分方法

项目	基本指标	修正指标	评议指标
计分方法	财务绩效定量评价基本指标计分是按照功效系数法计分原理，将评价指标实际值对照行业评价标准值，按照规定的计分公式计算各项基本指标得分	财务绩效定量评价修正指标的计分是在基本指标计分结果的基础上，运用功效系数法原理，分别计算盈利能力、资产质量、债务风险和经营增长四个部分的综合修正系数，再据此计算出修正后的分数	管理绩效定性评价指标的计分一般通过专家评议打分形式完成，聘请的专家应不少于 7 名；评议专家应当在充分了解企业管理绩效状况的基础上，对照评价参考标准，采取综合分析判断法，对企业管理绩效指标做出分析评议，评判各项指标所处的水平档次，并直接给出评价分数
计算公式	基本指标总得分＝Σ单项基本指标得分 单项基本指标得分＝本档基础分＋调整分 本档基础分＝指标权数×本档标准系数 调整分＝功效系数×（上档基础分－本档基础分） 上档基础分＝指标权数×上档标准系数 功效系数＝（实际值－本档标准值）/（上档标准值－本档标准值） 本档标准值是指上下两档标准值居于较低等级一档。	修正后总得分＝Σ各部分修正后得分 各部分修正后得分＝各部分基本指标分数×该部分综合修正系数 某部分综合修正系数＝Σ该部分各修正指标加权修正系数 某指标加权修正系数＝（修正指标权数 / 该部分权数）×该指标单项修正系数 某指标单项修正系数＝1.0＋（本档标准系数＋功效系数×0.2－该部分基本指标分析系数），单项修正系数控制修正幅度为 0.7～1.3 某部分基本指标分析系数＝该部分基本指标得分 / 该部分权数	管理绩效定性评价指标分数＝Σ单项指标分数 单项指标分数＝（Σ每位专家给定的单项指标分数）/ 专家人数
其他规定	在计算修正指标单项修正系数过程中，对于一些特殊情况作如下规定： 1. 如果修正指标实际值达到优秀值以上，其单项修正系数的计算公式如下： **单项修正系数＝1.2＋本档标准系数－该部分基本指标分析系数** 2. 如果修正指标实际值处于较差值以下，其单项修正系数的计算公式如下： **单项修正系数＝1.0－该部分基本指标分析系数** 3. 如果资产负债率≥100％，指标得 0 分；其他情况按照规定的公式计分。		

（续表）

<table>
<tr><th>项目</th><th>基 本 指 标</th><th>修 正 指 标</th><th>评 议 指 标</th></tr>
<tr><td rowspan="4">其他规定</td><td colspan="3">4. 如果盈余现金保障倍数分子为正数，分母为负数，单项修正系数确定为 1.1；如果分子为负数，分母为正数，单项修正系数确定为 0.9；如果分子分母同为负数，单项修正系数确定为 0.8。
5. 如果不良资产比率≥100%或分母为负数，单项修正系数确定为 0.8。
6. 对于销售（营业）利润增长率指标，如果上年主营业务利润为负数，本年为正数，单项修正系数为 1.1；如果上年主营业务利润为零本年为正数，或者上年为负数本年为零，单项修正系数确定为 1.0。
7. 如果个别指标难以确定行业标准，该指标单项修正系数确定为 1.0。</td></tr>
<tr><td colspan="3">任期财务绩效定量评价指标计分，应当运用任期各年度评价标准分别对各年度财务绩效定量指标进行计分，再计算任期平均分数，作为任期财务绩效定量评价分数。计算公式为：
任期财务绩效定量评价分数＝（Σ任期各年度财务绩效定量评价分数）/任期年份数</td></tr>
<tr><td colspan="3">对企业经济效益上升幅度显著、经营规模较大，有重大科技创新的企业，应当给予适当加分，以充分反映不同企业努力程度和管理难度，激励企业加强科技创新。具体的加分办法如下：
1. 效益提升加分。企业年度净资产收益率增长率和利润增长率超过行业平均增长水平 10～40%加 1～2 分，超过 40～100%加 3～4 分，超过 100%加 5 分。
2. 管理难度加分。企业年度平均资产总额超过全部监管企业年度平均资产总额的给予加分，其中：工业企业超过平均资产总额每 100 亿元加 0.5 分，非工业企业超过平均资产总额每 60 亿元加 0.5 分，最多加 5 分。
3. 重大科技创新加分。重大科技创新加分包括以下两个方面：企业承担国家重大科技攻关项目，并取得突破的，加 3～5 分；承担国家科技发展规划纲要目录内的重大科技专项主体研究，虽然尚未取得突破，但投入较大，加 1～2 分。
4. 国资委认定的其他事项。
以上加分因素合计不得超过 15 分，超过 15 分按 15 分计算。对加分前评价结果已经达到优秀水平的企业，以上加分因素按以下公式计算实际加分值：实际加分值＝$(1-X\%)\times 6.6Y$
其中：X 表示评价得分，Y 表示以上因素合计加分。</td></tr>
<tr><td colspan="3">对被评价企业所评价期间（年度）发生以下不良重大事项，应当予以扣分：
1. 发生属于当期责任的重大资产损失事项，损失金额超过平均资产总额 1%的，或者资产损失金额未超过平均资产总额 1%，但性质严重并造成重大社会影响的，扣 5 分。正常的资产减值准备计提不在此列；
2. 发生重大安全生产与质量事故，根据事故等级，扣 3～5 分；
3. 存在巨额表外资产，且占合并范围资产总额 20%以上的，扣 3～5 分；
4. 存在巨额逾期债务，逾期负债超过带息负债的 10%，甚至发生严重的债务危机，扣 2～5 分；
5. 国资委认定的其他事项。</td></tr>
<tr><td>综合评价</td><td colspan="3">在得出财务绩效定量评价分数和管理绩效定性评价分数后，应当按照规定的权重，形成综合绩效评价分数。计算公式为：
企业综合绩效评价分数＝财务绩效定量评价分数×70%＋管理绩效定性评价分数×30%</td></tr>
</table>

（续表）

项目	基 本 指 标	修 正 指 标	评 议 指 标
综合评价	在得出评价分数以后，应当计算年度之间的绩效改进度，以反映企业年度之间经营绩效的变化状况。计算公式为： **绩效改进度＝本期绩效评价分数/基期绩效评价分数** 绩效改进度大于1，说明经营绩效上升；绩效改进度小于1，说明经营绩效下滑。		

（五）评价结果分级

企业综合绩效评价结果以评价得分、评价类型和评价级别表示，并据此编制评价报告。评价类型是根据评价分数对企业综合绩效所划分的水平档次，用文字和字母表示，分为优（A）、良（B）、中（C）、低（D）、差（E）五种类型；评价级别是对每种类型再划分级次，以体现同一类型中的不同差异，采用在字母后标注“＋”“－”号的方式表示。

最终企业绩效评价结果是以汉字、英文和“＋”“－”符号共同标示，如优（A＋）、低（D）。具体评级标准请参看表9－13。

表9－13　企业绩效评价评级表

类型判定	级别标注	评价得分
优	A＋＋	95（含）以上
	A＋	[90～95)
	A	[85～90)
良	B＋	[80～85)
	B	[75～80)
	B－	[70～75)
中	C	[60～70)
	C－	[50～60)
低	D	[40～50)
差	E	40以下

（六）评价报告

企业综合绩效评价报告是根据评价结果编制、反映被评价企业综合绩效状况的文本文件，由报告正文和附件构成。

企业综合绩效评价报告正文应当包括：评价目的、评价依据与评价方法、评价过程、评价结果及评价结论、重要事项说明等内容。企业综合绩效评价报告的正文应当文字简洁、重点突出、层次清晰、易于理解。

企业综合绩效评价报告附件应当包括：企业经营绩效分析报告、评价结果计分表、问卷调查结果分析、专家咨询报告、评价基础数据及调整情况，其中：企业经营绩效分析报告是根据综合绩效评价结果对企业经营绩效状况进行深入分析的文件，应当包括评价对象概述、评价结果与主要绩效、存在的问题与不足、有关管理建议等。

专栏 9－3

企业绩效评价体系的发展方向

在新经济迅速发展、信息技术日益完善的今天，建立一套动态的符合企业竞争环境要求的绩效评价体系十分重要，其未来的发展方向将体现在以下一些方面。

1. 重视对现金流量的绩效评价

与传统财务指标相比，现金流动的信息更能体现财务报告的目标，一般来说，与特定企业关系最直接的财务信息使用者，尤为关心的是企业创造有利的现金流的能力。因此，企业绩效评价的财务指标应是现金流量表、损益表与资产负债表有关项目以及企业投资项目长期现金流量的综合反映。

2. 重视对非财务指标的评价

企业成功的关键因素大多是非财务指标，如产品质量、市场占有率、客户满意度、员工满意度等。未来企业业绩评价将会更多地把这些方面的内容纳入评价指标体系，尤其重视对影响企业成功的关键因素进行的综合评价，以科学地反映企业的真实情况。

3. 重视对企业与环境关系的评价

现在的经营环境动荡多变，企业面临的来自外部环境的挑战越来越严峻，没有对外部环境的正确分析与评价，企业很难发现自身的优缺点以及所面临的机会和威胁，也就很难在激烈的竞争中获得战略优势。

4. 重视对无形资产特别是知识资本、人力资本的评价

在知识经济时代，知识和智力资本等无形资产对处于激烈竞争环境中的企业获得经营成功，有着举足轻重的作用。特别是高科技企业、网络企业和软件开发企业，人力资本因素更加突出。因此企业的绩效评价体系应充分反映对知识和智力资本的评价。

5. 重视对企业创新能力的评价

现代经济发展的核心特征就是创新，不断创新才使经济发展具有强劲的支撑和动力。一个企业在竞争中的地位和优势，主要取决于其技术创新及转化为现实生产力的速度、范围和效益。未来的业绩评价方法应将创新能力的相关指标纳入评价体系，利于人们从长远的角度考虑企业的发展。

6. 重视对财务预测的动态指标评价

企业会计报表上的数据是对过去事项记录的结果，据之进行的业绩评价，只能反

映过去，不能反映未来。未来企业业绩评价将会增强对企业未来发展趋势的动态评价和分析，从战略性和全局最优化的角度来为企业决策提供支持。

本章小结

企业绩效是指一定经营期间的企业经营效益和经营者业绩，绩效评价就是运用数理统计和运筹学方法，采用特定的指标体系，对照统一的标准，按照统一的程序，通过定量定性对比分析，对企业一定经营期间的经营效益和经营者业绩作出的客观、公正和准确的综合评判。

西方国家企业经营绩效评价方法的演进先后经过成本绩效评价时期、财务绩效评价时期和经营绩效评价的创新时期三个阶段；我国的企业绩效评价随着企业改革和会计制度的变迁，大致可分为计划经济时期、改革开放初期、建立现代企业制度时期和新世纪的变革时期四个发展阶段。

在设计企业绩效评价指标时，应遵循一些基本原则，科学选定评价指标，根据评价的目的、范围和出发点的不同，确定与之相适应的评价标准。

目前企业绩效评价的主要方法有经济增加值和市场增加值评价法；沃尔评分法作为一种传统分析方法，其基本思想和程序一直没有改变，但为适应不同需要出现了各种不同的改进形式，我国的《中央企业综合绩效评价实施细则》就是由此发展而来的。

本章关键术语

平衡计分卡　经济增加值　市场增加值　沃尔评分法　《中央企业综合绩效评价实施细则》

思考题

1. 简述西方国家企业绩效评价方法的演进过程。
2. 简述我国企业绩效评价方法的演进过程。
3. 简述企业绩效评价指标的选择及其确定标准。
4. 简述《中央企业综合绩效评价实施细则》采用的企业绩效评价方法。
5. 简述沃尔评分法的分析程序。

第十章　会计操纵与财务预警分析

学习目的

1. 了解会计操纵的概念及其产生动因；
2. 熟悉会计操纵的方法和手段；
3. 熟悉识别会计操纵的主要分析方法；
4. 了解企业财务危机和财务预警的基本概念；
5. 掌握企业财务预警的主要分析方法。

第一节　会计操纵及其识别

一、会计操纵的概念

会计操纵(Accounts Manipulation)是指为了达到特定目的，通过人为地对会计数据和信息披露进行操纵，从而使会计报表不能真实和公允反映企业的财务状况和经营业绩①。

会计操纵和人们常说的会计信息失真不同，会计信息失真包含的范围最广，不仅包括有意识的会计操纵，还包括由于会计人员素质较差、会计基础工作薄弱等客观因素而无意识导致的会计差错(Accounting Errors)。另一个相关概念是财务欺诈(Financial Fraud)，它是一种性质更为严重的会计操纵行为，通常表现为对会计准则的严重违反和明显误用，同时还要经过司法程序的判定，它在含义上从属于会计操纵，这是因为会计操纵还包括一些在会计准则规定范围内的操纵行为，它们在性质上还不能被划分为财务欺诈。

在国内外的文献中，还有一些其他的类似概念，如盈余管理(Earnings Management)、收益平滑(Income Smoothing)、清洗会计(Big Bath Accounting)以及

① 邓云胜、任若恩：《会计操纵相关问题研究》，《金融研究》，2003 年第 4 期。

创造性会计(Creative Accounting)等,下面我们简要做一介绍。

(一) 盈余管理

盈余管理也称盈利操纵,是指公司管理层在会计准则允许的范围内综合运用会计或非会计手段来实现会计收益的控制和调整,使经营者或企业市场价值达到最大化的行为。

盈余管理有三种基本手段:应计项目管理(Accrual Management)、采纳指定会计政策的时机选择和自愿的会计变更。应计项目管理是指为实现预想的目标而改变年终应计项目进而影响利润水平。应计项目会计(Accrual Accounting)与现金会计(Cash Accounting)的不同在于时间安排的差异。就公司整个生命周期而言,两种方法是无差异的。但短期内,收入和费用的不同搭配会产生不同的利润结果。对差异的处理存在一种标准的方法,而盈余管理不过是以另一种方法处理这些差异:当需要收益时将费用延后,以期在将来收益理想时再计入这些费用。同样,指定会计政策的时机选择和自愿的会计变更都可以视为公司为达到经理人员的具体目标而选择会计政策的行为。

(二) 收益平滑

国外学者关于收益平滑有不同的定义(参见表 10-1),综合这些定义可以看出,收益平滑是指公司管理层通过有目的地降低利润波动,来创造稳定增长的利润流。因为通过减少各年盈利的波动性,可以降低企业外部人士所认定的企业风险程度。

表 10-1 国外学者对收益平滑的不同定义

学者/时间	收益平滑的定义
Copeland,1968	通过将利润从高峰年度向业绩不佳年度转移而减轻收入的波动
Beidleman,1973	平滑是指蓄意降低公司利润的波动,使其低于正常水平
Imhoff,1981	收益平滑系财务信息披露不充分的例子之一,它企图采取导致收入流波动性降低的方式进行信息披露
Ronen 和 Sadan,1981	收益平滑可被视作管理层向财务信息使用者传递信号的一种方式
Koch,1981	收益平滑是经理通过表面的(会计的)或实际的(交易的)操纵而降低报告收入流波动的手段
Givoly 和 Ronen,1981	收益平滑是经理传递信号的手段,经理有权在 GAAP 框架内选择会计手段,以最小化收入波动,使其符合经理所预期的投资者对公司业绩的期望
Fern et al.,1994	降低利润波动的企图,特别是抑制报告利润的异常增加的蓄意行为
Tirole,1995	收益平滑是指操纵利润或利润报告的时间特征但在长期内并不增加报告利润的行为

资料来源:刘胜军:《会计操纵问题》,《证券市场导报》,2002 年第 8 期。

收益平滑得以实现的方法称为平滑途径，一般包括时间平滑（Time Smoothing）和分类平滑（Classificatory Smoothing）两类。时间平滑是通过同一会计项目的跨期平滑来实现，而分类平滑主要基于会计边界项目（Borderline Items），如在美国会计中的存货核销、主要长期合同的坏账准备和资产处置损失等。

管理层实施收益平滑的动机是多样化的，包括：获取税收利益；改善与投资者、债权人和职工的关系；传递其对将来现金流量的预期；降低管理层被解雇威胁；逃避债务条款；操纵管理层薪酬等。尽管收益平滑被认为是管理层操控财务报表的机会主义行为，但也有学者认为，被平滑的收益流对公司和股东而言是既无害也无利，此观点现仍存有争议。

（三）清洗会计

清洗会计也称巨额冲销会计，是指这样一种现象：在企业、行政机构以及政府部门中，继任管理者或负责人都称预期的赤字将超过其前任所公布的数字，因为他发现了不少被前任隐藏的费用。于是继任者利用这一机会净化财务报表，并谴责其前任的不负责任，从而为将来的利润平滑做准备。

在管理层变更后，降低收入的会计处理会频繁出现。这样做的目的在于：一是继任管理者将所报告的低利润被归咎于前任，使将来业绩比较的历史基点得以降低；二是由于将来的收入不再受这些费用的拖累，可以使利润能实现较好的增长。清洗会计通过收入延后和加速核销策略来降低当前利润，可以看作是一种特殊形式的收益平滑过程。

（四）创造性会计

创造性会计也称相机性会计，不同于学术研究而主要为专业人士（特别是财经媒体）所关注，源于市场观察而非理论。创造性会计是非常宽泛的概念，它主要包括盈余管理并集中于分类操纵。由于创造性会计的一般研究方法是仔细分析会计程序和会计标准以发现可疑之处，必须甄别可接受的行为和不可接受的行为，因而对研究者的经验和知识要求甚高。

创造性会计出现于当一个新的法律、经济或金融现象出现，而又没有既存的会计标准去约束它的时候，这时"有会计目标的财务创造或报表管理"就会"应运而生"，例如降低公司负债率即为潜在目标之一。

上述几种概念实际上是不同的研究者从不同方面对会计操纵现象进行研究而形成的，其含义基本上都可以用会计操纵来概括。总的来说，创造性会计的含义最广，等同于本书中的会计操纵，盈余管理是会计操纵的一种主要形式，收益平滑和清洗会计又可视为盈余管理的两种特殊形式。因此，本书后面的部分将统一采用会计操纵这一概念来进行相关论述和分析。

专栏 10-1

财务舞弊相关理论

财务舞弊、财务欺诈、会计操纵以及盈余管理等概念，尽管其含义从严格意义上看存在着一些差异，但在众多的研究文献中，它们常常被不加区别地使用。按照中国注册会计师审计准则第 1141 号《财务报表审计中与舞弊相关的责任》的定义，财务舞弊是指被审计单位的管理层、治理层、员工或第三方使用欺骗手段获取不当或非法利益的故意行为。以下是国际学术界对财务舞弊的一些代表性理论。

1. 冰山理论（二因素理论）

冰山理论最早被著名心理学家弗洛伊德所命名，取义于"冰山一角"。冰山理论把导致舞弊行为的因素分为两大类：舞弊的行为部分和舞弊的结构部分。组织的内部管理问题显而易见，可以将暴露在外的舞弊比作露出海面的冰山一角。公司的经理人以及董事的刻意行为比较隐蔽而重要，犹如潜藏在水面以下的冰山，看不见但发挥了极其重要的作用。

2. 三角形理论（三因素理论）

舞弊三角形理论由美国 Albrecht 教授提出，他认为财务舞弊的产生是由压力、机会和自我合理化三因素共同组成，三因素缺一不可。所谓"压力"(Pressure)是指公司或个人在财务上、对资金的需求上和对于社会认同感上的压力。"机会"(Opportunity)是指公司在内控制度上的缺陷、信息不对称、监管不足或失效的管理评价等方面的漏洞，使得管理层或个人有财务舞弊的可乘之机。"自我合理化"(Rationalization)则是个人主观情感上对于所谓"作恶"的心理释怀，将财务舞弊的行为自我解释为与个人的道德观念、行为准则相符合。

3. GONE 理论（四因素理论）

GONE 理论认为舞弊由 G(Greed 贪婪)、O(Opportunity 机会)、N(Need 需要)、E(Exposure 暴露)四种因素组成。其中 G 因素和 N 因素是内因，与行为人自己直接相关；而 O 因素和 E 因素是外因，更多与组织环境有关。GONE 理论相比三因素理论多了一个暴露因素，即财务舞弊行为被发现的概率以及被发现后导致的处罚将影响到财务舞弊者进行舞弊的意愿。GONE 理论可以解释为当舞弊者贪婪、需要金钱和社会认同感，且他发现有舞弊的机会并认为舞弊很难被发现时，那他必然会去实施财务舞弊。

4. 风险因素理论（多因素理论）

风险因素理论认为公司舞弊风险由一般风险因素和个别风险因素两部分组成。一般风险因素是指组织能够控制的因素，包括进行财务舞弊的机会、舞弊被发现的概率以及舞弊被发现受处罚的性质和程度。个别因素指的是因个人的不同，不在组织控制范围内的因素，包括道德品质和动机等。

5. CRIME(犯罪)理论

CRIME理论用“CRIME”五个字母来描述财务舞弊的五个侧面。其中：“C”代表“造假者”(Cooks)，表示大部分财务舞弊是在公司管理层和控制人的参与、鼓励甚至赞同的情况下发生的；“R”代表“秘诀”(Recipes)，表示舞弊的方式众多，往往始于期间财务报表的错报，并一直持续到年度财务报表编制；“I”代表“激励”(Incentives)，它能解释众多公司及其造假者从事财务报表舞弊最普遍的动机，例如为了迎合市场对公司的盈余预测而形成的经济压力和刺激；“M”代表“监管机制”(Monitoring)，表示以董事会、审计委员会、外部审计和监管机构为主体的直接监督机制，以及股东、机构投资者、分析师、投资银行等间接监督机制，这些监督机制的弱化是舞弊成因之一；“E”代表“最终结果”(End Results)，表示财务舞弊所带来的严重后果。

此外，一些学者还从经济学成本收益理论、委托代理理论、博弈论以及制度经济学、行为金融学等视角对财务舞弊理论进行了研究，有兴趣的读者可以参阅相关文献。

二、会计操纵的动因

企业会计操纵的动因可以大致分为直接动因和间接动因。直接动因来自企业和企业经营者自身；间接动因来自企业所处的社会经济环境，以及企业外部的其他利益相关者。

(一) 会计操纵的直接动因

1. 实施首次公开发行(IPO)和增发配股

通过发行股票，企业可以筹集到一大笔低成本的资金。但根据有关法律法规，企业必须最近三年连续盈利，且经营业绩比较突出，才能通过有权部门的审批。所以一些企业为了能上市，就想尽办法进行盈利操纵。IPO没有既定价值且信息缺乏，投资者更依赖于财务信息陈述，因此IPO就为原始股东和企业管理层利用信息偏差谋取利润提供了机会。而当一些企业上市成功后，其资产质量并未明显提高，经营业绩增长缓慢。这些企业为了保增发或配股，提高配股的价格，从资本市场上实施再融资，也会采用虚增利润的方法，制造虚假会计信息，欺骗投资者，进行会计操纵。

2. 降低企业债务成本和满足债务条款

企业进行会计操纵，不仅有助于其在资本市场上融资，还可以降低债务融资成本，提高其债务等级，获取银行信用和商业信用。企业虚增盈利和虚减债务水平，一方面可以增加债务融资的可获得性，另一方面可以使债务成本降低以及获得宽松的财务限制条款，这些条款是债权人为保护自身利益而对债务企业提出的约束条件，如增加债务担保、提高债务利息等。通过实施积极的会计操纵以满足债务合同条款，借款企业可以减少这些债务限制条款的不利影响。

3. 保留上市企业主体资格

根据有关规定，上市企业连续两年亏损或每股净资产低于面值将被定为ST公司，如果连续三年亏损，其股票将暂停上市，实施特别转让处理。这显然是企业的管理人员和投资股东所不愿看到的，为此一些上市企业为保留所谓的“壳资源”，避免被“戴帽”处理，或为了早日“摘帽”，力求“扭亏为盈”，在无法按正常途径实现盈利目标的情况下，就会采取多种方法粉饰报表，通过会计操纵来达到目的。

4. 增加企业权益价值

企业较高的盈利水平有助于提升企业权益价值，若企业为上市公司，股票价格也会相应上升。一些上市企业因此就会编制虚假的会计报表，对公司的股票进行炒作，引起中小投资者的盲目跟风，在资本市场上掀起炒作风波，从而抬高股价从中牟利。另外，企业在被收购时，通过虚增盈利水平使企业权益价值提高，同样也能够使自身获益。

5. 实现管理层的个人利益

企业管理层的利益(报酬、升迁等)与企业的经营状况密切相关。因此，经营者出于自身个人利益考虑，很可能会选择提高企业收益的会计方法来增加自身的报酬，影响股东或主管部门对其经营管理业绩的评定。特别是当企业业绩不佳甚至出现财务危机时，一些管理者常会编造虚假会计信息，包装利润，以非法手段来操纵公司股价，从而使自己收益增加。

6. 最小化所得税

税收也可能成为会计操纵的驱使因素。如果应税所得额与会计收入相联系，则存在企业通过利润调节进行避税的可能。

7. 减少政治成本

当企业出现不当商业行为或发生异常公司新闻时，常引发官方注意和检查，企业会受到严格的管制和政策限制，从而影响生产经营，此即企业的政治成本。在这种情形下，企业管理层的一种“明智”做法就是减少利润，以免“树大招风”，因为巨额利润常被视作弄虚作假的征兆。

(二) 会计操纵的间接动因

1. 会计准则制度不完善

由于会计准则制度具有统一性的同时还兼顾一定的灵活性，同一会计事项的处理存在着多种备选的会计方法，使得企业在进行会计政策选择时随意性较大，客观上为其会计操纵提供了一定的空间。由于缺乏对会计政策选择公允性的具体判断标准,兼之此类会计问题具有较强的专业性和隐秘性,对其公允性的判断所需信息较多,不仅使一般的投资者难以判断,有时会计专业人士仅从外界也难以准确评判。

2. 对企业的监督控制不力

首先是企业内部监督不力。虽然我国上市公司已建立了公司治理结构的组织架构和制度框架,初步实现了“形似”,但距离“神似”还有很大差距。公司独立董事、监事会是与董事会相互制衡的监督机制,但在实际经济生活中,由于董事会受控股股东支配,很多公司董事会职能越位,独立董事不独立,监事会形同虚设,没有起到对公司财务以及董事、管理层进行监督的作用。其次是相关监管部门监督不力。我国证券监管机构体系尚不健全,力量薄弱,权威性不足,在监管的规范性、全面性、及时性以及查处力度上都亟待改进和加强。再次是社会监督不足。由于害怕惹事上身,很少有媒体和专业研究者能够及时点名道姓地揭露企业的会计造假问题,企业员工、客户等知情人也常常知情不报。

3. 其他相关利益主体的利益驱动

首先是一些地方政府的利益需求。我国的上市公司大多成为所在地经济发展的强劲推动力,其经营状况往往涉及所在地区的利益、形象和政绩,因而得到当地政府的大力支持。由于利益需求,地方政府对某些上市公司会计造假行为采取默许甚至支持的态度。另外是会计师事务所的利益需求。部分会计师事务所为了在业内激烈的竞争中取得优势,保持与大客户的良好合作关系,保护自身利益,违背独立审计原则,参与了虚假会计信息的生成及传播。

三、会计操纵的类型和手段

(一) 会计操纵的类型

会计操纵的类型主要包括盈利操纵、分类呈报操纵以及其他特殊形式的操纵。

1. 盈利操纵

盈利操纵是指为达到特定目的而对企业盈利水平进行人为操纵。由于人们普遍对企业的盈利能力特别重视,盈利操纵也就成为最主要的一种会计操纵形式。盈利操纵可以通过盈利最大化、盈利平滑和盈利最小化等方式来实现。

盈利操纵根据企业收益的分类结构,又可以细分为收入操纵、成本和费用操纵、利得操纵和损失操纵四种形式。

(1) 收入操纵。收入是企业盈利的主要来源,收入操纵也就成为盈利操纵的主要方法,通过虚增收入可以相应地虚增当期盈利水平,达到盈利最大化的目的,而通过虚减收入并在以后会计期间转回,可以虚减当期盈利水平和虚增后期盈利水平,从而达到盈利平稳化和盈利最小化的目的。

（2）成本和费用操纵。与收入类似，成本和费用对企业当期盈利水平也有重要影响，成本和费用操纵也是盈利操纵的一种主要方法，通过虚减成本和费用可以达到盈利最大化的目的，而通过虚增成本和费用来减少以后会计期间的成本和费用，可以虚减当期盈利水平和虚增后期盈利水平，从而达到盈利平稳化和盈利最小化的目的。

（3）利得操纵。利得是企业非主营业务活动或偶发事项形成的收益。企业通过营业外收入等科目的一次性利得的操纵可以实现盈利最大化的目的。

（4）损失操纵。损失是由企业非主营业务活动或偶发事项形成的各项支出，对企业的盈利水平也会造成影响，通过虚减损失可以达到盈利最大化的目的，而通过虚增当期损失来减少以后会计期间的费用和损失，可以虚减当期盈利水平和虚增后期盈利水平，从而达到盈利平稳化和盈利最小化的目的。

2. 分类呈报操纵

分类呈报操纵是指不影响报表资产、利润总额和现金流的总体变化，人为对不同科目数额增减变化进行操纵，达到提升企业财务状况和盈利质量的目的，并因此可以获得提升企业权益价值和减少债务成本等潜在收益。

例如，将资产负债表中应收账款、存货转移到长期资产中，将改善应收账款和存货周转率，掩盖盈利操纵；将损益表中投资收益、营业外收入划为营业收入，将营业费用或管理费用划为营业外损失，可以提高营业利润；将现金流量表中经营活动现金收支转入投资或融资活动现金收支中，可以在不改变现金流总量基础上，增加经营活动现金流量，提高企业盈利质量。

3. 其他特殊形式的操纵

除盈利操纵和分类呈报操纵外，会计操纵还有其他一些特殊形式的操纵。例如表外融资（Off-balance Sheet Financing），包括将融资性租赁转为经营性租赁、资产的出售和回租（Sale and Leaseback）、存货的出售与回购（Sale and Repurchase）、应收账款折现（Factoring）等，结果是相应的资产与负债同时不在资产负债表中出现，一方面降低企业的资产负债率，另一方面增加资产收益率，提升企业盈利能力。此外，利用政府援助和信息披露中的重大遗漏、误导性披露、不适时披露等，都属于其他特殊形式的会计操纵。

（二）会计操纵的具体手段

企业的会计操纵行为主要表现在对会计利润的操纵上。当经营业绩欠佳出现亏损时，企业管理层就要通过会计方法、会计政策选择或直接进行财务造假等多种手段，使财务报表反映出比真实情况更好的业绩；当企业经营业绩好、盈利多时，管理层为了下一年能顺利完成利润任务，获取更多的收益，就会在财务报表中平滑收益，紧缩会计利润。下面我们就对企业会计操纵的一些常见手段进行剖析。

1. 财务报表造假

(1) 虚增收入。企业通过虚构交易事项，如虚增主营业务收入、其他业务收入、投资收益、应收账款等手段，达到虚增利润的目的。例如，通过虚开销售发票、伪造销售合同和应收账款来虚构收入；将尚未完成的交易活动提前确认收入（如货物发出前确认，代销商品未售出前、销售不确定时确认，服务未完成时确认，利用跨年度时间差异提前确认销售收入等）；通过放宽信用条件加速销售增加收入；通过与买方协商提前安排销售增加收入；通过控股公司或参股公司的业绩操纵来虚增母公司的投资收益；将公司转出的资金或其他资产，以某种方式转回来虚构收入或投资收益等。

(2) 虚减成本和费用。企业通过少计会计期间内发生的营业成本、期间费用、投资损失、营业外支出等方式，虚减成本费用，同时虚增企业利润。例如，企业将当期应摊销的费用不摊销或少摊销；当期发生的管理费用、财务费用计入递延资产、在建工程等科目；将发生的期间费用列入制造费用跨期分摊以减少当期费用；减少计提（如减少坏账准备、存货跌价准备的计提降低管理费用）；减少折旧和摊销（如以加速折旧法替代直线法，高估期限和残值降低折旧，或高估无形资产的摊销期限来降低管理费用）；企业效益较好时有意不合理地预提某些费用（如技术开发费、绩效工资、三包费用、销售补偿费等），在效益不好的年度予以转回，虚减当期成本费用；虚增期末存货的价值以虚减销售成本等。再如，会计制度规定企业潜亏应通过规定的程序，计入当期损益，在利润中反映。一些企业则通过资产评估将待处理的财产损失坏账、毁损的固定资产和存货等确认为评估减值，直接冲减资本公积，这样做可以减少费用，虚增会计利润。

(3) 挂账调节损益和资产。按会计制度规定，企业所发生的该处理的费用，应在当期立即处理并计入损益。但有些企业为了使当期盈利，便故意不遵守规则，通过挂账等方式降低当期费用，以获得虚增利润。例如，对于三年以上的应收账款，收回的可能性极小，应按规定比例转入坏账准备并计入当期损益，但一些企业对应收账款尤其是三年以上的应收账款长期挂账。再如，在建工程长期挂账。按会计制度规定，工程借款利息在在建工程没有办理竣工手续之前应予以资本化。如果企业在建工程完工了而不进行竣工决算，那么利息就可计入在建工程成本，从而使当期财务费用减少，另一方面又可以少提折旧，这样就可以从两个方面来虚增利润。此外，企业还将对外投资挂应收账款，将取得的投资收益不入“投资收益”账，或者将作为对外投资的产品在账务上作应收销货款处理以调节损益。一些企业对于不再有利用价值的项目不予注销，如已经没有生产能力的固定资产、无实际利用价值的存货、已经超过受益期限的待摊费用、递延资产、待处理财产损失等项目，常年挂账以虚增资产。

(4) 随意增减变动财务报表项目。企业通过随意调整财务报表的有关项目，隐藏财务风险，制造优良资产的假象。例如，少报负债额度，隐藏财务风险。负债额大小，反映企业经营状况好坏，若负债额大于资产额，说明资不抵债，财务风险增大，这时企业会在资产负债表中有意调减负债，降低企业财务风险。一些企业通过对外欠款在当期漏计、少计或不计利息费用或少估应付费用等方法来隐瞒真实财务状况。再如，调增速动资产，虚增变现能力。在变现能力差的情况下，企业会调增速动资产，调减存货和待摊费用，提高变现能力。

(5) 隐瞒重要披露事项。企业在财务报告中，漏列对外欠款与短期应付费用，或者隐瞒重大讼案、补税和借款的限制条款等。以上方式隐瞒了企业的实际或潜在损失，间接虚增了企业的利润。

2. 滥用会计政策、会计估计或会计差错更正

(1) 滥用会计政策。会计政策是指企业在会计核算时所遵循的具体原则以及企业所采纳的具体会计处理方法。企业通过选用或变更会计政策来调节会计利润，进行会计操纵。例如，利用存货的计价方法、固定资产的折旧方法、坏账的核算方法、长期投资的核算方法、无形资产的核算方法、产品开发费的核算方法(费用资本化)等核算方法的选用或变更来影响利润，利用股权投资核算中权益法和成本法的选用和报表合并范围的规定，通过提高或降低对控股或参股企业的持股比例来调节利润等。以存货计价为例，选用存货的先进先出法，当物价上涨时企业库存成本大于计提的销售成本，会高估企业的会计利润；反之，则低估企业利润。而存货的后进先出法，在物价持续上涨时，由于本期发出的存货成本较高，导致企业利润降低；反之，则使利润上升。企业就会利用这两种方法的特点，选择、变更存货计价方法，达到操纵会计利润的目的。

(2) 滥用会计估计。会计估计是指企业对其结果不确定的交易或事项以最近可利用的信息为基础所作的判断，由于许多会计事项如在费用摊配、成本计算、折旧计提、存货计价等方法的计量和确认上是基于企业自身的判断，这样就使企业通过不合理的会计估计来调节利润成为可能。企业根据盈余管理的需要，对前期的会计政策、会计估计方法进行变更，采用追溯调整法调整期初留存收益，进而可以调节当期及以后年度的利润。例如，企业变更固定资产的折旧年限和残余价值、无形资产的摊销年限、坏账准备的提取比率、长期待摊费用的摊销期限等来调节当期利润；在业绩不理想时，降低计提比例以提高当期利润；过高估计以前年度潜亏额，在期后冲回以虚增利润；改变费用的分配方法和成本计算方法，或者对长期股权投资核算成本法和权益法的转换来实现操纵利润的目的等。

(3) 滥用会计差错更正。会计差错是指本期发现的会计核算误差，这种误差包括与本期相关的误差及与前期相关的误差。一些企业通过对上期故意造成的重大会计"差错"进行更正，达到将部分收入、成本或费用在各会计期间重新调整，以调节可比会

计报表各期利润的目的。例如，有些企业上年大量计提减值准备，冲减上年未分配利润；到次年末发生经营亏损的时候，再转回前期计提的减值准备，来冲减本期的成本费用，虚增企业的利润，待下一年初再作为会计差错更正重新计提减值准备，冲回上年实现的利润。

3. 利用各项关联交易

(1) 关联购销或置换。企业与关联方之间采用大大高于或低于市场价格的方式，进行产品或劳务的购销活动、股权置换和资产置换。例如，关联方将产品以低价出售给企业，企业再把该产品按市场价销售，获取差价；关联方高价购买企业的产品，人为增加企业的销售利润；关联方低价销售给企业原材料，减少企业的原材料成本，提升其盈利空间；企业将不良资产和债务剥离给关联方，以降低其成本费用，避免不良资产经营发生亏损；关联方将优质资产或股权低价注入企业，或不等价置换企业的不良资产或股权，提高其盈利能力；企业高估关联方非现金资产的入账价值，虚增资本和资产。

(2) 关联资金拆借。企业与关联方之间以低息或高息发生资金往来，进行资金拆借，调节财务费用。例如，关联方以低息甚至无偿方式向企业提供资金，以减轻企业的财务负担；关联方占用企业资金，企业按照约定的高额利率收取资金占用费。

(3) 关联托管及租赁。企业与关联方之间以旱涝保收的方式委托经营或受托经营，抬高企业经营业绩。例如，企业以固定收益方式受托经营关联方资产；企业以高额收益将不良资产出租给关联方；企业将不良股权、生产线以收取固定收益方式托管给关联方。

(4) 关联费用分担。企业通过操纵与关联方之间应各自分摊的销售和管理费用来调节利润。例如，关联方承担或分担企业的广告费、产品开发费；关联方降低甚至豁免企业应支付的资产租赁费、商标使用费、资金使用费等费用。

(5) 关联方与企业相互转移利润。一方面，关联方利用非公允关联交易占用或套取企业资金，转移企业利润，甚至恶意掏空企业；另一方面，一些企业迫于利润压力，经常在会计年度即将结束之际，与关联方签订股权转让协议，按权益法或通过合并会计报表，将关联方当年利润纳入企业自身的财务报表中。

(6) 关联交易非关联化。企业与关联方之间通过出售股权解除关联方关系、多重参股隐瞒关联方关系、利用过桥公司将一笔关联交易变成两笔非关联交易、采用非货币性交易的货币化等方式，来逃避政府部门对通过关联交易调节利润进行约束的规定和信息披露义务。

4. 利用地方政府援助

(1) 政策优惠。为帮助企业提高业绩，地方政府越权实施减免税政策，或以其他名义返还已缴的税金；或将大量土地无偿划拨或低价出让给企业，变相降低了企业的经营成本；有些地方政府为了吸引外地企业资金的投入，越权许以减免税、土地低价或无偿赠送等优惠政策。

(2) 补贴收入。为使本地的上市企业保住上市资格或再融资资格，地方政府以技改贴息、技术开发费、扶优扶强资金、增值税退税收入、安置特困企业费用补贴、地方所得税已退抵征、贷款银行利息核销等名义，千方百计帮助企业达到盈利指标，其中某些补贴数额巨大，且缺乏正当理由。

(3) 核准提价。对于公用事业或旅游垄断资源类企业，如供水、供电、供气、高速公路、旅游景区等，由于其产品或服务的价格需经政府核定，为帮助企业提高业绩，地方政府往往批准其提高价格，虽然业绩的提升是真实的，但却以损害消费者利益为手段。

四、会计操纵的识别

从企业提供的财务报告中识别可能存在的会计操纵行为，首先要考察企业是否有进行会计操纵的动因以及可能会以何种形式出现，而在阅读报表时有针对性地加以识别和防范。总体上有会计操纵倾向的企业包括：(1) 内控不健全的企业，其财务报表未通过审计；(2) 有融资计划的企业；(3) 处于困境中的企业；(4) 管理层发生变动、管理层持股或管理层薪酬与企业盈利水平密切相关的企业。

对会计报表进行深入的财务分析是识别会计操纵的核心手段，如利用合并报表分析、审计报告分析、会计报表附注分析、关联交易剔除分析、不良资产剔除分析、财务比率分析、静态分析、趋势分析、同业比较以及基本面分析与现场调查相结合的分析框架进行判别。表 10-2 给出了常见的识别企业会计操纵行为的主要分析方法。

表 10-2　识别企业会计操纵行为的主要分析方法

方法名称	分析内容	目的和作用
分析性复核法(分析性程序)	分析企业重要财务比率或趋势的异常变动与预期数据和相关信息的差异	通过比率分析、结构分析和趋势分析，可以发现财务报表中的异常变动，进而识别企业的会计操纵行为
关联交易剔除法	分析来自关联企业的收入和盈利情况，判断企业的利润来源是否稳定，以及关联交易和资产重组等行为对企业财务状况与经营业绩的影响	如果企业的主要收益来源于关联企业，就应深入关注企业与关联方的各项交易活动。注意企业对母公司的依赖程度及母公司本身的实力，从而判断关联交易对企业实际经营业绩和财务状况可能带来的影响，进一步识别是否有会计操纵现象出现
不良资产剔除法	把企业可能潜亏的资产如长期应收账款、投资损失、存货跌价等从资产中剔除后进行财务分析	不量资产是导致企业虚盈实亏的重要因素，如果不良资产总额超过企业净资产，就说明企业持续经营有问题，利润中可能有操纵嫌疑

（续表）

方法名称	分析内容	目的和作用
异常利润剔除法	将企业利润中营业利润以外的收益来源剔除，分析和评价异常利润的情况，判断企业利润来源的稳定性	主营利润的高低决定一个企业长期发展趋势，资产置换收益、股权转让利得、政府补贴、税收减免、税收返还、处置资产等可以获得收益，但缺乏持久性。如果主营利润长期低位徘徊甚至下滑，而其他非经营利润较多，企业利润操纵可能性增大
现金流量分析法	通过经营活动、投资活动现金流量的比较分析，判断企业的经营利润、投资收益和净利润的质量，看会计利润与现金收入是否平衡	将企业的盈利状况同现金流状况对比，可以看出企业的收益质量，如果企业通过虚增收入来包装利润，则虚增的收入很可能无法收回，导致企业的利润很高，而现金净流量却长期低于净利润，甚至为负
报表特定项目分析法	对财务报表中特定项目如应收账款、其他应收款、补贴收入、投资收益、关联交易、或有事项、报表日后事项的重点分析	会计操纵的不同形式会影响特定的财务报表项目，通过对该项目的数值变动趋势和异常变动情况的分析，可以发现这些项目与会计操纵行为之间的因果关系
合并报表分析法	分析合并会计报表中的母公司数据和合并数据，以判断财务数据的真实性	关注企业是否经常改变其合并范围，采用剔除不利于集团业绩的控股子公司，合并不符合合并条件的但业绩较优的非控股子公司。另外需要注意的是合并报表中越并越小的项目，因为利润表中主要项目与母公司报表数据之间的差异程度反映了母公司对关联方交易的依赖程度
审计意见分析法	分析注册会计师出具的审计报告	注册会计师出具无保留意见的标准审计报告，正常情况下可基本排除会计操纵可能。但注意由于注册会计师既要保护自身的执业风险，又面临着争取客户业务的压力，可能会出具其他非标准审计报告，这些审计报告在很大程度上隐含着企业会计操纵的问题
财务报表附注分析法	分析财务报表附注中提供的信息，尤其关注企业会计政策的内容及其变更和执行情况，重要的或有负债的影响，以及财务报告披露内容的完整性	财务报表附注作为财务报表的重要组成部分，包含了很多报表中未提供的信息。分析财务报表附注的目的是找出企业存在的问题和风险信号，发现调查重点。特别要注意企业自定会计政策、不遵循统一会计制度所隐含的深层次问题。此外，如果企业对某些重要项目未予披露或不按要求完整披露，不仅仅意味着企业和注册会计师的疏忽，相反可能隐含着影响企业财务状况和经营成果的重大信息
纳税情况分析法	分析企业纳税信息和实际纳税情况	一般来说，企业的纳税资料与经审计的财务资料之间会有一定程度的差异，但如差异很大，则企业的业绩就很可疑。又如果企业应交税金余额巨大，且逐年增加，或突然减少，这些都属异常现象，表明有会计操纵的迹象

（续表）

方法名称	分析内容	目的和作用
人事变动分析法	分析企业高层管理人员的人事变动	高层管理人员离任时，一般会进行离任审计，新任领导也要和前任划清经营责任，因而对潜在挂账均倾向于一次性处理，这样对企业当年利润将会产生特别重大的影响
非财数据分析法	分析除企业财务指标之外的其他非财务数据情况	企业的非财数据，涉及生产管理中的“产、供、销”和“人、财、物”；以及行业和市场数据信息，如零售业的坪效、互联网行业的活跃客户量等，用非财数据与企业财务指标进行交叉验证，有助于识别企业可能的财务造假风险

在分析特定会计操纵方法对相关科目的影响时，可以结合资产负债表、利润表和现金流量表之间的相互关系进行分析。需要说明的是，识别企业会计操纵行为所进行的财务比率分析与一般的财务分析相比要更为深入，也更有针对性。例如，为了考察企业是否有可能通过少提固定资产折旧来虚增利润，就可以结合报表附注中的固定资产折旧数额来计算固定资产折旧率，为了考察企业是否有可能少提财务费用来虚增利润，就可以结合现金流量表补充资料中的财务费用来计算财务费用提取率，而在一般的财务比率分析中不太需要计算这些财务比率。总之，分析的关键是要分析特定的会计操纵方法对相关科目的影响，并进行财务指标重点分析。表 10－3 提供了一些识别企业会计操纵行为的部分财务指标，供读者参考。

表 10－3　识别企业会计操纵行为的部分财务指标分析示例

指标	定义	分析与说明
应收账款周转率	应收账款周转率＝营业收入/平均应收账款	应收账款周转率的大幅下降，可能是因为企业为应付激烈的竞争而改变企业销售信用政策扩大销售，也可能是企业通过虚增应收账款增加收入。无论是哪种情况，企业操纵利润的可能性增大
毛利率	毛利率＝毛利/销售收入	一般而言，同样产品的毛利率不应差别太大，毛利率畸高无非是由于企业产品的价格较高或成本较低，因此其手法明显有虚增收入或虚减成本之嫌
资产质量水平	资产质量水平＝企业非盈利资产/总资产	如果企业将应该摊入本期的费用资本化，或推迟确认费用，以达到提高利润的目的，那么资产的质量就会下降。因此我们可以通过比较企业连续两年的资产质量，来分析企业操纵利润的可能性
折旧率	折旧率＝本期折旧/(本期折旧＋固定资产净值)	企业折旧的速度下降，可能是由于企业增加了固定资产的折旧年限或改变了折旧的方法以提高利润水平，所以企业利润操纵的可能性增大了

(续表)

指　　标	定　　义	分 析 与 说 明
三项费用率	三项费用率＝(管理费用＋财务费用＋营业费用)/营业收入	企业的三项费用率上升，这是企业前景不佳的一个信号，所以该指标显示企业会计操纵的可能性加大
资产负债率	资产负债率＝负债/总资产	一般来说，企业的资产负债率保持相对的稳定。所以如果两年间企业资产负债率发生较大的变化，就要考虑企业是否存在利用债务合同操纵利润的行为
财务费用提取率	财务费用提取率＝财务费用/银行借款	企业财务费用提取率降低，表明企业有可能通过少提财务费用来虚增利润
坏账准备计提比率	坏账准备计提比率＝坏账准备/应收账款	企业坏账准备计提比率出现异常变动，表明企业有通过调节费用来操纵利润的企图
营业收入与税金比率	营业收入与税金比率＝税金/营业收入	通常企业营业收入与税金比率变化不大，如出现异常变动，显示企业可能有盈余操纵的行为

专栏 10－2

新会计准则对会计操纵的防范

2007 年我国的上市公司已开始实施新的会计准则，新会计准则针对有关企业的会计操纵采取了一系列的防范措施，下面是这些措施的部分内容。

1. 新的会计准则对减值准备的冲回做出规定，明确规定长期股权投资、成本模式计价的投资性房地产、商誉等非流动资产减值损失一经确认，在以后年度不得转回，只能在处置相关资产后，再进行会计处理。有效防止了企业运用资产减值这一会计科目的计提与转回，实现企业利润在不同年度间的调节。2017 年新金融资产准则对资产计提减值准备又有了更加详细的规定，引入了“信用风险”“预期信用损失”等相关概念，对企业资产减值政策进行了完善。

2. 新的会计准则对存货的计价做出规定，取消后进先出法和移动加权平均法，会计主体以实际交易事项为依据进行计量，对存货的计价只以先进先出法、加权平均法、个别计价法的实际成本计量。新会计准则限制了企业利用变更存货计价方法调节利润的手段，提高了会计信息的使用价值。

3. 新的会计准则要求非同一控制与同一控制下的企业合并的合并成本计量应区别对待，非同一控制下的企业合并按照公允价值确认，同一控制下的企业合并以账面价值为基础，以避免通过企业合并进行利润操纵。

4. 新的会计准则对合并报表范围的确定更关注实质性控制，母公司对所有能控制的子公司均需纳入合并范围，而不一定考虑股权比例。所有者权益为负数的子公司，只要是持续经营的，也应纳入合并范围。

5. 新的会计准则对企业内部研究开发项目的支出，区分研究阶段支出与开发阶段支出，分别进行费用和资本化。企业内部研究开发项目研究阶段的支出，应当于发生时计入当期损益。企业内部研究开发项目开发阶段的支出在能够证明5项条件时，应当资本化，确认为无形资产。

6. 新的会计准则取消了原资产类"待摊费用"和负债类"预提费用"科目。待摊费用是企业已经发生，应由当期及以后各期负担的费用；预提费用是企业按照规定从成本费用中预先提取但尚未支付的费用。取消这两个跨期摊提类账户，能够限制企业调节各期利润的操纵空间。

7. 新的会计准则为更真实反映本期损益，改变了过去把本期发现前期会计差错通过"以前年度损益调整"科目调整，再将其余额转入"本年利润"科目的做法，而是把"以前年度损益调整"项目从利润表中去除，其余额转入"利润分配——未分配利润"科目，作为企业的期初未分配利润，并对该科目的核算范围和对会计差错的处理作了严格规定。

8. 新的会计准则完善了会计披露的要求，增强了企业经常性和非经常性损益信息披露的透明度，从而使得财务报告使用者能够更加准确地分析、判断企业的损益构成，识别企业面临的相关风险，对企业操纵利润的行为起到一定的抑制作用。

第二节　财务预警分析

一、企业财务预警概述

（一）企业财务危机

财务危机(Financial Crisis)又称财务困境(Financial Distress)，是企业由于经营管理不善造成连年亏损、投融资决策失误、货款回收不力或其他突发财务事件等原因，致使企业出现资金链中断进而影响企业生存的重大不利局面。

确定财务危机的公认方法通常有两种：一是法律对企业破产的定义，企业破产是用来衡量企业财务危机最常用的标准，也是最准确的标准；二是以证券交易所对持续亏损、有重大潜在损失或者股价持续低于一定水平的上市公司给予特别处理或退市作为标准。研究表明，财务危机至少有以下几种表现形式：

(1) 从企业的经营情况看，表现为产销严重脱节，企业销售额和销售利润明显下

降,多项绩效评价指标严重恶化;

(2) 从企业的资产结构看,表现为应收账款大幅增长,产品库存迅速上升;

(3) 从企业的偿债能力看,表现为丧失偿还到期债务的能力,流动资产不足以偿还流动负债,总资产低于总负债;

(4) 从企业现金流量看,表现为缺乏偿还即将到期债务的现金流,现金总流入小于现金总流出。

从财务管理的角度来分析,企业发生财务危机既有企业外部因素的影响,也有企业内部因素的影响,表 10-4 总结了其中的一些主要原因。

表 10-4 企业发生财务危机的原因分析

项　目	内 部 因 素	外 部 因 素
投资管理	自有资本少	主业外投资
固定资产管理	过度扩充,使用效率低	高额债务资金用于固定资产
资金计划管理	需求预测失误	营运资金紧张、融资能力差
存货管理	材料浪费、库存量大、管理不善	付款延误
账款管理	余额增加,管理粗放,催收无力	出现坏账,社会信用差
现金管理	回收率低	银根收缩
人工管理	劳动生产率低	人才流失
费用管理	支出居高不下、依赖性强	物价上涨、交易费用增加
成本管理	成本控制水平低	原材料成本高企
经营管理	连续亏损,资不抵债	社会经营环境恶化,产品市场竞争激烈

(二) 企业财务预警

企业财务预警(Financial Early-Warning),即财务危机预警,是指通过对企业日常财务运行情况进行连续有效的监测,来防范企业财务恶化给债权人和投资者造成的损失。财务危机预警灵敏度越高,就越能尽早地防范、发现和解决问题,避免财务危机的发生。

一个有效地企业财务预警系统应具有以下功能:

(1) 预知财务危机的征兆。当可能危害企业财务状况的关键因素出现时,财务预警系统能预先发出警告,提醒企业管理者、投资者、债权人和其他相关者早做准备或采取对策以减少财务损失。

(2) 预防财务危机发生或控制其进一步扩大。当财务危机征兆出现时,有效的财务预警系统不仅能预知并预告,还能及时寻找导致企业财务状况进一步恶化的原因,使企业管理者、投资者、债权人和其他相关者不仅知其然，更知其所以然，制定有效措施，阻止财务状况进一步恶化，避免严重的财务危机真正发生。

(3) 避免类似的财务危机再次发生。有效的财务预警系统不仅能及时避免现存的财务危机，而且能通过系统详细地记录其发生缘由、解决措施、处理结果，并及时提出建议，弥补企业现有财务管理及经营中的缺陷，完善财务预警系统，从根本上消除隐患。

为了提高企业财务预警管理的效率和效果，在建立财务预警系统过程中必须坚持以下原则：

(1) 实用性原则。所建立的预警系统必须真正起到预警的作用。

(2) 系统性原则。必须从客户出发，把企业作为一个有机整体来考虑。

(3) 重要性原则。应抓住企业财务管理的主要矛盾和矛盾的主要方面，应注重成本效益的要求，预警指标不宜过多。

(4) 前馈性原则。财务预警十分注重事前管理，因此在建立财务预警系统过程中，应尽量克服财务信息滞后性的缺点，不要仅仅依赖于会计信息和财务信息，应把更多的重点放在过程管理中，起到防微杜渐的作用。

(5) 前瞻性原则。环境是不断发展变化的，企业也是成长的，因此必须坚持发展的眼光，所建立的预警系统具有一定的前瞻性、动态性和适应性。

(6) 客观量化的原则。预警指标应具有一定的客观性，能够识别和预测，在指标处理过程中，应尽量减少迭代层次，因为中间过程层次越多，越容易失真。同时还应该注意数据挖掘和最优停止点的问题，指标数据的挖掘和利用宜适可而止。

二、财务预警定性分析方法

(一) 风险分析调查法

财务危机是导致企业生存危机的重要因素，因此只有针对可能造成财务危机的各种风险因素，采取监测和预防措施，才能及早防范财务风险，控制财务危机。风险分析调查法是由专业人员、咨询公司和管理专家对企业内外部环境进行分析，辨别企业是否存在财务危机发生的原因，找出财务危机发生的警兆，以此预测财务危机发生的可能性。

风险分析调查法提出的分析问题和内容非常多样，具有一定的普遍意义，但作为定性分析的主要方法，由于缺乏量化手段，从而使其分析的科学性和准确性受到影响。表 10－5 提供了这一分析方法的基本框架。

表 10-5 风险分析调查法的分析框架

项目分类	预警信息
企业管理层的问题	高管人员有舞弊或其他违反法律法规的不良记录
	高管团队或董事会频繁改组
	高管人员或董事会离职率居高不下
	高管人员的个人财富和企业的效绩和股价联系密切
	高管人员处于达到盈利预期或其他财务预测的压力
	高管人员对不切实际的财务目标做出承诺
	高管人员的报酬以财务效绩为基础
	高管人员的决策受制于债务契约,且违规成本高昂
	高管人员过分热衷于维持或提升股票价格、税务筹划
	重大决策由少数关键人物左右,且常逾越决策程序
	高管层对倡导正直诚信的文化氛围缺乏兴趣
	高管层常向下属提出激进的财务目标或过于严厉的支出预算
	高管层过多介入专业性很强的会计政策选择、会计估计和会计判断
	高管层频繁接受媒体采访且对沽名钓誉活动乐此不疲
外围关系面的问题	贷款或其他债务契约的限制对企业经营或财务决策构成重大问题
	银企关系异常
	高管层或董事会成员与主办银行高层过去关系密切
	频繁更换为之服务的金融机构或商业信用恶化
	缺乏正当商业理由,将主要银行账户、子公司或经营业务设置在避税天堂
	向金融机构借入高风险的贷款并以关键资产抵押
	经营模式缺乏独立性、原材料采购或产品销售主要通过关联企业进行
	经常变更为之服务的律师或法律顾问
	经常卷入诉讼官司
	企业高管层与股东、投资银行、证券分析师、证券监管机构、税务机构关系紧张
	企业高管层或董事会成员在财务报告和信息披露方面受到证券监管机构的处罚或批评
	市场有不利于公司的传言
	股票价格大幅度的波动
	公司裁员或大幅度地调整工资
组织层面的问题	组织机构过于复杂
	企业主要子公司或分支机构地域广泛,且缺乏有效控制与沟通

（续表）

项目分类	预　警　信　息
组织层面的问题	缺乏内部审计机构或内审不能发挥实质作用
	董事会成员主要由内部执行董事或灰色董事担任
	董事会的作用过于被动，受制于企业高管层
	未设立审计委员会或其成员缺乏独立性或胜任能力
	企业信息系统薄弱或IT人员配备严重不足
	所在行业处于成熟或衰退阶段
	行业竞争加剧，经营失败与日俱增
	企业所在行业技术进步迅猛，产品和技术具有很高的陈旧风险
	行业萧条时，企业经营绩效却一枝独秀
	企业遭受巨额经营损失，面临破产、被敌意收购或其他严重后果
	所在行业对资产、负债、收入和成本的确认高度依赖主观的估计和判断
与审计机构交往的问题	与事务所关系高度紧张或过于密切
	频繁更换会计师事务所
	对审计时间提出不切实际的要求
	拒绝或故意阻挠正常审计工作的开展
	故意拖延或拒绝提供材料
	采取措施限制或阻止CPA接触某些人员或资料
	某些相关人员拒绝回答或接触CPA
	对某些重大问题有不同解释或模棱两可
	员工透露存在管理舞弊的信息
	管理当局对审计人员态度发生重大变化
	对分析性程序结果与报表差异无法合理解释或解释不一致
	回函异常（如过高或过快）
财务的问题	财务状况或财务指标、经营绩效发生重大变化或异常
	调整重要的销售政策或会计政策、会计估计
	主营业务毛利率持续下降
	主营业务不突出，或非经常性收益所占比重较大，成为对盈利的主要贡献
	经营活动产生的现金流量净额连年为负值，或账面盈利，利润增长，但没有正的现金流量净额
	主营业务发生重大变更，出现新的利润增长点
	收入、费用比例严重失调

（续表）

项目分类	预　警　信　息
财务的问题	资金紧张，高度依赖持续不断的再融资来维持
	经营绩效与财务分析师的预测惊人接近
	对外报告的资产、负债、收入和费用主要建立在高度主观的估计和判断基础上
	对外报告的盈利能力以远高于竞争对手的速度迅速增长
	企业的主要成本费用率远低于其竞争对手
	财务报表附注晦涩难懂
	被CPA出具过非标报告
	企业经营绩效与其所处的行业地位不相称
	经营成功与否高度倚重产品或服务面临着市场竞争、技术进步、消费偏好或替代品的严峻挑战
	企业财务杠杆高企，处于违反债务契约的边缘
	对外报告的经营绩效和内部预算或计划总是保持高度一致
	因经营绩效不佳导致股票交易持续低迷，面临被交易所终止交易的风险
会计的问题	会计基础工作未完成
	账务处理混乱，如账表、账证之间不一致
	部分会计凭证有涂改或伪造的痕迹
	部分资产账实差异极大且无合理理由
	期末存在严重影响经营成果的调整分录
	存在着非常复杂、不合常理的会计交易处理
	报表项目的余额或金额源于一笔或几笔重大交易

（二）财务危机四阶段分析法

财务危机四阶段分析法是根据企业财务危机的形成过程，把财务危机分为财务危机潜伏期、财务危机发生期、财务危机恶化期和财务危机实现期四个阶段（见表10－6），对应于不同的阶段，有不同的危机症状表现。财务危机四阶段分析法就是通过分析危机症状，判断企业财务危机所处的阶段，然后采取有效措施，帮助企业摆脱财务困境，恢复财务正常运作。

表10－6　财务危机四阶段分析法

财务危机潜伏期	财务危机发生期	财务危机恶化期	财务危机实现期
盲目进行扩张	自有资本不足	经营者无心关注业务，专心于财务周转	负债超过资产，丧失偿付能力

（续表）

财务危机潜伏期	财务危机发生期	财务危机恶化期	财务危机实现期
销售额下降	过分依赖外部资金，利息负担过重	账款拖欠，资金周转困难	宣布倒闭清盘
销售额上升，但利润下降	财务预警失灵	债务到期违约不支付	经营者外逃
外部环境发生重大变化	拖延偿付		
企业流动性差	利润下降或亏损加剧		
经营信誉持续降低	领导独断专行		
经营秩序混乱			
管理出现乱象			
疏于风险管理			

（三）管理评分法

管理评分法也称A记分法，是一种对财务危机定性因素通过赋值量化，然后进行综合评分的方法。这种方法首先把企业的风险因素分为经营缺点因素、经营错误因素和破产征兆因素三类，然后进一步分解为17个风险小项，每一项都给出标准分值（见表10－7）。在评分时，每一项的得分或者是零分，或者是满分，但不允许给中间分。所给的分数反映了企业管理不善的程度，分数越高，则企业的处境越差。在理想状态下，这些分数应该为零。

表10－7　管理评分法风险因素与评分标准

项　目	风　险　因　素	评　分
经营缺点因素	总经理独断专行	8
	总经理兼董事长	4
	在办公会上总经理说了算，办公会流于形式	2
	决策层人员失衡，敢于发言、敢于承担责任的人缺乏	2
	财务主管能力低下，资金管理混乱	2
	没有财务预算或不按预算进行控制	3
	企业管理制度陈旧或缺乏制度，不能及时更新	1
	没有现金周转计划或有计划但从未及时调整或执行	3
	没有成本控制系统，对企业实际经营成本一知半解	3
	应变能力差，产品过时、设备陈旧、经营战略模糊不清	15
合　计		43

（续表）

项 目	风 险 因 素	评 分
经营错误因素	欠债太多	15
	企业过度发展	15
	过度依赖大项目	15
合 计		45
破产征兆因素	财务报表上显示不佳的信号	4
	总经理操纵会计账目，以掩盖企业滑坡的实际	4
	非财务反映：工资冻结、士气低落、人员外流	3
	晚期迹象：债权人扬言要诉讼	1
合 计		12
总 计		100

管理评分法的评价标准是：如果总分小于18分，企业处于安全状态；如果总分超过25分，表明企业正面临失败的风险；如果总分超过35分，则说明企业已处于严重的危机之中。而18分到25分是企业管理的“黑色区域”，处于这个区域中的企业必须提高警惕，迅速采取有效措施，尽快使企业进入安全状态。

管理评分法的理论基础是：企业管理不善的种种表现，要比企业财务出现问题更早发生。通过对企业管理状况的深入调查和细致评价，可以对财务危机起到有效的预警作用。定性问题的定量化也使评价更为客观易懂。

三、财务预警定量分析方法

（一）统计模型定量分析方法

1. 单变量预警模型

单变量模型是指以某一项财务指标作为判别标准来判断企业是否处于破产状态的预测模型。在单变量模型中，最重要的一点是要寻找判别阈值。通常需要将样本分为两组：一组是构建预测模型的预测样本，也称“估计样本”；另一组是测试预测模型的测试样本，又称“有效样本”。首先，将预测样本（包括破产企业和非破产企业）按照某一选定的财务比率进行排序，选择判别阈值点，使得两组的误判率达到最小。然后，将选定的阈值作为判别规则，对测试样本进行测试。

美国学者比弗（Beaver）[①]在排除行业因素和公司资产规模因素的前提下，对

① Beaver, W. H. “Financial Ratios as Predictors of Failure”, *Journal of Accounting Research* (Supplement 1966), pp.71～111.

1954～1964 年间 79 家失败企业和相对应的 79 家成功企业的 30 个财务比率进行了研究，于 1966 年提出了单变量预警模型，得出可以有效预测财务危机的财务比率依次为：

（1）债务保障率＝现金流量÷债务总额

（2）资产收益率＝净收益÷资产总额

（3）资产负债率＝负债总额÷资产总额

（4）资产安全率＝资产变现率－资产负债率

比弗认为债务保障率能够较好地判定企业的财务状况，在企业失败前一年，正确判断率能够达到 87%，其次是资产收益率，且离失败日越近，误判率越低。但各比率判断准确率在不同的情况下会有所差异，所以在实际应用中往往使用一组财务比率，而不是一个比率，这样才能取得良好的预测效果。

比弗应用二分类检验法进行的单变量分析说明了可以应用一个简单的模型来获得较高的预测力，而且也为后来的实证研究提供了理论基础。但是，单变量分析虽然方法简单，使用方便，但总体判别精度不高。对前一年的预测，单变量模型的预测精度明显低于多元模型。不过，单变量模型在前两年、前三年的预测中也能表现出很强的预测能力，说明一些企业的财务困境确实是从某些财务指标的恶化开始的。

2. 多变量预警模型

多变量预警模型即多元线性判别模型，是使用多个变量组成的鉴别函数来预测企业财务危机的模型。多元判别方法的基本原理是，通过统计技术筛选出那些在两组间差别尽可能大而在两组内部的离散度最小的变量，从而将多个标志变量在最小信息损失下转换为分类变量，获得能有效提高预测精度的多元线性判别方程。运用多元线性判别方法判定二元问题时，可以通过降维技术，仅以最终计算的数值来判定其归属，其构造的线性方程简单易懂，具有很强的实际应用能力。

美国学者爱德华·阿尔曼在 20 世纪 60 年代首先使用鉴别分析技术研究企业的财务危机预警问题，他选取了 1946～1965 年间的 33 家破产的公司和正常经营的公司，使用了 22 个财务比率来分析公司潜在的失败危机。他利用逐步多元鉴别分析萃取了 5 种最具共同预测能力的财务比率，建立起了一个类似回归方程式的鉴别函数——Z 计分法模型。该模型是通过五个变量（财务比率）将反映企业偿债能力的指标、获利能力指标和营运能力指标有机联系起来，综合分析预测企业财务失败或破产的可能性。该函数式的表达式如下：

$$\boldsymbol{Z=0.012X_1+0.014X_2+0.033X_3+0.006X_4+0.999X_5}$$

其中：Z 为判别函数值；X_1＝营运资金÷资产总额；X_2＝留存收益÷资产总额；

X_3=息税前利润÷资产总额；X_4=权益市场价值总额÷负债账面价值总额；X_5=销售收入÷资产总额。

在使用该模型时必须用合适的格式，由于受当时原始计算机的固定格式限制，X_1 到 X_4 的变量必须用绝对百分数来表示，例如：$X_1=10\%$，不能表示为 0.10，只有 X_5 可以有不同的表示，例如 X_5 为 200%，它必须表示为 2.0，当然这些数据会随样本的不同而变化。

后来，人们发现了更为简便的模型表达方式：

$$Z=1.2X_1+1.4X_2+3.3X_3+0.6X_4+1.0X_5$$

在这个方程中，人们可以按照一般的习惯方便地输入百分数，$X_1\sim X_4$ 的变量值范围是 0～1 之间，X_5 仍旧用原来的表达方式，后来这个模型在实践中被更加广泛地运用。

Z 计分法模型最初源于对制造企业的采样，这一算法在预测制造企业的破产危机时有较高的准确率。阿尔曼指出，若 Z 值小于 1.81，则企业存在很大的财务风险；若 Z 值在 1.81～2.99 之间，为灰色区域，企业财务状况不明朗；若 Z 值大于 2.99，说明企业的财务状况良好，财务风险发生的可能性很小。阿尔曼还认为 Z 值等于 1.81 是判断企业破产的临界值。表 10－8 表述了对于制造企业 Z 值区间的划分说明。需要指出的是，这一分析结果用于非制造企业时，更经常是用以对趋势进行预测。

表 10－8　Z 计分数值的说明

Z 值区间	分析与说明
2.99 及以上	从财务数据来判断，该企业的运营是安全的。当然，管理失误、欺骗、经济下滑以及其他因素都可能会造成难以预见的问题
2.7～2.99	从预测破产的角度上讲，可能是安全的，但该企业处于灰色区域之中
1.81～2.7	可能在两年内破产，企业处于灰色区域，企业要幸存必须采取较大变革
1.81 及以下	很可能正在走向破产，很难指望一个 Z 计分值在 1.8 以下的企业可能恢复过来

由于 Z 值计分法针对的是制造企业，并且模型中的一个指标计算的是权益的市场价值，只能应用于公开上市公司。为弥补这些不足，阿尔曼又发展出 Z 值计分法的两种改进模型，分别是 Z' 和 Z'' 计分模型①。Z' 计分模型主要针对非上市公司，采用权益的账面价值指标替代权益的市场价值指标。Z'' 计分模型省略了销售收入与总资产比率指标，应用于非制造行业的上市或非上市企业。

---

① Altman. *Corporate Financial Distress and Bankruptcy*. Newyork: Wiley, 1993.

Z'计分模型的计算公式如下：

Z =0.717×(营运资金/资产总额)+0.847×(留存收益/资产总额)+3.107×(息税前利润/资产总额)+0.420×(权益账面价值总额/负债账面价值总额)+0.998×(销售收入/资产总额)

Z'计分模型的判别标准是：

若Z'值小于1.23，企业存在破产风险；若Z'值在1.23～2.90之间，为灰色区域；若Z'值大于2.90，企业处于正常状态。

Z''计分模型的计算公式如下：

Z =6.56×(营运资金/资产总额)+3.26×(留存收益/资产总额)+6.72×(息税前利润/资产总额)+1.05×(权益账面价值总额/负债账面价值总额)

Z''评分模型的判别标准是：

若Z''值小于1.10，企业存在破产风险；若Z''值在1.10～2.60之间，为灰色区域；若Z''值大于2.60，企业处于正常状态。

1977年，阿尔曼等人对1968年提出的Z计分法模型进行了改进，建立了第二代模型——ZETA模型。在经过反复筛选之后，ZETA模型选择了7个变量作为模型的参数(参见表10-9)。研究发现，破产判别的新ZETA模型在对企业破产前五年的分类非常精确，破产前一年的辨别成功率超过了90%，破产前五年的精确率也有70%，而且对于零售企业的运用与制造企业一样，并不影响预测的结论。

表10-9　ZETA模型的参数选择及其说明

序号	指标名称	测　量	说　明
X_1	资产回报率(ROA)	用息税前利润除以总资产来测量	它不仅能够很好地对检验样本进行分类，而且被证明在变量的确认过程中十分可靠。这个变量在评定公司几年前的表现时是非常有用的
X_2	收益的稳定性(Stability of Earnings)	用资产回报率(ROA)五年到十年左右估计的标准误差来测量	用获利波动性来表示商业风险，这个测量被证明十分有效
X_3	债务偿还(Liability Service)	用利息倍数比率来测量，即息税前利润(EBIT)除以应付利息款(包括融资租赁负债)	为了便于标准化比较，取10为底的对数方法进行变换

（续表）

序号	指标名称	测　量	说　明
X_4	累计盈利 (Cumulative Profitability)	用公司的留存收益（资产负债表中）除以总资产来测量	这个比率考虑到一些类似于公司年龄、负债、股利政策及其过去的盈利记录等因素，它在以前讨论的 Z 值模型中非常有用
X_5	流动比率 (Liquidity)	用流动比率来测量	尽管以前发现流动比率在识别破产时没有其他一些指标有效，但它比营运资本比率等某些比率更能够提供有价值的信息
X_6	资本化比率 (Capitalization)	用普通股本除以长期资本总额来测量	这里普通股的价值是五年的市场平均值，而不是它的账面值。长期资本总额还包括优先股、长期债务和融资租赁的流通价值。之所以用五年的平均值，是为了修匀可能发生的短期剧烈市场波动，还能和 X_2 研究公司的发展趋势
X_7	资产规模 (Size)	用公司的总资产来测量	这个变量和其他数据一样，随着财务报表的调整而调整。无论破产公司还是非破产公司，其平均资产中都加入了融资租赁。为了消除规模差异，一般将其对数化以便于比较

多变量预警模型除了以上介绍的 Z 计分法模型和 ZETA 模型外，还有日本开发银行的多变量预警模型、中国台湾陈肇荣的多元预警模型①，以及国内外其他学者研究开发的类似的预警模型等，它们的主要变化是在指标的选择和参数值方面各不相同，但是这些模型在实际中的应用并不广泛。就目前为止，Z 计分法模型仍然占据着主导地位。

多变量预警模型具有较高的判别精度，但也存在一些缺陷：一是工作量比较大，研究者需要做大量的数据收集和数据分析工作；二是预测精度在不同的年份有较大差别，时间越长，预测精度下降幅度就越大；三是样本数据难以达到严格的统计假设，因而会降低模型的预测精度。

3. 多元逻辑(Logit)预警模型

多元逻辑预警模型的目标是寻求观察对象的条件概率，从而据此判断观察对象的财务状况和经营风险。Logit 模型假设了企业破产的概率 p（破产取值为 1，非破产取值为 0），并假设 $\text{Ln}[p/(1-p)]$ 可以用财务比率线性解释。假定 $\text{Ln}[p/(1-p)]=a+bx$，根据推导可以得出 $p=\exp(a+bx)/[1+\exp(a+bx)]$，从而计算出企业破产的概率。

① 参见周首华等主编：《现代财务理论前沿专题》，东北财经大学出版社 2000 年版，第 165～175 页。

多元逻辑预警模型的判别方法是先根据多元线性判定模型确定企业破产的 Z 值，然后推导出企业破产的条件概率。其判别规则为：如果 p 值大于 0.5，表明企业破产的概率比较大，可以判定企业为即将破产类型；如果 p 值低于 0.5，表明企业财务正常的概率比较大，可以判定企业为财务正常。

Logit 模型的最大优点是，不需要严格的假设条件，克服了线性方程受统计假设约束的局限性，具有更广泛的适用范围。目前，这种模型的使用较为普遍，但其计算过程比较复杂，而且在计算过程中有很多的近似处理，因此不可避免地会影响到预测精度。

4. 多元概率比(Probit)预警模型

多元概率比模型同样假定企业破产的概率为 p，并假设企业样本服从标准正态分布，其概率函数的 p 分位数可以用财务指标线性解释。其计算方法和 Logit 模型很类似，先是确定企业样本的极大似然函数，通过求似然函数的极大值得到参数 a、b，然后利用公式 $p=\int_{-\infty}^{a+bx}\left(\frac{1}{\sqrt{2\pi}}\right)e^{-\frac{t2}{2}}\mathrm{d}t$，求出企业破产的概率。判别规则是：如果概率 p 小于 0.5，就判别为财务正常型；如果 p 大于 0.5，则为即将破产型。

Probit 模型和 Logit 模型的思路很相似，但在具体的计算方法和假设前提上又有一定的差异，主要体现在三个方面：一是假设前提不同，Logit 不需要严格的假设条件，而 Probit 则假设企业样本服从标准正态分布，其概率函数的 p 分位数可以用财务指标线性解释；二是参数 a、b 的求解方法不同，Logit 采用线性回归方法求解，而 Probit 采用极大似然函数求极值的方法求解；三是求破产概率的方法不同，Logit 采用取对数方法，而 Probit 采用积分的方法。

5. 人工神经网络预警模型

人工神经网络(Artificial Neural Network，ANN)模型是将神经网络的分类方法应用于财务预警。ANN 模型通常由输入层、输出层和隐藏层组成，其信息处理分为前向传播和后向学习两步进行。网络的学习是一种误差从输出层到输入层向后传播并修正数值的过程，学习的目的是使网络的实际输出逼近某个给定的期望输出。根据最后的期望输出，得出企业的期望值，然后根据学习得出的判别规则来对样本进行分类。人工神经网络具有较好的纠错能力，从而能够更好地进行预测。

人工神经网络作为一种平行分散处理模式，是对人类大脑神经运作的模拟。ANN 除具有较好的模式识别能力外，还可以克服统计方法的局限，因为它具有容错能力和处理资料遗漏或错误的能力。特别是 ANN 还具有学习能力，可随时依据新的数据资料进行自我学习，并调整其内部的储存权重参数，以应对多变的企业环境。然而，由于理论基础比较薄弱，ANN 对人体大脑神经模拟的科学性、准确性还有待进一步提高，因此其适用性也大打折扣。

6. 联合预测模型

联合预测模型是运用企业模型来模拟企业的运作过程，动态地描述财务正常企业和财务困境企业的特征，然后根据不同特征和判别规则，对企业样本进行分类。

联合预测模型克服了一般财务预测模型中只运用财务指标的片面性，因为后者只能计量企业运营的财务结果，而遗漏了很多事关重大但未能在财务中得到体现的非财务信息。尽管联合预测模型能够动态模拟和反映企业经营的全过程，但由于其理论框架还比较薄弱，所以适用面不是很广。

随着研究的深入和技术的发展，学术界在财务危机预警模型方面突破了传统的统计方法，正在向更深的研究领域发展。除上述介绍的模型外，目前比较成熟的研究还有遗传算法（Genetic Algothens）模型、泰勒的 Logistic 回归拓展（Tailor's Expansion in Logistic Regression）模型、混合神经网络模型（Hybrid Neutral Network Models）、自组织映射预测模型（Self Organizing Map）、概率神经网络预测模型等，有兴趣的读者可以阅读有关文献进一步关注。

（二）财务指标矩阵定量分析方法

前述统计模型定量分析方法由于技术性较高且相关理论艰深，多为学术界研究人员所使用，在企业财务预警的实务分析中很少被采用。本节所介绍的财务指标矩阵定量分析方法，只要采用较少的财务指标建立指标矩阵，然后将相关企业的财务数值进行对照以确定相应的矩阵区间，即可以对企业的财务危机前景进行预警分析。由于方法简单，操作方便，在企业的实际分析中可以被广泛使用。

1. 经营损益预警模型

经营损益预警模型采用企业利润表中的有关项目，分别计算经营收益、经常收益和期间收益三个经营损益类财务指标，然后按照亏损和盈利两种情形划分为 6 种状态类型。企业通过计算其三项财务指标数值，就可以找到所在的状态类型，进而判断出企业的未来前景。表 10－10 给出了上述指标的基本计算公式，以及不同状态类型的预警分析特征。

经营损益预警模型是从企业盈利角度来对企业破产前景进行预测，方法简单实用，但对企业的现金流量和资产状况无法深入判断，尚需与其他方法结合使用才更为有效。

2. 经营安全预警模型

经营安全预警模型通过构建两个安全率指标来分析企业财务经营结构现状，寻求企业财务状况的改善。这两个指标分别是经营安全率和资金安全率。

表 10－10　经营损益预警模型

<table>
<tr><td rowspan="2">收益项目</td><td colspan="6">状态类型</td></tr>
<tr><td>类型 1</td><td>类型 2</td><td>类型 3</td><td>类型 4</td><td>类型 5</td><td>类型 6</td></tr>
<tr><td>经营收益</td><td>亏损</td><td>亏损</td><td>赢利</td><td>赢利</td><td>赢利</td><td>赢利</td></tr>
<tr><td>经常收益</td><td>亏损</td><td>亏损</td><td>亏损</td><td>亏损</td><td>赢利</td><td>赢利</td></tr>
<tr><td>期间收益</td><td>亏损</td><td>赢利</td><td>亏损</td><td>赢利</td><td>亏损</td><td>赢利</td></tr>
<tr><td>分析说明</td><td colspan="2">接近破产状态</td><td colspan="2">继续下去将导致破产</td><td>视亏损情况而定</td><td>正常</td></tr>
</table>

计算公式：
经营收益＝营业收入－营业成本－营业税费－销售费用－管理费用－研发费用＋投资收益＋公允价值变动收益＋资产处置收益＋其他收益－资产减值损失－信用减值损失
经常收益＝经营收益－财务费用
期间收益＝经常收益＋营业外收入－营业外支出

经营安全率的计算公式为：

经营安全率＝安全边际额÷现有(预计)销售额
＝[现有(预计)销售额－保本销售额]÷现有(预计)销售额

资金安全率的计算公式为：

资金安全率＝资产变现率－资产负债率
资产变现率＝资产变现金额÷资产账面金额

资产变现金额是企业按照公允价值立即处置其所有资产的估计金额。

经营安全预警模型以经营安全率和资金安全率与临界值 0 相比较，划分为四种状态类型，以此来判断企业的财务状况，具体分析如表 10－11 所示。

表 10－11　经营安全预警模型

状况类型	营业安全率	资金安全率	分析说明
类型 1	大于零	大于零	经营状况和财务状况良好
类型 2	小于零	大于零	财务状况良好，但经营销售存在问题，如果不及时改善，将影响未来企业的财务状况
类型 3	大于零	小于零	经营状况良好，但财务状况出现险兆，积极创造自有资金、改善企业财务结构成为当务之急
类型 4	小于零	小于零	企业已陷入困境，随时可能发生财务危机

经营安全预警模型所用的临界值还可以由企业根据经营战略、同业竞争对手情况、历史经验教训和专家意见等方法进行合理确定。该模型实际上是从企业资产变现

的偿债能力和经营盈利能力两个角度来预测企业的未来前景，计算简便，在短期内有一定的预测精确度，有很好的应用价值。

3. 经营增长预警模型

经营增长预警模型借助我们曾经学习过的经济增加值和可持续增长理论的有关概念，通过两项指标来对企业经营和财务状况进行预警分析，这两项指标分别是经济增加值和安全增长率。

经济增加值不是以会计账面利润而是以企业为股东创造的经济利润作为企业的盈利评价标准，其计算公式为：

经济增加值＝(投入资本报酬率－加权平均资本成本率)×资本总额

安全增长率的计算公式为：

安全增长率＝可持续增长率－销售增长率

可持续增长率＝净资产报酬率×留存盈余比率

销售增长率＝(本期销售收入－上期销售收入)÷上期销售收入

可持续增长率是在假定企业税率不变、不对外筹集权益资本、不改变“经营政策”(资产周转率和经营利润率)和不改变“财务政策”(资产负债率和股利支付率)的情况下，企业所实现的理想的销售增长率。可持续增长率与企业实际销售增长率之差为安全增长率，当安全增长率大于零时，说明企业出现“资金剩余”，当安全增长率小于零时，表明企业会发生“资金短缺”。

经营增长预警模型以经济增加值和安全增长率与临界值0相比较，划分为四种状态类型，以此来对企业的经营和财务状况作出预警判断，具体分析如表10－12所示。

表10－12 经营增长预警模型

状况类型	经济增加值	安全增长率	分析说明
类型1	大于零	大于零	企业盈利和资金状况良好，应充分利用剩余资金增加投资，推动企业进一步发展
类型2	小于零	大于零	企业经营状况不佳，但资金充足，应注意控制经营成本，提高营业利润率
类型3	大于零	小于零	企业经营状况良好，但资金不足，应注意改善产品结构，控制盲目扩张，适当增加筹资规模
类型4	小于零	小于零	企业资金短缺，盈利能力低下，经营风险加大

4. 资金协调性预警模型

资金协调性预警模型的理论基础是，在企业的财务管理中，保持现金收支、生产经营活动和长期投融资三个环节的资金在时间上和数量上的协调对企业的经营战略具有重要意义，如果这三个环节的协调性出现问题，企业将会发生财务危机，陷入破产的困境。为此该模型构建了营运资本、营运资金需求和现金支付能力三个重要的财务指标，并根据三个指标之间的关系，将企业的协调状态分为 6 种类型，以此来衡量和预测企业的发展趋势。

（1）营运资本。从企业财务的角度来看，按照流动性划分，企业的资金来源可以分为流动负债和结构性负债（包括长期负债和所有者权益）两部分，企业的资金运用也可以分为流动资产和结构性资产两部分，于是我们就可以得到如下的平衡关系式：

流动资产＋结构性资产＝流动负债＋结构性负债

上式经变换后可以得到：

结构性负债－结构性资产＝流动资产－流动负债

所谓营运资本，就是流动资产减去流动负债（或结构性负债减去结构性资产），亦即长期性资金来源运用于日常经营活动的资金数额。换句话说，如果企业的结构性资金来源被企业的结构性资产占用后，还有余额存在的话，它将被投入到企业的日常经营活动中去。因此营运资本也可以这样理解：营运资本在数值上等于企业生产经营活动的资金来源（流动负债）弥补生产经营活动的资金占用（流动资产）之后不足的部分。营运资本在本质上是由企业投资、融资和创造利润的能力所决定的。

一般情况下，企业的营运资本应为正数，即结构性负债必须大于结构性资产，并且数额要能满足企业生产经营活动对资金的需求，否则，如果通过企业的流动负债来保证这部分资金需求，企业便会经常面临支付困难和不能按期偿还债务的风险。不过在特殊情况下，如在某些先收货和销售、后支付货款的企业（如零售商业）中，营运资本为负也是正常的。

通常可以用营运资本与企业销售收入之比，作为衡量和判断营运资本是否达到合理数值的标准。一般工业企业营运资本相当于 1～3 个月的营业额时，才算比较合理安全。在正常情况下，低于这个标准企业就应当筹资，高于这个标准企业就可以立项投资。

（2）营运资金需求。在企业流动资产中，我们把流动性最强的货币资金、交易性金融资产和应收票据称为货币性资产，其余部分称为经营性资产。在企业流动负债中，我们把流动性最强的短期借款、交易性金融负债和应付票据称为货币性负债，其余部分称为经营性负债。

企业的营运资金需求，等于经营性资产减去经营性负债，也就是企业生产经营所需要的资金，在本质上是企业经营环节的资金占用超过经营环节资金供给的部分。如果企业缺少这部分资金，则正常的生产经营活动就无法顺利进行。通常这部分资金是由营运资本来保证，即由长期资金来源被长期资金占用之后剩余的那部分资金来保证。

决定企业营运资金需求高低的主要因素有以下几个方面：一是企业的行业特点。一般来说，创造附加价值低的企业如商业企业，营运资金需求较低；创造附加价值高的企业如设备制造企业，因为生产与付款周期长，存货需求大，因而营运资金需求较多。二是企业的生产规模。生产规模越大的企业，营运资金需求数量越大。三是市场的变化。在物价上涨时期，企业营运资金需求也会增加。四是企业的资金管理水平。企业存货、应收账款、应付账款的管理直接影响资金需求。

(3) 现金支付能力。企业的现金支付能力，在数量上等于企业的营运资本减去营运资金需求，或者等于货币性资产减去货币性负债，它反映了企业流动性最强的短期资金偿付短期债务的能力，还反映了企业长期资金来源在满足长期资金需求后是否能够继续满足企业日常经营活动的需要。企业的现金支付能力是企业长期投融资协调、现金收支协调的综合体现，是企业资金协调的"晴雨表"。其中任何一部分的不协调，都会给企业的正常营运带来困难。

(4) 资金协调性预警分析。现在把营运资本、营运资金需求和现金支付能力三项财务指标结合起来，根据三者之间的关系，建立资金协调性预警矩阵如表 10－11 所示。6 种状态类型的具体分析如下。

表 10－13　资金协调性预警模型

<table>
<tr><th>状态类型</th><th>现金支付能力
(CP)</th><th>营运资金需求
(WF)</th><th>营运资本
(WC)</th><th>分析说明</th></tr>
<tr><td>类型 1</td><td>＞0</td><td>＞0</td><td>＞0 且＞WF</td><td>协调且有支付能力</td></tr>
<tr><td>类型 2</td><td>＞0</td><td>＜0</td><td>＞0</td><td>资金大量富裕</td></tr>
<tr><td>类型 3</td><td>＞0</td><td>＜0</td><td>＜0 但|WC|＜|WF|</td><td>不协调但能维持</td></tr>
<tr><td>类型 4</td><td>＜0</td><td>＜0</td><td>＜0 但|WC |＞|WF|</td><td>不协调</td></tr>
<tr><td>类型 5</td><td>＜0</td><td>＞0</td><td>＞0 但＜WF</td><td>协调但有支付困难</td></tr>
<tr><td>类型 6</td><td>＜0</td><td>＞0</td><td>＜0</td><td>严重不协调</td></tr>
</table>

注：营运资本＝流动资产－流动负债＝结构性负债－结构性资产
　　营运资金需求＝经营性资产－经营性负债
　　现金支付能力＝营运资本－营运资金需求＝货币性资产－货币性负债

类型 1：现金支付能力为正，这是企业良性运转的较普遍情况，营运资本为正，营运资金需求为正，且营运资本数值大于营运资金需求数值，表明企业的营运资本能够保证企业生产经营所需的资金，这种情况下企业的现金支付能力最强。

类型2：现金支付能力和营运资本为正，营运资金需求为负，表明企业生产经营活动资金来源充分，企业结构性负债提供的资金出超结构性资产投资所需的资金，企业资金大量富裕，虽无偿债压力但财务结构不甚合理。

类型3：现金支付能力为正，企业营运资本和营运资金需求均为负，且营运资金需求的绝对值大于营运资本，此种情况下企业生产经营不需要资金，并且还能提供部分结构性资产投资所需的资金，这时企业需要充分利用多余资金，这种情况在零售商业企业比较常见。

类型4：现金支付能力为负，营运资本和营运资金需求均为负，但营运资金需求的绝对值小于营运资本的绝对值，即企业生产经营活动所提供的资金不足以弥补结构性资产的资金占用，这种情况下企业的财务协调性差。

类型5：现金支付能力为负，营运资本和营运资金需求均为正，但企业的营运资金需求大于企业的营运资本，企业要通过短期银行借款来满足生产经营的资金需要，这是工业企业在成长期比较常见的一种情况。这种情况下企业财务协调性相对较好，但也有支付困难。

类型6：现金支付能力为负，营运资本为负，营运资金需求为正，企业结构性资产所占用资金没有充足的结构性负债资金来保证，而企业的生产经营活动又大量需要营运资金，企业只能通过短期借款来维持生产经营。这种情况下企业现金支付能力最差，表现为严重的财务不协调，将面临财务危机。

专栏10-3

分析性程序

1978年，美国注册会计师协会(AICPA)在总结会计师事务所实践经验和理论研究的基础上，正式颁布了第23号审计准则公告(SAS)《分析性复核》；1988年，AICPA对第23号准则进行了修改，并代之以审计准则第56号《分析性程序》，明确要求审计执业人员“在审计计划阶段和结束阶段必须实施分析性程序”。1996年，中国注册会计师协会制定了第11号具体审计准则《分析性复核》。2011年11月，中注协修订了38项《中国注册会计师审计准则》，其中就包括第1313号准则《分析程序》，新准则已于2012年1月1日起施行。

根据《中国注册会计师审计准则第1313号——分析程序》规定，分析性程序是指审计师通过分析不同财务数据之间以及财务数据与非财务数据之间的内在关系，对财务信息做出评价。分析性程序还包括在必要时对识别出的、与其他相关信息不一致或与预期值差异重大的波动或关系进行调查。

分析性程序可作为风险评估程序，审计师通过了解被审计单位及其环境以发现财务报表中的异常变化，或者预期发生而未发生的变化，识别存在潜在重大错报风险的领域。当使用分析性程序比细节测试能更有效地将认定层次的检查风险降至可接受的水平时，审计师可将分析性程序用作实质性程序。在审计结束或临近结束时，审计师可使用分析性程序对财务报表进行总体复核。

此外，《中国注册会计师审计准则第 1211 号——通过了解被审计单位及其环境识别和评估重大错报风险》规定，审计师可以将分析性程序与询问、检查和观察程序结合运用，以获取对被审计单位及其环境的了解，识别和评估财务报表层次及具体认定层次的重大错报风险。如果分析性程序结果显示的比率、比例或趋势与审计师对被审计单位及其环境的了解不一致，并且被审计单位管理层无法做出合理的解释，或者无法取得相关的支持性文件证据，审计师应当考虑其是否表明被审计单位的财务报表存在重大错报风险。

大量研究证实，分析性程序是一种应用十分广泛而且颇为有效的审计方法，尤其在发现和检查财务报告会计操纵方面作用相当明显，相当比例的财务舞弊的曝光最初缘于分析性程序中发现的线索，而且大量财务舞弊案件从事后看，只要实施简单的分析性程序就可以察觉其端倪。

本章小结

会计操纵是指为了达到特定目的，通过人为地对会计数据和信息披露进行操纵，从而使会计报表不能真实和公允反映企业的财务状况和经营业绩。企业会计操纵的直接动因来自企业和企业经营者自身；间接动因来自企业所处的社会经济环境，以及企业外部的其他利益相关者。会计操纵的类型主要包括盈利操纵、分类呈报操纵以及其他一些特殊形式的操纵。

从企业提供的财务报告中识别可能存在的会计操纵行为，要考察企业是否有进行会计操纵的动因以及可能会以何种形式出现，有针对性地加以识别和防范；对会计报表进行深入的财务分析是识别会计操纵的核心手段；在分析特定会计操纵方法对相关科目的影响时，可以结合资产负债表、利润表和现金流量表之间的相互关系进行分析。

财务危机是企业由于经营管理不善造成连年亏损、投融资决策失误、货款回收不力或其他突发财务事件等原因，致使企业出现资金链中断进而影响企业生存的重大不利局面。企业财务预警通过对企业日常财务运行情况进行连续有效的监测，能够防范企业财务恶化给债权人和投资者造成的损失。财务危机预警灵敏度越高，就越能尽早地防范、发现和解决问题，避免财务危机的发生。财务预警分析方法包括定性分析方法和定量分析方法，后者又可以进一步划分为统计模型定量分析方法和财务指标矩阵定量分析方法。

本章关键术语

会计操纵　盈余管理　收益平滑　清洗会计　创造性会计　分类呈报操纵　财务危机 财务预警　*Z* 计分法模型　管理评分法

思考题

1. 简述会计操纵的主要类型和手段。
2. 简述会计操纵的主要动因。
3. 简述识别会计操纵的主要分析方法。
4. 财务预警的统计模型定量分析方法有哪些?
5. 简述资金协调性预警模型的分析方法。
6. 简述经营损益预警模型的分析方法。
7. 简述经营安全预警模型的分析方法。

附录

附录1　中国MN公司财务报表(本书计算案例资料)

附录1-1　MN公司资产负债表　　单位：万元

年　　份	2013	2014	2015	2016	2017
货币资金	49 208.92	76 085.10	66 116.57	219 284.67	398 322.31
交易性金融资产	0.00	0.00	87.38	212.83	81.98
应收票据	1 160.88	517.90	532.92	538.20	307.03
应收账款	21 261.94	30 023.92	40 758.47	45 627.48	79 588.39
预付款项	215 384.71	124 669.56	142 868.41	339 296.26	164 698.40
其他应收款	18 087.20	7 820.20	9 224.71	17 941.29	63 977.65
应收利息	0.00	0.00	0.00	0.00	0.52
应收股利	0.00	0.00	0.00	0.00	0.00
存货	261 852.36	393 806.38	546 566.23	736 971.36	1 333 495.06
其中：消耗性生物资产	0.00	0.00	0.00	0.00	0.00
一年内到期的非流动资产	0.00	0.00	0.00	0.00	0.00
其他流动资产	0.00	0.00	0.00	0.00	0.00
流动资产合计	566 956.01	632 923.06	806 154.68	1 359 872.08	2 040 471.33
可供出售金融资产	0.00	0.00	436 890.01	1 649 669.07	467 233.85
持有至到期投资	0.00	0.00	0.00	0.00	0.00
长期应收款	0.00	0.00	0.00	0.00	583.19
长期股权投资	71 612.07	95 542.29	56 955.41	87 101.25	109 256.56
投资性房地产	0.00	0.00	1 896.79	1 787.40	5 325.52
固定资产	332 366.46	379 832.37	364 899.39	368 661.63	450 686.60
在建工程	37 399.82	8 730.93	10 649.70	28 696.93	37 030.53

（续表）

年　份	2013	2014	2015	2016	2017
工程物资	12.92	6.21	0.00	6 876.09	0.00
固定资产清理	0.00	0.00	0.00	0.00	0.00
无形资产	35 312.75	52 091.41	38 996.42	25 871.64	36 873.53
开发支出	0.00	0.00	0.00	0.00	0.00
商誉	0.00	0.00	4 519.67	4 519.67	4 781.43
长期待摊费用	3 768.22	4 308.11	2 447.42	727.62	3 708.38
递延所得税资产	0.00	0.00	1 555.50	653.62	7 211.64
其他非流动资产	0.00	1 020.33	0.00	0.00	4.05
非流动资产合计	497 255.22	541 531.65	918 810.31	2 174 564.91	1 122 695.28
资产总计	1 064 211.22	1 174 454.71	1 724 964.99	3 534 436.99	3 163 166.61
短期借款	280 005.34	290 121.78	229 742.93	590 518.64	745 556.83
交易性金融负债	0.00	0.00	0.00	0.00	376.19
应付票据	29 546.43	31 238.00	12 205.43	16 560.86	34 794.62
应付账款	39 507.50	30 097.96	32 579.15	43 974.17	66 681.18
预收款项	166 891.73	167 989.94	229 439.08	548 573.31	553 451.48
应付职工薪酬	8 630.75	13 496.99	19 100.53	24 170.44	34 606.19
应交税费	26 479.05	36 704.36	48 579.82	58 619.10	−29 376.92
应付利息	0.00	0.00	391.36	1 571.58	4 137.26
应付股利	0.00	0.00	240.00	240.00	4 939.07
其他应付款	32 061.17	39 746.36	60 407.78	65 828.50	90 483.08
一年内到期的非流动负债	2 300.00	87 951.86	98 000.00	23 500.00	88 786.50
其他流动负债	0.00	0.00	0.00	0.00	190 328.00
流动负债合计	585 421.97	697 347.25	730 686.09	1 373 556.60	1 784 763.48
长期借款	26 490.17	35 334.06	64 698.51	193 393.06	233 500.63
应付债券	58 314.66	0.00	0.00	0.00	0.00
长期应付款	0.00	0.00	0.00	0.00	0.00
专项应付款	0.00	0.00	590.03	932.69	745.40
预计负债	0.00	0.00	0.00	0.00	0.00

（续表）

年　份	2013	2014	2015	2016	2017
递延所得税负债	0.00	0.00	133 799.28	309 275.17	153 410.12
其他非流动负债	0.00	27.74	0.00	0.00	0.00
非流动负债合计	84 804.84	35 361.79	199 087.82	503 600.92	387 656.14
负债合计	670 226.81	732 709.04	929 773.91	1 877 157.52	2 172 419.62
实收资本	107 726.83	164 441.22	178 128.94	222 661.17	222 661.17
资本公积	74 095.25	27 338.94	326 544.02	938 160.26	230 605.04
盈余公积	72 092.74	84 604.14	38 082.25	59 290.95	67 753.53
减：库存股	0.00	0.00	0.00	0.00	0.00
未分配利润	88 177.24	103 680.20	183 102.49	353 705.72	388 298.40
少数股东权益	51 892.36	61 681.16	69 503.89	83 802.06	89 636.10
外币报表折算价差	0.00	0.00	−170.51	−340.69	−8 207.25
非正常经营项目收益调整	0.00	0.00	0.00	0.00	0.00
归属母公司所有者权益	290 199.70	318 383.34	725 687.19	1 573 477.41	901 110.88
所有者权益合计	342 092.06	380 064.50	795 191.08	1 657 279.47	990 746.99
负债和所有者合计	1 064 211.22	1 174 454.71	1 724 964.99	3 534 436.99	3 163 166.61
附：年末人数(个)	14 523	17 131	21 926	23 920	49 040

附录 1－2　MN 公司利润表　　单位：万元

年　份	2013	2014	2015	2016	2017
一、营业收入	417 582.99	465 569.41	612 793.92	703 389.71	1 078 031.08
减：营业成本	266 623.97	289 669.50	390 428.02	453 946.28	691 460.93
营业税金及附加	10 484.83	8 876.47	13 460.56	15 166.85	25 469.32
销售费用	52 435.80	58 797.51	68 275.20	78 177.73	97 824.80
管理费用	18 869.95	23 757.51	32 726.43	55 068.85	80 061.06
财务费用	8 890.87	12 208.02	8 496.09	10 040.30	45 146.44
资产减值损失	0.00	0.00	3 524.81	2 215.84	140 802.10
加：公允价值变动净收益	0.00	0.00	67.88	125.46	−130.85

（续表）

年　　份	2013	2014	2015	2016	2017
投资收益	3 636.69	480.58	5 285.49	275 422.67	222 204.43
其中：对联营企业和合营企业的投资收益	0.00	0.00	0.00	0.00	0.00
二、营业利润	63 914.25	72 740.98	101 236.18	364 321.99	219 340.01
加：补贴收入	8 528.23	8 100.72	0.00	0.00	0.00
营业外收入	4 189.29	1 140.90	18 416.02	9 069.07	20 882.66
减：营业外支出	1 104.53	581.26	3 963.24	4 261.39	2 702.00
其中：非流动资产处置净损失	0.00	0.00	315.11	475.12	234.20
三、利润总额	75 527.24	81 401.34	115 688.97	369 129.67	237 520.67
减：所得税	16 651.04	16 840.38	27 433.80	104 070.99	58 367.59
加：影响净利润的其他科目	−3 089.88	−8 081.87	0.00	0.00	0.00
四、净利润	55 786.32	56 479.09	88 255.16	265 058.68	179 153.08
归属于母公司所有者的净利润	55 786.32	56 479.09	77 256.75	247 571.00	158 318.47
少数股东损益	3 089.88	8 081.87	10 998.42	17 487.68	20 834.61
五、每股收益					
（一）基本每股收益（元/股）	0	0	0.43	1.11	0.71
（二）稀释每股收益（元/股）	0	0	0	0	0.71
六、其他综合收益	0	0	0	0	0
七、综合收益总额	55 786.32	56 479.09	88 255.16	265 058.68	179 153.08
普通股股份总数(万股)	107 726.83	164 441.22	178 128.93	222 661.17	222 661.17

附录 1－3　MN 公司现金流量表

单位：万元

年　　份	2013	2014	2015	2016	2017
一、经营活动产生的现金流量					
销售商品、提供劳务收到的现金	483 401.11	479 972.20	700 480.64	1 033 386.40	1 224 475.15

（续表）

年　　份	2013	2014	2015	2016	2017
收到的税费返还	21 117.48	17 899.71	15 473.14	11 780.35	10 105.02
收到其他与经营活动有关的现金	8 610.38	12 884.55	23 116.65	18 187.45	30 780.64
经营活动现金流入小计	513 128.97	510 756.45	739 070.43	1 063 354.20	1 265 360.80
购买商品、接受劳务支付的现金	212 238.76	256 209.27	413 012.54	397 009.07	714 783.26
支付给职工以及为职工支付的现金	36 668.77	46 238.78	60 443.25	84 079.63	158 683.76
支付的各项税费	31 303.55	40 667.29	60 487.81	118 142.69	112 766.53
支付其他与经营活动有关的现金	42 844.32	55 735.37	67 717.53	91 760.07	114 422.60
经营活动现金流出小计	323 055.39	398 850.71	601 661.13	690 991.47	1 100 656.14
经营活动产生的现金流量净额	190 073.58	111 905.75	137 409.30	372 362.74	164 704.65
二、投资活动产生的现金流量					
收回投资收到的现金	3 874.25	3 629.67	1 346.00	320 361.88	335 637.78
取得投资收益收到的现金	3 273.26	2 104.26	5 192.40	12 289.39	12 858.63
处置固定资产、无形资产和其他长期资产收回的现金净额	7 389.64	7 100.18	6 740.19	5 471.35	4 048.11
处置子公司及其他营业单位收到的现金净额	0.00	0.00	0.00	0.00	403.03
收到其他与投资活动有关的现金	1 380.42	0.00	13 562.63	167.46	0.00
投资活动现金流入小计	15 917.57	12 834.11	26 841.22	338 290.08	352 947.55
购建固定资产、无形资产和其他长期资产支付的现金	287 165.67	87 775.73	132 767.77	395 110.61	419 828.03
投资支付的现金	35 313.34	10 999.03	3 921.69	468 265.48	19 874.82
取得子公司及其他营业单位支付的现金净额	0.00	0.00	0.00	0.00	103 712.68
支付其他与投资活动有关的现金	474.72	0.00	0.00	20 635.48	86 168.22

（续表）

年　　份	2013	2014	2015	2016	2017
投资活动现金流出小计	322 953.73	98 774.76	136 689.46	884 011.57	629 583.75
投资活动产生的现金流量净额	−307 036.16	−85 940.65	−109 848.25	−545 721.49	−276 636.19
三、筹资活动产生的现金流量					
吸收投资收到的现金	14 361.99	3 736.97	400.00	6 108.21	5 855.73
取得借款收到的现金	458 024.03	558 670.28	511 717.60	1 185 095.32	2 032 788.71
收到其他与筹资活动有关的现金	24 770.96	13 100.45	72 585.00	31 464.13	98 119.62
筹资活动现金流入小计	497 156.98	575 507.70	584 702.60	1 222 667.66	2 136 764.06
偿还债务支付的现金	284 431.44	526 103.21	553 861.81	762 153.34	1 586 295.97
分配股利、利润或偿付利息支付的现金	43 830.17	47 995.70	62 319.96	92 071.48	187 732.45
支付其他与筹资活动有关的现金	56 559.96	385.11	7 298.68	40 462.30	67 909.24
筹资活动现金流出小计	384 821.57	574 484.02	623 480.45	894 687.11	1 841 937.66
筹资活动产生的现金流量净额	112 335.41	1 023.68	−38 777.85	327 980.55	294 826.40
四、汇率变动对现金的影响	−3.24	−112.59	−197.08	−1 453.70	−5 757.22
五、现金及现金等价物净增加额	−4 630.40	26 876.18	−11 413.88	153 168.10	177 137.64
期初现金及现金等价物余额	53 839.32	49 208.92	77 530.45	66 116.57	219 284.67
期末现金及现金等价物余额	49 208.92	76 085.10	66 116.57	219 284.67	396 422.31
附注：1. 将净利润调节为经营活动现金流量					
净利润	55 786.32	56 479.09	—	265 058.68	179 153.08
加：资产减值准备	1 977.31	2 431.13	—	2 215.84	140 802.10
固定资产折旧、油气资产折耗、生产性生物资产折旧	19 514.73	26 108.90	—	31 195.85	37 384.74

(续表)

年　　份	2013	2014	2015	2016	2017
无形资产摊销	376.60	529.61	—	1 151.11	1 422.65
长期待摊费用摊销	2 779.75	49.17	—	468.99	2 654.39
处置固定资产、无形资产和其他长期资产的损失	−3 519.84	−594.93	—	−2 804.14	−197.31
固定资产报废损失	1.72	3.72	—	271.85	−0.44
公允价值变动损失	0.00	0.00	—	−125.46	130.85
财务费用	6 470.47	12 869.89	—	10 741.13	45 666.64
投资损失	−3 636.69	−480.58	—	−275 422.67	−222 204.43
递延所得税资产减少	0.00	0.00	—	901.88	−6 540.24
递延所得税负债增加	0.00	0.00	—	25.93	79 403.62
存货的减少	−6 252.30	−126 032.33	—	−51 025.95	−499 909.46
经营性应收项目的减少	−2 600.28	81 819.87	—	10 392.46	203 135.61
经营性应付项目的增加	116 712.06	50 625.47	—	379 320.50	203 802.86
其他	2 463.72	8 096.73	—	−3.26	0.00
经营活动产生的现金流量净额	190 073.58	111 905.75	—	372 362.74	164 704.65
2. 不涉及现金收支的重大投资和筹资活动					
债务转为资本	0.00	0.00	—	—	0.00
一年内到期的可转换公司债券	0.00	0.00	—	—	0.00
融资租入固定资产	0.00	0.00	—	—	0.00
现金的期末余额	49 208.92	76 085.10	—	—	396 422.31
减：现金的期初余额	39 849.08	49 208.92	—	—	219 284.67
加：现金等价物的期末余额	0.00	0.00	—	—	0.00
减：现金等价物的期初余额	13 990.23	0.00	—	—	0.00
现金及现金等价物净增加额	−4 630.40	26 876.18	—	—	177 137.64

注：现金流量表补充资料原文如此。

附录 2　财务报表指标体系一览表(中英文对照)

项　目	计 算 公 式	备　注	参 考 英 文
一、短期偿债能力			SHORT - TERM SOLVENCY
1. 流动比率	流动资产/流动负债		current ratio
2. 速动比率	(流动资产－存货)/流动负债	酸性测试比率	quick ratio/acid-test ratio
3. 现金比率	(货币资金＋交易性金融资产)/流动负债		cash ratio
4. 超动比率	(货币资金＋交易性金融资产＋应收账款＋应收票据)/流动负债	保守速动比率	conservative quick ratio
5. 货币资金比率	货币资金/流动负债		cash to current liabilities ratio
6. 现金即付比率	现金类资产/(流动负债－预收账款)		cash and cash equivalents ratio
7. 存货信赖度	(流动负债－速动资产)/存货		degree of inventory reliability
8. 流动负债与存货比率	流动负债/存货		current liabilities to inventory ratio
9. 速动负债与流动负债比率	速动负债/流动负债		quick liabilities to current liabilities ratio
10. 流动负债与总负债比率	流动负债/总负债		current liabilities to total liabilities ratio
二、资本结构			CAPITAL STRUCTURE
1. 资产负债率(%)	负债/总资产	负债比率	debt ratio
2. 权益比率(%)	净资产(所有者权益)/总资产	资产权益率、自有资本与总资产比率、净值比率、资本比率	equity ratio

（续表）

项　　目	计　算　公　式	备　　注	参　考　英　文
3. 权益乘数	总资产/净资产		equity multiplier
4. 产权比率(%)	负债/净资产	负债对权益比率、净资产负债率、债务股权比率、负债对自有资本比率	debt to equity ratio/leverage ratio/gearing ratio
5. 财务杠杆指数	净资产报酬率/总资产报酬率		index of financial leverage
6. 固定资产与非流动负债比率	固定资产/非流动负债		fixed assets to permanent liabilities ratio
7. 固定资产与长期资金比率	固定资产/(非流动负债+股东权益)		fixed assets to permanent capital ratio
8. 固定资产与权益比率	固定资产/所有者权益(净资产)		fixed assets to equity ratio
三、长期偿债能力			LONG - TERM SOLVENCY
1. 利息保障倍数	EBIT/利息费用	已获利息倍数	times interest earned
2. 固定支出保障倍数	(利润总额+固定支出)/固定支出 $\frac{\text{息税前利润}+\text{租赁费中的利息费用}}{\text{利息费用}+\text{租赁费用中的利息费用}+\text{优先股股利}\times(1-\text{所得税率})}$	固定财务费用保付率	times fixed charge earned
3. 负债/EBITDA 比率	负债/EBITDA		debt to EBITDA ratio
4. 有形净值债务率(%)	负债/(所有者权益－无形资产－商誉)	有形净值负债率	debt to tangible net assets ratio
5. 全部资本化比率	付息总债务/(付息总债务+净资产)		total capitalization ratio
6. 带息负债比率	(短期借款+一年内到期的非流动负债+长期借款+应付债券+应付利息)/负债总额×100%		Interest bearing liabilities ratio
7. 长期负债与营运资本比率	非流动负债/营运资本		long-term debt to working capital ratio

（续表）

项　目	计 算 公 式	备　注	参 考 英 文
8. 长期负债与总资产比率	非流动负债/总资产	长期负债比率	long-term debt ratio
9. 长期负债与权益比率	非流动负债/所有者权益	长期负债与净值比率	long-term debt to equity ratio
10. 流动资产与总负债比率	流动资产/总负债		current assets to total debt ratio
四、或有债务分析			CONTIGENT LIABILITIES ANALYSIS
1. 或有负债比率	或有负债余额/所有者权益		contingent liabilities ratio
2. 担保比率	担保金额/所有者权益		guarantee ratio
3. 经调整的资产负债率	$\frac{\text{表内负债}+\text{表外或有负债}}{\text{表内负债}+\text{表外或有负债}+\text{所有者权益}}$		adjusted debt ratio
五、营运能力			BUSINESS OPERATION
(一) 资产运用效率			Asset Utilization
1. 存货周转率(次)	营业成本/平均存货		inventory turnover
2. 应收账款周转率(次)	销售收入/平均应收账款	销售债权周转率	receivables turnover
3. 流动资产周转率(次)	销售收入/平均流动资产		current assets turnover
4. 总资产周转率(次)	销售收入/平均资产总额		total assets turnover
5. 固定资产周转率(次)	销售收入/平均固定资产		fixed assets turnover
6. 营运资本周转率(次)	销售收入/平均营运资本		working capital turnover
7. 现金周转率(次)	销售收入/平均现金余额		cash turnover
8. 预付账款周转率(次)	营业成本/平均预付账款余额		prepayments turnover
9. 原材料周转率(次)	耗用原材料成本/原材料存货平均余额		raw materials turnover

（续表）

项　　目	计 算 公 式	备　　注	参 考 英 文
10. 在产品周转率(次)	制造成本/在产品存货平均余额		goods in process turnover
11. 产成品周转率(次)	营业成本/产成品存货平均余额		manufactured goods turnover
12. 不良资产比率	年末不良资产总额/(资产总额＋资产减值准备余额)×100％		non-performing assets ratio
(二) 资金运用效率			Capital Utilization
1. 所有者权益周转率(次)	销售收入/平均所有者权益总额	净值周转率	equity turnover/net assets turnover
2. 总负债周转率(次)	销售收入/平均负债总额		total liabilities turnover
3. 应付账款周转率(次)	公式 1：营业成本/应付账款平均余额		payables turnover
	公式 2：(营业成本＋存货变动额)/平均应付账款余额		
预收账款周转率(次)	销售收入/平均预收账款余额		accounts receivable in advance turnover
(三) 人工营运效率			Employee Efficiency
销售收入与员工比率	销售收入/员工人数		sales to employee ratio
净利润与员工比率	净利润/员工人数		net profit to employee ratio
六、获利能力			PROFITABILITY
(一) 销售获利能力			Sales Profitability
1. 销售净利率(％)	净利润/销售收入	净利润率、销售净收益率、纯益率	net profit margin/net profit ratio/net income ratio
2. 销售毛利率(％)	毛利(销售收入－销售成本)/销售收入	营业毛利获利率、经营毛利率、毛利率	gross profit ratio/gross margin

（续表）

项　　目	计算公式	备　注	参考英文
3. 主营业务利润率(%)	主营业务利润/销售收入		main operating income ratio
4. 营业利润率(%)	营业利润/销售收入		operating income ratio
5. 息税前利润率(%)	息税前利润/销售收入	销售回报率	margin before interest and tax/return on sales (ROS)
6. 销售利润率(%)	利润总额/销售收入	税前净利率	pretax profit ratio/pretax margin
7. EBITDA 率(%)	(净利润＋所得税＋利息支出＋固定资产折旧＋无形资产摊销)/销售收入		EBITDA ratio
8. 销售成本率(%)	营业成本/销售收入	营业成本率	cost of goods sold ratio
9. 销售费用率(%)	四项费用之和/销售收入	营业费用率	operating expense ratio
10. 成本费用与收入比率	成本费用/销售收入		cost and expense to sales ratio
11. 研发支出与收入比率	研究开发支出/销售收入		R&D expenditure to sales ratio
12. 广告费与收入比率	广告费/销售收入		advertising fee to sales ratio
13. 利息与营业利润比率	利息支出/营业利润		interest to operating income ratio
(二) 成本费用获利能力			Cost & Expense Profitability
1. 成本费用利润率(%)	利润总额/成本费用总额(四项费用＋营业成本)	成本费用净利率	profit to cost & expense ratio
2. 营业成本毛利率(%)	毛利/营业成本		gross profit to cost ratio
3. 营业成本利润率(%)	营业利润/营业成本		profit to cost ratio
4. 税前成本利润率(%)	利润总额/税前成本(营业成本＋税金及附加＋销售费用＋管理费用＋财务费用＋研发费用＋营业外支出)		profit to pretax cost ratio

（续表）

项　目	计 算 公 式	备　注	参 考 英 文
5. 税后成本利润率(%)	净利润/税后成本(营业成本＋税金及附加＋销售费用＋管理费用＋财务费用＋研发费用＋营业外支出＋所得税)		profit to cost after tax ratio
七、投资报酬能力			RETURN ON INVESTMENT
1. 总资产报酬率(%)	公式 1：利润总额/平均总资产	总资产利润率、总资产收益率	return on total assets(ROA)
	公式 2：EBIT/平均总资产		
	公式 3：[净利润＋利息费用×(1－所得税税率)]/平均总资产		
	公司 4：净利润/平均总资产	总资产净利率	
2. 净资产报酬率(%)	净利润/平均净资产	股本报酬率、净资产收益率、净值报酬率	return on equity(ROE)
3. 普通股东权益报酬率(%)	$\frac{\text{净利润}-\text{优先股股利}}{\text{平均净资产总额}-\text{平均优先股股东权益}}$	自有资金净利率、股本收益率、资本收益率	return on common shareholders'equity
4. 长期资本报酬率(%)	公式 1：(利润总额＋长期资本利息)/平均长期资本	长期资本收益率	return on long capital(ROTC)
	公式 2：(净利润＋长期负债利息费用(1－税率))/平均长期资本	长期资本＝非流动负债＋净资产	
5. 投入资本报酬率(%)	息税前利润×(1－所得税率)/投入资本	投入资本＝有息负债＋所有者权益	return on invested capital(ROIC)
6. 资本金报酬率(%)	净利润/平均实收资本总额	实收资本报酬率、实收资本收益率	return on share capital
7. 资本报酬率	净利润/平均资本总额	资本收益率资本＝实收资本＋资本公积	return on stock and reserves

（续表）

项　　目	计 算 公 式	备　　注	参 考 英 文
8. 营运资本报酬率(%)	净利润/营运资本	营运资本收益率	return on working capital
9. 投资收益率(%)	投资性收益/平均对外投资总额	投资性收益＝公允价值变动损益＋投资收益；对外投资＝金融资产投资＋长期股权投资＋投资性房地产	investment earnings ratio
八、发展能力			GROWTH
(一) 资本(净资产)增长分析			Net Assets Growth
1. 资本积累率(%)	本年净资产增长额/年初净资产	净资产增长率	net assets growth ratio
2. 资本保值增值率(%)	年末净资产总额/年初净资产总额		capital maintain and increase ratio
3. 三年资本平均增长率(%)	$\left(\sqrt[3]{\frac{\text{年末净资产总额}}{\text{三年前年末净资产总额}}}-1\right)\times 100\%$		three-year average capital growth ratio
(二) 销售和盈利增长分析			Sales & Profit Growth
1. 销售增长率(%)	本年销售收入增长额/上年销售收入	主营业务收入增长率	sales growth ratio
2. 三年销售收入平均增长率(%)	$\left(\sqrt[3]{\frac{\text{当年销售收入总额}}{\text{三年前销售收入总额}}}-1\right)\times 100\%$		three-year average sales growth ratio
3. 利润增长率(%)	本年利润总额增长额/上年利润总额		profit growth ratio
4. 三年利润平均增长率(%)	$\left(\sqrt[3]{\frac{\text{当年利润总额}}{\text{三年前利润总额}}}-1\right)\times 100\%$		three-year average profit growth ratio
(三) 资产增长分析			Assets Growth

(续表)

项　　目	计 算 公 式	备　　注	参 考 英 文
1. 总资产增长率	本年总资产增长额/年初总资产		total assets growth ratio
2. 三年总资产平均增长率	$\left(\sqrt[3]{\dfrac{\text{当年末总资产}}{\text{三年前年末总资产}}}-1\right)\times 100\%$		three-year average total assets growth ratio
3. 固定资产成新率	平均固定资产净值/平均固定资产原值		fixed assets maintainance ratio
(四) 现金流量增长分析			Cash Flow Growth
1. 现金增长率	本年经营活动现金流入量增长额/上年经营活动现金流入量		cash growth ratio
2. 三年现金平均增长率	$\left(\sqrt[3]{\dfrac{\text{当年经营活动现金流入量}}{\text{三年前经营活动现金流入量}}}-1\right)\times 100\%$		three-year average cash growth ratio
(五) 资产使用效率增长分析			Assets Efficiency
1. 存货增长天数加速率(%)	$\left(1-\dfrac{\text{当年存货周转天数}}{\text{上年存货周转天数}}\right)\times 100\%$		inventory processing period accelerating ratio
2. 应收账款增长天数加速率(%)	$\left(1-\dfrac{\text{当年应收账款周转天数}}{\text{上年应收账款周转天数}}\right)\times 100\%$		receivables processing period accelerating ratio
(六) 营运资本增长分析			Working Capital Efficiency
1. 营运资本增长率	本年营运资本变动额/上年营运资本		working capital growth ratio
(七) 股利增长分析			Dividend Growth
1. 股利增长率	当年每股股利增长额/上年每股股利		dividend growth ratio
2. 三年股利平均增长率	$\left(\sqrt[3]{\dfrac{\text{当年每股股利}}{\text{三年前每股股利}}}-1\right)\times 100\%$		three-year average dividend growth ratio

（续表）

项　　目	计　算　公　式	备　　注	参　考　英　文
（八）员工人均利润增长分析			Per capita Profit Growth
1. 员工人均利润增长率	当年员工人均利润增长额/上年员工人均利润额		per capita profit growth ratio
九、现金流量分析指标			CASH FLOW
（一）现金偿付能力			Cash Solvency
1. 现金债务总额比率(%)	经营活动现金净流量/负债总额	现金流量比率、现金偿债比率、总负债保障率、债务保障率、全部债务现金流量比、现金流量对负债总额比	cash flow ratio
2. 现金流动负债比率(%)	经营活动现金净流量/流动负债	流动负债保障率	cash flow to current debt ratio
3. 现金到期债务比率(%)	经营活动现金净流量/本期到期债务	到期债务偿付率	cash flow to due debt ratio
4. 现金利息保障倍数	(经营活动现金净流量＋收到利息)/支付的利息		time cash-interest earned
5. 现金即付比率(%)	$\dfrac{\text{期末现金和现金等价物}}{\text{流动负债}-\text{预收款项}-\text{预提费用}-\text{6 个月以上的短期借款}}$		cash and cash equivalent ratio
6. 总负债偿还期(天)	365×负债总额/经营活动现金净流量		debt payment period
7. 流动负债偿还期(天)	365×流动负债/经营活动现金净流量		current debt payment period
8. 采购付现率	购买商品接受劳务支付的现金/营业成本		purchase cash payment ratio
9. 现金购销比率	购买商品接受劳务支付的现金/销售商品提供劳务收到的现金		cash paid to suppliers to cash from sales ratio
（二）盈利获现能力			Cash Earnings From Sales

（续表）

项　　目	计　算　公　式	备　　注	参　考　英　文
1. 销售现金比率(%)	经营活动现金净流量/销售收入	每元销售现金流收入、营业收入现金率、销售现金流量率	cash flow to net sales ratio
2. 现金净利润率(%)	经营活动现金净流量/净利润	净利润现金保证比、盈余现金保障倍数	cash flow to net profit ratio
3. 现金营业利润率(%)	经营活动现金净流量/营业利润	收益质量比率	cash flow to operating profit ratio
4. 现金利润总额率(%)	经营活动现金净流量/利润总额	盈利现金比率	cash flow to pretax profit ratio
5. 销售质量比率(%)	来自销售的现金收入/销售收入	销售收入获现率	sales quality ratio
6. 投资收益收现比率(%)	来自投资收益的现金流入量/投资收益		cash earnings from investment profit ratio
(三) 投资获现能力			Cash Earnings From Investment
1. 总资产净现率(%)	经营活动现金净流量/平均总资产	总资产现金回收率、现金资产报酬率、总资产经营现金率	cash flow to total assets ratio
2. 净资产净现率(%)	经营活动现金净流量/平均净资产	资本金现金流量比率、现金所有者(股东)权益报酬率	cash flow to net assets ratio
(四) 现金获现能力			Cash Earnings From Operating Activities
1. 经营支出收现率(%)	经营活动现金净流量/经营活动现金支出		cash flow to cash expenditure ratio
2. 现金净收益比率(%)	经营活动现金净流量/经营活动净收益	现金营运指数	index of cash operation
(五) 现金获利能力			Profit From Operating Activities
1. 经营现金流量净利率(%)	净利润/经营活动现金净流量		net profit to cash flow ratio

（续表）

项　　目	计 算 公 式	备　　注	参 考 英 文
2. 经营现金流出净利率(%)	净利润/经营活动现金流出总额		net profit to cash expenditure ratio
3. 现金流量净利率(%)	净利润/现金及现金等价物净增加额		net profit to net increase in cash and cash equivalents ratio
(六) 财务弹性分析			Financial Elasticity
1. 现金满足内部需要率(%)	$\frac{\text{近五年经营活动现金净流量}}{\text{近五年资本性支出存货增加和现金股利之和}}$	现金流量允当比率	cash flow internal adequacy ratio
2. 现金再投资比率(%)	经营活动现金净流量/资本性支出	资本支出比率、现金流量适合比率	cash reinvestment ratio
3. 现金流量充足率(%)	经营活动现金净流量/(长期负债+资本支出+股利支付额)		cash flow adequacy ratio
4. 固定资产再投资率(%)	购置固定资产支出总额/经营活动现金净流量		fixed assets reinvestment ratio
5. 投资活动融资比率(%)	$\left\|\frac{\text{投资活动现金净流量}}{\text{经营活动现金净流量}+\text{筹资活动现金净流量}}\right\|$	有条件使用	NCF from investing activities to NCF from operating and financing activities ratio
6. 现金流量满足投资比率(%)	$\left\|\frac{\text{经营活动现金净流量}}{\text{投资活动现金净流量}}\right\|$	有条件使用	NCF from operating activities to NCF from investing activities ratio
十、上市公司特定指标			LISTED COMPANY INDEX
(一) 每股指标分析			Index Per Share
1. 每股收益(元)	(净利润－优先股利)/发行在外的加权平均普通股数	每股盈余(EPS)	earnings per share

（续表）

项　　目	计 算 公 式	备　　注	参 考 英 文
2. 基本每股收益(元)	$\frac{\text{净利润}-\text{优先股股利}}{\text{发行在外的加权平均普通股数}+\text{真正稀释的约当普通股数}}$		basic earnings per share
3. 充分稀释每股收益(元)	$\frac{\text{净利润}-\text{不可转换优先股股利}}{\text{发行在外的加权平均普通股数}+\text{普通股等同权益加权平均股数}}$		fully diluted earnings per share
4. 每股净资产(元)	年末净资产(权益)/发行在外普通股股数	每股权益、每股账面净值	equity per share
5. 每股股利(元)	普通股股利总额/发行在外普通股数		dividend per share
6. 每股经营活动现金流量(元)	(经营活动现金净流量－优先股股利)/发行在外普通股数		operating cash flow per share
7. 每股未分配利润(元)	未分配利润/发行在外普通股数		retained earnings per share
(二) 市价指标分析			Market Value Index
1. 市盈率	普通股每股市价/普通股每股收益 或：权益市场价值/净收益	价格收益比率、本益比	price earnings ratio，PE
2. 盈余报酬率	普通股每股收益/普通股每股市价	市盈率的倒数	earning yield ratio
3. 本利比	普通股每股市价/普通股每股股利		price dividend ratio
4. 股利报酬率	普通股每股股利/普通股每股市价	股利市价比率、股利产出率、股票获利率、本利比的倒数	dividend yield ratio
5. 市净率	普通股每股市价/普通股每股净资产 或：权益市场价值/权益账面价值	股价净值比率	price book-value ratio，PB

（续表）

项　　目	计 算 公 式	备　　注	参 考 英 文
6. 市销率	普通股每股市价/普通股每股营业收入	市价与销售收入比率	price to sales ratio, PS
7. 市价与现金流比率	普通股每股市价/普通股每股经营现金流		price to cash flow ratio, PCF
8. 市盈增长率	市盈率/年度每股收益增长率		PE to growth ratio, PEG ratio
9. 企业价值与息税摊折前利润倍数	企业价值/息税摊折前利润	企业价值＝权益市场价值＋负债账面价值	EV/EBITDA
10. Tobin's Q 值	公式 1：$\frac{\text{权益市场价值}+\text{负债市场价值}}{\text{权益账面价值}+\text{负债账面价值}}$ 公式 2：$\frac{\text{股票价格}\times\text{股票数量}+\text{负债账面价值}}{\text{总资产账面价值}}$		Tobin's Q
（三）股利分配指标分析			Dividend Distribution Index
1. 股利支付率	普通股每股股利/普通股每股收益	股利分配率、股利发放率、股利给付率、股利率、派息率	dividend payout ratio
2. 股利保障倍数	可支付普通股股利的利润/普通股股利	每股收益/每股股利	times dividend earned
3. 现金股利保障倍数	公式 1：经营活动现金净流量/支付的普通股股利 公式 2：(经营活动现金净流量－所得税－支付的利息＋受到的利息＋收到的股利)/支付的普通股股利	现金股利支付率	times cash-dividend earned
4. 留存盈余比率	(净利润－全部股利)/净利润	留存收益率、留存盈利率	retained reserves ratio
十一、社会责任财务指标			SOCIAL RESPONSIBILITY

（续表）

项　　目	计　算　公　式	备　　注	参　考　英　文
（一）综合社会责任分析			General Social Responsibility
1. 社会贡献率	企业社会贡献总额/平均资产总额	企业社会贡献总额包括：工资（含奖金、津贴等工资性收入），劳保退休统筹及其他社会福利支出，利息支出净额，应交或已交的各项税款、附加及福利等。	social contribution ratio
2. 社会积累率	上交国家财政总额/企业社会贡献总额		social accumulation ratio
3. 纳税贡献率	企业支付的各种税费/平均净资产		tax payment contribution ratio
4. 全员劳动生产率	工业增加值/全部职工平均人数		labour productivity
5. 技术投入比率	（企业技术转让费支出＋研发费支出）/企业年收入总额		technique input ratio
（二）法律社会责任分析			Legal Social Responsibility
1. 工资支付率	已付工资总额/应付工资总额		wage payment ratio
2. 法定福利支付率	已提法定福利/法定福利总额		legal welfare payment ratio
3. 社保提取率	已提取社会保障基金/应提取社会保障基金		social security fund drawing ratio
4. 社保支付率	已付社保基金/应付社保基金		social security fund payment ratio
5. 税款上交率	已交纳税款/应交纳税款		tax payment ratio
（三）伦理社会责任分析			Ethical Social Responsibility
1. 捐赠收入比率	慈善与公益捐款/企业收入总额		donation to sales ratio
2. 员工人均年教育经费	全年职工教育经费总额/职工人数		Per capita educational expenditure

（续表）

项　　目	计 算 公 式	备　　注	参 考 英 文
3. 员工工资增长率	当年员工工资增长额/上年员工工资总额		wage growth ratio
(四) 生态社会责任分析			Ecological Social Responsibility
1. 单位收入材料消耗量	主要材料消耗量/企业收入总额		material consumption to income ratio
2. 单位收入耗能量	企业能源消耗量/企业收入总额		Energy consumption to income ratio
3. 单位收入耗水量	企业水资源消耗量/企业收入总额		water consumption to income ratio
4. 单位收入不可再生资源消耗量	企业不可再生资源消耗量/企业收入总额		Non-regenerative resource consumption to income ratio
5. 环保投资率	环保设备净值/固定资产净值		environmental protection investment ratio
6. 环保支出率	企业年环保经费支出/年销售收入		environmental protection expenditure rate
十二、杠杆系数分析			DEGREE OF LEVERAGE
1. 经营杠杆系数	$DOL=\dfrac{\Delta EBIT/EBIT}{\Delta S/S}=\dfrac{\Delta EBIT/EBIT}{\Delta Q/Q}$ $DOL=\dfrac{M}{EBIT}=\dfrac{S-VC}{S-VC-FC}$	$EBIT$ 为变动前的息税前利润；$\Delta EBIT$ 为息税前利润的变动额；S 为变动前的销售额；ΔS 为销售额的变动额；Q 为变动前的销售量；ΔQ 为销售量的变动额；M 为变动前的边际贡献；VC 为变动前的变动成本总额；FC 为变动前的固定成本总额；EPS 为普通股每股收益；ΔEPS 为普通股每股利润变动额；	Degree of Operating Leverage, DOL
2. 财务杠杆系数	$DFL=\dfrac{\Delta EPS/EPS}{\Delta EBIT/EBIT}$ $DFL=\dfrac{EBIT}{EBIT-I}$（无优先股） $DFL=\dfrac{EBIT}{EBIT-I-PD/(1-T)}$（有优先股）		Degree of Financial Leverage, DFL

（续表）

项　目	计算公式	备　注	参考英文
3. 复合杠杆系数	$DTL = \frac{\Delta EPS/EPS}{\Delta S/S} = DOL \times DFL$ $DTL = \frac{M}{EBIT - I - PD/(1-T)}$	I 为利息；T 为所得税税率；N 为流通在外的普通股股数；PD 为优先股股利。	Degree of Total Leverage,DTL
十三、其他相关财务指标			OTHERS
1. 营运资本	流动资产－流动负债	净营运资金	working capital
2. 现金类资产	货币资金＋交易性金融资产（或短期投资）		cash and cash equivalents assets
3. 息税前利润	净利润＋所得税＋利息费用	息税前收益，EBIT	earnings before interest and tax
4. 息税摊折前利润	净利润＋所得税＋折旧＋摊销＋利息	息税摊折前收益，EBITDA	earnings before interest，tax，depreciation and amortization
5. 周转天数	360/周转率		processing period
6. 营业周期	存货周转天数＋应收账款周转天数		operating cycle
7. 现金营业周期	存货周转天数＋应收账款周转天数－应付账款周转天数	净营业周期	net operating cycle
8. 营运资金周转天数	存货周转天数＋应收账款周转天数－应付账款周转天数＋预付账款周转天数－预收账款周转天数		working capital processing period
9. 经营活动净收益	净利润－非经营活动收益＋非付现费用		net profit from operating activities
10. 非经营活动收益	投资收益＋公允价值变动收益＋非流动资产处置净收益－固定资产报废损失－财务费用		profit form non-operating activities

（续表）

项目	计算公式	备注	参考英文
11. 非付现费用	固定资产折旧＋无形资产、长期资产摊销＋计提的减值准备		non-cash expenses
12. 可持续增长率	公式 1：$\frac{净资产报酬率 \times 留存盈余比率}{1-净资产报酬率 \times 留存盈余比率}$	净资产报酬率＝净利润/年末净资产	sustainable growth rate，SGR
	公式 2：净资产报酬率×留存盈余比率	净资产报酬率＝净利润/年初净资产	
13. 经济增加值	息前税后净经营利润－加权平均资本成本率×资本总额	经济利润	Economic Value Added，EVA
	（投入资本报酬率－加权平均资本成本率）×资本总额		
14. 市场增加值	资本（债务和股权资本）总市值－占用总资本账面值		Market Value Added，MVA
15. 自由现金流量	（净利润＋折旧及摊销－营运资本变动）－（资本性支出）		Free Cash Flow，FCF
16. 公司自由现金流量	息税前利润×（1－所得税率）＋折旧及摊销－营运资本变动－资本性支出		Free Cash Flow for the Firm，FCFF
17. 股权自由现金流量	净利润＋折旧及摊销－营运资本变动－资本性支出＋新债发行收入－归还本金	有杠杆	Free Cash Flow of Equity，FCFE
	净利润＋折旧及摊销－营运资本变动－资本性支出	无杠杆	

附录3 《金融企业绩效评价办法》指标体系一览表

指标		计算公式	备注
盈利能力	资本利润率（净资产收益率）	净利润/净资产平均余额×100%	净资产平均余额＝（年初所有者权益余额＋年末所有者权益余额）/2
	资产利润率（总资产报酬率）	利润总额/资产平均总额×100%	资产平均总额＝（年初资产总额＋年末资产总额）/2 证券公司资产、负债不包括客户资产、负债，下同
	成本收入比	营业费用/营业收入×100%	
	收入利润率	营业利润/营业收入×100%	
	支出利润率	营业利润/营业支出×100%	
	加权平均净资产收益率	$P/(E_0+NP\div 2+E_i\times M_i\div M_0-E_j\times M_j\div M_0\pm E_k\times M_k\div M_0)\times 100\%$	其中：P 为扣除非经常性损益后归属于公司普通股股东的净利润；NP 为归属于公司普通股股东的净利润；E_0 为归属于公司普通股股东的期初净资产；E_i 为报告期发行新股或债转股等新增的、归属于公司普通股股东的净资产；E_j 为报告期回购或现金分红等减少的、归属于公司普通股股东的净资产；M_0 为报告期月份数；M_i 为新增净资产下一月份起至报告期期末的月份数；M_j 为减少净资产下一月份起至报告期期末的月份数；E_k 为因其他交易或事项引起的净资产增减变动；M_k 为发生其他净资产增减变动下一月份起至报告期期末的月份数
经营增长	国有资本保值增值率	[（年末国有资本±客观增减因素影响额）÷年初国有资本]×100%	

（续表）

指标		计算公式	备注
经营增长	利润增长率	（本年利润总额－上年利润总额）/上年利润总额×100%	
	经济利润率	（净利润－净资产平均余额×资金成本）/净资产平均余额×100%	资金成本系按年度内中国人民银行公布的一年期流动资金贷款不同利率的时间覆盖比例为权数计算的加权平均资金成本
资产质量	不良贷款率	（次级类贷款＋可疑类贷款＋损失类贷款）/各类贷款余额×100%	银行按照中国银监会的规定计算不良贷款率，以后变化，从其规定
	拨备覆盖率	贷款减值准备/（次级类贷款＋可疑类贷款＋损失类贷款）×100%	银行按照中国银监会的规定计算拨备覆盖率，以后变化，从其规定
	杠杆率	一级资本/调整后表内外资产余额×100%	
	认可资产率	认可资产/资产总额×100%	其中：认可资产是指保险监管机构对保险公司进行偿付能力考核时，按照一定的标准予以认可，纳入偿付能力额度计算的资产
	应收账款比率	（应收保费＋应收利息＋其他应收款）/资产总计×100%	
	净资本与风险准备比率	期末净资本/各项风险准备之和×100%	其中：净资本＝净资产－金融资产的风险调整－其他资产的风险调整－或有负债的风险调整－/＋中国证监会认定或核准的其他调整项目。因目前净资本计算只能涉及单体公司，因此涉及证券公司净资本指标的，需用母公司数据。证券公司按照中国证监会规定的证券公司风险资本准备计算标准计算各项风险资本准备。目前，证券公司提取六项风险准备之和，以后变化，从其规定
	净资本与净资产比率	期末净资本/期末净资产×100%	

（续表）

指标		计算公式	备注
偿付能力	资本充足率	（资本—扣除项）/（风险加权资产＋12.5倍的市场风险资本）×100％	其中：资本扣除项＝商誉＋对未并表银行机构资本投资＋对未并表非银行金融机构资本投资＋对非自用不动产投资＋对工商企业资本投资＋贷款损失准备尚未提足部分。银行按照中国银监会的规定计算资本充足率，以后变化，从其规定
	核心资本充足率	（核心资本—核心资本扣除项）/（风险加权资产＋12.5倍的市场风险资本）×100％	其中：核心资本＝实收资本（或普通股）＋资本公积＋盈余公积＋未分配利润＋少数股权。核心资本扣除项＝商誉＋（对未并表银行机构资本投资＋对未并表非银行金融机构资本投资＋对非自用不动产投资＋对工商企业资本投资）×50％＋贷款损失准备尚未提足部分。银行按照中国银监会的规定计算核心资本充足率，以后变化，从其规定
	偿付能力充足率	实际资本/最低资本×100％	其中：实际资本等于认可资产减去认可负债的差额。认可负债是指保险监管机构对保险公司进行偿付能力考核时，按照一定的标准予以认可，纳入偿付能力额度计算的负债。最低资本是指保险公司在经营中应具备的偿付能力的最低限额数
	净资本负债率	期末净资本/期末负债×100％	其中：负债指对外负债，不含代理买卖证券款
	资产负债率	期末负债总额/期末资产总额×100％	其中：资产指自身资产，不含代买卖证券款对应的资产；负债指对外负债，不含代理买卖证券款

注：财政部2011年发布《金融企业绩效评价办法》，各金融企业指标体系及标准值请参阅附录4－2。

根据中国银监会2013年起施行的《商业银行资本管理办法》规定，商业银行资本充足率＝（总资本－对应资本扣除项）/风险加权资产×100％。其中，商业银行风险加权资产包括信用风险加权资产、市场风险加权资产和操作风险加权资产。

附录4 财务指标统计数据一览表

附录4-1 2017年企业绩效评价标准值(全国国有企业)

范围：全行业

项 目	优秀值	良好值	平均值	较低值	较差值
一、盈利能力状况					
净资产收益率(%)	10.2	7.7	4.7	0.2	−10.5
总资产报酬率(%)	7.0	5.1	3.2	−0.1	−7.1
销售(营业)利润率(%)	21.6	14.7	9.5	2.3	−5.0
盈余现金保障倍数	10.6	4.9	0.7	−1.5	−4.3
成本费用利润率(%)	11.3	8.0	4.5	0.9	−5.4
资本收益率(%)	11.2	8.0	5.2	0.5	−6.8
二、资产质量状况					
总资产周转率(次)	1.5	0.9	0.4	0.2	0.1
应收账款周转率(次)	20.4	11.0	6.5	2.2	0.1
不良资产比率(%)	0.2	0.8	2.5	5.4	13.0
流动资产周转率(次)	2.3	1.2	0.8	0.4	0.1
资产现金回收率(%)	20.1	8.4	2.3	−4.1	−10.5
三、债务风险状况					
资产负债率(%)	50.0	55.0	65.0	75.0	90.0
已获利息倍数	5.0	3.6	2.3	0.0	−2.6
速动比率(%)	134.9	98.2	75.0	57.6	36.7
现金流动负债比率(%)	22.2	15.4	5.9	−7.8	−14.4
带息负债比率(%)	23.4	34.9	50.0	69.3	82.3
或有负债比率(%)	0.2	1.5	4.8	11.4	17.6
四、经营增长状况					
销售(营业)增长率(%)	16.4	9.4	4.3	−8.9	−20.8
资本保值增值率(%)	110.3	105.8	103.0	99.3	88.0

（续表）

项　　目	优秀值	良好值	平均值	较低值	较差值
销售（营业）利润增长率（%）	15.3	8.4	3.2	－10.2	－19.4
总资产增长率（%）	13.6	10.0	4.7	－9.0	－17.5
技术投入比率（%）	3.5	2.5	2.0	1.7	0.7
五、补充资料					
存货周转率（次）	16.6	10.1	3.4	1.7	0.1
两金占流动资产比重（%）	18.1	33.3	46.6	57.4	67.5
成本费用占营业总收入比重（%）	87.9	91.9	95.8	98.4	101.3
经济增加值率（%）	8.6	3.9	0.2	－4.1	－10.1
EBITDA率（%）	23.7	13.3	6.0	－0.8	－3.8
资本积累率（%）	31.2	16.7	7.4	－5.5	－16.6

注：相关指标说明请参阅本书第九章内容。
资料来源：国务院国资委考核分配局：《企业绩效评价标准值（2017）》，经济科学出版社 2017 年 8 月版。

附录 4－2　2014 年三大金融企业绩效评价指标体系与标准值

评价内容		银行类				证券类				保险类			
指　标	权重（%）	指　标	权数	优秀值	中等值	指　标	权数	优秀值	中等值	指　标	权数	优秀值	中等值
盈利能力状况	30～60	资本利润率	15	28.0	16.9	加权平均净资产收益率	15	13.7	7.8	净资产收益率	15	14.1	10.7
		资产利润率	10	2.4	1.5	资产利润率	10	7.7	4.2	总资产报酬率	10	3.1	1.7
		成本收入比	5	30.0	41.7	收入利润率	5	51.5	32.3	收入利润率	5	9.4	7.2
						支出利润率	5	65.0	31.8	支出利润率	5	10.2	7.7
经营增长状况	25～40	国有资本保值增值率	10	124.6	113.8	国有资本保值增值率	10	119.5	110.3	国有资本保值增值率	10	131.1	108.1
		利润增长率	5	22.6	8.7	利润增长率	5	46.2	25.2	利润增长率	10	60.3	35.5
		经济利润率	5	19.2	11.7	经济利润率	5	7.9	1.9	经济利润率	5	9.0	1.4
资产质量状况	15～25	不良贷款率	10	1.0	4.6	净资本与风险准备比率	10	449.5	297.0	认可资产率	15	98.7	95.3
		拨备覆盖率	5	291.3	193.3	净资本与净资产比率	10	87.1	69.5	应收账款比率	10	1.5	4.7
		杠杆率	5	5.7	3.4								
偿付能力状况	15～25	资本充足率	15	14.7	11.2	净资本负债率	15	321.1	35.3	偿付能力充足率	15	330.8	253.4
		核心资本充足率	15	12.9	9.7	资产负债率	10	10.6	44.1				

资料来源：国务院国资委财务监督与考核评价局：《企业绩效评价标准值(2016)》，经济科学出版社 2016 年 4 月版。

附录 4-3　2016 年按行业划分上市公司主要财务指标

行业	资产规模				经营情况				每股指标			
	总资产（亿元）	归属母公司股东净资产（亿元）	营业收入（亿元）	利润总额（亿元）	归属母公司股东净利润（亿元）	经营活动产生的现金流量净额（亿元）	资产负债率（%）	平均净资产收益率（%）	每股净资产（元）	每股收益（元）	每股未分配利润（元）	每股经营活动现金流量净额（元）
农、林、牧、渔业	2 369.95	1 316.79	1 456.07	195.14	193.48	235.31	41.08	16.39	3.04	0.45	0.76	0.54
采矿业	62 965.11	28 537.81	45 005.66	−43.07	596.05	6 448.78	47.23	2.12	5.47	0.11	2.68	1.24
制造业	179 256.75	73 877.59	109 599.03	133.33	5 913.69	2 821.80	55.02	8.77	4.06	0.33	2.38	1.39
电力、热力、燃气及水生产和供应业	32 799.57	9 835.25	8 182.01	515.17	899.19	2 694.13	63.67	9.72	3.89	0.36	1.10	1.08
建筑业	60 339.21	11 010.88	39 513.26	133.33	1 129.83	2 821.80	78.08	11.02	5.34	0.55	2.38	1.39
批发和零售业	21 662.03	7 401.79	25 672.97	151.61	485.31	588.05	61.95	7.76	4.98	0.33	1.43	0.40
交通运输、仓储和邮政业	24 655.68	9 694.29	9 200.59	191.08	695.79	1 999.64	56.30	7.58	3.66	0.26	1.22	0.77
住宿和餐饮业	783.92	270.01	219.23	7.90	8.68	41.97	62.10	3.93	4.61	0.15	0.30	0.74
信息传输、软件和信息技术服务业	15 146.07	6 219.96	6 965.29	355.74	458.59	1 130.51	47.07	8.34	3.88	0.29	1.06	0.71
金融业	1 549 418.60	120 171.92	57 740.57	3 280.63	15 250.99	47 237.13	92.04	13.38	6.54	0.83	2.53	2.57
房地产业	61 307.06	11 329.44	15 505.51	755.48	1 363.11	1 792.07	77.27	13.15	4.82	0.58	2.19	0.76
租赁和商务服务业	5 792.96	1 750.84	4 164.72	207.48	206.73	178.79	65.71	13.12	3.38	0.40	1.07	0.35
科学研究和技术服务业	759.25	412.60	359.52	20.16	27.19	27.14	44.05	7.51	4.08	0.27	1.12	0.27
水利、环境和公共设施管理业	3 284.40	1 273.00	876.84	140.93	139.80	82.43	58.34	11.88	4.18	0.46	1.92	0.30
教育	83.22	26.15	38.52	3.38	3.30	7.83	64.63	15.18	3.37	0.43	0.62	1.01
卫生和社会工作业	310.14	154.62	151.10	18.29	17.21	11.35	45.13	12.83	2.54	0.28	0.70	0.19
文化、体育和娱乐业	3 367.20	2 219.91	1 596.66	108.97	214.28	210.16	31.68	10.67	4.65	0.45	1.45	0.44
综合	1 458.72	697.73	363.46	7.58	22.39	34.50	46.78	3.72	3.09	0.10	0.73	0.16

数据来源：上海证券交易所、深圳证券交易所：《中国证券期货统计年鉴 2017》。

附录 4-4　1995～2016 年上市公司主要财务指标

年份	资产规模		经营情况							每股指标			
	总资产（亿元）	归属母公司股东净资产（亿元）	营业收入（亿元）	利润总额（亿元）	归属母公司股东净利润（亿元）	经营活动产生的现金流量净额（亿元）	资产负债率（%）	总资产收益率（%）	平均净资产收益率（%）	每股净资产（元）	每股收益（元）	每股未分配利润（元）	每股经营活动现金流量净额（元）
1995	4 301.61	1 951.2	2 202.05	264.91	210.99	—	52.2	4.9	11.26	2.29	0.25	0.05	—
1996	6 346.68	2 944.35	3 253.04	347.84	281.75	—	51.32	4.44	10.63	2.42	0.23	0.13	—
1997	9 681.16	4 828.11	5 117.7	580.43	469.86	—	48.06	4.85	11.31	2.47	0.24	0.16	—
1998	12 404.86	6 237.42	6 246.24	613.45	465.91	449.69	47.58	3.76	8.14	2.46	0.18	0.14	0.18
1999	16 174.41	7 651.99	7 961.96	795.93	617.94	793.72	50.51	3.82	8.62	2.47	0.2	0.12	0.26
2000	21 676.39	10 068.08	10 715.19	997.02	758.5	1 180.28	51.18	3.5	8.29	2.65	0.2	0.13	0.31
2001	30 457.3	12 929.06	15 398.83	1 000.46	687.38	2 266.94	54.5	2.26	5.53	2.48	0.13	0.07	0.43
2002	41 539.86	14 603.34	18 908.6	1 289.65	807.84	3 337.57	61.56	1.94	5.73	2.48	0.14	0.08	0.57
2003	53 302.61	16 989.94	24 874.35	1 844.36	1 221.1	3 376.18	65.03	2.29	7.61	2.64	0.19	0.19	0.52
2004	63 277.29	19 078.26	33 885.96	2 552.87	1 649.8	3 808.47	66.69	2.61	9.08	2.66	0.23	0.26	0.53
2005	72 769.33	20 402.38	40 784.35	2 535.22	1 584.55	4 625.05	68.88	2.18	7.99	2.67	0.21	0.32	0.61
2006	221 069.33	34 120.86	55 555.63	5 256.47	3 469.29	11 737.86	83.21	1.57	11.52	2.3	0.23	0.27	0.79
2007	414 286.97	63 548.44	91 931.9	13 446.4	9 332.14	19 916.13	83.6	2.25	16.73	2.85	0.42	0.54	0.89
2008	487 007.21	71 131.38	113 233.89	10 718.78	8 178.61	26 207.73	84.14	1.68	12.07	2.92	0.34	0.63	1.08
2009	617 738.72	85 135.77	121 654.87	14 553.27	10 666.19	28 406.09	85.02	1.73	13.6	3.25	0.41	0.8	1.08
2010	862 290.24	114 091.2	173 389.61	22 208.16	16 455.95	26 158.81	85.74	1.91	16.04	3.43	0.49	0.93	0.79

（续表）

年份	资产规模		经营情况							每股指标			
	总资产（亿元）	归属母公司股东净资产（亿元）	营业收入（亿元）	利润总额（亿元）	归属母公司股东净利润（亿元）	经营活动产生的现金流量净额（亿元）	资产负债率（%）	总资产收益率（%）	平均净资产收益率（%）	每股净资产（元）	每股收益（元）	每股未分配利润（元）	每股经营活动现金流量净额（元）
2011	1 028 873.51	135 847.32	221 275.29	26 107.86	19 116.22	30 092.22	85.72	1.86	15.19	3.75	0.53	1.17	0.83
2012	1 193 598.71	156 762.7	246 104.25	26 986.96	19 652.78	45 527.09	85.77	1.65	13.35	4.07	0.51	1.35	1.18
2013	1 330 017.51	174 511.4	270 556.52	30 914.63	22 494.88	30 509.23	85.75	1.78	13.58	4.29	0.55	1.54	0.75
2014	1 501 082.96	204 689.62	289 130.24	33 287.47	24 189.85	48 693.6	85.25	1.71	12.71	4.66	0.55	1.72	1.11
2015	1 724 975.1	243 831.81	294 460.04	34 562.97	24 772.31	84 772.15	84.65	1.53	10.99	4.87	0.49	1.78	1.69
2016	2 025 759.83	286 200.6	326 611.01	38 035.82	27 625.6	74 180.9	84.59	1.45	10.32	5.05	0.49	1.86	1.32

数据来源：上海证券交易所、深圳证券交易所。

附录 4－5　2010～2016 年中央管理企业主要财务指标

单位：亿元

项　　目	2010	2011	2012	2013	2014	2015	2016
资产总额	243 218	279 727.6	313 376.9	349 418.8	386 259.3	470 892.5	505 047.4
负债总额	147 650.2	173 387.3	196 406.7	221 162.5	243 369.7	312 300	336 507.5
所有者权益	95 567.8	106 340.3	116 970.2	128 256.4	142 889.6	158 592.5	168 539.9
主营业务收入	163 828.7	200 166	218 875.9	237 049.5	249 354.3	227 131.2	233 803.6
主营业务成本	134 212.8	166 484.2	182 946.3	198 515.8	240 050.2	220 657.1	226 731.2
营业费用	5 024.6	5 627.1	6 357.3	7 203.6	7 304.7	6 457	6 820.9

（续表）

项　　目	2010	2011	2012	2013	2014	2015	2016
管理费用	6 971.4	8 213.2	8 750.3	9 431.9	9 688.2	10 167.1	10 989.9
财务费用	2 080.9	2 656.6	3 599.5	3 633.4	4 406.3	4 660.9	4 162
利润总额	11 327	12 349.7	12 684.1	13 086.7	13 345.7	12 371.7	12 369.6
上缴税金总额	12 879	16 010.7	18 166.2	19 125.7	19 951.1	19 751.7	19 180.9
净资产收益率(%)	9.5	9	8.3	7.6	7.1	6.1	5.4
总资产报酬率(%)	6.1	6	5.7	5.3	5	4.1	3.6
成本费用利润率(%)	7.4	6.5	6.1	5.8	5.6	5.7	5.6
百元销售收入成本费用(元)	92.5	93.5	93.8	93.9	93.7	94.3	94.8
资产负债率(%)	60.7	62	62.7	63.3	63	66.3	66.6
流动比率	96.2	95.7	95.2	92	93.5	88.1	88.2
速动比率	65.7	64	61.8	58.9	59.9	61.5	62.3
已获利息倍数	5.6	4.7	4	3.9	3.6	3.5	3.5
总资产周转率(次)	0.7	0.8	0.7	0.7	0.7	0.5	0.5
应收账款周转率(次)	15.4	15.4	14.1	13.2	12.3	10.5	10.3
企业户数(户)	18 699	29 520	35 396	38 091	40 291	41 755	42 791
职工人数(万人)	1 177.6	1 225.7	1 265	1 278.5	1 280.2	1 290.5	1 301.1
人均工资(元/人)	60 821.5	69 336.2	75 626.1	82 560.6	89 174.9	94 313.7	101 942.8

资料来源：《中国财政年鉴 2017》。

附录 4－6　2016 年全国中小企业股份转让系统分行业主要财务指标

行　业	总资产（万元）	净资产（万元）	营业收入（万元）	利润总额（万元）	净利润（万元）	经营活动产生的现金流量净额（万元）	资产负债率（%）	净资产收益率（%）
采矿业	1 406 421.55	595 564.96	635 655.51	－33 630.68	－43 505.92	92 049.25	57.65	－7.30
电力、热力、燃气及水生产和供应业	6 035 633.71	2 327 853.44	1 726 595.99	251 124.60	204 274.07	373 233.65	61.43	8.78
房地产业	1 705 863.33	800 161.21	1 473 740.00	200 558.32	151 644.23	506 592.41	53.09	18.95
建筑业	13 932 510.66	5 003 066.24	10 368 685.35	584 665.59	440 137.74	－269 329.94	64.09	8.80
交通运输、仓储和邮政业	5 405 910.47	2 374 305.70	3 800 942.73	241 048.65	179 082.61	236 258.94	56.08	7.54
教育	1 127 577.10	649 420.30	939 613.10	149 377.26	120 248.97	228 200.13	42.41	18.52
金融业	72 286 548.66	18 487 307.48	6 085 061.65	1 658 658.03	1 349 633.31	－430 924.91	74.42	7.30
居民服务、修理和其他服务业	290 958.77	175 069.00	325 828.64	24 166.90	16 263.04	26 798.57	39.83	9.29
科学研究和技术服务业	5 673 577.67	3 448 330.43	3 269 615.75	418 679.70	344 401.48	195 445.86	39.22	9.99
农、林、牧、渔业	6 351 485.99	3 331 402.58	3 266 859.70	314 410.29	302 011.09	443 987.07	47.55	9.07
批发和零售业	10 235 742.19	4 399 828.77	19 733 217.22	572 627.66	410 356.02	－229 854.67	57.02	9.33
水利、环境和公共设施管理业	4 880 997.93	2 493 315.14	2 145 880.24	331 703.79	279 748.22	206 030.98	48.92	11.22
卫生和社会工作业	589 861.51	371 161.51	433 702.37	19 947.94	8 963.65	22 136.65	37.08	2.42
文化、体育和娱乐业	5 584 937.51	3 111 299.07	2 518 922.57	326 079.90	246 209.71	－125 461.00	44.29	7.91
信息传输、软件和信息技术服务业	25 256 380.57	16 389 856.08	24 318 565.66	1 243 497.15	996 712.52	－716 413.09	35.11	6.08
制造业	109 778 995.43	58 616 706.10	84 837 449.21	7 290 579.02	6 085 050.26	4 685 361.98	46.60	10.38
住宿和餐饮业	411 285.61	197 682.24	412 704.74	22 257.05	14 709.35	60 136.71	51.94	7.44
租赁和商务服务业	11 711 572.49	5 361 063.27	7 994 945.85	673 633.44	500 672.09	202 694.08	54.22	9.34

数据来源：全国中小企业股份转让系统。

附录 5 国内三大金融企业财务报表结构对照表

附录 5-1 资产负债表

商业银行资产负债表	保险公司资产负债表	证券公司资产负债表
资　产	资　产	资　产
现金及存放中央银行款项	货币资金	货币资金
存放同业款项	拆出资金	其中：客户资金存款
贵金属	交易性金融资产	结算备付金
拆出资金	衍生金融资产	其中：客户备付金
交易性金融资产	买入返售金融资产	拆出资金
衍生金融资产	应收保费	交易性金融资产
买入返售金融资产	应收利息	衍生金融资产
应收利息	应收代位追偿款	买入返售金融资产
发放贷款及垫款	应收分保账款	应收利息
可供出售金融资产	应收分保未到期责任准备金	存出保证金
持有至到期投资	应收分保未决赔款准备金	可供出售金融资产
长期股权投资	应收分保寿险责任准备金	持有至到期投资
投资性房地产	应收分保长期健康险责任准备金	长期股权投资
固定资产	定期存款	投资性房地产
无形资产	保户质押贷款	固定资产
递延所得税资产	持有至到期投资	无形资产
其他资产	可供出售金融资产	其中：交易席位费
资产合计	长期股权投资	递延所得税资产
	投资性房地产	其他资产
	固定资产	资产合计
	无形资产	
	独立账户资产	
	递延所得税资产	
	其他资产	
	资产合计	

(续表)

商业银行资产负债表	保险公司资产负债表	证券公司资产负债表
负　　债	负　　债	负　　债
向中央银行借款	短期借款	短期借款
同业及其他金融机构存放款项	拆入资金	其中：质押借款
拆入资金	交易性金融负债	拆入资金
交易性金融负债	衍生金融负债	交易性金融负债
衍生金融负债	卖出回购金融资产款	衍生金融负债
卖出回购金融资产款	预收保费	卖出回购金融资产款
吸收存款	应付手续费及佣金	代理买卖证券款
应付职工薪酬	应付分保账款	代理承销证券款
应交税费	应付职工薪酬	应付职工薪酬
应付利息	应交税费	应交税费
预计负债	应付赔付款	应付利息
应付债券	应付保单红利	预计负债
递延所得税负债	保户储金及投资款	长期借款
其他负债	未到期责任准备金	应付债券
负债合计	未决赔款准备金	递延所得税负债
	寿险责任准备金	其他负债
	长期健康险责任准备金	负债合计
	长期借款	
	应付债券	
	独立账户负债	
	递延所得税负债	
	其他负债	
	负债合计	
所有者权益(或股东权益)	所有者权益(或股东权益)	所有者权益(或股东权益)
实收资本(或股本)	实收资本(或股本)	实收资本(或股本)
资本公积	资本公积	资本公积
减：库存股	减：库存股	减：库存股
盈余公积	盈余公积	盈余公积
一般风险准备	一般风险准备	一般风险准备

（续表）

商业银行资产负债表	保险公司资产负债表	证券公司资产负债表
所有者权益(或股东权益)	所有者权益(或股东权益)	所有者权益(或股东权益)
未分配利润	未分配利润	未分配利润
所有者权益(或股东权益)合计	所有者权益(或股东权益)合计	所有者权益(或股东权益)合计
负债和所有者权益(或股东权益)总计	负债和所有者权益(或股东权益)总计	负债和所有者权益(或股东权益)总计

附录 5-2　利润表

商业银行利润表	保险公司利润表	证券公司利润表
一、营业收入	**一、营业收入**	**一、营业收入**
利息净收入	已赚保费	手续费及佣金净收入
利息收入	保险业务收入	其中：代理买卖证券业务净收入
利息支出	其中：分保费收入	证券承销业务净收入
手续费及佣金净收入	减：分出保费	受托客户资产管理业务净收入
手续费及佣金收入	提取未到期责任准备金	利息净收入
手续费及佣金支出	投资收益(损失以"—"号填列)	投资收益(损失以"—"号填列)
投资收益(损失以"—"号填列)	其中：对联营企业和合营企业的投资收益	其中：对联营企业和合营企业的投资收益
其中：对联营企业和合营企业的投资收益	公允价值变动收益(损失以"—"号填列)	公允价值变动收益(损失以"—"号填列)
公允价值变动收益(损失以"—"号填列)	汇兑收益(净损失以"—"号填列)	汇兑收益(净损失以"—"号填列)
汇兑收益(净损失以"—"号填列)	其他业务收入	其他业务收入
其他业务收入		
二、营业支出	**二、营业支出**	**二、营业支出**
营业税金及附加	退保金	营业税金及附加
业务及管理费	赔付支出	业务及管理费
资产减值损失	减：摊回赔付支出	资产减值损失
其他业务成本	提取保险责任准备金	其他业务成本
	减：摊回保险责任准备金	
三、营业利润(亏损以"—"号填列)	保单红利支出	**三、营业利润(亏损以"—"号填列)**

（续表）

商业银行利润表	保险公司利润表	证券公司利润表
加：营业外收入	分保费用	加：营业外收入
减：营业外支出	营业税金及附加	减：营业外支出
四、利润总额(亏损总额以“—”号填列)	手续费及佣金支出	**四、利润总额(亏损总额以“—”号填列)**
减：所得税费用	业务及管理费	减：所得税费用
五、净利润(净亏损以“—”号填列)	减：摊回分保费用	**五、净利润(净亏损以“—”号填列)**
六、每股收益：	其他业务成本	**六、每股收益：**
（一）基本每股收益	资产减值损失	（一）基本每股收益
（二）稀释每股收益		（二）稀释每股收益
	三、营业利润(亏损以“—”号填列)	
	加：营业外收入	
	减：营业外支出	
	四、利润总额(亏损总额以“—”号填列)	
	减：所得税费用	
	五、净利润(净亏损以“—”号填列)	
	六、每股收益：	
	（一）基本每股收益	
	（二）稀释每股收益	

附录5-3　现金流量表

商业银行现金流量表	保险公司现金流量表	证券公司现金流量表
一、经营活动产生的现金流量：	**一、经营活动产生的现金流量：**	**一、经营活动产生的现金流量：**
客户存款和同业存放款项净增加额	收到原保险合同保费取得的现金	收取利息、手续费及佣金的现金
向中央银行借款净增加额	收到再保业务现金净额	处置交易性金融资产净增加额
向其他金融机构拆入资金净增加额	保户储金及投资款净增加额	拆入资金净增加额

（续表）

商业银行现金流量表	保险公司现金流量表	证券公司现金流量表
收取利息、手续费及佣金的现金	收到其他与经营活动有关的现金	回购业务资金净增加额
收到其他与经营活动有关的现金	经营活动现金流入小计	收到其他与经营活动有关的现金
经营活动现金流入小计	支付原保险合同赔付款项的现金	经营活动现金流入小计
客户贷款及垫款净增加额	支付手续费及佣金的现金	支付利息、手续费及佣金的现金
存放中央银行和同业款项净增加额	支付保单红利的现金	支付给职工以及为职工支付的现金
支付手续费及佣金的现金	支付给职工以及为职工支付的现金	支付的各项税费
支付给职工以及为职工支付的现金	支付的各项税费	支付其他与经营活动有关的现金
支付的各项税费	支付其他与经营活动有关的现金	经营活动现金流出小计
支付其他与经营活动有关的现金	经营活动现金流出小计	经营活动产生的现金流量净额
经营活动现金流出小计	经营活动产生的现金流量净额	
经营活动产生的现金流量净额		
二、投资活动产生的现金流量：	**二、投资活动产生的现金流量：**	**二、投资活动产生的现金流量：**
收回投资收到的现金	收回投资收到的现金	收回投资收到的现金
取得投资收益收到的现金	取得投资收益收到的现金	取得投资收益收到的现金
收到其他与投资活动有关的现金	收到其他与投资活动有关的现金	收到其他与投资活动有关的现金
投资活动现金流入小计	投资活动现金流入小计	投资活动现金流入小计
投资支付的现金	投资支付的现金	投资支付的现金
购建固定资产、无形资产和其他长期资产支付的现金	质押贷款净增加额	购建固定资产、无形资产和其他长期资产支付的现金
支付其他与投资活动有关的现金	购建固定资产、无形资产和其他长期资产支付的现金	取得子公司支付的现金净额

（续表）

商业银行现金流量表	保险公司现金流量表	证券公司现金流量表
投资活动现金流出小计	支付其他与投资活动有关的现金	支付其他与投资活动有关的现金
投资活动产生的现金流量净额	投资活动现金流出小计	投资活动现金流出小计
	投资活动产生的现金流量净额	投资活动产生的现金流量净额
三、筹资活动产生的现金流量：	**三、筹资活动产生的现金流量：**	**三、筹资活动产生的现金流量：**
吸收投资收到的现金	吸收投资收到的现金	吸收投资收到的现金
发行债券收到的现金	发行债券收到的现金	取得借款收到的现金
收到其他与筹资活动有关的现金	收到其他与筹资活动有关的现金	发行债券收到的现金
筹资活动现金流入小计	筹资活动现金流入小计	收到其他与筹资活动有关的现金
偿还债务支付的现金	偿还债务支付的现金	筹资活动现金流入小计
分配股利、利润或偿付利息支付的现金	分配股利、利润或偿付利息支付的现金	偿还债务支付的现金
支付其他与筹资活动有关的现金	支付其他与筹资活动有关的现金	分配股利、利润或偿付利息支付的现金
筹资活动现金流出小计	筹资活动现金流出小计	支付其他与筹资活动有关的现金
筹资活动产生的现金流量净额	筹资活动产生的现金流量净额	筹资活动现金流出小计
		筹资活动产生的现金流量净额
四、汇率变动对现金及现金等价物的影响	**四、汇率变动对现金及现金等价物的影响**	**四、汇率变动对现金及现金等价物的影响**
五、现金及现金等价物净增加额	**五、现金及现金等价物净增加额**	**五、现金及现金等价物净增加额**
加：期初现金及现金等价物余额	加：期初现金及现金等价物余额	加：期初现金及现金等价物余额
六、期末现金及现金等价物余额	**六、期末现金及现金等价物余额**	**六、期末现金及现金等价物余额**

附录6 中国台湾地区和香港地区企业财务报表结构概览

附录6-1 中国台湾地区企业财务报表

6-1-1 合併資產負債表

資　　產	金　額	負債及股東權益	金　額
流動資產		**流動負債**	
現金及約當現金		短期借款	
公平价值变动列入损益之金融资产－流動		應付短期票券	
備供出售金融資產－流動		應付票據	
應收票據淨額		應付票據－關係人	
應收票據－關係人		應付帳款	
應收帳款淨額		應付費用	
應收帳款－關係人		應付所得稅	
其他應收款		其他應付款項	
其他金融资产－流動		一年內到期之長期借款	
存貨		其他流動負債	
遞延所得稅資產－流動		流動負債合計	
受限制資產－流動			
预付款项及其他流動資產		**長期負債**	
流動資產合計		長期借款	
投資		各項準備	
以成本衡量之金融資產－非流動		土地增值稅準備	
備供出售金融資產－非流動			
採權益法之長期股權投資			
无活络市场之債券投资－非流動			
其他金融资产－非流動			
投資合計		其他負債	
		應計退休金負債	
固定資產		存入保證金	

(续表)

資　　產	金　额	負債及股東權益	金　额
成 本		其他負債合計	
土地			
房屋及建築		負債合計	
機器設備			
水電設備		**母公司股東權益**	
運輸設備		股本	
雜項設備		資本公積	
重估增值		股票溢价	
成本及重估增值		保留盈余	
減：累計折舊		法定盈余公积	
減：累計減損		特别盈余公积	
未完工程及預付設備款		股東權益其他項目	
固定資產合計		累積換算調整數	
		未認列為退休金成本之淨損失	
無形資產		金融商品之未實現損益	
商誉		未實現重估增值	
专利使用权		庫藏股票	
		母公司股東權益合計	
其他資產			
閒置資產		**少數股權**	
存出保證金		股東權益合計	
遞延所得稅資產一非流動			
其他資產合計			
資 產 總 計		**負債及股東權益總計**	

6-1-2 合併綜合損益表

项　　目	金　额
營業收入	
營業成本	
營業毛利	
營業費用	

（续表）

项　　目	金　额
推銷費用	
管理費用	
研究發展費用	
營業費用合計	
營業利益	
營業外收入及支出	
利息收入	
其他收入	
其他利益及損失	
財務成本	
处分固定资产损失	
採用權益法之關聯企業及合資損益之份額	
營業外收入及支出合計	
稅前淨利	
所得稅費用	
本期淨利	
其他綜合損益（淨額）	
備供出售金融資產未實現評價損失	
採用權益法之關聯企業及合資之其他綜合損益之份額	
本期綜合利益（損失）總額	
淨利歸屬於：	
母公司業主	
非控制權益	
綜合損益總額歸屬於：	
母公司業主	
非控制權益	
基本及稀釋每股盈餘	
繼續營業單位淨利	
非控制權益	
歸屬於母公司普通股股東之本期淨利	

6－1－3 合併現金流量表

營業活動之現金流量	
稅前淨損	
調整項目：	
折舊費用	
攤銷費用	
利息費用	
利息收入	
股利收入	
採用權益法認列之關聯企業及合資損失之份額	
處分及報廢不動產、廠房及設備淨損失	
未實現外幣兌換損失(利益)	
與營業活動相關之資產/負債變動數	
應收票據(增加)減少	
應收票據－關係人減少	
應收帳款減少	
應收帳款－關係人減少	
其他應收款減少	
存貨減少(增加)	
預付款項減少(增加)	
其他流動資產(增加)減少	
應付票據增加(減少)	
應付票據－關係人增加(減少)	
應付帳款增加(減少)	
其他應付款減少	
其他流動負債減少	
應計退休金負債減少	
其他非流動負債增加	
營運產生之現金流入(出)	

（续表）

收取之利息	
支付之利息	
退還（支付）之所得稅	
營業活動之淨現金流入（出）	
投資活動之現金流量	
備供出售金融資產減資退回股款	
採用權益法之投資清算退回股款	
處分採用權益法之投資價款	
購置不動產、廠房之設備	
處分不動產、廠房及設備價款	
受限制資產	
無形資產增加	
其他非流動資產（增加）減少	
投資活動之淨現金流入（出）	
籌資活動之現金流量	
短期借款增加（減少）	
應付短期票券增加（減少）	
償還長期借款	
長期借款增加數	
其他非流動負債	
支付現金股利—非控制權益	
支付現金股利	
籌資活動之淨現金流入（出）	
匯率變動對現金及約當現金之影響	
本期現金及約當現金（減少）增加數	
期初現金及約當現金餘額	
期末現金及約當現金餘額	

附录 6－2 中国香港地区企业财务报表

6－2－1 綜合資產負債表(Consolidated Balance Sheets)

資產	**Assets**
非流動資產	**Non-current assets**
租赁土地及土地使用权	Leasehold land and land use rights
物業、機器和設備	Property, plant and equipment
投資物業	Investment properties
無形資產	Intangible assets
於附屬公司投資	Investments in subsidaries
於聯營公司投資	Investments in an associated companies
於合營公司投資	Investments in jointly controlled entities
可供出售金融资产	Available-for-sale financial assets
持至到期日之證券	Held-to-maturity investments
其他投資	Investments
遞延稅項資產	Deferred tax assets
其他非流動資產	Other non-current assets
退休福利资产	Retirement benefit assets
流動資產	**Current assets**
存貨	Inventories
應收賬款和其他應收款	Trade and other receivables
預付款項，按金和其他流動資產	Perpayments, deposits and other current assets
短期投資	Short-term investments
公允价值计入损益之金融资产	Financial assets at fair value through profit or loss
現金和現金等價物	Cash and cash equivalents
資產總值	**Total assets**
負債	**Liabilities**
非流動負債	**Non-current liabilities**
有抵押銀行貸款	Secured bank loans
少數股東貸款	Loans from minority shareholders
遞延稅項負債	Deferred tax liabilities
已收租金按金	Rental deposits received

（续表）

準備	Provisions
流動負債	**Current liabilities**
有抵押銀行透支	Secured bank overdraft
應付賬款和其他應付款	Trade and other payables
有抵押銀行貸款的即期部分	Current portion of secured bank loans
其他貸款	Other loans
應付稅項	Tax payable
總負債	**Total liabilities**
股東權益	**Equity**
股本	Share capital
儲備	Reserves
留存盈余	Retained earnings
股東權益總額	**Total equity**
負債和股東權益之總額	**Total equity and liabilities**
流動資產淨值	**Net current assets**
資產淨值	**Net assets**
資產總值減流動負債	**Total assets less current liabilities**

6-2-2 **綜合損益表(Consolidated Income Statements)**

營業額	**Turnover**
銷售成本	**Cost of sales**
毛利	**Gross profit**
其他收入	Other revenue
行政費用	Administrative expenses
固定資產減值損失	Impairment losses for fixed assets
投資物業估值收益/(虧絀)	Valuation gains/(loss) on investment properties
經營溢利/(虧損)	**Profit/(Loss) from operations**
投資之減值撥備	Provision for impairment value of investments
融資收入	Finance income
融資成本	Finance costs

(续表)

償還的銀行借款利息	Interest expenses on bank loans and overdraft
以公允價值計入損益的其他金融資產的公允價值變動	Change in fair value of other financial assets at fair value through profit or loss
聯營公司之應佔溢利/(虧損)	Share of profit/(Loss) of an associated companies
合營公司之應佔溢利/(虧損)	Share of profit/(Loss) of jointly controlled entities
除稅前溢利/(虧損)	**Profit/(Loss) before taxation**
所得稅	Income tax
年度溢利/(虧損)	**Profit for the year**
以下各方應佔部分：	Attributable to：
本公司權益股東	Equity shareholders of the company
少數權益股東	Minority interests
本公司權益股東應佔年度溢利的每股盈利	**Earnings per share for profit attributable to the equity holders of the Company during the year**
基本	- Basic
攤薄	- Diluted

6-2-3 綜合現金流量表(Consolidated Cash Flow Statements)

經營業務之現金流量	**Cash flows from operating activities**
除稅前溢利	Profits before taxation
調整項目：	Adjustments for：
固定資產折舊	Depreciation of fixed assets
商譽攤銷	Amortization of goodwill
固定資產減值損失	Impairment losses for fixed assets
以公允價值計入損益的金融資產公允價值變動	Change in fair value of financial assets at fair value through P&L
融資成本	Financial costs
利息收入	Interest income
出售固定資產虧損/(溢利)淨額	Net loss/(profit) on sale of fixed assets
投資物業估值收益	Valuation gains on investment properties
附屬公司清盤虧損	Loss on liquidition of subsidaries
重報物業重估儲備	Restatement of properties revaluation reserve

（续表）

少數股東貸款之豁免	Wavier of loan from a minority shareholder
以權益結算的以股份為基礎的支出	Equity-settled share-based payment expenses
營運資金變動前經營溢利	Operating profit before changes in working capital
存貨(增加)/減少	(Increase)/decrease in inventories
已付租金按金(增加)/減少	(Increase)/decrease in rental deposits paid
應收賬款和其他應收款(增加)/減少	(Increase)/decrease in trade and other receivables
按金和預付款增加	(Increase)/decrease in deposits and prepayments
應付賬款和其他應付款增加/(減少)	Increase/(decrease) in trade and other payables
已收租金按金增加/(減少)	Increase/(decrease) in rental deposits received
長期服務金準備增加/(減少)	Increase/(decrease) in provision for on service payments
修復成本準備增加/(減少)	Increase/(decrease) in provision for reinstatment costs
經營業務產生的現金	**Cash generated from operations**
已付利息	Interest paid
退還之香港利得稅	Hong Kong profits tax refunded
已付之香港利得稅	Hong Kong profits tax paid
已付之海外稅項	Overseas taxation paid
經營活動所得的現金淨額	**Net cash generated from operating activities**
投資活動之現金流量	**Cash flows from investing activities**
添置物業、機器和設備	Additions of property, plant and machinery
出售物業、機器和設備收入	Proceeds from disposals of property, plant and machinery
收购附属公司	Acquisition of subsidiaries
收购合营公司	Acquisition of jointly controlled entities
聯營公司投資	Investment in an associate
合營公司投資	Investment in a jointly controlled entities
聯營公司償付	Repayment from associate companies
合營公司償付	Repayment from jointly controlled entities
已收聯營公司股息	Dividend received from an associated company
已收合營公司股息	Dividend received from a jointly controlled entity

（续表）

購買供出售金融资产	Purchase of available- for-sale financial assets
購買公允價值計入損益的金融資產	Purchase of financial assets at fair value through profit or loss
購買持至到期日之證券	Purchase of held-to-maturity securities
購買其他投資	Purchase of investments
持至到期日之證券收入	Proceeds from redemption of held-maturity securities
出售供出售金融资产所得收入	Proceeds from disposals of available -for-sale financial assets
出售公允價值計入損益的金融資產所得收入	Proceeds from disposal of financial assets at fair value through profit or loss
出售其他投資收入	Proceeds from disposals of investments
出售短期投資收入	Proceeds from disposals of short-term investments
購買短期投資	Purchase of short-term investments
非流動資產之(增加)/減少	(Increase)/decrease in non-current assets
已收之利息	Interest received
投資活動所用的現金淨額	**Net cash used in investing activities**
融資活動之現金流量	**Cash flows from financing activities**
行使認股特權而發行本公司股份之所得款項淨額	Net proceeds from issue of shares on exercise of share options
回購股份支出	Payment for repurchase of shares
新增銀行貸款所得款項	New bank borrowings
償還銀行貸款	Repayment of bank borrowings
已付股息	Dividends paid
融資活動所用的現金淨額	**Net cash used in financing activities**
現金和現金等價物增加淨額	**Net increase/(decrease) in cash and cash equivalents**
年初的現金和現金等價物	Cash and cash equivalents, beginning of year
外幣匯率變動的影響	Effect of foreign exchange rate changes
年尾的現金和現金等價物	**Cash and cash equivalents, end of year**
現金和現金等價物分析	Analysis of cash and cash equivalents:
現金和銀行结存	Cash and bank balances

附录 7 部分国家著名企业财务报表结构概览(中英文对照)

附录 7-1 美国惠普公司财务报表

7-1-1 美国惠普公司利润表

Net revenues	收入净额
Products	产品
Services	服务
Financing income	财务收入
Total net revenue	**收入净额合计**
Costs and expenses	成本及费用
Cost of products	产品成本
Cost of services	服务成本
Financing interest	财务利息
Research and development	研发费用
Selling, general and administrative	销售及管理费用
Pension curtailment	养老金缩减
Restructuring charges	调整借项
Amortization of purchased intangible assents	购买无形资产摊销
In-process research and development charges	研发费用
Acquisition-related charges	相关购置费用
Total operating expenses	**经营支出合计**
Earnings from operations	**经营利润**
Interest and other, net	利息和其他,净额
(Losses) gains on investments	投资利得(损失)
Dispute settlement	争议结算
Earnings before taxes	**税前利润**
Provision for taxes	纳税准备金
Net earnings	**净利润**
Net earnings per share	每股收益

(续表)

Basic	基本
Diluted	摊薄
Weighted average shares used to compute net earnings per share:	加权平均法计算每股收益:
Basic	基本
Diluted	摊薄

7-1-2 美国惠普公司资产负债表

Assets	资产
Current assets	流动资产
Cash and cash equivalents	现金及现金等价物
Short-term investment	短期投资
Accounts receivable	应收账款
Financing receivables	应收资金
Inventory	存货
Other current assets	其他流动资产
Total current assents	流动资产合计
Property, plant and equipment	不动产和设备
Long-term financing receivables and other assets	长期应收款及其他长期资产
Goodwill	商誉
Purchased intangible assets	购入无形资产
Total assets	**资产总计**
Liabilities and stockholders' equity	负债及股东权益
Current liabilities	流动负债
Notes payable and short-term borrowings	应付票据及短期借款
Accounts payable	应付账款
Employee compensation and benefits	职工赔偿金及抚恤金
Taxes on earning	所得税
Deferred revenue	递延收入
Accrued restructuring	应计调整
Other accrued liabilities	其他应计负债

（续表）

Total current liabilities	流动负债合计
Long-term debt	长期负债
Other liabilities	其他负债
commitments and contingencies	约束义务及或有事项
Stockholders' equity	股东权益
Preferred stock	优先股
Common stock	普通股
Additional paid-in capital	附缴资本/资本盈余
Retained earnings	保留盈余/未分配利润
Accumulated other comprehensive loss	累计其他综合损失
Total stockholders' equity	股东权益合计
Total liabilities and stockholders' equity	**负债及股东权益合计**

7-1-3 **美国惠普公司现金流量表**

Cash flows from operating activities:	**来自经营活动的现金流量**
Net earnings	净利润
Adjustments to reconcile net earnings to net cash provided by operatng activities:	将净利润调整为经营活动提供的净现金流量:
Depreciation and amortization	折旧和摊销
(Benefit) provision for doubtful accounts-accounts and financing receivables	计提坏账准备—应收账款及应收资金
Provision for inventory	计提存货准备
Restructuring charges	调整借项
Pension curtailment gain	退休金缩减利得
Acquisition-related charges, including in-process research and development	相关购置费用，包括在研发中的部分
Deferred taxes on earnings	递延所得税
Other, net	其他净额
Changes in assets and liabilities	资产和负债变动
Accounts and financing receivables	应收账款
Inventory	存货

(续表)

Accounts payable	应付账款
Taxes on earnings	所得税
Restructuring charges	调整借项
Other assets and liabilities	其他资产和负债
Net cash provided by operating activities	经营活动提供的现金流量净额
Cash flows from investing activities:	**来自投资活动的现金流量**
Investment in property, plant and equipment	不动产和设备投资
Proceeds from sale of property, plant and equipment	不动产和设备销售收益
Purchases of available-for-sale and other investments	购买可销售投资及其他投资
Maturities and sales of available-for-sale securities and other investments	可出售证券和其他投资到期及出售
Payments made in connection with business acquisitions, net	商业采购净支出
Net cash used in investing activities	用于投资活动的现金流量净额
Cash flows from financing activities:	**来自筹资活动的现金流量**
Repayment of commercial paper and notes payable, net	商业票据和应付票据净额
Issuance of debt	债务工具发行
Payment of debt	债务工具支付
Issuance of common stock under employee stock plans	职工股计划下发行普通股
Repurchase of common stock	回购普通股
Dividends	红利
Net cash used in financing activities	筹资活动提供的现金流量净额
Increase (decrease) in cash and cash equivalents	**现金及现金等价物增加(减少)额**
Cash and cash equivalents at beginning of period	现金及现金等价物年初数
Cash and cash equivalents at end of period	现金及现金等价物年末数

附录 7-2 英国石油公司财务报表

7-2-1 英国石油公司利润表

Sales and other operating revenues	销售收入和其他经营收入
Earnings from jointly controlled entities - after interest and tax	来自共同控制实体的息税后收益

（续表）

Earnings from associates – after interest and tax	来自联营企业的息税后收益
Interest and other revenues	利息收入和其他收入
Total revenues	**总收入**
Gains on sale of businesses and fixed assets	出售业务分部和固定资产利得
Total revenues and other income	**总收入和其他收益**
Purchases	采购
Production and manufacturing expenses	生产和制造费用
Production and similar taxes	生产税费及同类税费
Depreciation，depletion and amortization	折旧、折耗和摊销
Impairment and losses on sale of businesses and fixed assets	业务分部和固定资产减值及其出售的损失
Exploration expense	勘探费用
Distribution and administration expenses	分销和管理费用
Fair value (gain) loss on embedded derivatives	内含衍生工具的公允价值利得或损失
Profit before interest and taxation from continuing operations	**来自于持续经营业务的息税前利润**
Finance costs	融资成本
Other finance expense	其他融资费用
Profit before taxation from continuing operations	**来自持续经营业务的税前利润**
Taxation	所得税
Profit from continuing operations	**来自持续经营业务的利润**
Profit (loss) from Innovene operations	来自 Innovene 公司的利润(损失)
Profit for the year	**本年利润**
Attributable to	分配给
BP shareholders	BP 股东
Minority interest	少数股东
Earnings per share – cents	每股收益—单位：分
Profit for the year attributable to BP shareholders	分配给 BP 股东的本年利润
Basic	基本每股收益
Diluted	摊薄后每股收益

（续表）

Profit from continuing operations attributable to BP shareholders	分配给 BP 股东的来自持续经营业务的利润
Basic	基本每股收益
Diluted	摊薄后每股收益

7-2-2 英国石油公司资产负债表

Non-current assets	**非流动资产**
Property, plant and equipment	物业、厂房及设备
Goodwill	商誉
Intangible assets	无形资产
Investments in jointly controlled entities	对共同控制实体的投资
Investments in associates	对联营企业的投资
Other investments	其他投资
Fixed assets	固定资产
Loans	贷款(长期)
Other receivables	其他应收款
Derivative financial instruments	金融衍生工具(长期)
Prepayments and accrued income	预付款和应计收入(长期)
Defined benefit pension plan surplus	设定受益养老金计划之盈余
Current assets	**流动资产**
Loans	贷款(短期)
Inventories	存货
Trade and other receivables	应收账款和其他应收款
Derivative financial instruments	金融衍生工具(短期)
Prepayments and accrued income	预付款和应计收入(短期)
Current tax receivable	短期应收税款
Cash and cash equivalents	现金及现金等价物
Total assets	**总资产**
Current liabilities	**流动负债**
Trade and other payables	应付账款及其他应付款

（续表）

Derivative financial instruments	金融衍生工具
Accruals and deferred income	应计费用和递延收入(短期)
Finance debt	借款(短期)
Current tax payable	短期应付税款
Provisions	各项准备
Non-current liabilities	**非流动负债**
Other payables	其他应付款
Derivative financial instruments	金融衍生工具
Accruals and deferred income	应计费用和递延收入(长期)
Finance debt	借款(长期)
Deferred tax liabilities	递延税款
Provisions	各项准备
Defined benefit pension plan and other post-retirement benefit plan deficits	设定受益养老金计划和其他退休后受益计划赤字
Total liabilities	**总负债**
Net assets	**净资产**
Equity	**所有者权益**
Share capital	股本
Reserves	资本公积
BP shareholders' equity	BP 股东权益
Minority interest	少数股东权益
Total equity	**总所有者权益**

7-2-3 英国石油公司现金流量表

Operating activities	**经营活动**
Profit before taxation from continuing operations	来自持续经营业务的税前利润
Adjustments to reconcile profit before taxation to net cash provided by operating activities	从税前利润调整至经营活动现金净流量
Exploration expenditure written off	冲销的勘探费用
Depreciation, depletion and amortization	折旧、折耗和摊销

(续表)

Impairment and (gain) loss on sale of businesses and fixed assets	业务分部和固定资产减值和出售的(利得)损失
Earnings from jointly controlled entities and associates	来自共同控制实体和联营企业的收益
Dividends received from jointly controlled entities and associates	来自共同控制实体和联营企业的股利
Interest receivable	应收利息
Interest received	已收利息
Finance costs	融资成本
Interest paid	已付利息
Other finance expense	其他融资费用
Share-based payments	股权相关支出
Net operating charge for pensions and other post-retirement benefits, less contributions	养老金和其他退休后津贴净经营费用,减分配
Net charge for provisions, less payments	净计提各种准备,减支付
(Increase) decrease in inventories	存货的减少(增加)
(Increase) decrease in other current and non-current assets	流动和非流动资产的减少(增加)
Increase (decrease) in other current and non-current liabilities	流动和非流动负债的增加(减少)
Income taxes paid	支付的所得税
Net cash provided by operating activities of continuing operations	**来自持续经营业务的经营现金净流量**
Net cash provided by (used in) operating activities of Innovene operations	来自(用于)Innovene公司经营活动的经营现金净流量
Net cash provided by operating activities	**经营活动现金净流量**
Investing activities	**投资活动**
Capital expenditures	资本支出
Acquisitions, net of cash acquired	收购,已获现金净值
Investment in jointly controlled entities	对共同控制实体的投资
Investment in associates	对联营企业的投资
Proceeds from disposal of property, plant and equipment	处置物业、厂房和设备的现金收入
Proceeds from disposal of businesses	处置业务分部的现金收入

(续表)

Proceeds from loan repayments	收到贷款的偿付
Other	其他
Net cash used in investing activities	**投资活动现金净流量**
Financing activities	**筹资活动**
Net repurchase of shares	股票净回购
Proceeds from long-term financing	长期借款的取得
Repayments of long-term financing	长期借款的偿付
Net increase (decrease) in short-term debt	短期借款的净增加(减少)
Dividends paid	支付股利
BP shareholders	支付给 BP 股东
Minority interest	支付给少数股东
Net cash used in financing activities	**筹资活动现金净流量**
Currency translation differences relating to cash and cash equivalents	现金及现金等价物的货币汇兑差异
Increase (decrease) in cash and cash equivalents	**现金及现金等价物的增加(减少)**
Cash and cash equivalents at beginning of year	现金及现金等价物期初余额
Cash and cash equivalents at end of year	现金及现金等价物期末余额
BP shareholders' equity	BP 股东权益
Minority interest	少数股东权益
Total equity	总权益

附录 7-3 瑞士雀巢公司财务报表

7-3-1 瑞士雀巢公司利润表

Sales to customers	销售收入
Cost of goods sold	销售成本
Distribution expenses	销售费用
Marketing and administration expenses	管理费用
Research and development costs	研发费用
EBITA Earnings Before Interest, Taxes and Amortisation of goodwill	**息税、商誉摊销前收入**

（续表）

Net other income (expenses)	其他业务净收入
Amortisation of goodwill	商誉摊销
Profit before interest and taxes	**息税前利润**
Net financing cost	财务费用
Profit before taxes	**利润总额**
Taxes	所得税
Profit of consolidated companies before discontinued operations	净利润(不含关停企业)
Net profit (loss) on discontinued operations	关停企业的净利润
Profit of consolidated companies	合并公司净利润
Share of results of associates	联营企业净利润
Profit for the period	**净利润**
of which attributable to minority interests	少数股东净利润
of which attributable to the Group(Net profit)	集团净利润
As percentages of sales	占主营业务收入的百分比
EBITA Earnings Before Interest, Taxes and Amortisation of goodwill	息税、商誉摊销前收入所占比率
Profit for the period attributable to the Group (Net profit)	集团净利润所占比率(净利润率)
Earnings per share from continuing operations	运营公司每股收益
Basic earniings per share	基本每股收益
Fully diluted earnings per share	摊薄每股收益

7-3-2 瑞士雀巢公司资产负债表

Assets	资产
Current assets	**流动资产**
Liquid assets	流动性资产
Cash and cash equivalents	现金及现金等价物
Other liquid assets	其他流动性资产
Trade and other receivables	应收账款
Assets held for sale	待出售资产

（续表）

Inventories	存货
Drivative assets	衍生性资产
Prepayments and accrued income	预付账款和应计收入
Total current assets	流动资产合计
Non-current assets	**非流动资产**
Property, plant and equipment	不动产、厂房和设备
Gross value	入账价值
Accumulated depreciation and impairment	累计折旧和减值
Investments in associates	对联营企业的投资
Deferred tax assets	递延税资产
Financial assets	金融资产
Employee benefits assets	职工福利资产
Goodwill	商誉
Intangible assets	无形资产
Total non-current assets	非流动资产合计
Total assets	**资产总计**
Liabilities and equity	负债和所有者权益
Current liabilities	**流动负债**
Trade and other payables	应付账款
Liablities directly associated with assets held for sale	与待售资产相关的负债
Financial liabilities	短期借款
Tax liabilities	未交税金
Derivative liabilities	衍生性负债
Accruals and deferred income	应计和递延收入
Total current liabilities	流动负债合计
Non-current liabilities	**非流动负债**
Financial liabilities	长期借款
Employee benefits liabilities	应付福利费
Deferred tax liabilities	递延税债项
Other payables	其他长期负债

（续表）

Provisions	各项准备
Total non-current liabilities	非流动负债合计
Total liabilities	**负债合计**
Equity	所有者权益
Share capital	股本
Share premium and reserves	资本公积和留存盈余
Share premium	资本公积
Reserve for treasury shares	留存盈余
Translation reserve	货币换算盈余
Retained earnings	未分配利润
Treasury shares	库存股票
Total equity attributable to the Group	集团股东权益
Minority interests	少数股东权益
Total equity	**股东权益合计**
Total liabilities and equity	**负债及所有者权益合计**

7-3-3 瑞士雀巢公司现金流量表

Operating activities	**经营活动**
Profit of consolidated companies	合并企业利润
Depreciation of property, plant and equipment	不动产、厂房及设备折旧
Impairment of property, plant and equipment	不动产、厂房及设备减值
Amortisation of goodwill	商誉摊销
Impairment of goodwill	商誉减值
Depreciation of intangible assets	无形资产摊销
Impairment of intangible assets	无形资产减值
Increase (decrease) in provisions and deferred taxes	各项准备和递延税增加(减少)
Decrease (increase) in working capital	营运资本减少(增加)
Other movements	其他与经营活动有关的现金
Operating cash flow	经营活动产生的现金流量净额
Investing activities	**投资活动**

（续表）

Capital expenditure	投资支付的现金
Expenditure on intangible assets	构建无形资产支付现金
Sale of property,plant and equipment	处置不动产、厂房及设备收到的现金
Acquisitions	购并支付的现金
Disposals	收回投资收到的现金
Income from associates	从联营企业收到的现金
Other movements	其他与投资活动有关的现金
Cash flow from investing activities	投资活动产生的现金流量净额
Financing activities	**筹资活动**
Dividend for the previous year	分配上年股利支付的现金
Purchase of treasury shares	购买库存股票支付的现金
Sale of treasury shares and options	出售库存股票及期权收到的现金
Movements with minority interests	与少数股东权益相关的现金流
Bonds issued	发行债券收到的现金
Bonds repaid	偿还债券支付的现金
Increase in other non-current financial liabilities	其他长期债务增加的现金
Decrease in other non-current financial liabilities	其他长期债务减少的现金
Increase (decrease) in current financial liabilities	短期债务增加(减少)的现金流
Decrease(increase) in marketable securities and other liquid assets	短期债券和其他流动资产减少(增加)的现金流
Decrease (increase) in short-term investments	短期投资减少(增加)的现金流
Other movements	其他筹资活动引起的现金流动
Cash flow from financing activities	筹资活动产生的现金流量净额
Translation differences on flows	汇率变动对现金的影响
Increase (decrease) in cash and cash equivalents	现金及现金等价物的净增减
Cash and cash equivalents retranslated at beginning of year	经汇率折算后的年初现金及现金等价物
Cash and cash equivalents at beginning of year	现金及现金等价物的年初值
Effects of exchange rate changes on opening balance	汇率变动对现金及现金等价物余额的影响
Cash and cash equivalents at end of year	现金及现金等价物的年末值

附录 8 公司财务报表分析案例

炼油行业三家中外公司的财务分析报告

一、引言

炼油行业是我国的支柱产业，主要从事对原油、天然气进行加工和销售的相关业务。石油炼制生产的煤油、汽油、柴油、重油以及天然气是当前主要能源。

随着经济的增长和科学技术的进步，石油和天然气工业在世界经济中占有举足轻重的地位。但近年来，炼油行业的利润率一直在走下坡路，除了有调价机制的原因外，整个炼油行业销售成本居高不下，管理费用、财务费用也在大幅增长。同时，由于供需不平衡，因此产能过剩的问题也十分突出。

在此背景下，我们选取了三家石化行业上市公司——中国石油天然气集团公司、埃克森美孚公司和荷兰皇家壳牌石油公司，通过对其财务报表的数据进行比较分析，希望找出各企业的优势和不足之处，并据此得到有助于我国企业发展的相关经验启示。

二、行业发展趋势分析

（一）炼油能力与产业结构

近年来，世界炼油能力缓慢增长，炼油产业重心加速东移，世界炼化工业格局发生变化，欧洲炼油产业继续萎缩，北美处于领先地位，中东、亚太地区的作用凸显。市场优势和资源优势驱动亚太地区和中东地区石化产业快速发展，发展重点以大宗石化产品为主。从地区上看，2013 年亚太、北美、中东三大地区乙烯生产能力合计占全球乙烯生产能力的 74.5%，需求约占全球需求的 76.4%。随着印度及印度尼西亚、越南等国经济的快速发展，这些地区将成为亚太石化产品需求快速增长的新地区。预计到 2020 年亚太地区的乙烯产能将达到 7 320 万吨/年，约占世界的 36.2%。北美地区的炼化工业随着页岩气技术的突破重新恢复增长。廉价的资源优势和先进的技术优势使美国、加拿大炼化工业进入新的增长期，乙烯衍生物产品及价格极具竞争力，2011 年北美地区聚乙烯出口量跃居世界第二。北美地区在原料成本方面的优势，使它在石化产业竞争中处于领先地位。中东地区凭借价格低廉的天然气液的资源优势，大规模扩大乙烯产能，成为第三大乙烯生产地区。预计到 2020 年，中东地区乙烯产能将达到 4 110 万吨/年，约占世界产能的 20.0%。

在炼化工业的结构调整上，世界石化原料轻质化趋势明显，随着各国对交通运输燃料需求迅速增长，炼化工业正在调整结构，发展深度加工，以适应增产交通运输燃料的需要。随着环境保护标准的日益严格，各种工业燃料清洁化的步伐不断加快，炼化工业正积极采用清洁生产工艺生产清洁燃料，实现炼油化工一体化发展。

在炼油能力不断增长的同时，全球的炼厂总数呈现逐渐减少的趋势，许多国家和地区关停并转小规模炼厂。同时，为了优化资源配置、提高原料和产品的综合利用率、降低运营成本、提高经济效益和竞争力，炼厂规模不断扩大，产业集中度进一步提高，炼化一体化建设明显加强。以炼油乙烯为代表的石化产品的生产能力持续增长，页岩气的生产能力也持续上升。但由于全球炼油能力的不断增长，原油价格仍在低位运行，原油需求减缓，全球炼厂开工率出现小幅回调，产能明显过剩，炼油毛利出现下降。在 2005 年炼油业黄金时期炼厂开工率曾高达 86％，但在 2016 年，仅为 81.1％，比 2015 年的 82.1％下降 1 个百分点。

（二）全球主要油品供需和炼油毛利

经济减速导致油品需求疲软，全球炼油产能过剩，尤其随着中东、亚洲一些大型炼油项目的投产，亚洲地区将面临更加激烈的市场竞争，炼油能力将会严重过剩，并且地域供需差异与不平衡依然存在，亚太地区供需紧张减缓。

2008 年，受炼油能力增加而需求疲软、主要油品与原油价差大幅缩小的影响，世界炼油毛利在持续多年较高水平之后转而下行。尽管近几年有上升势头，但在 2016 年，全球炼油毛利没能延续 2015 年的上升势头，出现下滑。全球平均毛利为 7.96 美元/桶，比 2015 年的 8.49 美元/桶下降 6.2％，各地区均出现不同程度的下降。虽然近几年的低油价可以使炼厂毛利增长，但从中长期来看，由于全球经济复苏疲软，油品需求增速放缓，炼油能力过剩加剧，在世界多数地区，炼厂不可能持续出现 2005 年炼油业黄金时期的高达 86％开工率和超过 10 美元/桶的高额毛利。特别是美国以外的其他地区炼厂，短期虽受益于低油价，但中长期毛利前景并不明朗。

（三）原油价格变动分析

1990～2013 年，油价从每桶不到 20 美元攀升至最高超过 140 美元/桶的水平。在此期间，全球经济实现了年均 3.6％的持续增长。截至 2013 年底，按不变价格计算，全球经济总量已较 1990 年时翻了一倍多。而同期，全球石油产量年均增长仅为 1.25％，严重滞后于需求的增长。至 2014 年，世界原油价格下挫，一方面是来自需求的冲击，另一方面是来自供给的冲击。除美国之外，全球经济 2014 年恢复的幅度都略低于预期，尤其欧洲和中国下半年经济增速的放缓，导致了对大宗商品需求量的下降。在供给方面，随着生产技术的革新，水平井和水力压裂技术取得了突破性的进展，2014 年美国页岩油和页岩气生产成本降低，产量持续上涨。总体来看，在全球需求不足的情况下，原油生产不断增长和供求不平衡是导致原油价格下跌的最主要原因。

三、三家上市公司基本情况概述

（一）美国埃克森美孚公司

美国埃克森美孚公司(Exxon Mobil,股票代码：XOM)是世界上最大的非政府石油天然气生产商,总部设在美国得克萨斯州爱文市,在六大洲从事石油和天然气勘探业务,并在能源和石化领域的诸多方面位居行业领先地位。埃克森美孚见证了世界石油天然气行业的发展,其历史可以追溯到约翰·洛克菲勒于1882年创建的标准石油公司,至今已经跨越了125年的历程。其严谨的投资方针以及致力于开发和运用行业领先技术及追求完善的运营管理,使之在全球位居行业领先地位。

埃克森美孚公司前身分别为艾森克和美孚公司,于1999年合并重组。埃克森美孚公司的其他业务还涉及汽车、包装和纺织业等。埃克森美孚公司主要通过持续降低成本、选择性地投资美国以外的项目、加强专有技术的研发来集中发展核心业务和保持全球竞争优势。

（二）荷兰皇家壳牌石油公司

荷兰皇家壳牌集团(Royal Dutch Shell Group of Companies,股票代码：RDSA、RDSB)是目前世界第一大石油公司,总部位于荷兰海牙和英国伦敦,由荷兰皇家石油与英国的壳牌两家公司合并组成。它是国际上主要的石油、天然气和石油化工的生产商,同时也是全球最大的汽车燃油和润滑油零售商。

1907年,荷兰皇家石油公司与英国壳牌运输和贸易公司合并成立荷兰皇家壳牌集团。公司实行两总部控股制,其中荷兰资本占60%,英国占40%,两总部分别设在荷兰鹿特丹和英国伦敦。该公司的主要经营业务有石油的勘探和生产,天然气的开采和输送,煤的开采和提取,化工品的生产,汽车燃油和润滑油零售,再生能源的开发。壳牌公司通过全球性开发来实现资源优化配置,并且在发展核心事业的同时实行多元化战略,来保持它们在全球的竞争力。

（三）中国石油天然气集团公司

中国石油天然气股份有限公司(简称“中国石油”或“中石油”,股票代码：601857)是中国油气行业占主导地位的最大的油气生产和销售商,是世界最大的石油公司之一,于1999年11月5日成立。

中国石油广泛从事与石油、天然气有关的各项业务,主要包括：原油和天然气的勘探、开发、生产和销售;原油和石油产品的炼制、运输、储存和销售;基本石油化工产品、衍生化工产品及其他化工产品的生产和销售;天然气、原油和成品油的输送及天然气的销售。

中国石油致力于发展成为具有较强竞争力的国际能源公司,已成为全球石油石化产品重要的生产和销售商之一。

四、资产负债比较分析

表 1 埃克森美孚公司资产负债结构

埃克森美孚	2012	2013	2014	2015	2016
资产(百万美元)	333 795	346 808	349 493	336 758	330 314
百分比(%)	100.00	100.00	100.00	100.00	100.00
流动资产(百万美元)	64 460	59 308	52 910	42 623	41 416
百分比(%)	19.31	17.10	15.14	12.66	12.54
负债(百万美元)	162 135	166 313	168 429	159 948	156 484
百分比(%)	48.57	47.96	48.19	47.50	47.37
流动负债(百万美元)	64 139	71 724	64 633	53 976	47 638
百分比(%)	19.22	20.68	18.49	16.03	14.42
少数股权(百万美元)	5 797	6 492	6 665	5 999	6 505
百分比(%)	1.74	1.87	1.91	1.78	1.97
股东权益(百万美元)	171 660	180 495	181 064	176 810	173 830
百分比(%)	51.43	52.04	51.81	52.50	52.63

根据表 1 的数据,我们可以看到埃克森美孚公司的资产负债率维持在 45%～50%之间,处于适宜水平,财务状况总体比较稳定。企业流动资产占比较低,主要是应收账款、应收票据和存货。流动资产和流动负债的比率均呈下降趋势,另外,2013 年后流动负债率始终大于流动资产率,但两者差值不是很明显。股东权益基本维持在 50%左右。企业各项财务结构比率变化不大,说明企业经营状况较为稳定。2014～2016 年间,企业资产价值有一定缩水。

表 2 荷兰皇家壳牌公司资产负债结构

荷兰皇家壳牌	2012	2013	2014	2015	2016
资产(百万美元)	360 325	357 512	353 116	340 157	411 275
百分比(%)	100.00	100.00	100.00	100.00	100.00
流动资产(百万美元)	114 734	103 343	99 778	93 358	86 569
百分比(%)	31.84	28.91	28.26	27.45	21.05
负债(百万美元)	170 398	176 364	180 330	176 036	222 764
百分比(%)	47.29	49.33	51.07	51.75	54.16

（续表）

荷兰皇家壳牌	2012	2013	2014	2015	2016
流动负债(百万美元)	96 979	93 528	86 212	70 948	73 825
百分比(%)	26.91	26.16	24.41	20.86	17.95
少数股权(百万美元)	1 433	1 101	820	1 245	1 865
百分比(%)	0.40	0.31	0.23	0.37	0.45
股东权益(百万美元)	189 927	181 148	172 786	164 212	188 511
百分比(%)	52.71	50.67	48.93	48.28	45.84

表2显示，荷兰皇家壳牌公司的资产负债率逐年上升，但目前仍维持在40%～60%的适宜水平。查阅相关资料后发现，由于油价预期不高，企业依靠负债来满足投资预算和分红需要。流动资产与流动负债比率均在减小，但企业流动资产始终大于流动负债，短期偿债能力较好。股东权益虽然逐年缩小，但在2016年末仍高于40%。资产价值在2012～2015年逐年下降，但并购了BG后公司2016年资产显著增加。

表3　中石油资产负债结构

中　石　油	2012	2013	2014	2015	2016
资产(百万人民币元)	2 168 837	2 342 004	2 405 376	2 394 094	2 396 950
百分比(%)	100.00	100.00	100.00	100.00	100.00
流动资产(百万人民币元)	396 513	430 953	391 308	349 344	381 665
百分比(%)	18.28	18.40	16.27	14.59	15.92
负债(百万人民币元)	988 071	1 072 096	1 087 616	1 049 806	1 023 922
百分比(%)	45.56	45.78	45.22	43.85	42.72
流动负债(百万人民币元)	574 748	645 489	579 829	471 407	499 263
百分比(%)	26.50	27.56	24.11	19.69	20.83
少数股权(百万人民币元)	116 619	137 058	141 750	164 320	183 709
百分比(%)	5.38	5.85	5.89	6.86	7.66
股东权益(百万人民币元)	1 180 766	1 269 908	1 317 760	1 344 288	1 373 028
百分比(%)	54.44	54.22	54.78	56.15	57.28

由表3可知，中石油资产负债率维持在适宜水平，且有小幅下降，说明企业采取了相对保守的财务政策，企业对债务资金的有效利用程度不高。流动资产主要为存货和应收账款，流动负债主要为应付账款。企业的流动资产和流动负债比率之差呈减小趋势，但始终小于0，企业短期偿债能力较差。从股东权益来看，股东权益始终大于50%，且有上升趋势，企业资本积累能力较好。

五、短期偿债能力分析

（一）营运资本

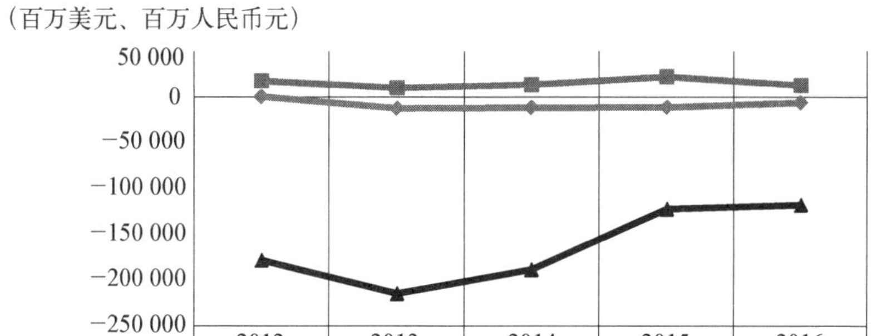

	2012	2013	2014	2015	2016
埃克森美孚	321	−12 416	−11 723	−11 353	−6 222
荷兰皇家壳牌	17 755	10 085	13 566	22 410	12 744
中石油	−178 235	−214 536	−188 521	−122 063	−117 598

注：由于埃克森美孚与荷兰皇家壳牌公司以美元为计价货币，中石油以人民币为计价货币，该图仅供趋势参考，不作三者数据比较。

图 1　营运资本趋势变动

在这三家企业中，荷兰皇家壳牌的营运资本维持在正值水平，短期偿债能力最好。埃克森美孚近几年的营运资本为负值，但较为稳定。相比之下，中石油的营运资本持续为负值，虽然有一定幅度的减少，但短期偿债风险仍然较大。

（二）流动比率

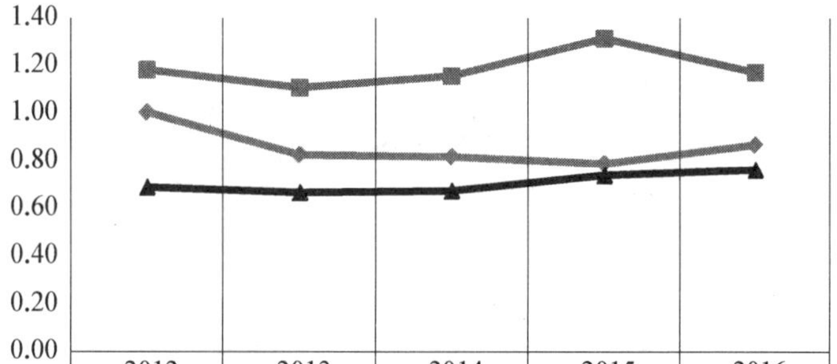

	2012	2013	2014	2015	2016
埃克森美孚	1.01	0.83	0.82	0.79	0.87
荷兰皇家壳牌	1.18	1.11	1.16	1.32	1.17
中石油	0.69	0.67	0.67	0.74	0.76

图 2　流动比率趋势变动

由图 2 可知，荷兰皇家壳牌的流动比率始终维持在适宜水平，且高于其余两家企业，短期偿债能力最为理想。埃克森美孚的流动比率有小幅下降趋势。而中石油的流动比率长期处于低位，近期有小幅上升，维持这一趋势将提高企业短期偿债能力。

（三）速动比率

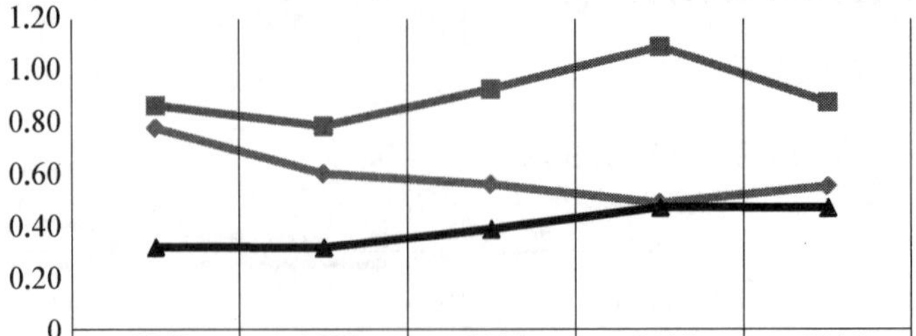

	2012	2013	2014	2015	2016
埃克森美孚	0.78	0.60	0.56	0.49	0.55
荷兰皇家壳牌	0.87	0.79	0.93	1.09	0.88
中石油	0.32	0.32	0.39	0.47	0.47

图 3　速动比率趋势变动

各公司速动比率的趋势与流动比率走势较为相似，振幅相对增大。国内石油化工行业该指标平均值在 0.9 左右，中石油速动比率虽有所上升，但离行业均值还有一定距离。

六、长期偿债能力分析

（一）利息保障倍数

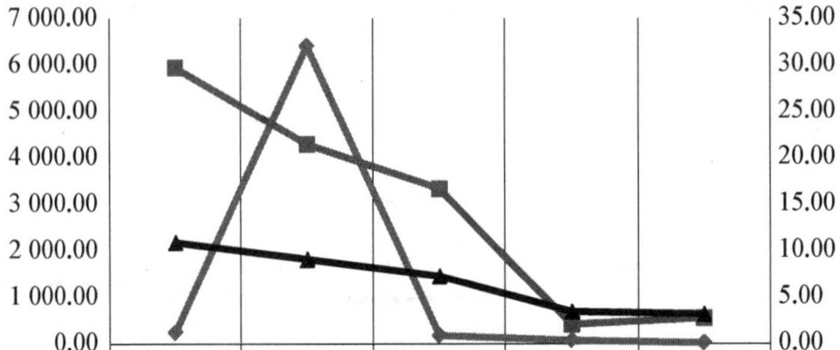

	2012	2013	2014	2015	2016
埃克森美孚	241.75	6 413.33	181.52	71.63	18.59
荷兰皇家壳牌	29.75	21.46	16.70	2.08	2.75
中石油	10.92	9.13	7.30	3.44	3.19

注：左纵坐标轴为埃克森美孚，右纵坐标轴为荷兰皇家壳牌和中石油。

图 4　利息保障倍数趋势变动

从整体来看，三家企业的利息保障倍数都有较大的下降，长期偿债风险提高。其中，埃克森美孚降幅非常显著，但该比率仍远远高于其余两家企业。埃克森美孚在 2012 年偿还了大量负债(其中，短期负债 4 488 百万美元，长期负债 147 百万美元)，在 2013 年长期负债增加极少，导致 2013 年利息保障倍数大幅上升。但在之后几年，埃克森美孚为保障巴布亚新几内亚 LNG 项目、安哥拉 CLOV 石油项目的生产经营，以及俄罗斯萨哈林油气项目的投资建设和页岩气资源的开发，又大量增加长期负债，2014 年、2015 年、2016 年分别借入 5 731 百万美元、8 028 百万美元、12 066 百万美元，使得利息保障倍数骤降。

（二）长期负债与营运资本比率

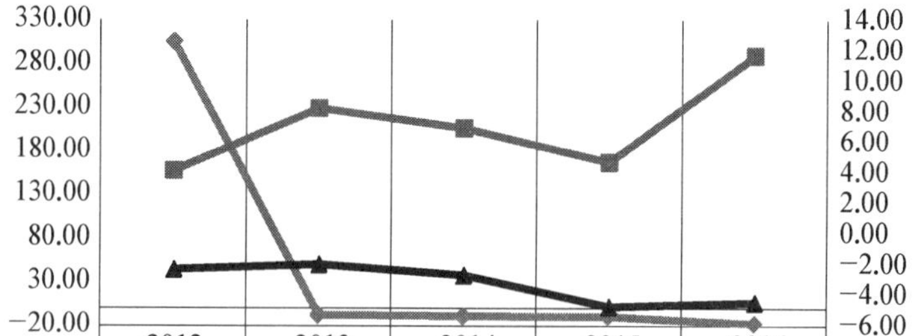

	2012	2013	2014	2015	2016
埃克森美孚	305.28	−7.62	−8.85	−9.33	−17.49
荷兰皇家壳牌	4.14	8.24	6.94	4.69	11.69
中石油	−2.32	−1.99	−2.69	−4.74	−4.46

注：左纵坐标轴为埃克森美孚，右纵坐标轴为荷兰皇家壳牌和中石油。

图 5　长期负债与营运资本比率趋势变动

当该指标大于 0 时，指标值越低，表明企业未来偿还长期债务的保障能力越强。

埃克森美孚公司该比率在 2013 年后骤跌至负数，其与中石油在此之后期间营运资本都为负值，使得该指标不再具有分析意义。而荷兰皇家壳牌指标值虽然大于 0，但呈逐年上升趋势，表明企业对长期债务的偿还保障能力逐渐减弱。

（三）全部资本化比率

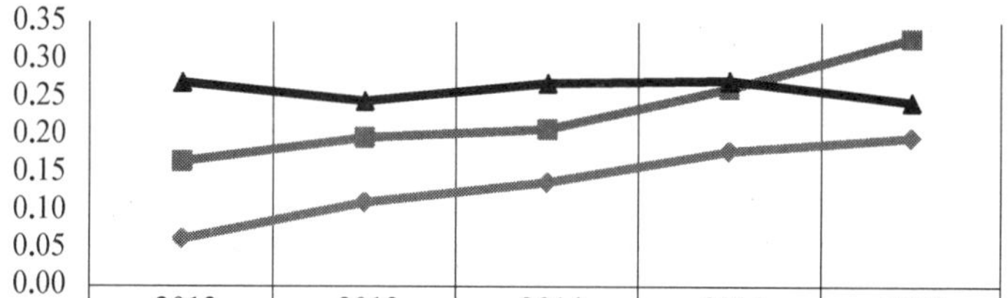

	2012	2013	2014	2015	2016
埃克森美孚	0.06	0.11	0.14	0.18	0.20
荷兰皇家壳牌	0.17	0.20	0.21	0.26	0.33
中石油	0.27	0.25	0.27	0.27	0.24

图 6　全部资本化比率趋势变动

全部资本化比率越大，企业所面对的支付利息费用和偿付本金的压力就越大，对债务的保障能力越弱。从全部资本化比率的角度来看，埃克森美孚的付息能力最好，始终高于其余两家企业。但在此期间该比率持续上升，企业所面临的支付利息费用和偿付本金的压力逐年增加。荷兰皇家壳牌保障能力持续减弱，2016 年长期偿债能力在三家企业中最差，这与该企业负债经营程度增加、杠杆率升高有关，亦与企业以负债满足投资需要和分红有较大关联。相比之下，中石油的偿债能力变化较小。

七、营运能力分析

（一）存货周转率

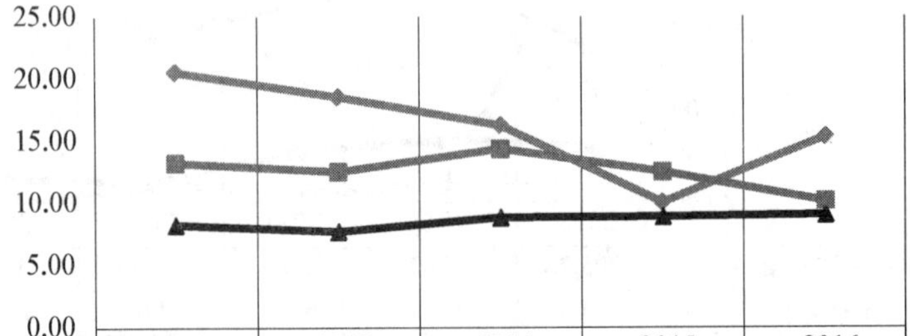

	2012	2013	2014	2015	2016
埃克森美孚	20.54	18.56	16.26	10.06	15.33
荷兰皇家壳牌	13.25	12.55	14.38	12.54	10.16
中石油	8.25	7.72	8.83	8.88	9.03

图 7　存货周转率趋势变动

中石油的存货周转率维持在 8 左右，稳中有升，但其比率始终低于其余两家企业。而埃克森美孚和荷兰皇家壳牌的存货周转率都在下降，存在一定程度的恶化。这可能是因为低效率的存货控制和管理导致存货的过度购置，低效率的生产导致存货产品生产量下降，销售困难导致存货积压，以及企业不适当的销售政策导致销售不畅所产生。

（二）应收账款周转率

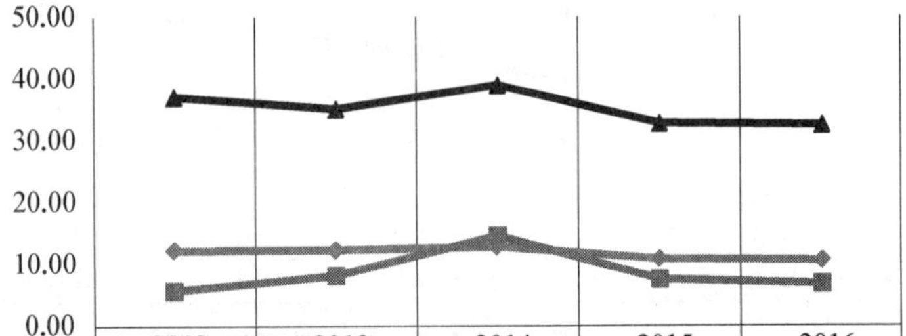

	2012	2013	2014	2015	2016
埃克森美孚	12.31	12.35	12.89	10.84	10.59
荷兰皇家壳牌	5.73	8.18	14.64	7.53	6.76
中石油	37.12	35.15	38.98	32.75	32.48

图 8　应收账款趋势变动

中石油的应收账款周转率明显优于其他两家企业，之后虽有小幅下降，但持续处于高位，其资产流动性较强。而埃克森美孚该指标较为稳定，荷兰皇家壳牌该指标有微幅上升。

（三）总资产周转率

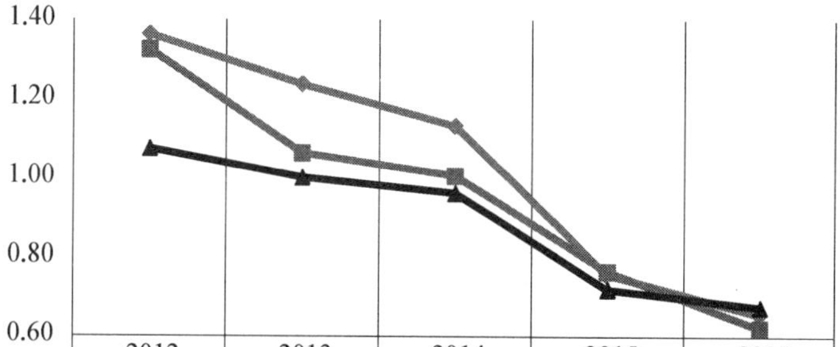

	2012	2013	2014	2015	2016
埃克森美孚	1.36	1.24	1.13	0.76	0.66
荷兰皇家壳牌	1.32	1.06	1.01	0.76	0.62
中石油	1.07	1.00	0.96	0.72	0.67

图9　总资产周转率趋势变动

总资产周转率越高，企业全部资产经营效率越好，盈利能力越强。

三家企业总资产周转率逐年下降，变化趋势一致，且逐渐趋同，说明石油行业整体经营效率降低，盈利水平下降。

八、获利能力分析

（一）销售净利率

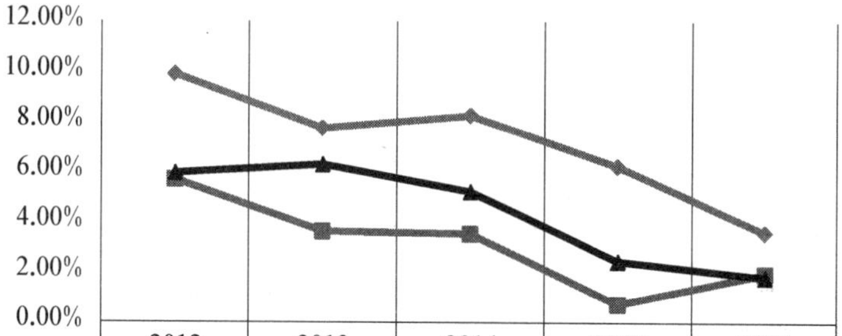

	2012	2013	2014	2015	2016
埃克森美孚	9.90%	7.74%	8.25%	6.22%	3.59%
荷兰皇家壳牌	5.69%	3.63%	3.53%	0.73%	1.96%
中石油	5.95%	6.30%	5.21%	2.46%	1.82%

图10　销售净利率趋势变动

埃克森美孚的销售净利率一直维持在行业较高水平，获利能力相对较好。整体来看，近几年三家企业的销售净利率呈相同的下降趋势。

（二）销售费用率

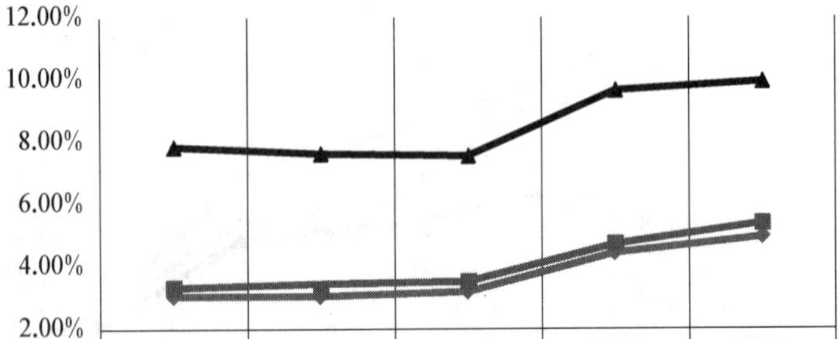

	2012	2013	2014	2015	2016
埃克森美孚	3.06%	3.06%	3.20%	4.43%	4.94%
荷兰皇家壳牌	3.13%	3.25%	3.32%	4.51%	5.18%
中石油	7.86%	7.64%	7.56%	9.65%	9.93%

图 11 销售费用率趋势变动

在费用管理方面，中石油的销售费用率在 2012～2016 年间始终处于最高，主要是销售费用和管理费用过高。整体来看，三家企业的销售费用率均在 2014 年之后开始上升，这与 2015 年之后石油行业的整体销售收入下降有关。

（三）销售成本率

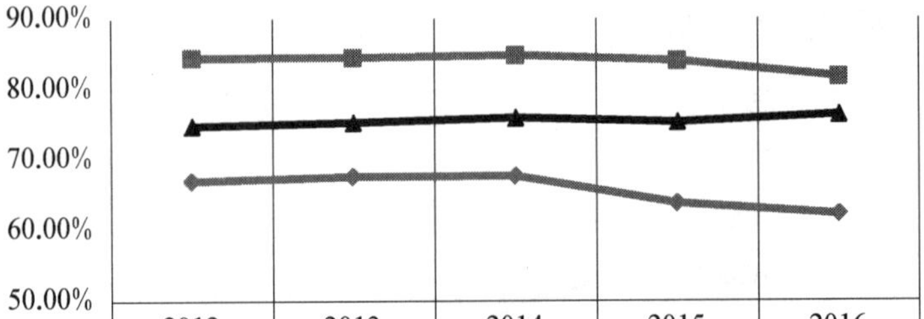

	2012	2013	2014	2015	2016
埃克森美孚	67.02%	67.65%	67.71%	63.81%	62.26%
荷兰皇家壳牌	84.56%	84.56%	84.85%	84.07%	81.77%
中石油	74.88%	75.37%	76.01%	75.37%	76.42%

图 12 销售成本率趋势变动

在销售成本方面，三家企业的变动趋势基本不大。其中埃克森美孚成本控制得最好，始终维持在三家企业中的较低水平，且近年有小幅下降。荷兰皇家壳牌的销售成本率超过 80%，企业在成本控制方面相对较差。中石油在三家企业中居于中间水平。

九、投资报酬能力分析

（一）总资产报酬率

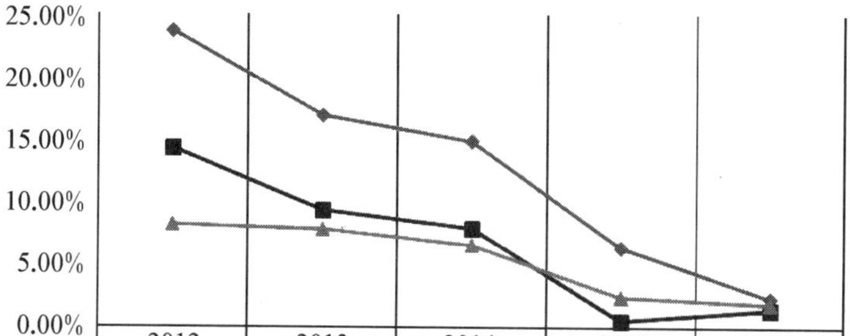

	2012	2013	2014	2015	2016
埃克森美孚	23.68%	16.96%	14.83%	6.40%	2.39%
荷兰皇家壳牌	14.32%	9.36%	7.97%	0.59%	1.49%
中石油	8.16%	7.89%	6.60%	2.42%	1.89%

图 13　总资产报酬率趋势变动

三家企业的总资产报酬率都呈现出明显的下降趋势，其中埃克森美孚降幅最大，但指标值仍优于另外两家企业。中石油的总资产报酬率下降幅度相对较小。三家企业总资产报酬率的下降主要受到行业共同因素的影响，即国际原油需求的收缩与原油价格下降的影响。资料显示，2014 年 7 月以前原油需求端逐渐收缩，但原油价格尚在高位徘徊；7 月以后由于受到需求端收缩与供给超量的双重影响，原油价格自 115 美元/桶一直回落至 50 美元/桶的水平，这对该行业企业收益带来了较大冲击。

（二）净资产报酬率

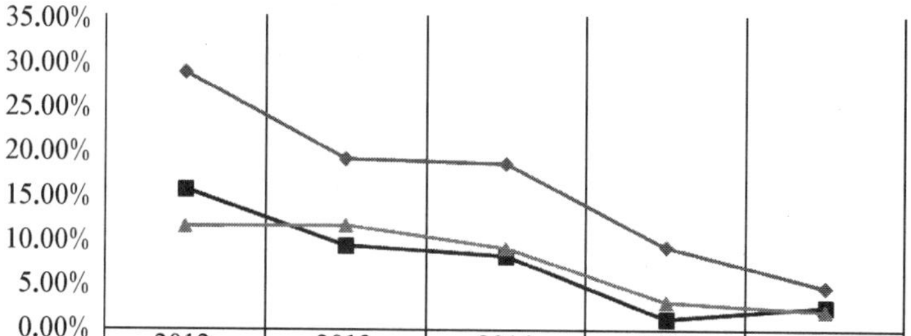

	2012	2013	2014	2015	2016
埃克森美孚	28.69%	19.00%	18.59%	9.25%	4.78%
荷兰皇家壳牌	15.64%	9.40%	8.32%	1.31%	2.71%
中石油	11.54%	11.61%	9.20%	3.18%	2.16%

图 14　净资产报酬率趋势变动

净资产报酬率和总资产报酬率的趋势变动基本相同。埃克森美孚的投资报酬能力显著高于其他两家企业，2016 年净资产报酬率约为同期另外两家企业的两倍。中石油 2013～2015 年该指标略高于荷兰皇家壳牌公司，但 2016 年则被对手超过。

十、发展能力分析

(一) 资本积累率

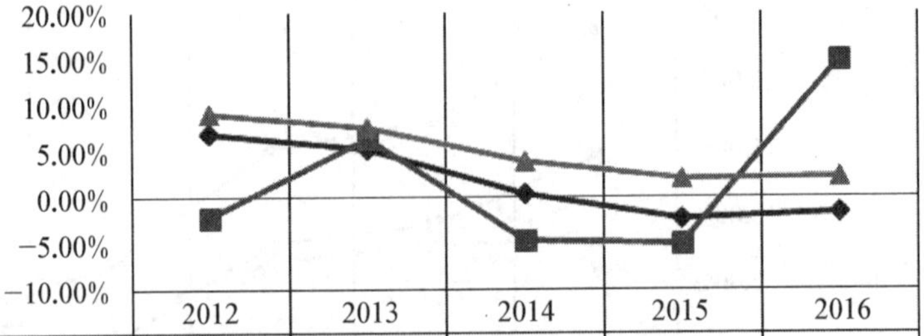

	2012	2013	2014	2015	2016
埃克森美孚	6.79%	5.15%	0.32%	−2.35%	1.69%
荷兰皇家壳牌	−2.21%	6.31%	−4.62%	−5.01%	14.86%
中石油	9.07%	7.55%	3.77%	2.01%	2.14%

图 15　资本积累率趋势变动

中石油的资本积累率虽然在缓慢下降，但一直保持正值，即中石油的净资产一直呈上升态势。埃克森美孚与中石油趋势相仿，但 2015 年、2016 年两年出现负增长，遭遇净资产缩水。荷兰皇家壳牌的资本积累率波动较大，在 2016 年增长达到近 15%，主要由于该年企业发行在外的流通股数较上年同期增加约 25% 所致。

(二) 销售增长率

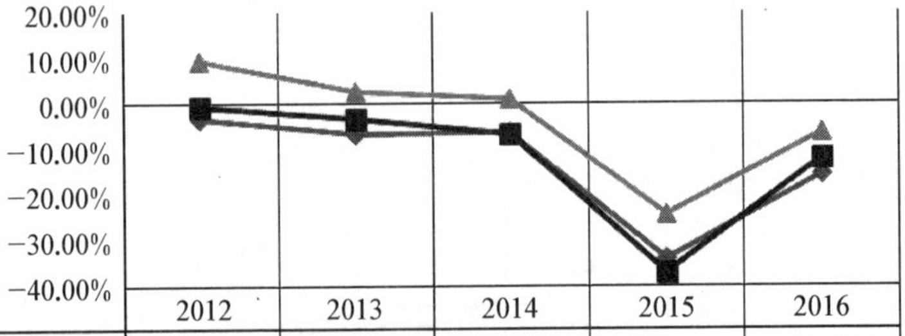

	2012	2013	2014	2015	2016
埃克森美孚	−3.32%	−6.79%	−6.35%	−34.16%	−15.75%
荷兰皇家壳牌	−0.64%	−3.41%	−6.68%	−37.08%	−11.84%
中石油	9.55%	2.86%	1.10%	−24.42%	−6.29%

图 16　销售增长率趋势变动

三家企业销售增长率总体呈现逐年下降之势，变化趋势基本一致，中石油较其他两家企业情况稍好。说明石油行业受市场冲击，销售回缩。特别是 2015 年数据的大幅下降，其主要影响因素或为国际原油价格的迅速回落和市场需求端的减少所致。

（三）利润增长率

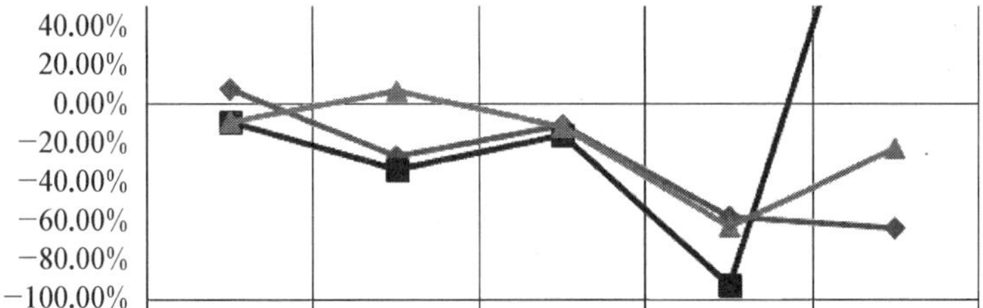

	2012	2013	2014	2015	2016
埃克森美孚	7.47%	−26.69%	−10.54%	−57.45%	−63.72%
荷兰皇家壳牌	−9.25%	−33.50%	−15.71%	−92.77%	173.86%
中石油	−9.48%	6.72%	−11.94%	−62.90%	−22.31%

图 17　利润增长率趋势变动

三家企业的利润增长率大致相似，2012～2015 年利润增长率均为负值，企业利润不断减少。其中中石油情况相对较好，降幅略低；荷兰皇家壳牌相对波动较大。

十一、现金流量分析

（一）现金债务总额比率

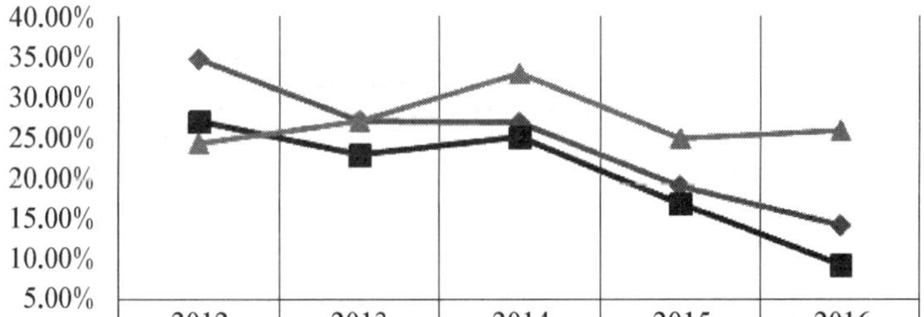

	2012	2013	2014	2015	2016
埃克森美孚	34.64%	27.01%	26.79%	18.97%	14.11%
荷兰皇家壳牌	27.08%	22.93%	24.98%	16.93%	9.25%
中石油	24.22%	26.91%	32.78%	24.89%	25.90%

图 18　现金债务总额比率趋势变动

现金债务总额比率的指标数值越高，说明企业用现金流量偿还债务的能力越强；反之，偿还债务的能力越弱。三家企业中，中石油现金债务总额比率总体保持平稳，并保持在 0.25 左右，表明企业用现金流量偿还债务的能力较好。而埃克森美孚与荷兰皇家壳牌的现金债务总额比率总体呈现不断下降的趋势，说明两家企业现金偿债能力较弱。

（二）现金利润总额比率

现金利润总额比率反映了在企业利润总额基础上的现金获取能力，指标值越

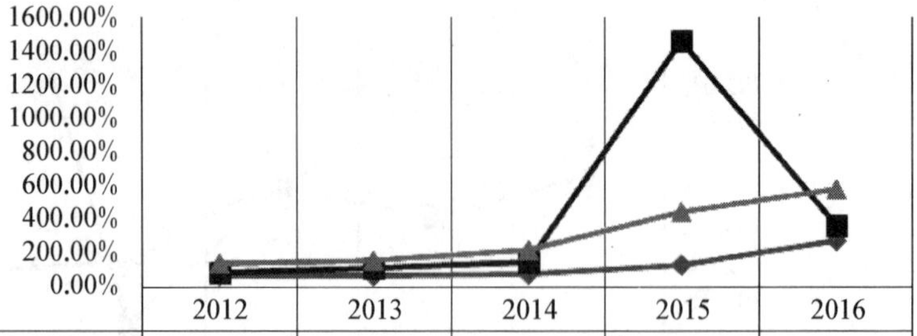

	2012	2013	2014	2015	2016
埃克森美孚	71.35%	77.83%	87.38%	138.14%	277.10%
荷兰皇家壳牌	91.34%	120.39%	159.09%	1456.28%	367.73%
中石油	143.45%	162.08%	227.39%	449.25%	586.78%

图 19　现金利润总额比率趋势变动

高，企业获现能力越强。三家企业现金利润总额率近五年一直上升的主要原因在于，经营活动现金净流量减少的幅度低于利润总额减少的幅度。去除 2015 年的异常波动，三家企业中该指标最好的是中石油，其次为荷兰皇家壳牌，最后为埃克森美孚。

（三）总资产净现率

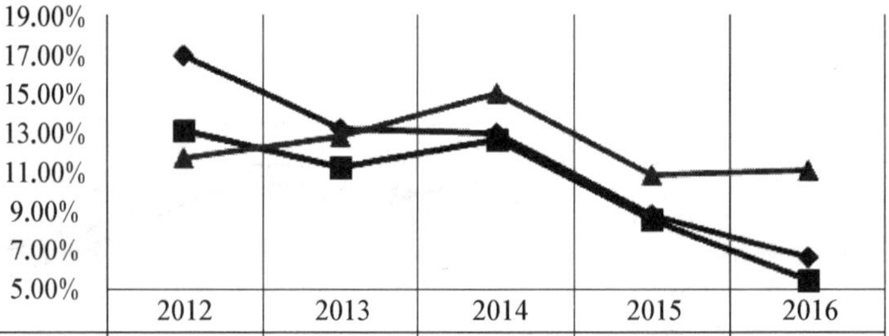

	2012	2013	2014	2015	2016
埃克森美孚	16.90%	13.20%	12.96%	8.84%	6.62%
荷兰皇家壳牌	13.08%	11.27%	12.68%	8.60%	5.49%
中石油	11.71%	12.79%	15.02%	10.89%	11.07%

图 20　总资产净现率趋势变动

中石油的总资产净现率总体较为平稳，表明中石油的投资现金回报表现稳定；埃克森美孚和荷兰皇家壳牌的总资产净现率总体呈现下降趋势，近五年分别回落近 10％与 8％，表明两家企业的投资现金回报表现转弱。

十二、上市公司特定指标分析

（一）每股收益

每股收益是衡量上市公司盈利能力最重要的财务指标，它反映了普通股的获利水平。三家企业的每股收益总体都呈现下降趋势，特别是 2012～2013 年以及 2014～

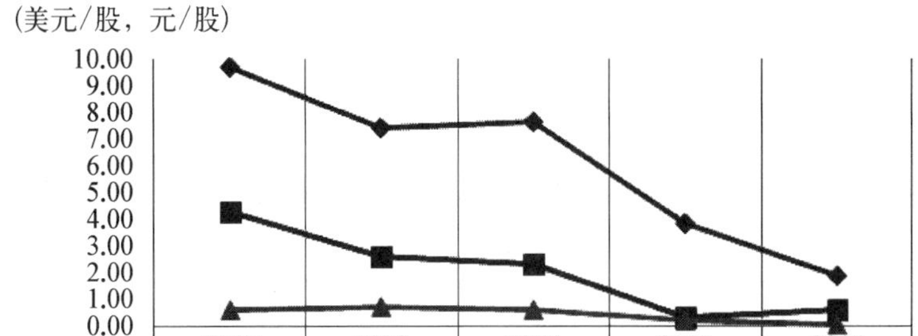

	2012	2013	2014	2015	2016
埃克森美孚	9.70	7.38	7.60	3.85	1.88
荷兰皇家壳牌	4.27	2.60	2.36	0.31	0.58
中石油	0.63	0.71	0.59	0.19	0.04

注：由于埃克森美孚与荷兰皇家壳牌公司以美元为计价货币，中石油以人民币为计价货币，该图仅供趋势参考，不作三者数据比较。

图 21　每股收益趋势变动

2015 年度下降比重很大。通过下降的幅度来看，埃克森美孚的情况稍好，荷兰皇家壳牌次之，中石油最差。尽管三家企业的每股收益一直呈下降趋势，但该指标都保持正值，尚能为投资者所接受。

（二）每股净资产

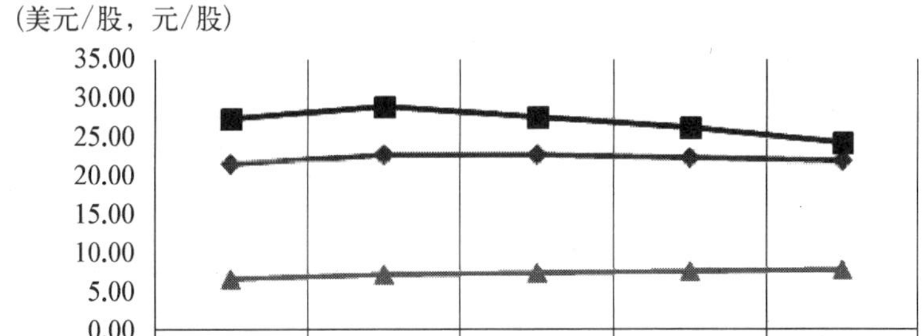

	2012	2013	2014	2015	2016
埃克森美孚	21.41	22.51	22.58	22.05	21.68
荷兰皇家壳牌	27.21	28.79	27.38	25.97	24.06
中石油	6.45	6.94	7.20	7.34	7.50

注：由于埃克森美孚与荷兰皇家壳牌公司以美元为计价货币，中石油以人民币为计价货币，该图仅供趋势参考，不作三者数据比较。

图 22　每股净资产趋势变动

该指标反映发行在外的每股普通股所代表的净资产成本。三家企业中，中石油每股净资产水平持续提高，五年增幅为 16.28%，表明股东拥有的每股公司权益的账面价值实现了增值；埃克森美孚每股净资产水平总体保持稳定，历经 2012～2014 年小幅提升后又回落到 2012 年度水平；荷兰皇家壳牌每股净资产五年间累计 11.58%的降幅，表明股东拥有的每股公司权益的账面价值遭遇损失。

十三、杜邦模型分析

表 4 杜邦分析

企业名称	年份	净资产报酬率(%)	销售净利率(%)	总资产周转率	权益乘数
埃克森美孚公司	2012	28.69	9.90	1.36	2.12
	2013	19.00	7.74	1.24	1.98
	2014	18.59	8.25	1.13	1.99
	2015	9.25	6.22	0.76	1.97
	2016	4.78	3.59	0.66	2.03
荷兰皇家壳牌石油公司	2012	15.64	5.69	1.32	2.08
	2013	9.40	3.63	1.06	2.44
	2014	8.32	3.53	1.01	2.34
	2015	1.31	0.73	0.76	2.33
	2016	2.71	1.96	0.62	2.23
中国石油天然气集团公司	2012	11.54	5.95	1.07	1.81
	2013	11.61	6.30	1.00	1.84
	2014	9.20	5.21	0.96	1.83
	2015	3.18	2.46	0.72	1.80
	2016	2.16	1.82	0.67	1.76

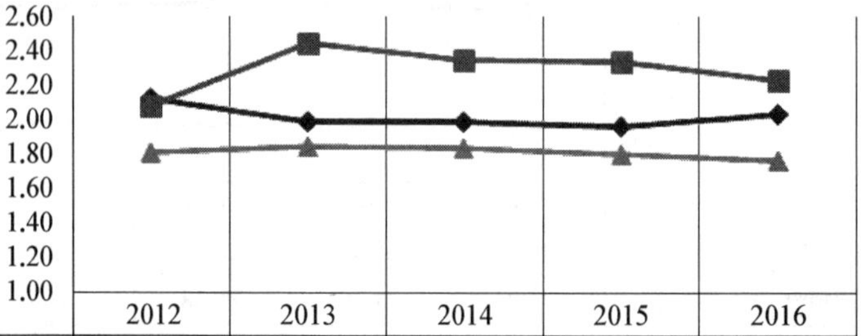

	2012	2013	2014	2015	2016
埃克森美孚	2.12	1.98	1.99	1.97	2.03
荷兰皇家壳牌	2.08	2.44	2.34	2.33	2.23
中石油	1.81	1.84	1.83	1.80	1.76

图 23 权益乘数趋势变动

从表 4 和图 23 中可以看到，这三家企业的净资产报酬率逐年下降，主要是销售净利率的下降和总资产周转率的下降带动所致。作为几家资产规模巨大的企业，它们的权益乘数基本保持相对稳定，相对来说，中石油的杠杆运用程度低于埃克森美孚和荷兰皇家壳牌公司。三家企业净资产报酬率的差异主要由企业销售净利率及其获利能力水平的差异所决定。

十四、财务预警分析

（一）经营损益预警模型

表 5 埃克森美孚公司经营损益预警模型 单位：百万美元

项 目	2012	2013	2014	2015	2016
经营收益	118 177	96 181	89 845	62 776	50 607
经常收益	117 850	96 172	89 559	62 465	50 154
期间收益	132 012	99 664	94 070	64 215	52 834
分析说明	正常	正常	正常	正常	正常

表 6 荷兰皇家壳牌石油公司经营损益预警模型 单位：百万美元

项 目	2012	2013	2014	2015	2016
经营收益	65 480	62 250	55 940	33 792	34 027
经常收益	63 723	60 608	54 136	31 904	30 824
期间收益	69 322	61 697	58 259	35 573	33 721
分析说明	正常	正常	正常	正常	正常

表 7 中国石油天然气集团公司经营损益预警模型 单位：百万人民币元

项 目	2012	2013	2014	2015	2016
经营收益	146 063	137 821	141 020	64 454	53 748
经常收益	129 239	115 924	116 143	40 628	33 096
期间收益	130 618	142 229	119 034	42 364	29 414
分析说明	正常	正常	正常	正常	正常

从经营损益预警模型来看，三家公司的经营状况都处于正常状态，但三家公司的三项收益都呈下降趋势，尤其是2014～2015年，三家公司的收益下降幅度巨大，中石油更是下降了六成左右，这与2014年末国际原油价格急剧下跌有关。此后三家公司各项收益趋于基本稳定，但尚未见有回升的趋势。

（二）现金流协调性预警模型

表 8 埃克森美孚公司现金流协调性预警模型 单位：百万美元

项 目	2012	2013	2014	2015	2016
现金支付能力	6 270	−5 752	−17 953	−15 057	−10 173
营运资金需求	−5 949	−6 664	6 230	3 704	3 951

（续表）

项　目	2012	2013	2014	2015	2016
营运资本	321	－12 416	－11 723	－11 353	－6 222
分析说明	资金大量富裕	不协调	严重不协调	严重不协调	严重不协调

表 9　荷兰皇家壳牌石油公司现金流协调性预警模型　单位：百万美元

项　目	2012	2013	2014	2015	2016
现金支付能力	10 717	6 520	9 231	26 222	9 646
营运资金需求	7 038	3 565	4 335	－3 812	3 098
营运资本	17 755	10 085	13 566	22 410	12 744
分析说明	协调且有支付能力	协调且有支付能力	协调且有支付能力	资金大量富裕	协调且有支付能力

表 10　中国石油天然气集团公司现金流协调性预警模型　单位：百万人民币元

项　目	2012	2013	2014	2015	2016
现金支付能力	－85 740	－40 116	－32 254	4 800	28 000
营运资金需求	－92 495	－174 420	－156 267	－126 863	－145 598
营运资本	－178 235	－214 536	－188 521	－122 063	－117 598
分析说明	不协调	不协调	不协调	不协调但能维持	不协调但能维持

根据三家公司的现金流协调性预警模型，埃克森美孚公司和中石油公司在现金协调性方面存在较大问题，荷兰皇家壳牌公司基本能有效协调。埃克森美孚从 2013 年开始，营运资本始终为负值，无法满足对较高的营运资金的需求，资金链出现较大问题，这与埃克森美孚扩张性的投资有关。荷兰皇家壳牌的资金来源充足，没有偿债负担，但其财务结构稍有问题，负债率高于其他两家公司。中石油营运资本和营运资金需求一直都是负值，财务协调性状况堪忧，2015 年后偿债风险略有下降，但整体仍不理想。

十五、总结

近几年来，随着炼油技术的提升和对中东地区油田的重新挖掘，全球原油产量不断提高，而消费疲软的市场以及新能源的开发利用，使得原油需求量持续走低，供过于求的市场状况导致处于该行业的公司利润逐年下降，以炼油业为代表的传统能源行业受到极大挑战，炼油行业加速产业结构调整已成为必然。从长期来看，北美发动的“页岩革命"势必会带动全球页岩炼油潮流，只有那些掌握以低成本、高质量为核心的炼油技术的炼油企业才能走得更加长远，而滞留在只使用传统炼油技术的企业将被新革命带来的竞争市场所淘汰。

埃克森美孚公司是世界上最大的非政府企业，地处北美，有浓厚的技术创新氛围，加上其严格的成本控制系统和富有弹性和组织结构，在世界石油革命中必将扮演重要角色。埃克森美孚公司的优势在于其出色的营运能力和获利能力，发展较为稳定，依靠其不断创新的炼油技术带来高额的回报率，净资产回报率远高于行业平均水平，且作为非国家控股企业，可以有效地通过市场竞争机制，不断提升自己的竞争力，更好地适应多变的行业环境。其缺陷在于资金管理方面存在较大问题，资金不协调给该企业的未来发展埋下很深的隐患，同时资本积累率和销售增长率都一直低于行业平均水平。

荷兰皇家壳牌公司作为世界上最大的炼油企业，总资产始终处于行业的领头羊地位，其优点在于出色的短期和长期偿债能力，良好的资金管理水平、较为出色的抗风险能力、优秀的企业文化("壳牌模式")、谨慎严密的投资政策和广阔的海外市场。该公司的缺点体现在日益提升的负债率导致的危险的财务结构、极差的应收账款周转率以及较粗糙的炼油技术带来的高成本费用。壳牌公司应在注重产量的同时还需注重技术的创新和成本控制，以适应油价持续下降的市场趋势。

中石油公司在中国一直处于市场老大哥的地位，尤其受到国家重视和扶持，在世界炼油业中也一直位居前列。中石油拥有最广阔的中国市场，有稳定的销售收入，且财务结构稳定，国家政策的支持使其所受市场风险较低，但与其他两大石油企业相比，中石油在很多财务指标上存在不足，偿债能力、营运能力以及获利能力方面均落后于埃克森美孚和壳牌公司，在资本管理和技术创新方面还需向西方先进企业学习。期望中石油公司能够积极进取、取长补短、通过实施战略发展，坚持创新驱动，注重质量效益，加快转变发展方式，实现到2020年主要指标达到世界先进水平，全面提升竞争能力和盈利能力，成为绿色发展、可持续发展的领先公司。

主要参考文献

中文图书

1. 贝洪俊、白玉华:《中级财务会计》,高等教育出版社 2017 年版。
2. (美) 伯恩斯坦、维欧德著,许秉岩、张海燕译:《财务报表分析》,北京大学出版社 2004 年版。
3. 程隆云:《财务报表分析》,经济科学出版社 2007 年版。
4. 陈少华、陈瑜、王栋:《财务报表分析方法》,厦门大学出版社 2004 年版。
5. 陈信华:《财务报表分析技巧》,立信会计出版社 2000 年版。
6. 池国华:《财务报表分析》,清华大学出版社 2008 年版。
7. 崔也光:《财务报表分析》,南开大学出版社 2003 年版。
8. (美) 海尔菲特著,张建军译:《财务分析技术》,中国财政经济出版社 2001 年版。
9. 戴欣苗:《财务报表分析(技巧・策略)》,清华大学出版社 2005 年版。
10. (日) 岛田颂夫著,许庆萍译:《经营分析实用入门》,小知堂文化事业有限公司 2000 年版。
11. 洪国赐、卢联生:《财务报表分析》,机械工业出版社 2005 年版。
12. 胡玉明:《财务报表分析》,东北财经大学出版社 2008 年版。
13. 荆新、刘兴云:《财务分析学》,经济科学出版社 2003 年版。
14. 李旭:《图解财务报表》,中华工商联合出版社 2014 年版。
15. 刘德红:《财务报表编制与分析精要》,中国经济出版社 2004 年版。
16. (美) 罗斯、威斯特菲尔德和乔丹著,方红星译:《公司理财》,机械工业出版社 2005 年版。
17. 罗泽钰:《图解新制财报选好股》,商周文化 2013 年版。
18. (美) 马丁・弗里德森:《财务报表分析》,中国人民大学出版社 2016 年版。
19. 陆正飞:《财务报告与分析》,北京大学出版社 2014 年版。
20. 孟天恩、张炎兴、李生校:《财务报表分析:理论、技巧与运用》,南京大学出版社 2004 年版。
21. 欧阳光中、项红周:《财务报表分析》,复旦大学出版社 2004 年版。
22. 上海国家会计学院:《财务报表分析》,经济科学出版社 2012 年版。
23. (美) 佩普等著,孔宁宁等译:《运用财务报表进行企业分析与评估》,中信出版社 2004 年版。
24. (美) 佩因曼、林小驰、王立彦:《财务报表分析与证券定价》,北京大学出版社 2013 年版。
25. 企业会计准则编审委员会:《企业会计准则详解与实务》,人民邮电出版社 2018 年版。
26. 王德发:《财务报表分析》,中国人民大学出版社 2004 年版。
27. 王东梅:《财务报表分析》,东北财经大学出版社 2013 年版。
28. 王雯雯:《看懂财务报表的 48 个方法》,中华工商联合出版社 2014 年版。

29. 王又庄：《现代企业经济分析》，立信会计出版社 1999 年版。
30. 吴革：《财务报表粉饰手法的识别与防范》，对外经济贸易大学出版社 2003 年版。
31. 吴海燕、文佑云：《中级财务会计》，北京大学出版社 2018 年版。
32. 徐明升：《会计科目实战大全》，中国铁道出版社 2017 年版。
33. 于晓镭、徐兴恩：《新企业会计准则实用手册》，机械工业出版社 2006 年版。
34. 张丽蓉：《基于股票投资决策的财务报表分析》，中国时代经济出版社 2012 年版。
35. 张先治：《财务分析》，中国财政经济出版社 2004 年版。
36. 张新民、钱爱民：《财务报表分析》，中国人民大学出版社 2014 年版。
37. 张学谦：《会计报表分析原理与方法》，对外经济贸易大学出版社 2005 年版。
38. 中华第一财税网：《名家手把手教你做财务报表》，电子工业出版社 2014 年版。
39. 中华人民共和国财政部：《企业会计准则》，经济科学出版社 2006 年版。

外文图书

White G，Sondhi A and Fried D. *The Analysis and Use of Financial Statements*（*Third Edition*）. John Wiley & Sons，Inc.，2003.